Lem

SERIA BIOGRAFIE
Już w księgarniach:
Beata Chomątowska *Lachert i Szanajca. Architekci awangardy*
Aleksander Kaczorowski *Havel. Zemsta bezsilnych*
Małgorzata Czyńska *Kobro. Skok w przestrzeń*
Angelika Kuźniak *Stryjeńska. Diabli nadali*
Aleksander Kaczorowski *Hrabal. Słodka apokalipsa*
Stanisław Bereś *Gajcy. W pierścieniu śmierci*
Olga Szmidt *Kownacka. Ta od Plastusia*
Mariusz Urbanek *Makuszyński. O jednym takim, któremu ukradziono słońce*

Wojciech Orliński

Lem

Życie nie z tej ziemi

wydawnictwo Czarne

Wydawnictwo Agora

Wołowiec 2017

Projekt okładki Agnieszka Pasierska / Pracownia Papierówka
Projekt typograficzny Robert Oleś / d2d.pl
Fotografia na okładce – Stanisław Lem, Kraków, czerwiec 1971
© PAP / Piotrowski
Fotografie wewnątrz tomu – o ile nie zaznaczono inaczej – pochodzą
z archiwum rodzinnego Stanisława Lema, © Tomasz Lem
Wybór fotografii Katarzyna Bułtowicz

Copyright © by Wojciech Orliński, 2017

Opieka redakcyjna Łukasz Najder
Redakcja Wojciech Górnaś / Redaktornia.com
Korekta Katarzyna Rycko / d2d.pl, Kamila Zimnicka-Warchoł / d2d.pl
Redakcja techniczna Robert Oleś / d2d.pl
Skład pismami Secca i Charter ITC Sandra Trela / d2d.pl

Książkę wydrukowano na papierze Alto 80 g/m² vol. 1,5,
dystrybuowanym przez firmę Panta Sp. z o.o., www.panta.com.pl

Wydawcy:
Wydawnictwo Czarne Sp z o.o.
Wołowiec 11
38-307 Sękowa

Agora SA
ul. Czerska 8/10
00-732 Warszawa

ISBN 978-83-8049-552-4

Spis treści

Prolog. *Feci, quod potui*   7
I   *Wysoki Zamek*   14
II   *Wśród umarłych*   47
III   *Wejście na orbitę*   98
IV   *Dialogi*   134
V   *Eden*   159
VI   *Niezwyciężony*   186
VII   *Głos Pana*   239
VIII   *Katar*   293
IX   *Pokój na Ziemi*   351
Epilog. *Faciant meliora potentes*   388

Bibliografia   409
Podziękowania   413
Przypisy   417
Indeks   432

Prolog

Feci, quod potui

Jest czwarta rano, a właściwie w nocy. Do świtu pozostało jeszcze kilka długich godzin. Kliny, dalekie przedmieście Krakowa, bardziej wieś niż miasto, jeszcze śpią. Żaden pies nie szczeka, żaden kogut nie pieje, żadna krowa nie ryczy. Żaden samochód nie jedzie. Dopóki nie ruszy poranne sąsiedzkie machanie łopatami, żaden zresztą nie przejedzie, bo w nocy spadł śnieg. Jedyna trasa łącząca te kilka domków z cywilizacją – na planie miasta szumnie nazywana ulicą, ale na razie to po prostu polna droga odbijająca od szosy zakopiańskiej – w tej chwili jest nieprzejezdna.

Stanisławowi Lemowi to akurat nie przeszkadza. Nigdzie się nie wybiera, przynajmniej w sensie fizycznym. Ale za chwilę będzie szybować wyobraźnią ku gwiazdom, bo te kilka godzin przed świtem, kiedy wszyscy domownicy jeszcze śpią, to jego ulubiona pora na pisanie. Wyobraźnia nie potrzebuje odśnieżonych dróg.

Teraz czeka go pierwsza czynność tego dnia – rozpalenie w piecu. Lem wymyka się ze swojego pokoju na piętrze. Po lastrykowych schodach schodzi na parter, gdzie w swoim pokoju śpi teściowa, a w jadalni na rozłożonym fotelu dziewczyna ze wsi, która u państwa Lemów gotuje i sprząta. Na upartego to jej można by zlecić palenie w koksowym piecu. Wprawdzie wymaga to męskiej krzepy, ale jeśli tym dziewczynom – wynajdowanym w podkrakowskich wsiach przez teściową dzięki jej niebywale bogatej sieci krewnych i znajomych – czegokolwiek brakuje, to nie jest to tężyzna fizyczna.

Z tym że dokładanie dziewczynie obowiązków byłoby ryzykowne: mogłaby po prostu odejść, jak już ileś poprzedniczek. Rodziny nie stać na płacenie im wystarczająco dużo, żeby utrzymać je na dłużej. Wszystkie w końcu znajdują sobie gdzieś w Krakowie lepszą pracę – i poszukiwania trzeba zaczynać na nowo. Rotacja jest tak szybka, że Lemowi nie chce się nawet zapamiętywać imion kolejnych dziewczyn.

Są jeszcze dwa powody, dla których Stanisław Lem chętnie bierze na siebie rolę palacza centralnego ogrzewania we własnym domu. Po pierwsze, jest czterdziestolatkiem. W tym wieku mężczyzna chętnie chwyta się „męskich" zadań w przeczuciu, że to ostatnia dekada w życiu, kiedy jeszcze wolno mu to robić. Wyczuwa, że już bliska jest ta chwila, w której nie będzie dla rodziny tym silnym, sprawnym przenosicielem ciężkich sprzętów i uniwersalnym rozwiązywaczem problemów, a sam zaczyna się stawać problemem i obciążeniem. I chce się nacieszyć każdym dniem sprawności fizycznej.

Po drugie, od dłuższego czasu Barbara Lem – w trosce o tę sprawność – próbuje swojego męża odchudzić. Chwyta się różnych sposobów. Namawia go do fizycznego ruchu, ogranicza mu dania obiadowe.

Stanisław Lem nie spiera się co do meritum. Nie kwestionuje potrzeby odchudzania. Wprawdzie nie zrobił dyplomu, ale skończył studia medyczne tak samo jak jego żona, która zresztą często powtarza, że Staszek, mimo braku dyplomu, wie o medycynie więcej od niej. I nie jest to tylko kurtuazja, Lem przecież ciągle kompulsywnie coś czyta, także literaturę medyczną.

Krótko mówiąc, sam dobrze wie, jakim zagrożeniem dla niego jest nadwaga. Dlatego, trudno, gdy przy obiedzie cała rodzina je drugie danie, on zadowala się zupą. Mózg i serce każą mu słuchać żony, ale żołądek to organ kierujący się własnymi prawami. I to właśnie on wyrywa Lema ze snu.

Schody do piwnicy nie są już wykończone nawet lastryko. Stanisław Lem schodzi w mrok po gołym betonie. Pcha surowe drzwi, zbite z desek stabilizowanych trzema belkami tworzącymi literę z. Zapala światło – ale nie kieruje pierwszych kroków do kotłowni. Skręca do garażu.

W bagażniku kryją się zakupy, które wczoraj zrobił w Krakowie, w swoim ulubionym „zieleniaku" na ulicy Długiej – gdy krążył po mieście, czekając, aż żona skończy pracę i wrócą do domu na świętą porę obiadową (godzinę trzynastą trzydzieści, jak co dzień). Lem jak zwykle przez ten czas załatwiał różne sprawy i sprawunki, od zakupów po lekturę międzynarodowej prasy wykładanej w hotelach.

Wczoraj w „zieleniaku" kupił dwa znakomite niemieckie batoniki marcepanowe. Wprawdzie nie wolno mu ich jeść, ale przecież nikt nie patrzy, wszyscy śpią. Lem pożera je pośpiesznie i przenosi się z garażu do spiżarni. Wrzuca papierki za szafę, która jest przymocowana do ściany, więc nikt nigdy nie wykryje jego dietetycznej transgresji, słodkiej zbrodni doskonałej.

Przez chwilę myśli o tym, jakim absurdem jest kupowanie słodyczy w „zieleniaku", a więc w sklepie, którego teoretycznym przeznaczeniem jest handel warzywami i owocami. Ale przecież czym to się różni od jechania do banku celem kupienia samochodu albo do hotelu, by kupić „Heralda"? A na takich właśnie absurdach Lemowi schodzą kolejne dni.

Może zrobić z tego opowiadanie satyryczne? O jakiejś planecie, na której Ijon Tichy usiłuje robić zakupy w lekko tylko zawoalowanym świecie peerelowskich absurdów? A może to nie musi być planeta? Co chwila pojawia się na mapie świata jakieś nowe państwo w ramach dekolonizacji – może zróbmy z tego fikcyjny kraj gdzieś w Azji czy Afryce?

Ta myśl jednak szybko ulatnia się z głowy Lema. Trzeba się wreszcie zabrać za to, po co tu przyszedł. Wygrzebuje z pieca na szuflę wczorajszy popiół i żużel. Przy drzwiach zarzuca płaszcz i wkłada robocze gumofilce – wygląda teraz bardziej

jak Franek Jołas z Mycisk Niżnych niż jak krakowski literat –
i przedziera się przez świeże zaspy do furtki.

Rzuca popioły na drogę i zziębnięty szybko wraca do domu.
W kotłowni odkrywa, że koks jak zwykle zamarzł (pomiesz-
czenie jest wilgotne i nieogrzewane) i nie da się go nabrać
na szuflę.

Sięga po sztamajzę, swoje podstawowe narzędzie pracy
jako palacza, opisane żartobliwie w *Podróży siódmej* Ijona
Tichego. To specjalny okuty drąg. Tichy miesza nim w stosie
atomowym (a także walczy nim z samym sobą w pętli czasu
o to, kto zeżre ostatnią ukrytą tabliczkę czekolady – Tichy
czwartkowy, Tichy piątkowy czy może najgroźniejszy z nich
wszystkich, bo najbardziej doświadczony, Tichy niedzielny).
Lem natomiast rozbija sztamajzą zamarznięte grudy koksu
i węgla. Ale oczywiście, jak Tichy, stoczyłby heroiczną walkę
o zapasy w spiżarce, choćby z samym sobą. W jakimś sensie
zresztą codziennie to robi.

Trach! Trach! Trach! W piecu jeszcze nie napalone, ale pisarz
już się rozgrzał. Wsypuje rozdrobniony żużel. Sięga po kanister
z benzyną, oblewa czarne bryły. Rzuca zapałkę.

BUM!

Benzyny jak zwykle nalał trochę za dużo. Zawsze strofuje
siebie za przesadę, ale to jak ze słodyczami, silniejsze od niego. Batonik i eksplozja, czy można w przyjemniejszy sposób
zacząć pracowity dzień?

Lem grzeje ręce przy huczącym piecu. Gdy tylko wróci do
swojego pokoju, usiądzie przy maszynie. Ma jeszcze jakieś trzy
godziny spokojnego pisania, zanim cały dom zacznie się budzić
i znowu trzeba będzie jechać do Krakowa.

O czym by tu dzisiaj… Idąc po schodach na górę, Lem myśli
o czytanym niedawno artykule – tak go zafrapował, że już nawet nie wie, gdzie to było, w „Heraldzie" czy w „Newsweeku"? –
o tym, że rząd amerykański zamówił w RAND Corporation
projekt sieci łączności, której węzłami będą komputery.

Komputer już nie jako samodzielny mózg elektronowy, ale jako narzędzie komunikacyjne! Jak zwykle to, nad czym pracują prawdziwi inżynierowie, jest ciekawsze od pomysłów fantastów. Przecież to w ciągu najbliższego pół wieku zupełnie zmieni cywilizację – media, relacje międzyludzkie, sposób pracy. Dlaczego nikt o takich rzeczach nie pisze?

Wczoraj Stanisław Lem mówił o tym Jankowi Błońskiemu, gdy ten wpadł z tradycyjną wieczorną wizytą. Rozmowa jak zwykle zaczęła się miło, Błoński o Prouście, Lem o sieci komputerowej, ale przeszła w awanturę, bo Błoński uparcie nie chciał przyznać, że pytanie o to, jak komputery zmienią cywilizację, jest jednak ważniejsze od pytania o to, jak Proustowi udało się ująć istotę natury ludzkiej na kartach *W poszukiwaniu straconego czasu.*

Jaką ludzie mogą mieć „istotę natury", skoro niedługo zaczną ingerować w kod genetyczny, a już teraz mogą swoją naturę zmieniać na przykład przy użyciu narkotyków? Oczywiście, im wyraźniejsza była spiżobetonowa niepodważalność Lemowskiej argumentacji, tym bardziej Błoński podnosił głos.

Pani domu, chcąc zapobiec awanturze, zmieniła temat na coś neutralnego i wspólnego obu literatom: perspektywę gazyfikacji, a więc i asfaltowania ulicy, która ich przedmieście przy dobrej pogodzie jako tako łączy z Krakowem, przy złej – skutecznie od niego oddziela. Błoński jednak, zamiast cieszyć się z postępu, zaczął rozpaczać, ile go będzie kosztować instalacja gazowa i skąd on na to weźmie pieniądze.

„Może to nie było miłe z mojej strony – myśli Lem – że odpowiedziałem na to, że phi, wystarczy, że napiszę dwa opowiadania, i będę miał na instalację, ale Błoński nie musiał tak zareagować!" Wybuchnął, wstał, zaczął machać rękami i powiedział, co myśli o twórczości gospodarza – że to zwykła chałtura, pisana tylko dla zarobku, której nigdy, nigdy nie będzie się zaliczać do kanonu polskiej literatury.

„To już mógł sobie darować, ten mój przyjaciel tak zwany", myśli Lem, siadając przed maszyną.

Ostatnie zdanie brzmi tak zabawnie, że w ostatniej chwili pisarz zmienia plany. Włoży je w cybernetyczne usta Trurla, bohatera literackiego, którego opisywanie sprawia mu ostatnio mnóstwo radości. Trurl to robot, konstruujący inne roboty. Jego sąsiad Klapaucjusz zajmuje się niby tym samym, ale oprócz tego wszystkim się różnią.

„Ciekawe, czy Błoński kiedyś się domyśli, że im goręcej mi chce dopiec, tym więcej mam pomysłów na opisywanie sporów Trurla i Klapaucjusza?", myśli Lem i od razu sobie odpowiada. Żaden polonista w Polsce nie traktuje serio literatury fantastycznej. Co ma tę dobrą stronę, że pisarz może sobie pozwolić na wszystko, bo nie będą jego dzieła obracać na nice ani krytyk, ani cenzor.

A przecież Trurl i Klapaucjusz w kolejnych opowiadaniach knują przeciwko najrozmaitszym gnębiącym ich tyranom, różnym Okrucyuszom, Mandrylionom i Potworykom. Aluzje są coraz oczywistsze, ale cenzura to przepuszcza, choć gdzie indziej czepia się byle czego. Rozbawiony psikusem, jaki kolejnym opowiadaniem spłata najbliższemu przyjacielowi oraz całemu światu, Lem zaczyna walić w klawisze.

Miarowy stukot maszyny wypełnia cały dom. Domownicy, jeśli nawet się przez niego na chwilę budzą, to tylko przewracają się na drugi bok, wiedząc, że dopiero czwarta i mają jeszcze parę godzin snu. Przyzwyczaili się spać przy tym odgłosie, zaniepokoiłoby ich raczej odejście od rutyny.

*

Czas już, żeby opowiadający powyższą historię wszechwiedzący narrator dokonał autodemaskacji. Gdzieś w pierwszej połowie lat sześćdziesiątych, kiedy Lem tworzył swe najważniejsze dzieła, naprawdę mógł się wydarzyć taki poranek. Skomponowałem go z rzeczywistych elementów – ale nie wiem, czy się wydarzył. Nie wiem, czy sztamajza z kotłowni rzeczywiście była pierwowzorem drąga z *Podróży siódmej* ani czy spory Lema z Błońskim o postęp techniczny stały się inspiracją dla kłótni Trurla (entuzjasty) z Klapaucjuszem (sceptykiem).

Na podstawie zgromadzonych materiałów wydaje mi się to prawdopodobne, ale nie mam na to dowodów. Nie mam ich nawet na to, że Lem rzeczywiście ukradkiem wcinał w piwnicy słodycze. Wiadomo, że podczas generalnego remontu tej piwnicy zza wspomnianej szafy wysypał się stos opakowań, pochodzących z lat sześćdziesiątych i siedemdziesiątych – ale przecież każdy uczciwy sąd by uniewinnił oskarżonego na podstawie tak nędznych przesłanek. Nikt Lema za rękę nie złapał.

Częstym zjawiskiem wśród biografów jest utrzymywanie całej narracji w podobnej konwencji. Autor pisze z pozycji wszechwiedzącego narratora. Wszystko wie o swoim bohaterze, ale nie zawsze wiadomo skąd.

Nie zrobię tego. Jedyną historią, jaką mogę państwu opowiedzieć w sposób uczciwy, jest moja historia: współczesnego dziennikarza, który próbuje zrekonstruować życie Stanisława Lema na podstawie dostępnych materiałów.

Wydawałoby się, że ktoś prowadzący bogatą korespondencję, kto w dodatku napisał książkę autobiograficzną i udzielił dwóch wywiadów rzek, nie ma żadnych tajemnic. Ja odnalazłem ich mnóstwo. Przyszli adepci „lemologii, lemografii i lemonomiki opisowej, porównawczej i prognostycznej" być może je wyjaśnią, ale ja muszę się tu już na wstępie przyznać do porażki i choćby dlatego nie wypada mi dalej pisać w neutralnej trzeciej osobie.

Będę pisał, co mi wiadomo – a nie „jak było". Bo przecież tak naprawdę nie wiadomo, kto pożerał ukradkiem w tej piwnicy chałwę i marcepan. Może kosmici? W przypadku tej akurat biografii tego nie można wykluczyć…

I

Wysoki Zamek

W dzieciństwie fascynowały mnie pytania typu „Jak zbudowany jest atom?". To chyba częste wśród przyszłych i obecnych wielbicieli prozy Stanisława Lema. Nigdy nie zapomnę zdumienia, które poczułem na wieść, że atom składa się głównie z pustki. Pośrodku jest jądro, mniej więcej sto tysięcy razy mniejsze od samego atomu. Wokół jądra krążą elektrony, dziesiątki razy mniejsze od jądra. Pomiędzy jądrem a elektronami nie ma nic. Przynajmniej nic materialnego. Gdy później, na studiach, poznałem teorię kwantów, nabrałem więcej szacunku dla nicości. Zrozumiałem, że jest z nią tak jak ze smokami z opowiadania Lema *Smoki prawdopodobieństwa* – smoków, jak wiadomo, nie ma, ale różne ich rodzaje nie istnieją na różne sposoby.

Wtedy jednak byłem wstrząśnięty tym, że atom składa się z jednej części „czegoś" i stu tysięcy części „niczego". Co za szokujące proporcje! A skoro cała materia składa się z atomów, to znaczy, że choć pozornie jest taka solidna i namacalna, w przytłaczającej większości też jest nicością!

Podobnie widzę dzieciństwo Stanisława Lema. Mamy autobiograficzną książkę o dzieciństwie *Wysoki Zamek*, mamy dwie książki typu „wywiad rzeka" (Stanisława Beresia i Tomasza Fiałkowskiego), pełne pysznych anegdot o kolegach i krewnych, o zabawkach i przysmakach. Mamy też wreszcie okruchy wspomnień w różnych większych i mniejszych tekstach publicystycznych.

A jednak, jeśli się temu przyjrzeć uważniej, stwierdzimy, że pisarz więcej ukrywa, niż odsłania. To, czego w tych wspomnieniach nie ma, jest ważniejsze od tego, co w nich jest. Tak jak atomy, wspomnienia Lema składają się głównie z pustki, ale postaram się zrobić z nią to samo, co z atomami w końcu zrobili fizycy kwantowi.

Zwróćmy uwagę na to, że im bliżej w tych wspomnieniach jesteśmy małego Stanisława Lema, tym bardziej wszystko robi się niematerialne i nierzeczywiste. Im bardziej ktoś był oddalony od Stanisława Lema, tym wyraźniej jest opisany. Gimnazjalni nauczyciele mają na przykład nazwiska, przeważnie także imiona, ale przede wszystkim opisywani są w *Wysokim Zamku* szczegółowo, czasem przez całą stronę.

Dowiadujemy się na przykład, że dyrektor Stanisław Buzath był „nieduży, o potężnym, władczym głosie, zresztą bardzo dobry człowiek", a łacinnik Rappaport „stary, schorowany, żółtawy na twarzy, usposobienia zrzędliwego, ale dość łagodnego". Matematykiem zaś był Ukrainiec Zarycki, „mężczyzna może pięćdziesięcioletni, postawny, o twarzy smagłej, ciemnawej nawet, zbruzdżonej, z jeszcze ciemniejszymi powiekami, ostrym nieforemnym nosem, o głębokich oczach, łysy jak kolano, bo golił starannie całą czaszkę. [...] Nigdy się nie uśmiechał"[1].

Sporo uwagi Lem poświęca polonistce, Marii Lewickiej, u której był zawsze prymusem. Chwaliła jego wypracowania, zwłaszcza te pisane na „wolny temat". Po wojnie zresztą szukał z nią kontaktu i przez inną absolwentkę dotarł do jej zeszytów z wierszami „bardzo niemodnymi, pisanymi w najwyższym emocjonalnym rozedrganiu"[2].

Koledzy ze szkolnej ławy opisani są bez nazwisk, ale i tak na tyle dokładnie, że bez trudu możemy ich sobie wyobrazić. Lem miał dwóch sąsiadów z ławki. Pierwszym był Julek Ch., „syn policjanta, chłopak dosyć rozrośnięty, blondyn z zadartym nosem i wyrazem niepewności w oczach". Dał on Lemowi autentyczny jednostrzałowy pistolet, kaliber 6 milimetrów, w zamian za straszaka browninga 9 milimetrów, który się właścicielowi „znudził". Lem odpalił go w domu, czym przeraził ojca, który mu natychmiast ten pistolet skonfiskował. Drugim sąsiadem był Jurek G., „przystojny i kochliwy". Lem pamiętał jednak głównie jego romanse, nie jego samego. Więcej pisze o „Mieciu P.", o „ciężkim dowcipie i jeszcze cięższej ręce; pytany, grał zwykle idiotę, tak aby wychodziło na natrząsanie się z egzaminatora". Miecio był wulgarny, Lem więc za nim nie przepadał. Lubił za to Jóźka F., „któremu wąs zaczął się sypać bodajże czy nie już w pierwszej gimnazjalnej", oraz Zygmunta E. zwanego Puńcią, doskonałego piłkarza, pochodzącego z ubogiej rodziny, więc w gimnazjum utrzymywał się, dając korepetycje.

Z korepetytorów korzystał z kolei sam Lem i ich też opisuje dość szczegółowo, przede wszystkim nauczycielkę francuskiego, „pewną Mademoiselle, osobę dość przykrą, z olbrzymim, porowatym jak pod powiększającym szkłem, czerwonym nosem". Lem nie chciał się uczyć francuskiego, więc znalazł na Mademoiselle świetny sposób, niczym bohaterowie *Sposobu na Alcybiadesa* Niziurskiego.

Mademoiselle uwielbiała plotki o tym, kto się żeni, a kto rozwodzi. Lem opowiadał jej zmyślone historie o swoich licznych wujach i ciotkach, jednocześnie częstując ją koktajlami, które własnoręcznie miksował z alkoholi wykradanych z kredensu matki. „Doprawdy dziwne, że po tym wszystkim potrafię przeczytać książkę w języku Moliera" – zauważa Lem.

W miarę szczegółowo opisane są także inne niespokrewnione osoby, z którymi Lem stykał się w domu rodzinnym – praczka, szwaczka, służąca, kucharka. Ale jeśli zrobimy kolejny krok w stronę pisarza i zaczniemy obserwować jego krewnych, obraz się rozmywa.

W *Wysokim Zamku* i innych tekstach wspomnieniowych wielokrotnie pojawiają się wujowie i ciotki, ale ci rzadko mają imiona, rzadko też mają cechy charakterystyczne. Często Lem opisuje ich właśnie w liczbie mnogiej, jako wujów i ciotki – nawet nie wiemy, ilu ich było i jakie właściwie łączyło ich pokrewieństwo. Opierając się na samych wypowiedziach Lema, nie można sporządzić żadnej listy.

Imiona mają „kuzyn Mietek" (z którym Staszek pobił się o niezwykłą zniewagę w postaci „pokazania nogi"), „ciocia Niunia", a także „wuj Mundek, mąż cioci Hani z ulicy Wolności" (który z ojcem pasjami próbował łapać dalekie rozgłośnie na radiu marki Ericsson, ale dobiegały z niego głównie „potężne gwizdy, warkoty i miauczenia elektrycznych kotów").

Imienia nie ma „ciotka z ulicy Jagiellońskiej", ale dowiadujemy się z *Wysokiego Zamku*, że tuż pod jej domem małego Staszka śmiertelnie wystraszył agresywny indyk, a ponadto że ciotka miała „*eine feine Stube*", czyli elegancki salon, do którego nie wolno było wchodzić, pełen ozdobnych naczyń i smakołyków przeznaczonych wyłącznie do dekoracji. Chłopiec potraktował ten zakaz jak wyzwanie, zakradł się do salonu przy pierwszej okazji i zatopił zęby w marcepanowym owocu – by odkryć, że po latach marcepan skamieniał i nie nadawał się już do jedzenia. Było to „jedno z największych rozczarowań [jego] życia".

Ciotka zyskała imię dopiero dobre trzydzieści lat po publikacji *Wysokiego Zamku*. W wywiadzie z Tomaszem Fiałkowskim Lem powiedział, że miała na imię Berta i była matką Mariana Hemara. W latach sześćdziesiątych xx wieku mówienie o Hemarze nie miało sensu, cenzura i tak by to usunęła z książki (albo książka w ogóle by się nie ukazała).

Obraz staje się zupełnie rozmazany, gdy zrobimy ostatni krok w stronę jądra tego atomu, gdy przyjrzymy się dwóm osobom najbliższym małemu Staszkowi – jego rodzicom. Nauczycieli, kolegów, korepetytorów, sklepikarzy, praczki i kucharki możemy sobie wyobrazić na podstawie tych wspomnień. Wiemy, jakie mieli głosy i jak wyglądali. Ale jaki głos miał ojciec? Jak wyglądała matka? Ba, jak oni się w ogóle nazywali? Tego nie znajdziemy ani w *Wysokim Zamku*, ani w późniejszych tekstach wspomnieniowych. O matce dowiadujemy się właściwie tylko tyle, że istniała. Jak bóstwo chtoniczne w antycznych mitologiach, nie odgrywa roli fabularnej w mitologicznej narracji, bo przecież zawsze jest milcząco obecna w tle – to ona uosabia wszystko, co materialne. Ojciec za to jest bóstwem olimpijskim, nadprzyrodzonym władcą, który czasem zsyła małemu Staszkowi hojne dary, a czasem wydaje niezrozumiałe zakazy. Trudno ich sobie na podstawie tego opisu wyobrazić jako ludzi z krwi i kości.

Zostawmy już te metafory i napiszmy, co o rodzicach Lema wiadomo na pewno. Nazywali się Samuel Lem i Sabina z domu Wollner, pobrali się 30 maja 1919 roku[3]. Samo imię ojca wyjaśnia, dlaczego Stanisław Lem tak bardzo w tej sprawie kluczył – przez całe życie unikał rozmawiania o swoich żydowskich korzeniach.

Samuel Lem co najmniej od roku 1904[4] posługiwał się spolszczoną wersją nazwiska, ale jego krewni aż do samej wojny podpisywali się „Lehm". Od czasu do czasu również on używał starej pisowni, prawdopodobnie ze względu na zgodność z jakimiś dokumentami.

Lemów i Lehmów do 1939 roku we Lwowie mieszkało wielu. Hersz *vel* Herman Lehm, ojciec Samuela, miał siedmioro rodzeństwa[5], co praktycznie uniemożliwia odtworzenie tożsamości wszystkich „wujków i cioć" z *Wysokiego Zamku*, tym bardziej że – jak podejrzewam – część z nich to niespokrewnieni „przyjaciele domu". Wiadomo jednak, że różnili się swoim podejściem do kwestii asymilacji. Niektórzy trwali przy żydowskiej tożsamości, inni zaś uważali się za Polaków pochodzenia żydowskiego, jak choćby Samuel Lem właśnie, o czym najlepiej świadczy wybór imienia dla pierworodnego syna.

Stanisław! Czemu nie Adam, Jan czy Piotr? Czemu to musiało być jedno z imion, które – niczym Wojciech lub Jadwiga –

jednoznacznie przypisuje do Europy Środkowo-Wschodniej, nawet po zastąpieniu zachodnim odpowiednikiem? To nie był przypadkowy wybór, to była deklaracja polskości.

Austro-węgierski lekarz wojskowy, taki jak doktor Samuel Lem, miał w 1918 roku wiele opcji do wyboru. W czasach pokoju i względnej stabilności narodowość i obywatelstwo traktujemy jako coś niezmiennego, ale dla mieszkańców Europy Środkowo-Wschodniej sto lat temu tak nie było. Ich państwa w wyniku Wielkiej Wojny rozsypały się jak domki z kart. Ich paszporty z dnia na dzień straciły ważność. Wszyscy *nolens volens* dokonali wyboru i często – z racji braku obiektywnych kryteriów – ten wybór był arbitralny.

Świadczy o tym choćby przykład braci Szeptyckich. Jeden z nich, Andrzej, metropolita unicki, przeszedł do historii jako przywódca duchowy Ukraińców. Jego rodzony brat Stanisław został zapamiętany jako polski dowódca, który obronił Wilno przed bolszewikami. Zapewne jeszcze kilka lat wcześniej braci Szeptyckich rozbawiłaby taka przepowiednia, że zapiszą się złotymi zgłoskami w historii zwaśnionych ze sobą narodów.

W moim pokoleniu wiele było opowieści o tym, jak nasi rodzice lub dziadkowie stali przed podobnymi wyborami w roku 1918 czy 1945. Często towarzyszyła temu nutka wyrzutu pod adresem przodków, którzy z wszystkich paszportów, jakie mieli do wyboru, wybrali akurat polski!

Wiele rodzin kultywowało rodzinną legendę o jakiejś ciotce czy wujku, których wojenna zawierucha rzuciła na Zachód. Czasem przyjeżdżali, odziani w tweedy i pachnący old spice'em, praktycznie każdym zmysłem dając poznać, że przybywają z innego, lepszego świata. Wielkodusznie dawali nam kilka dolarów czy marek zachodnioniemieckich, które dla nas były skarbem, bo wiedzieliśmy, że w specjalnych sklepach można za to kupić niezwykłe smakołyki – puszkę 7up, pudełko gumy do żucia Wrigley's Spearmint albo nawet (ach!) słoiczek nutelli.

Stanisław Lem jako dziecko,
Lwów, lata dwudzieste

A kto nie miał takiego krewnego, ten o nim fantazjował. Było
to nawet udziałem dorosłego Stanisława Lema. Od ojca usłyszał plotkę, że jakiś członek rodziny przyniósł jej hańbę i musiał
się salwować emigracją do USA. Odtąd Stanisław Lem wciąż
oczekiwał na telegram z informacją o sutym amerykańskim
spadku i zanudzał tym żartem swoją żonę oraz najbliższe otoczenie, samokrytycznie przyznając, że „zakrawało to nieomal
na obsesję"[6].

Po I wojnie światowej mało kto spodziewał się tak rychłego
nadejścia drugiej. Po drugiej z kolei spodziewano się trzeciej,
która jednak (odpukać) ciągle nie nadchodzi. Co za tym idzie,
dziecięce doświadczenia pokolenia Stanisława Lema były radykalnie odmienne od moich oraz – jak sądzę – większości jego
wielbicieli w PRL. Wychowywano mnie w poczuciu miałkiej
tymczasowości wszystkiego, co nas otacza. Szkoła, rodzice

i popkultura kazały mi czekać na kolejną wojnę czy powstanie, w których wszystko znowu pójdzie z dymem, jak już dwukrotnie w tym stuleciu.

Lema wychowywano w poczuciu „betonowego, niewzruszonego ładu" (jak to ujął w rozmowie z Fiałkowskim). Przez pierwsze osiemnaście lat było dla niego oczywiste, że miał szczęście przyjść na świat i mieszkać w najwspanialszym mieście świata. Innych miast nie zdążył poznać i chyba niespecjalnie go interesowały – po skłonności ojca do spełniania zachcianek syna można się domyślić, że gdyby mały Staszek wiercił mu w tej sprawie dziurę w brzuchu, w końcu pojechałby do Krakowa czy do Warszawy. Tymczasem ojciec nie puścił go nawet na szkolną wycieczkę do Paryża, argumentując, że tak daleka podróż byłaby niebezpieczna.

To wszystko sprawia jednak, że z dużą dozą sceptycyzmu czytam na przykład taki fragment *Wysokiego Zamku*:

Nie widziałem doprawdy nigdzie wystaw cukierniczych urządzanych z takim rozmachem. Była to zresztą właściwie scena, oprawna w metalowe ramy, na której kilkakrotnie w roku zmieniano dekoracje stanowiące tło dla potężnych posągów i figur alegorycznych z marcepanu. Jacyś wielcy naturaliści albo i Rubensowie cukiernictwa urzeczywistniali swoje wizje, a szczególnie już przed Bożym Narodzeniem i Wielkanocą działy się za szybami zaklęte w masę migdałową i kakaową dziwy. Cukrowi Mikołaje powozili zaprzęgami, a z ich worów kipiały lawiny smakołyków; na lukrowych półmiskach spoczywały szynki i ryby w galarecie, też marcepanowe z tortowym nadzieniem, przy czym te moje informacje nie mają czysto teoretycznego charakteru. Nawet plastry cytryny, przeświecające spod galarety, były udaniem cukierniczego rzeźbiarstwa. Pamiętam stada różowych świnek z czekoladowymi oczętami, wszystkie możliwe rodzaje owoców, grzybów, wędliny, rośliny,

jakieś knieje i wertepy: można było dojść do przeświadcze-
nia, że Zalewski potrafiłby cały Kosmos powtórzyć w cuk-
rze i czekoladzie, słońcu przydając łuskanych migdałów,
a gwiazdom lukrowego lśnienia; za każdym razem w nowym sezonie umiał ten mistrz nad mistrze zajść duszę moją,
łaknącą, niespokojną i nie całkiem jeszcze ufną, od nowej
strony, przeszyć mnie wymową swych marcepanowych
rzeźb, akwafortami białej czekolady, Wezuwiuszami tor-
tów rzygających bitą śmietaną, w których jak wulkaniczne
bomby nurzały się ciężko kandyzowane owoce.

Deklaracja „nie widziałem doprawdy nigdzie" wzbudziła
moją nieufność, gdy pierwszy raz czytałem te słowa jako dziecko pożerające łapczywie wszystkie książki Lema, jakie udało
mi się znaleźć w bibliotece domowej, w bibliotekach kolegów
z sąsiedztwa, a wreszcie w bibliotekach szkolnej, osiedlowej
i w miejscowościach odwiedzanych podczas wakacji. *Wysoki
Zamek* dopadłem bodajże w osiedlowej i było to jednocześnie
moje pierwsze zetknięcie się z fenomenem polskiego Lwowa.
Przedtem informacja, że przed wojną były jakieś dwa duże
polskie miasta, które przestały być polskie w wyniku zmiany
granic po roku 1945, była dla mnie geograficzną ciekawostką,
niczym więcej. *Wysoki Zamek* zapełnił to konkretem zapachu
roznoszącego się z palarni kawy na ulicy Szopena, romantyczną scenerią Ogrodu Jezuickiego czy właśnie opisami cukierni,
do których każde czytające tę książkę dziecko (niezależnie od
wieku) natychmiast chciałoby się przenieść.
Ale czy wystawa cukierni Zalewskiego naprawdę mogła być
taka piękna jak w książkowym opisie? Wyrastałem w głębokim przekonaniu, że najpiękniejsze rzeczy są poza Polską. Są
gdzieś tam, gdzie dzieje się akcja filmów zachodnich, a najlepiej amerykańskich. To przekonanie jest obce choćby pokoleniu moich dzieci, ale ja nie umiem się od niego uwolnić
nawet dzisiaj.

Autobiograficzny *Wysoki Zamek* powstawał w roku 1965, kiedy codzienność Lema wyglądała mniej więcej tak, jak to opisałem w prologu. Niewykluczone, że słowa o marcepanie od Zalewskiego i chałwie od Kawurasa wystukiwał na maszynie, czując jeszcze na podniebieniu smak batonika zjedzonego ukradkiem w piwnicy.

„Zieleniaki", w których zaopatrywał się w łakocie, były to przedziwne sklepy, korzystające ze względnie liberalnego traktowania przez władze PRL handlu owocami i warzywami. Działały więc w sposób prawie że kapitalistyczny. Miały kogoś w rodzaju właściciela (ściślej rzecz biorąc, „ajenta", czyli dzierżawcę), który handlował w nich, czym mógł.

Przede wszystkim – owocami i warzywami, bo to była podstawa prawna jego działalności. Ponadto jednak także lizakami, „ciepłymi lodami", oranżadą (w proszku i w butelkach z charakterystycznym wielorazowym kapslem), przyprawami, wodą sodową i nabojami z dwutlenkiem węgla, pozwalającymi taką wodę samemu wyprodukować w autosyfonie.

Gdy czytałem *Sklepy cynamonowe* Schulza, wizualizowałem sobie taki właśnie zieleniak, bo to był najbliższy mojemu codziennemu doświadczeniu ekwiwalent. „Słabo oświetlone, ciemne i uroczyste ich wnętrza pachniały głębokim zapachem farb, laku, kadzidła, aromatem dalekich krajów i rzadkich materiałów" – dziś oczywiście ja też rozumiem, jak błędne było wyobrażanie sobie sklepów cynamonowych na wzór peerelowskiej budki byle jak skleconej z desek (ajent nie miał powodu, by inwestować w swój biznes, bo formalnie nie był właścicielem).

Nic nie poradzę na to, że jestem wychowankiem PRL. Będę się nawet bronić, że to pomaga mi w zrozumieniu różnych wątków w prozie Lema – który przecież większość dzieł stworzył właśnie w tym ustroju, między zieleniakiem a mięsnym, między pisaniem podania o przydział pralki a użeraniem się o części w Polmozbycie. Bez tego nie zrozumiemy na przykład opowiadań o Pirxie (zwłaszcza *Ananke*, przenoszącego na Marsa realia typowej socjalistycznej inwestycji) czy złożonej relacji intelektualiści–władza w *Głosie Pana*, a przede wszystkim opowiadania *Profesor A. Dońda*.

Ale to właśnie moje peerelowskie uwarunkowanie sprawia, że nieufnie odnoszę się do opisów Drugiej Rzeczypospolitej tak entuzjastycznych jak powyższy fragment *Wysokiego Zamku*.

Lem twierdzi, że nigdzie indziej nie widział wystaw urządzanych z „takim rozmachem". Pisał te słowa już po pierwszych podróżach po Europie, ale te były dość skromne. Nie znał legendarnych wystaw londyńskiego Harrodsa ani sklepów z nowojorskiej Piątej Alei. Czy gdyby je zobaczył, podtrzymałby swój zachwyt wystawami przedwojennego Lwowa?

Gdy wreszcie odwiedziłem Lwów, by szukać tu śladów po Lemie – uwierzyłem pisarzowi. To był mój pierwszy przyjazd do tego miasta. Spodziewałem się przede wszystkim, że nie znajdę tych śladów zbyt wiele, bo co mogło po tylu latach zostać z przedwojennego Lwowa? Z lewobrzeżnej Warszawy ostała się przecież na dobrą sprawę tylko siatka ulic, też zresztą mocno zmodyfikowana.

Nie szkodzi, uwielbiam wyprawy do miejsc, które nie istnieją. Zrobiłem z tego nawet coś w rodzaju minispecjalizacji quasi-reporterskiej. Drogi, których już nie ma na mapie, miasta, których na niej nigdy nie było, ale umieściła je tam fantazja pisarza czy filmowca – w myśl buddyjskiej maksymy „sama podróż jest nagrodą" lubię tam jechać, nawet jeśli wiem, że nie ma po co.

Pojechałem do Lwowa, zaopatrzony w *Przewodnik po Europie*, tom I: *Europa Wschodnia i Środkowa (Rosya, Austro-Węgry, Niemcy i Szwajcarya)* doktora Mieczysława Orłowicza z roku 1914 – książkę, z którą uwielbiam zwiedzać Mitteleuropę. Orłowicz pisze o Lwowie tak:

Lwów. Dawna stolica Rusi Czerwonej, założony w XIII wieku, za panowania Kazimierza Wielkiego przechodzi pod panowanie Polski. Obecnie główne miasto Galicyi, siedziba namiestnika, sejmu krajowego, arcybiskupa łacińskiego, metropolity unickiego i arcybiskupa obrządku ormiańskiego. Mieszkańców liczy Lwów 210.000, w tem Polaków 120 tys., Żydów 60.000, Rusinów 25.000, Niemców 5.000. Wrażenie robi Lwów zupełnie nowoczesne – budynków starszych niż XVII w. bardzo mało.

Ku swojemu zdumieniu odkryłem, że Lwów prawie w ogóle się nie zmienił od roku 1939 – a nawet od 1914. Można się poruszać na podstawie planu miasta sprzed stu lat: większość budynków stoi tam, gdzie stała.

Budynki, które doktor Orłowicz nazywał „zupełnie nowoczesnymi", to przede wszystkim austro-węgierska secesja. W zaborze austriackim Lwów, jako „siedziba namiestnika" i stolica całej Galicji, przeżył boom demograficzny, gospodarczy i urbanistyczny. Większość budynków w centrum pochodzi więc z XIX wieku, secesja jest tutaj tak piękna, że robi wrażenie nawet na kimś, kto dobrze zna Wiedeń i Kraków.

Jurij Andruchowycz, pisząc osobiste posłowie do agorowej edycji dzieł zebranych Lema w 2009 roku, skupiał się na tym, co się od 1939 roku w tym mieście zmieniło. Wymienia opisane przez Lema miejsca, których już nie ma – pasaż Mikolascha, sklep z zabawkami Klaftena i kiosk ze słodyczami Kawurasa. Znakomita większość ulic i budynków jednak się zachowała, często nawet wygląda tak jak przed wojną (bo od dwóch dekad Polska i Europa łożą znaczne sumy na renowację lwowskich zabytków).

Uzbrojony w plan miasta dołączony do przewodnika doktora Orłowicza, odtwarzam codzienną trasę Lema od jego domu (Brajerowska 4) do gimnazjum (Podwale 2). To ulice: Brajerowska, Podlewskiego, Jagiellońska, Legionów, pasaż Andriollego,

Rynek, Ruska, Podwale, Czarnieckiego. Dziś odpowiednio: Lepkiego, Hrebinki, Hnatiuka, prospekt Swobody, pasaż Andreolli, Rynok, Ruska, Pidwalna. Nawet nie wszystkie nazwy się zmieniły!

*

Mijam piękną, zdobioną egipskimi motywami kamienicę Maurycego Allerhanda, przedwojennego prawnika, jednego z twórców polskiego prawa cywilnego, którym posługujemy się do dzisiaj. Podziwiam Ogród Jezuicki (dziś park Iwana Franki) widniejący na horyzoncie. Przecinam prospekt Swobody, bulwar, który wygląda tak, jak chciałyby wyglądać krakowskie Planty, ale brak im rozmachu. Mijam Rynek i jego niezwykły ratusz, którego architektura nie podobała się doktorowi Orłowiczowi („brzydki, czworograniasty w stylu biurokratycznym z r. 1820, z wieżą 65 m. wysoką"), ale jak dziś widać, dobrze zniósł próbę czasu.

Łatwo wyobrazić sobie przedwojenny Lwów – wystarczy udawać, że nie widzi się współczesnych samochodów, a za to więcej się widzi przedwojennych szyldów, które i tak wszędzie wyłażą spod tynku. Mijam sklep, który oferował coś „aparatów kościelnych, srebra, bronzu itp.". Nie wiem, co konkretnie z tymi aparatami tam robiono (skup? sprzedaż? naprawa? wszystko naraz?), bo ten płat tynku jeszcze nie odpadł, więc nadal jeszcze skrywa swój sekret.

Z innego sklepu tynku odpadło już dość, by domyślić się, że to był przed wojną obuwniczy, widać bowiem litery „obuwie włosk", „gumowce" i „przyjmujemy wszelkie reperacje". Naprzeciwko kamienicy Lemów według *Wysokiego Zamku* miała być wypożyczalnia książek, ale z tego, co na razie wyszło spod tynku, wygląda to raczej na cukiernię – widać słowa „lody, woda sodowa", z odsłoniętych fragmentów liter można się też już domyślić kolejnego napisu: „kawa, czekolada".

Być może ten lokal łączył obie funkcje, podobnie jak modne dziś w Polsce księgarniokawiarnie. Oferta słodyczy musiała być jednak marna, skoro Lem miał ją pod samym nosem, a jednak w *Wysokim Zamku* o niej nie pisze.

Poetycko opisana cukiernia Zalewskiego nie jest już cukiernią, tylko barem z ukraińskiej sieci Puzata Chata – to taki lepszy fast food, w którym dania zamawia się przy ladzie, ale je się przy stoliku, z talerzy i normalnymi sztućcami. Trochę jak w stołówce zakładowej, tyle że dobór dań inspirowany jest ukraińską kuchnią domową.

Podczas pierwszej radzieckiej okupacji w znacjonalizowanym lokalu Zalewskiego urządzono pokazową cukiernię, demonstrującą najlepsze ciastka produkowane w Moskwie (podobno w samej Moskwie niedostępne dla zwykłego człowieka). Podczas okupacji niemieckiej działała tam kawiarnia istniejącej do dzisiaj sieci Julius Meinl, oczywiście *nur für Deutsche*[7]. Po wojnie zaś zawsze była tam taka czy inna kawiarnia lub restauracja.

W oknach nie ma już dzieł „Rubensów cukiernictwa", ale same okna do dzisiaj olśniewają secesyjnym przepychem. Ręcznie kute ornamenty, lśniący mosiądz, mozaiki, marmury – nowy właściciel wszystko odczyścił i przywrócił pierwotną świetność. Nawet w Wiedniu niewiele znajdziemy tak pięknych przykładów secesji. Można zrozumieć, dlaczego Lem, gdy po raz pierwszy zobaczył Wiedeń, opisywał go jako „bardzo powiększony Lwów"[8].

Odnowiono też gmach gimnazjum, do którego chodził Lem. Dziś jest to szkoła numer 8, wtedy państwowe gimnazjum numer 2. Szkoła w 2018 roku będzie świętowała dwieście lat praktycznie nieprzerwanego działania w tej samej siedzibie i w podobnej formule – rzecz rzadko spotykana w naszym regionie Europy. Ile szkół w Polsce może to o sobie powiedzieć?

Gimnazjum założono w zaborze austriackim jako szkołę dla dzieci austriackich urzędników (i tak jest opisane w przewodniku doktora Orłowicza). W niepodległej Polsce zmieniono mu nazwę, ale naturalnie nadal istniało zapotrzebowanie na elitarną szkołę z rozszerzonym programem języka niemieckiego.

Szkoły nie zlikwidowali niemieccy okupanci – komu jak komu, ale im rozszerzony niemiecki nie przeszkadzał. Jej działalność była potrzebna także po wojnie, w Związku Radzieckim. Przy całej opresyjności tego systemu zawsze jednak kładziono w nim nacisk na naukę języków obcych – gdzieś w końcu trzeba było szkolić przyszłych szpiegów. I wreszcie nadal potrzebna jest taka szkoła na wolnej Ukrainie, a zwłaszcza w jej najbardziej prozachodnim mieście.

Gdyby miasto sprowadzać tylko do stojących w nim budynków, Lwów wygląda na miejsce cudownie ocalone od przekleństw Europy Środkowo-Wschodniej, przez którą w xx wieku parokrotnie przechodziły fronty i i ii wojny światowej, a do tego jeszcze drobniejszych konfliktów, jak wojna bolszewicka czy rywalizacja nowo utworzonych państw o wytyczenie granic. Wiele miast, jak choćby moją Warszawę, równano przy tym z ziemią. Lwów ocalał.

A raczej ocalałby, gdyby miasto to były tylko budynki. Te Lwów zachował, stracił za to swoje zasoby ludzkie. Po 1945 roku komunistyczne władze wygnały Polaków i przeprowadziły czystki wśród Ukraińców. Wcześniej z miasta uciekli Niemcy, którzy przedtem zdążyli wymordować prawie wszystkich Żydów. Zapewne po części dlatego tak dobrze zachowały się nieruchomości. Nie było ich nawet komu dewastować. Siedemdziesiąt lat temu Lwów był miastem pięknie zachowanych pustostanów.

Patrząc na te budynki, zrozumiałem, że doszukując się jakiejś zagadki w decyzji Samuela Lema, który po 1918 roku postanowił powiązać los swój i swojej rodziny ze Lwowem i z Polską na dobre i na złe, uległem złudzeniu poznawczemu, które historycy nazywają prezentyzmem. To ocenianie decyzji podejmowanych w przeszłości z wykorzystaniem wiedzy, którą mamy w teraźniejszości.

Ja już wiem, jak złe miało być to „na złe". Czterdziestoparoletni, a więc obdarzony sporą życiową mądrością doktor Samuel Lem widział przede wszystkim owo „na dobre". Tu się zakochał, tu miał gdzie mieszkać, tutaj mógł kontynuować pracę naukową i medyczną. Tutaj mieszkało jego starsze rodzeństwo, a także podstarzali i wymagający opieki rodzice, którzy zmarli niedługo przed narodzinami Stanisława Lema.

Mój prezentyzm sprawia, że chciałbym wskoczyć na Lemowski chronocykl, żeby udzielić Samuelowi porady życiowej, która z dzisiejszej perspektywy wygląda najrozsądniej: uciekaj stąd. Zabierz narzeczoną i zaczynaj wszystko od zera w jakimś mieście, którego nie dotknie wojna. Najlepiej pojedź szlakiem zhańbionego krewnego do Stanów, ale jak tam się nie da, to do Meksyku, Buenos Aires, Londynu choćby – gdziekolwiek, dokąd nie dotrą czołgi Hitlera i Stalina. Jeśli tego nie zrobisz, i tak będziesz wszystko zaczynać od zera, ale dużo później, w Krakowie, zniedołężniały i schorowany, akurat w wieku, w którym każdy wolałby już przejść na emeryturę.

W 1918 roku Lwów był terenem walk między Rzecząpospolitą Polską a Zachodnioukraińską Republiką Ludową. To było efemeryczne państwo, któremu nigdy nie udało się ustalić swoich granic ani zdobyć uznania międzynarodowego. Dorobiło się przynajmniej flagi – która dziś dumnie powiewa przed siedzibą władz obwodu lwowskiego, razem z flagą ukraińską i europejską. Siedziba mieści się w tym samym budynku, który dla siebie zbudowali austriaccy zaborcy – opodal Lemowskiego gimnazjum z rozszerzonym niemieckim.

Polskość Lwowa została ustalona dopiero w maju 1919 roku – na tydzień przed ślubem Samuela i Sabiny Lemów! – gdy do miasta wkroczyła armia Hallera, przerywając ukraińskie oblężenie. Armia była zdominowana przez endeków, jej wkroczeniu towarzyszyły antyżydowskie ekscesy, które historycy sprzyjający endekom nazywają „poszukiwaniem żydowskich snajperów strzelających do Polaków", reszta zaś – po prostu pogromem.

Czy to tylko mój prezentyzm, że widzę w tym wszystkim zapowiedź dużo straszniejszych wydarzeń, które rozegrają się w tym samym mieście dwie dekady później? Co czuł Samuel Lem, który już raz doświadczył oblężenia Przemyśla, kiedy Ukraińcy okrążyli Lwów i przez pewien czas miasto było odcięte od elektryczności i zaopatrzenia? Czy opisywany przez Stanisława Lema ślad po zabłąkanej kuli, blizna na jednym z okien kamienicy przy Brajerowskiej, nie był dla jego ojca wystarczającą przestrogą? A może jednak, jak wielu sobie współczesnych, uważał, że to wszystko przejściowe spazmy porodowe, z których rodzi się Polska – potężna, betonowa i niewzruszona. To, co my nazywamy I wojną światową, dla niego było Wielką Wojną i – jak wielu jemu współczesnych – nie spodziewał się, by miała się ona powtórzyć.

Przez większość życia Stanisław Lem niechętnie mówił na temat rodziców, zapewne przede wszystkim dlatego, że wdając się w najprostsze szczegóły, jak choćby ujawnienie imienia ojca, poruszyłby w końcu kwestię swoich żydowskich korzeni.

Ten temat zaś był dla Stanisława Lema całkowitym tabu. Nigdy nie poruszał go publicznie, a i prywatnie właściwie też nie, robiąc bardzo rzadkie wyjątki – trzy, o których mi wiadomo, to korespondencja z angielskim tłumaczem Michaelem Kandlem oraz prywatne rozmowy z Janem Józefem Szczepańskim i Władysławem Bartoszewskim.

Ta niechęć do rozmowy o pochodzeniu nie tłumaczy jednak, dlaczego rodzice są we wspomnieniach Lema – by użyć zwrotu z Lemowskiego opowiadania o smokach – nieobecni na dwa różne sposoby. O ojcu dowiadujemy się mimo wszystko kilku rzeczy (kim był z zawodu, jakie miał zainteresowania, jakie miał usposobienie, nawet że podobał mu się *Szpital*

Przemienienia, a *Astronauci* już niespecjalnie). O matce nie wiemy nawet tego.

Strzępki informacji odnajdziemy w książkach Beresia, Fiałkowskiego i Tomasza Lema (który nie zdążył poznać dziadka Samuela, ale pamięta z dzieciństwa babcię Sabinę, którą nazywał od jej krakowskiego adresu „babcią Bonerowską").

Beresiowi Lem mówił tak:

> Matka pochodziła z bardzo ubogiej rodziny z Przemyśla, więc małżeństwo mojego ojca wśród jego krewnych uchodziło za wręcz morganatyczne. Rodzina ojca nieraz dawała mojej matce w różny sposób do zrozumienia, że w tym fakcie jest coś niestosownego.
>
> Cóż, moja matka nie miała właściwie żadnego fachu i była po prostu gospodynią domową. Nasze stosunki były nader poprawne, niemniej zawsze lgnąłem bardziej do ojca i pewnie dlatego wywarł silniejszy wpływ na moją osobowość, co zresztą widać po moich zainteresowaniach. Matka oczywiście zawsze była w domu, cerowała moje skarpetki, zajmowała się mną, ale nigdy nie stała się moim powiernikiem. Tę rolę pełnił ojciec. I chociaż był bardzo zajęty, wysoko ceniłem sobie te małe kąski czasu, które wyrywał dla mnie kosztem swojej pracy[9].

Fiałkowskiemu Lem opowiedział kapitalną anegdotę rodzinną:

> Kiedy ojciec trafił do niewoli, matka moja tak była niezadowolona z przedłużającego się pobytu w rosyjskim obozie jenieckim, że pojechała do Wiednia, do Katarzyny Schratt, przyjaciółki cesarza Franciszka Józefa, prosić, by cesarz ponad frontami zwrócił się do cara o zwolnienie mojego taty. Pani Schratt przyjęła matkę bardzo grzecznie, ale oczywiście nic z tej audiencji nie wynikło. Ojciec zawsze się bardzo śmiał

z tego, że jego narzeczona uznała sprawę ich zawieszonego ślubu za tak ważną[10].

Na koniec zaś Tomasz Lem pisze:

> Jego żona Sabina nie otrzymała wyższego wykształcenia, toteż Samuel Lem popełnił swoisty edukacyjny mezalians – zapewne z miłości. Babcia olśniła go urodą. Z czasem okazało się, że charakter miała trudny i dziadek sporo się z jej powodu nacierpiał. Podobno do jej ulubionych zajęć należało osobiste odbieranie czynszu od lokatorów dziadkowej kamienicy, co jednoznacznie i niezbyt przychylnie określiło stosunek mieszkańców do kamieniczniczki[11].

Na podstawie tych okruchów wspomnień można więc chyba wywnioskować, że Sabina, młodsza o trzynaście lat od Samuela, była osobą, która nie dawała sobie w kaszę dmuchać. Jeśli strzała Amora połączyła ją z tak atrakcyjną partią, to nie pozwoliłaby byle komu, by ich rozłączył. Car nie car, wojna nie wojna, rewolucja nie rewolucja. A co dopiero jakieś (prezentystyczne) wątpliwości, czy Lwów po I wojnie światowej był dobrym miejscem na założenie rodziny.

Żeby jednak w ogóle do tego ślubu doszło, Samuel Lem musiał, po pierwsze, przeżyć tę wojnę – a więc najlepiej dostać się odpowiednio wcześnie do niewoli – a po drugie, z tej niewoli wrócić cały i zdrowy. Ani jedno, ani drugie nie było wcale oczywiste, o czym świadczą dalsze wspomnienia (u Fiałkowskiego):

> Gdyby nie rodzina, która go fikcyjną depeszą z frontu włoskiego ściągnęła do domu, zginąłby niechybnie, bo okopy, gdzieś nad Piawą, w których jego oddział się znajdował, Włosi wkrótce zatopili. Straszne hekatomby się tam odbywały.

Z frontu włoskiego Samuel Lem trafił do twierdzy Przemyśl. Tak przynajmniej to wygląda w relacji Stanisława Lema, acz ta relacja wygląda na trochę podkoloryzowaną. Nie można było trafić z frontu włoskiego do Przemyśla z tej prostej przyczyny, że Przemyśl poddał się Rosjanom 22 marca 1915 roku, a Włosi wypowiedzieli wojnę Austro-Węgrom dwa miesiące później. Krótko mówiąc, ojciec Stanisława Lema mógł najwyżej stacjonować w garnizonie strzegącym pokojowej granicy z – wówczas jeszcze sojuszniczymi – Włochami, ale nie mógł być na „froncie włoskim". To zresztą logiczne: gdyby rodziny żołnierzy i oficerów I wojny światowej mogły ściągać swoich najbliższych „fikcyjnymi depeszami" z frontu – wojna skończyłaby się dużo wcześniej.

Jedno jest pewne: w marcu 1915, po kapitulacji twierdzy Przemyśl, Samuela Lema wywieziono do obozu w Turkiestanie. Znów u Fiałkowskiego:

> Ojciec opowiedział mi też, że za honorową postawę Rosjanie pozwolili im iść do niewoli z szablami u boku; na pierwszej stacji za Przemyślem już im jednak ten przywilej odebrano. W obozie w Turkiestanie przyczepił się do ojca piesek, który otrzymał imię Sralik – oficerowie spali we wspólnej sali i pies robił kupki pod wszystkimi łóżkami, z wyjątkiem łóżka mojego ojca. Kiedy ojciec wrócił do Lwowa, cesarstwo austro-węgierskie jeszcze istniało i dostał Goldenes Verdienstkreuz am Band der Tapferkeitsmedaille, czyli Złoty Krzyż Zasługi na Wstędze Metalu za Odwagę. Jako małe dziecko chętnie się nim bawiłem – pozwalano mi na to.

Żeby wrócić do Lwowa, Samuel Lem musiał jeszcze przeżyć w Rosji rewolucję, podczas której austriackich oficerów rozstrzeliwano bez sądu po prostu za niesłuszne pochodzenie klasowe. Znów u Fiałkowskiego czytamy, że w połowie drogi między Turkiestanem a Lwowem, w nienazwanym „małym miasteczku na Ukrainie", doktor Samuel Lem został pojmany przez czerwonych i gdy ci go prowadzili na rozstrzelanie, życie uratował mu „pewien żydowski fryzjer, który znał ojca ze Lwowa, a tutaj golił miejscowego komendanta i ten jego prośby o zwolnienie ojca wysłuchał".

Miłośnik prozy Stanisława Lema, gdy czyta o wojennych perypetiach jego ojca i wszystkich korzystnych zbiegach okoliczności, które doprowadziły do jego ślubu z matką pisarza, ma automatyczne skojarzenie z biografią fikcyjnego Lemowskiego bohatera, profesora Cezara Kouski. Kouska to autor jednej z nieistniejących książek „zrecenzowanych" przez Lema w *Doskonałej próżni*.

Praca Kouski, zatytułowana *De impossibilitate vitae*, jest antyautobiografią. Kouska opisuje w niej nie tyle swoje życie, ile jego skrajnie niskie prawdopodobieństwo. Jeśli wziąć pod uwagę wszystkie zbiegi okoliczności, które musiały zajść, żeby jego rodzice się zakochali, pobrali i sprowadzili na świat przyszłego czeskiego filozofa, to się po prostu nie mogło wydarzyć.

Widzimy tu wiele znajomych elementów. Profesor Kouska jest najwyraźniej rówieśnikiem Stanisława Lema, jego rodzice (co charakterystyczne, znów pozbawieni imion) też robią wrażenie rówieśników Samuela i Sabiny Lemów. Tyle tylko, że oni wskutek wojennej zawieruchy wylądowali w końcu w Pradze, co Kouska już uważa za mało prawdopodobne, bo jego ojciec – tak jak ojciec Stanisława Lema – był w 1914 roku w drodze do Lwowa, gdzie jego z kolei rodzice upatrzyli mu żonę „ze względu na zgodność interesów".

Tak jak ojciec Lema, Kouska senior służył jako austro-węgierski lekarz wojskowy w Przemyślu, w którym w ogóle by się nie znalazł, gdyby nie wojna. Tutaj zakochał się od pierwszego wejrzenia w dziewczynie, która go poznała tylko dlatego, że pomyliła drzwi w szpitalu.

Jak przystało na filozofa analitycznego, profesor Kouska „miłość od pierwszego wejrzenia" rozkłada na czynniki pierwsze i stwierdza (nie bardzo wiadomo, na jakiej podstawie – czytamy wszak recenzję, nie samą pracę), że powodem owego *coup de foudre* był charakterystyczny „uśmiech Mony Lisy". Uśmiech ten wziął się ze zmieszania chromosomów „tego jurnego paleopiteka i tej czwororękiej praczłowiekini", którzy spółkowali „pod drzewem eukaliptusowym, które rosło tam, gdzie dziś jest Mala Strana w Pradze".

Z tego aktu zapłodnienia wzięło się „to sprzężenie genowych locusów, które przenosząc się przez następnych 30 000 generacji", wytworzyło układ mięśni odpowiedzialny za ten uśmiech. Ale przecież gdyby uciekająca czwororęka nie potknęła się o korzeń eukaliptusa, nie byłoby aktu. A eukaliptus rósł właśnie tutaj, a nie gdzie indziej, bo 349 tysięcy lat temu wielkie stado mamutów opiło się zasiarczonej wody z Wełtawy i właśnie tutaj dopadło je masowe wypróżnienie. Woda zaś była zasiarczona z powodu przesunięcia się dwa i pół miliona lat temu głównej geosynkliny tatrzańskiego górotworu. To zaś cofa nas do upadku meteorytu z roju Leonidów, który zapoczątkował te ruchy tektoniczne – i tak dalej... Zresztą streściłem tutaj zaledwie niewielki fragment.

Podobieństwa między losem pisarza i jego bohatera są na tyle intrygujące, że zaryzykuję pewną hipotezę: być może to jedna z tych sytuacji, gdy Lem w utworze pozornie dalekim od autobiograficzności coś nam jednak chce powiedzieć o sobie. Poza Lwowem i Przemyślem mamy tu jeszcze inne elementy wspólne. Rodzina lekarza wojskowego spogląda na jego romans nieprzychylnie, na szczęście różne sploty okoliczności sprawiają, że ta niechęć ostatecznie przestaje mieć znaczenie. Pojawia się tutaj też front włoski, ale ginie na nim kapitan Miśnia – jeden z rywali Kouski seniora, który miał nawet większe szanse, ale wyeliminował go „granat kalibru 22 mm", połączony z ówczesnym brakiem antybiotyków (jak zauważa Kouska: gdyby penicylinę wynaleziono wcześniej, również by nie przyszedł na świat).

Jeśli spojrzeć na ten apokryf jako na utwór fabularny, a nie jako na przewrotny quasi-esej na temat rachunku prawdopodobieństwa i statystyki, wyjdzie nam coś w gruncie rzeczy przypominającego komedie romantyczne Richarda Curtisa. Na przekór przeważającym okolicznościom Bill Nighy i Emma Thompson jednak w finale wymienią pocałunek.

Tekst powstał na początku lat siedemdziesiątych, w okolicach pięćdziesiątych urodzin Lema, gdy jego syn Tomasz miał mniej więcej trzy lata. Z listów, które w tym czasie pisarz wysyłał do przyjaciół i współpracowników, przebija uczucie ogromnego szczęścia i radości, jakie dają mu żona i dziecko. Zarazem jednak w listach z tego okresu ciągle musi się tłumaczyć, dlaczego nie chce mu się już pisać fantastyki. Ryzykując, że wyjdzie mi teraz teza słodka niczym Ryan Gosling wyrzeźbiony z marcepanu, powiedziałbym, że Lema fenomen miłości, tej niezwykłej siły, silniejszej od wojen światowych i ruchów górotworu, fascynował wtedy po prostu bardziej od lotów kosmicznych. I na swój przedziwny i przewrotny sposób przedstawił nam miłość Samuela i Sabiny jako romantyczną tragikomedię.

Nowe zainteresowania mogą być przyczyną, dla której Lem zaczął więcej myśleć o swoich rodzicach. Był jeszcze drugi powód: w tym okresie wspomniany Michael Kandel – który z kolei z perspektywy „betonowo niewzruszonego" Manhattanu nie był chyba nawet w ogóle świadom tego, jak bolesne tabu poruszył w swoich listach – otworzył Lema na szczerą rozmowę o rodzicach i dalszych krewnych. W 1972 roku więc Lem pisze: „Z wyjątkiem moich rodziców całą rodzinę moją Niemcy wybili (głównie gaz – obozy śmierci)"[12], a w kolejnych listach podaje coraz więcej szczegółów o samej okupacji.

Co wiadomo o szczęśliwym dzieciństwie Stanisława Lema, czyli o czasach, w których był „potworem" – jak sam to ujmuje na początku drugiego rozdziału *Wysokiego Zamku*? Był dzieckiem późnym i jedynym. Z dokumentów wynika, że przyszedł na świat, gdy doktor Samuel Lem miał czterdzieści dwa lata, 12 września 1921 roku. Rzeczywistą datą był prawdopodobnie 13 września – wpisano wcześniejszy dzień, by uniknąć pecha)[13].

Był rozpieszczany nawet jak na dzisiejsze standardy: „Jadać godziłem się, kiedy ojciec, stojąc na stole, na przemian otwierał i zamykał parasol, albo znów karmić można mnie było tylko pod stołem" – pisze w *Wysokim Zamku*. To zdumiewające, że ojciec miał na to czas, skoro jednocześnie Lem konsekwentnie podkreśla, że był laryngologiem wziętym, a więc przepracowanym. „Pracował i w klinice, i w kasie chorych, i praktykę miał w domu" – mówi Lem Fiałkowskiemu i wyjaśnia, że przez to ojciec był „nerwowcem": „Opowiadano, że gdy doktor Lem na trzecim piętrze krzyczy, wyrzucając pacjenta za drzwi, słychać nawet na dole".

Do tej anegdoty odniosę się z odrobiną sceptycyzmu. Jest sprzeczna z tym, że w innych miejscach Lem opisuje swojego ojca jako dżentelmena o manierach staroświeckich, przedwojennych – i to sprzed i, a nie ii wojny światowej. Trudno mi uwierzyć w doktora Samuela Lema wyrzucającego pacjenta za drzwi, w dodatku w awanturze na całą kamienicę, bo przecież rozchodziłyby się o tym plotki po mieście i przestaliby do niego tak tłumnie walić pacjenci. Za to przeczytawszy wiele wywiadów i listów Lema, zauważyłem, że potrafił on nabierać swojego rozmówcę, opowiadając mu *de facto* o sobie, ale tak, jakby mówił o kimś innym. A akurat opowieści o tym, że kiedy sam Stanisław Lem awanturował się w jakiejś redakcji o zaległe honorarium albo błędy zawinione przez chochlika drukarskiego, to niosło się na kilka pięter, słyszałem z wielu źródeł.

Natomiast w to, że Samuel Lem był przepracowany, wierzę bez zastrzeżeń, bo ze wspomnień Lema wyłania się obraz dzieciństwa szczęśliwego, ale jednak trochę smutnego. Szczęśliwego, bo rodzice (głównie ojciec) chętnie spełniali wszystkie zachcianki chłopca. Smutnego, bo najwyraźniej nie mieli kiedy się nim zajmować i wiele czasu spędzał w samotności.

Stąd wczesne zabawy, które w innej rodzinie skończyłyby się jakąś gniewną reprymendą – ale przede wszystkim by do nich nie doszło, bo to ewidentnie zabawy dziecka przedwcześnie puszczonego samopas. W *Wysokim Zamku* czytamy: „Z wyciąganych ze szaf ubrań ojca budowałem manekiny na fotelach i krzesłach, w wielkim trudzie napychając im zwiniętymi w rulony pismami rękawy, a do środka pakując, co wpadło do ręki". Staszek pasjami niszczył też zabawki, którymi rodzina obdarowywała go być może po to, by dał spokój ubraniom: „Kalejdoskopami, które rozprułem, można by chyba obdarować cały sierociniec, a przecież wiedziałem, że w nich nic nie ma, prócz garści kolorowych szkiełek", „Lampę magiczną firmy Pathé z francuskim emaliowanym kogutem musiałem obrabiać ciężkim młotkiem, a grube soczewki obiektywu długo opierały się jego ciosom. Mieszkał we mnie jakiś bezmyślny, wstrętny demon zniszczenia; nie wiem, skąd się wziął, tak samo, jak nie wiem, co się z nim później stało".

Jako ojciec trochę orientuję się w tej demonologii, więc wiem, że imię tego potwora to po prostu Nuda. Odchodzi, gdy dziecko się czymś wreszcie zainteresuje.

Kilkuletni Staszek sam nauczył się czytać, początkowo odcyfrowując napisy dookoła siebie, choćby zagadkowy nagłówek dyplomu lekarskiego swojego ojca: SUMMIS AUSPICIIS IMPERATORIS AC REGIS FRANCISCI IOSEPHI... (który to dyplom bardzo go intrygował, bo lakowa pieczęć przypominała torcik). I tak odszedł demon zniszczenia, zastąpiła go żądza czytania. „Prawdę powiedziawszy, czytałem wszystko, co mi wpadło w ręce", mówi Fiałkowskiemu. Ojciec zapewne próbował wpływać jakoś na te lektury, bo na przykład podarował czternastoletniemu Staszkowi „pełne wydanie Słowackiego"[14]. Chłopiec jednak wolał książki o nauce, technice i medycynie (miał ich pełno w domu), a także przygodowe, w rodzaju Karola Maya czy Stefana Grabińskiego, którego wiele lat potem przypomniał polskim czytelnikom.

W mundurku gimnazjalnym, Lwów 1930

Uzbrojony w podstawową wiedzę na temat nauki i techniki, Lem zastąpił demona zniszczenia demonem kreacji. Odtwarzał własnoręcznie maszyny, o których czytał w książkach popularnonaukowych lub które kupował z kieszonkowego i oszczędności: induktor Ruhmkorffa, maszynę Wimshursta, generator Tesli. Wszystkie te urządzenia mają niewielką wartość praktyczną, ale spektakularne działanie. Pozwalają na generowanie wysokiego napięcia, mierzonego w tysiącach i dziesiątkach tysięcy woltów, ale o tak znikomym natężeniu, że można spokojnie pozwolić się bawić dziecku, nie zrobi sobie krzywdy. W ciemnym pomieszczeniu można za to podziwiać wyładowania elektryczne i czuć się niczym Zeus Gromowładny.

Ponadto Lem zapełniał zeszyty projektami własnych wynalazków, takich jak: rower z napędem na przednie koło, samolot o napędzie parowym (do produkcji pary wykorzystujący światło słoneczne), silnik spalinowy z kamieniami od zapalniczek zamiast świec zapłonowych i przekładnię planetarną, którą wprawdzie przed Lemem wymyślili starożytni, ale on tego nie wiedział i tym bardziej nie wiedział, że ten wynalazek miał już nazwę. Większość tych rzeczy prawdopodobnie nie miała sensu i nigdy by nie zadziałała. Wśród nich było, według słów samego Lema, „kilkanaście pomysłów na perpetuum mobile". Część może miałaby jakiś sens, gdyby je dopracowano – od szkicu ołówkiem w „zeszycie z wynalazkami" do rysunku technicznego, na którego podstawie można by sporządzić konkretny prototyp, jest jeszcze kawał drogi.

Niewątpliwie wszystkie miały jednak wpływ na późniejszą prozę Lema. Gdy Lem opisuje jakieś maszyny, z którymi borykają się jego bohaterowie, jest w tym zmysłowy, namacalny konkret, którego często brak w książkach science fiction innych autorów. Pilota Pirxa, któremu kabelek fonii pomylił się z grzejnym, „na szczęście miały różny gwint, ale o pomyłce przekonał się dopiero, gdy zaczęły bić na niego siódme poty", może wymyślić tylko pisarz, który naprawdę coś samodzielnie wykonywał, naprawiał albo modyfikował i biły na niego siódme poty od niepasujących gwintów. U wielu pisarzy astronauci jakoś tak po prostu podłączają urządzenie i ono od razu działa.

Wpływ na prozę dorosłego Lema miała też prawdopodobnie inna zabawa z dzieciństwa – słynne „imperium legitymacyjne". Inspiracją do niego były zapewne wcześniejsze zabawy, gdy jeszcze niezbyt piśmienny Staszek buszował po mieszkaniu rodziców i oglądał ojcowski dyplom oraz zawartość skrzyni z dokumentami po nieżyjących dziadkach (poprzednich właścicielach kamienicy przy Brajerowskiej). Były tam banknoty, które wskutek hiperinflacji straciły jakąkolwiek wartość. Jakaś niezrozumiała historia wydarzyła się nad owymi pieniędzmi, pozbawiając je nagle wszechmocy. Gdyby mi ich chociaż nie chciano dawać, może uwierzyłbym w to, że resztka potęgi, gwarantowana cyframi, pieczęciami, znakami wodnymi, portretami w owalu mężów koronowanych i brodatych, pozostała w nich i tylko śpi do czasu. Ale mogłem z nimi robić, co chciałem, i dlatego budziły tylko wzgardę, jaką zwykle odczuwa się wobec świetności, która jako prawdę ostateczną objawiła pustkę.

Otarłszy się o zagadkę tego, że cyfry, pieczęcie i znaki wodne czasem mają moc, a czasem jednak nie, Staszek Lem zaczął się bawić w samodzielne produkowanie dokumentów. Wielu mistrzów fantastyki w okresie wczesnonastoletnim rysuje mapy nieistniejących krain i drzewa genealogiczne fikcyjnych dynastii. Później sięgają do tego w dorosłej twórczości, jak choćby Tolkien. Lem nie kreślił map, nie wymyślił chyba nawet nazwy dla swojej Nibylandii. Ale wymyślił jej biurokrację. Produkował wielobarwne legitymacje, zszywane srebrną nicią wyprutą ze szkolnej tarczy i perforowane zębatką z budzika.

Co to były za legitymacje? Wszelkiego rodzaju – obdarzające określoną władzą terytorialną, mniej lub bardziej ograniczoną, drukowałem też ręcznie nadania, tytuły, specjalne uprawnienia i przywileje, a na blankietach wydłużonych – różne rodzaje książeczek czekowych czy też obligacji, równoważne kilogramom kruszcu, przeważnie platyny i złota, lub asygnaty na kamienie szlachetne. Stwarzałem dowody osobiste wielkorządców, poświadczałem tożsamość cesarzy i monarchów, przydawałem im dostojników, kanclerzy, z których każdy mógł się na pierwsze żądanie wylegitymować, rysowałem w znoju herby, wystawiałem przepustki nadzwyczajne, zaopatrywałem je w klauzule pełnomocne, a ponieważ miałem dużo czasu, legitymacja ukazała mi kryjącą się w niej otchłań.

Tu widać więc z kolei początki paraprawnej fantastyki Lema, wszystkich tych opowiadań, w których Trurl pokonuje złą kometę, stosując „metody zdalne, archiwalne i przez to zupełnie fatalne" (zalewając ją serią pism typu: „powstrzymanie się Obywatela, jako sprzeczne z paragrafem 199 ustawy z dnia 19 XVII br., stanowiąc epsod meniętny, powoduje ustanie świadczeń oraz desomowanie"), albo w których parlamentarzyści przy użyciu „ustawy Mac Flacona–Glumbkina–Ramphorneya–Hmurlinga–Piaffki–Snowmana–Fitolisa–Birmingdraqua–Phootleya–Caropki–Phalseleya–Groggernera–Maydanskiego" próbują uregulować konsekwencje prawne działania pralek ze sztuczną inteligencją. Na początku była dziecięca refleksja: jak to jest, że czasem dyplomy lekarskie wydaje się pod auspicjami cesarza Franciszka Józefa, a czasami prezydenta Rzeczypospolitej Polskiej, i kto lub co właściwie o tym decyduje (w legitymacyjnym imperium ta jedna kwestia pozostawała zawsze otwarta – Lem nigdy nie wyprodukował ostatecznego dokumentu, nadającego wszechmoc: nawet dokumenty wydawane cesarzom uprawniały najwyżej do pobrania ze skarbca ściśle określonej liczby „brylantów wielkości głowy" i niczego ponadto).

Choć Lem swoje wspomnienia z dzieciństwa spisane przez Fiałkowskiego zaczyna od deklaracji: „Chętnie przyjmę, że nie jestem całkiem normalny", powiedziałbym, że z tych opisów wyłania się właśnie całkiem normalny obraz dzieciństwa dziecka inteligentnego. Owszem, ekscentrycznego, owszem, ewidentnie źle wychowanego, ale kto miał je wychowywać, skoro rodzice po prostu nie mieli dla niego dostatecznie dużo czasu?

W Lemowskich okruchach wspomnień uderza to, że rodzice nie robili z nim rzeczy wprost stworzonych do radosnej, wspólnej zabawy z dzieckiem. Lem pisał na przykład, że dekorował domowe choinki wraz ze wspomnianą nauczycielką francuskiego[15]. Czemu nie z rodzicami? Nie chcieli się w to włączyć ze względu na żydowskie pochodzenie? Ale przecież bez ich zgody nie byłoby w domu w ogóle żadnej choinki (a zresztą ta tradycja zawsze była mocno zeświecczona). Nawet jeśli wziąć poprawkę na to, że wtedy inaczej traktowano rodzicielstwo niż dzisiaj, brak wspomnień o wspólnych zabawach z rodzicami wygląda dziwnie, tym bardziej że skądinąd nic nie wskazuje, żeby Stanisław Lem był dzieckiem niekochanym czy zaniedbywanym. W każdym razie to wystarczająco wyjaśnia kwestię złego wychowania (a właściwie – jego braku).

Te trzy wielkie pasje dominujące w *Wysokim Zamku*: cukiernicza, wynalazcza i biurokratyczna nie są czymś nadzwyczajnym ani niespotykanym. Tyle tylko, że chłopcy fantazjujący o fikcyjnych krainach częściej wymyślają mapy, nazwy miast czy choćby imiona władców niż ich zobowiązania do wypłacenia okazicielowi stosu rubinów, ale czym to się tak naprawdę różni choćby od dziecięcych pomysłów Luca Bessona (które potem przekładał on na prawdziwe scenariusze filmowe)?

Pozostałe dziecięce zabawy i pasje są już ujmująco normalne. Lem jako chłopiec uwielbiał puszczać kaczki, uprawiać rozmaite sporty (jeździł z mamą do galicyjskich kurortów narciarskich), podkochiwał się w najrozmaitszych kobietach z otoczenia, w szczególności w służącej, praczce, nauczycielce i tajemniczej dziewczynce widywanej z daleka w Ogrodzie Jezuickim.

Z kilku wzmianek możemy się też domyślić, że był ubóstwiany przez ciotki i wujków. Zarówno doktor Samuel Lem, nazywany przez swoich krewnych „Lolkiem”[16], jak i jego żona Sabina prowadzili bogate życie towarzyskie. Może dlatego zresztą brakowało im czasu na wychowywanie syna?

Ale tutaj dochodzimy do centralnej zagadki *Wysokiego Zamku*, czyli do dalszej rodziny Lema. Nawet gdy poznajemy imiona owych wujków i ciotek (a nie zawsze się tak dzieje), ich opis jest dziwnie niekonkretny. Najwięcej dowiadujemy się o „ciotce z ulicy Jagiellońskiej", siostrze Samuela Lema. Była to Berta Hescheles z domu Lehm. Nie spolonizowała się aż w takim stopniu jak brat; jej syn Henryk Hescheles był umiarkowanym syjonistą, niezwalczającym tych Żydów, którzy się asymilowali w Polsce, ale jednak propagującym ideę pielęgnowania żydowskiej odrębności.

Inny krewny, młodszy brat matki, również pojawia się w *Wysokim Zamku* bezimiennie, ale opisany z wielką czułością i sympatią. Jako zamożny lekarz często dofinansowywał Staszkowi zakupy części i maszyn do eksperymentów. W rozmowie z Fiałkowskim Lem mówi, że wuj zginął w pogromie lwowskich profesorów, „choć to był zwykły lekarz". Z dużym prawdopodobieństwem można ustalić jego tożsamość: to doktor Marek Wollner. Lem zapewne nigdy się nie dowiedział, że współcześni historycy zidentyfikowali jego wujka jako ofiarę nie pogromu profesorów, tylko „pogromu petlurowskiego" (25-27 lipca 1941)[17], którego nie należy mylić z „pogromem więziennym" (1-2 lipca 1941), w którym z kolei zginął Henryk Hescheles.

Prawie wszyscy „wujkowie i ciotki" z *Wysokiego Zamku* zginęli we Lwowie lub w obozie zagłady w Bełżcu. Wspominanie ich losów sprawiało Lemowi oczywisty i zrozumiały ból. Ponadto o wielu z nich nie mógł mówić otwartym tekstem – Hemar, jego brat cioteczny, był tematem zakazanym, podobnie jak lwowskie pogromy, a i sam Lwów był tematem, który cenzura PRL traktowała z niechęcią.

Ten rozdział zakończmy wizją kogoś, kto jeszcze nie przypuszcza, że zostanie wybitnym pisarzem, ani nawet że będzie studiować medycynę. Jest lato 1939 roku. Staszek Lem z nadzieją oczekuje nadchodzącej dorosłości. Właśnie zdał maturę i jest przekonany, że będzie studiować na Politechnice

Lwowskiej – bo przecież maszyny są jego największą życiową pasją. Uczelnia wprawdzie od 1938 roku ogranicza liczbę studentów pochodzenia żydowskiego, ale Lem ma nadzieję, że jako wyjątkowo zdolny aplikant poradzi sobie mimo tych utrudnień.

Świeżo odebrał prawo jazdy w zielonych okładkach, sygnalizujących, że okaziciel tego dokumentu ma prawo jeździć tylko amatorsko. Wystarczy, przecież nie chce być zawodowym szoferem. Ojciec sfinansował mu kurs i może kiedyś sfinansuje też auto. Wprawdzie zdrowie ojca już szwankuje, od paru lat doskwiera mu choroba wieńcowa (*angina pectoris*)[18], nie może więc już pracować tyle co dawniej – ale za to rodzinne inwestycje w nieruchomości przynoszą owoce, Lemowie mogą żyć z samego wynajmu mieszkań.

Staszek marzy o własnym samochodzie. Starszy o dwadzieścia lat kuzyn Hemar czasem przyjeżdża z Warszawy do Lwowa amerykańską limuzyną marki Nash, wcześniej zaś ścigał się po lwowskich ulicach – co z tego, że zajął przedostatnie miejsce, skoro siedział za kierownicą prawdziwego bugatti!

Latem 1939 wprawdzie wszyscy mówią o wojnie, ale kto by się tym we Lwowie przejmował. Niemcy są daleko, zanim tutaj dojdą, już im nasi sojusznicy otworzą drugi front nad Renem. Lem przecież przeszedł wojskowe przeszkolenie, Polacy są silni, zwarci i gotowi do wojny, a do tego bezpieczeństwo mają zagwarantowane traktatami międzynarodowymi.

Doprawdy, przyszły inżynier Lem nie ma powodu do obaw w tym betonowo niewzruszonym, zamożnym i spokojnym mieście. Często spaceruje po słynnych lwowskich pasażach handlowych. Do pasażu Hausmana najkrótsza droga z jego domu prowadzi przez sień, w której kusi go intrygująca reklama: SAMORACHUJĄCA MASZYNA DO PISANIA BURROUGHS – DODAJE I ODEJMUJE AUTOMATYCZNIE! Reklamę da się odczytać i dzisiaj, choć teraz ten pasaż nosi nazwę „Krzywej Lipy" na cześć samosiejki, która wyrosła pośrodku. Nawiasem mówiąc, zbieżność nazwisk nie jest przypadkowa – sławny pisarz William S. Burroughs ii był wnukiem wynalazcy i konstruktora owych maszyn, Williama S. Burroughsa i, i to właśnie rodzinna fortuna pozwalała mu na ekscentryczny tryb życia.

To niemożliwe, żeby interesujący się maszynami Staszek nie zwrócił uwagi na tę reklamę. A jeśli zwrócił, to z kolei niemożliwe, żeby jako domorosły wynalazca machin szkicowanych w „zeszytach pomysłu” nie zastanawiał się nad sekretami jej działania. Samorachująca maszyna, która dodaje i odejmuje automatycznie! To przecież prawie tak, jakby sama myślała!

Kto wie, może w sieni pasażu Hausmana w wyobraźni Stanisława Lema narodził się zalążek pierwszej fabuły science fiction, choć jeszcze nawet nie wiedział, że istnieje taki gatunek literacki.

II

Wśród umarłych

W poprzednim rozdziale opisywałem, jaką trudność sprawia mi zrozumienie marzeń i nadziei doktora Samuela Lema sprzed stu lat. Lęk i cierpienie, które stały się udziałem rodziny Lemów podczas trzech następujących po sobie okupacji Lwowa, są dla mnie jeszcze bardziej niepojęte. Należę do pokolenia Polaków, których spotkało pozytywne zaskoczenie dziejowe. Wychowywano nas w wyczekiwaniu na kolejną wojnę czy powstanie, które (odpukać) jednak nie nadeszły. Zamiast tego mogliśmy żyć tak, jak zapewne chciał żyć doktor Samuel Lem – pracować, ciułać grosz do grosza i rozpieszczać dzieci słodyczami i gadżetami. Mówimy „koszmar", gdy hotel zgubi rezerwację. Mówimy „gehenna", gdy przedłużają się formalności w urzędzie. Brak nam więc aparatu pojęciowego na opisanie horroru, który przeżyli Lemowie. Za ten opis zabieram się jednak ośmielony słowami samego Lema, który twierdził, że „pojemność ludzkiej wyobraźni całkowicie jest niedostateczna, by zrozumieć, co to znaczy, że do komór gazowych wpędza się setki tysięcy i miliony ludzi, a później hakami i drągami wyciąga się ich zwłoki i pali w krematoryjnych piecach"[1].

Z rodziny Stanisława Lema, oprócz jego rodziców, życie ocalił tylko Marian Hemar, który we wrześniu 1939 roku zrobił to, co mój prezentyzm sugerowałby jako jedyną rozsądną decyzję: wsiadł do samochodu i pognał szosą na Zaleszczyki. Samuel Lem za całą rodzinę podjął decyzję o pozostaniu w mieście. Powody łatwo zrozumieć.

Miał sześćdziesiątkę na karku, był już schorowany. W 1936 roku lekarz, który rozpoznał u niego *angina pectoris*, kazał mu unikać stresu i wysiłku i nawet nie schylać się do wiązania butów[2]. Podróż w tym stanie może się skończyć tragicznie, nawet jeśli odbywa się ją w komfortowych warunkach – a nie jako wojenny uchodźca w kolumnach stanowiących łatwy cel dla niemieckich lotników.

Jakiś wpływ na decyzję o pozostaniu mogło mieć też to, że Samuel Lem był austriackim oficerem. Podczas 1 wojny światowej służył w randze cesarsko-królewskiego Oberarzta, czyli odpowiednika porucznika w korpusie medycznym. Możliwe, że – jak wielu Polaków zresztą – we wrześniu 1939 nie bał się Niemców tak bardzo, jak powinien: przecież jeszcze dwadzieścia pięć lat wcześniej w niemieckim wojsku widział armię sojuszniczą. Niemieccy żołnierze oddawaliby mu honory jako starszemu rangą. Po niemieckich oficerach oczekiwałby, że będą dżentelmenami, takimi jak on.

Zaskoczenie barbarzyństwem owych dżentelmenów widać w wielu tekstach pamiętnikarskich z tego okresu. Wanda Ossowska[3], pielęgniarka wolontariuszka, opisuje na przykład zaskoczenie tym, że niemieccy lotnicy ignorują oznakowanie szpitala znakami czerwonego krzyża zgodne z konwencją genewską, którą zasadniczo respektowano podczas 1 wojny światowej. Do personelu szpitala z opóźnieniem dotarła straszna prawda, że te znaki nie tylko nie chronią przed niemieckimi bombowcami, ale wręcz stanowią cel dla pilotów.

Pierwsze bomby spadły na Lwów 1 września o jedenastej trzydzieści. Pierwszego dnia zginęły w mieście osiemdziesiąt trzy osoby, sto odniosło rany[4]. Stanisław Lem opisuje Fiałkowskiemu, że widział furgon wiozący zwłoki:

> Stałem na balkonie na Brajerowskiej, chłopiec po maturze, i widziałem, jak naszą ulicą przejeżdżają furgony z górą trupów. Pierwszy raz widziałem wtedy trupy. Pamiętam

dygoczące od wstrząsów furgonu ciała, uda kobiet zabitych przez bomby niemieckie.

Balkon na Brajerowskiej szybko przestał być bezpiecznym azylem, z którego młody Lem mógł obserwować grozę wojny. Stał się elementem obrony Lwowa. Tu mała uwaga topograficzna: Brajerowska jest przecznicą odchodzącą od ulicy Gródeckiej, szerokiej arterii wylotowej prowadzącej w kierunku Gródka Lwowskiego. Numeracja zaczyna się od Gródeckiej, tak więc kamienica Lemów, oznaczona numerem 4, jest po prostu pierwszym budynkiem tuż za rogiem. Co za tym idzie – balkon tej kamienicy to logiczne miejsce na gniazdo ciężkiego karabinu maszynowego. Dlatego obrońcy Lwowa na początku wojny obsadzili kamienicę Lemów. Mieszkanie wraz z balkonem zmieniono na umocnione stanowisko ogniowe. „Siedziałem trochę z tymi żołnierzami na dole, piastując ręczną korbę od syreny przeciwlotniczej, a oni dawali nam kostki kawy zbożowej z cukrem", wspominał Lem w rozmowie z Fiałkowskim.

Stanowisko wkrótce być może się przydało, bo Niemcy wtargnęli do Lwowa właśnie ulicą Gródecką. 12 września zmotoryzowana grupa pościgowa Schörner, wydzielona z 1 Dywizji Górskiej Wehrmachtu, ominęła polskie umocnienia i zaatakowała miasto od tyłu, z zaskoczenia. Udało się ją wyprzeć po zaciekłych walkach. Lem o nich nie wspomina. Możliwe, że wtedy nie mieszkał już na Brajerowskiej, tylko na Sykstuskiej (dziś: Petra Doroszenka), u wuja Wollnera, do którego cała rodzina tymczasowo przeniosła się z ufortyfikowanego mieszkania.

Tymczasem 8 września z lwowskich kranów przestała płynąć woda[5]. 14 września przestał do mieszkań dochodzić gaz, a 20 września zgasło światło[6]. Dla Samuela Lema to było już trzecie oblężenie w jego życiu.

Jeśli wierzyć temu, co Stanisław Lem opowiadał Beresiowi i Fiałkowskiemu, wtedy jeszcze nie czuł bezpośredniego zagrożenia. Bardziej się martwił o Polskę niż o własne bezpieczeństwo – a przecież rozpadowi struktur państwa towarzyszyła fala grabieży i mordów. „Ojciec przytomnie zaprowadził mnie do sklepu przy placu Smolki, który był zupełnie pusty, bo został obrabowany, ale właściciel wyciągnął jeszcze z jakiegoś zakamarka płaszcz w pepitkę. To było bardzo mądre posunięcie, bo potem już niczego porządnego nie można było kupić" – tak Lem opisał Beresiowi ostatnie zakupy w polskim sklepie.

18 września na przedpolach Lwowa pojawiły się pierwsze wojska radzieckie. Mieszkańcy i obrońcy nie wiedzieli, jak to rozumieć. Niektórzy myśleli, że ZSRR wkroczył, by pomóc Polsce walczyć z Niemcami – pakt Ribbentrop–Mołotow, zgodnie z którym obaj szaleni dyktatorzy podzielili między siebie Europę Wschodnią od Rumunii po Finlandię, był wtedy jeszcze tajemnicą. Ku zdumieniu polskich obrońców Niemcy 20 września zaczęli przekazywać swoje pozycje Rosjanom, którzy mieli tu znaczną przewagę. Niemcy zaatakowali Lwów siłami jednej dywizji górskiej, Rosjanie wprowadzili na te tereny Wschodnią Grupę Wojsk, obejmującą trzy dywizje kawalerii, dwie piechoty i trzy brygady czołgów na dodatek. Dalsza obrona miasta nie miała sensu.

Lwów skapitulował 22 września – na rzecz Rosjan, a nie Niemców, co miało dramatyczne skutki dla oficerów i żołnierzy, którzy trafili do rosyjskiej niewoli. Formalnie nie nazywano tego niewolą, tylko internowaniem, bo ZSRR i Polska nie były w stanie wojny. Rosjanie obiecywali poddającym się Polakom, że po kapitulacji puszczą ich wolno – i w pewnym sensie rzeczywiście ich wypuścili, choć potem wszystkich próbowali wyłapać. Ci, którzy nie uciekli natychmiast, kiedy to jeszcze było możliwe, zostali zamordowani w zbrodni katyńskiej.

Osiemnastoletni Stanisław Lem obserwował kapitulację z mieszkania wujostwa na Sykstuskiej. Opisywał to Fiałkowskiemu jako „swoje najokropniejsze przeżycie", co jest dziwnie mocnym słowem jak na to, co przez pierwsze trzy tygodnie wojny już zdążył przeżyć (i co go jeszcze potem czekało).

W samej tej scenie nie zaszło przecież jeszcze nic drastyczne-go. Rosjanie, którzy we wspomnieniu Lema mieli uderzają-co „mongolskie twarze"[7], po prostu rozbroili polskich żołnie-rzy i powiedzieli im „paszli won". Opuścili więc Cytadelę (do której z centrum miasta prowadziła ulica Sykstuska) w bez-ładnej kolumnie. Wspominał:

Kazali naszym zdjąć pasy, zostawić jaszcze, armaty i koniec, i iść sobie. To było straszne: widzieć, jak Polska upada, wi-dzieć to naprawdę. Straszniejsze niż przegrana bitwa, bo wszystko się odbywało w jakiejś cmentarnej ciszy: wszyscy-śmy stali w milczeniu i płakali, ja także – w bramie pod dwu-dziestym dziewiątym.

Tak zaczęła się pierwsza z trzech okupacji w życiu Stanisła-wa Lema. Opisywał ją jako mieszaninę grozy z groteską. Ra-dzieccy okupanci stali kulturowo niżej od lwowskich mieszczan. Pierwszy raz w życiu widzieli na oczy kapitalistyczne sklepy, eleganckie restauracje czy nawet łazienki z wodą bieżącą, ale komunistyczna ideologia nie pozwalała im się do tego przyznać. Popularną lwowską rozrywką było wówczas wciąganie Ro-sjan dla kawału w rozmowy o tym, jak to w Związku Radzieckim jest wszystko – i to oczywiście większe, lepsze i wspanialsze niż we Lwowie. Lem wspomina to w wersji: „A kopalnie włóczki u was są?", na co każdy Rosjanin podobno odpowiadał auto-matycznie: „Oczywiście, że są".

Wanda Ossowska[8] i Karolina Lanckorońska[9] ten sam żart opisują w wersji: „A jest u was Kopenhaga?" – „Da, kaniesz no, u nas mnogo kopenhagi". Barbara Mękarska-Kozłowska[10] z ko-lei przytacza dłuższy dialog, w którym od w miarę sensownie sformułowanych pytań typu „A cytryny u was są?", lwowiak przechodził do „A cholera u was jest? A nagła śmierć z buracz-kami?", śmiejąc się z Rosjanina, automatycznie kwitującego to wszystko jednakową odpowiedzią: „A jest!".

Rosjanie rzucili się na lwowskie sklepy. Oficerowie starali się zachowywać kulturalnie i płacili za siebie, ale zdarzała się też regularna grabież. Wspólnym elementem było jednak zdumienie okupantów towarami, które zobaczyli pierwszy raz w życiu i nie wiedzieli, do czego służą.

Lem z rozbawieniem wspominał, jak Rosjanie próbowali jeść kosmetyki albo kulki naftalinowe, bo wyglądały apetycznie i czasem nawet ładnie pachniały, więc uznali je za słodycze. W innych relacjach czytałem o pierwszym kontakcie czerwonoarmistów z dziecięcymi grzechotkami, szczoteczkami do zębów czy armaturą łazienkową. Lwowiaków śmieszyły żony radzieckich komandirów, parodujące po mieście w jedwabnych koszulach nocnych, które uznały za sukienki wieczorowe.

Rosjanom zależało też na dostępie do polskich lekarzy, co się miało okazać bardzo istotne dla rodziny Lemów. Medycyna w ZSRR była, jak prawie wszystko, na niskim poziomie. Przyjeżdżający do Lwowa okupanci z administracji, wojska czy bezpieki chcieli leczyć siebie i swoje rodziny u polskich lekarzy, dlatego traktowali ich w sposób uprzywilejowany. Choć Polaków często prawem kaduka wysiedlano z co atrakcyjniejszych mieszkań, by zwolnić je dla wysoko postawionych funkcjonariuszy, to „mieszkania lekarzy były nietykalne", wspomina Lanckorońska. Im najwyżej kogoś można było dokwaterować, ale na stosunkowo cywilizowanych zasadach.

Tak się stało z Lemami. Dokwaterowano im enkawudystę nazwiskiem Smirnow, który nie zachowywał się wobec swoich gospodarzy jak okupant. Gdy pojawił się na Brajerowskiej po raz pierwszy, Sabina Lem wyrzuciła go za drzwi. Zamiast wtargnąć do mieszkania siłą, Smirnow po prostu grzecznie odczekał, aż doktor Samuel Lem wróci z pracy i wytłumaczy małżonce nieporozumienie.

Do końca września nowi lokatorzy tacy jak Smirnow pojawili się w tysiącu czterech mieszkaniach przekazanych do dyspozycji Armii Czerwonej i NKWD[11]. Regułą było wyrzucanie dotychczasowych właścicieli na bruk, tym bardziej że skoro mieli atrakcyjne mieszkanie, to niejako z definicji byli „wrogiem klasowym". W połowie grudnia doszła do tego masowa nacjonalizacja lwowskich kamienic.

Wraz z nieruchomościami mieszkańcom zabierano też ruchomości, duże i małe, od biżuterii po fortepiany. Ofiary konfiskaty czasem powoływały się na radziecką konstytucję, która chroni przynajmniej takie formy własności. Odpowiadano im, że konstytucja może panować tylko na tych terenach, na których panuje porządek – a skoro we Lwowie go jeszcze nie wprowadzono, to i nie ma konstytucji[12].

Lemowie mieli więc dużo szczęścia ze „swoim" enkawudystą, który zadowolił się zajęciem najlepszego pokoju na Brajerowskiej – bawialni, w której jeszcze nie tak dawno temu mały Staszek budował manekiny z ojcowskich ubrań i konstruował eksperymentalne machiny. Gdy Smirnow uciekł ze Lwowa przed wojskami niemieckimi, rodzina weszła do pokoju i odkryła tam mnóstwo kartek z odręcznie pisanymi wierszami, których Lem jednak nie miał czasu przeczytać. Miał już wtedy ważniejsze sprawy na głowie.

Pierwszą radziecką okupację rodzina Lemów zniosła stosunkowo bezboleśnie, prawdopodobnie właśnie dlatego, że Samuel Lem przed laty wybrał karierę lekarza, rezygnując z literackich aspiracji. Podobno zrobił tak za namową rodziców – tak przynajmniej wspominał po latach Stanisław Lem. Jeśli to prawda, ten cykl powtórzył się w kolejnym pokoleniu.

Stanisław Lem marzył o studiowaniu na Politechnice Lwowskiej i wojna tego nie zmieniła. Tyle że pod radziecką okupacją te plany zrobiły się jeszcze bardziej nierealne – odrzucono go ze względu na burżuazyjne pochodzenie. Ojciec użył swoich znajomości na Wydziale Lekarskim Uniwersytetu Jana Kazimierza, żeby umieścić syna wśród studentów pierwszego roku.

Sytuacja lwowskich uczelni pod radziecką okupacją była o tyle skomplikowana, że z jednej strony nowe władze dążyły do jak najszybszej sowietyzacji i ukrainizacji uniwersytetu i politechniki. Z drugiej – nie chciały zmarnować tej okazji, jaką była możliwość szkolenia lekarzy i inżynierów na uczelniach, które jeszcze przed chwilą były w światowej czołówce.

Dlatego o ile na kierunkach humanistycznych przeprowadzono brutalne czystki w stalinowskim stylu, a wydział teologiczny po prostu zlikwidowano – o tyle politechnika i medycyna do końca radzieckiej okupacji pozostały głównie w rękach polskich. Zostały nawet dofinansowane i doposażone w sprzęt. Władze radzieckie przeprowadziły też liczne remonty, które w niepodległej Polsce odkładano w nieskończoność z braku środków[13]. Nie znaczy to, że kierunki ścisłe całkiem uniknęły terroru sowietyzacji. Owszem, tam również był on odczuwalny, choć nieco łagodniejszy, o ile takie porównania są stosowne. Na tych kierunkach łącznie aresztowano trzech profesorów (Edwarda Geislera, Stanisława Fryzego i Romana Renckiego – ten trzeci został zamordowany przez hitlerowców w rzezi profesorów lwowskich, dwaj pierwsi przeżyli wojnę i współtworzyli naukę w PRL). Na samym Wydziale Prawa UJK tymczasem do kwietnia 1940 roku aresztowano siedmiu profesorów i czterech asystentów[14].

By zachęcić radzieckich studentów do podjęcia nauki właśnie we Lwowie, wypłacano im tam stosunkowo wysokie stypendia oraz utrzymano bezpłatność samej nauki (w co dziś trudno uwierzyć, studia były bezpłatne w Drugiej Rzeczypospolitej, a odpłatne w ZSRR)[15]. Lem opisuje Fiałkowskiemu, że „wszyscy studenci pierwszego roku dostali stypendium w wysokości 150 rubli". Historyk Grzegorz Hryciuk pisze, że nie wszyscy, tylko około 75 procent, i że było to 130 rubli[16]. Tak czy siak, Lem za pierwsze stypendium kupił sobie „rurki Geisslera" (prymitywne neonówki, świecące w różnych kolorach), co pokazuje, że na razie jeszcze rodzina nie odczuwała biedy.

O fiasku sowietyzacji ścisłych uczelni świadczą statystyki kadry – pod koniec radzieckiej okupacji w Instytucie Medycznym pracowało trzydziestu profesorów polskich i tylko pięciu radzieckich. Jednym z nich był wykładowca fizjologii Worobiow, z którym Lem jako student współpracował jako asystent wolontariusz.

Lem wspominał Fiałkowskiemu studentów ze swojego rocznika jako „dziką mieszaninę" Polaków, Ukraińców i przybyszów z głębi Rosji. W jego wspomnieniach wyróżniali się „niejaki Sinielnikow, obwieszony blaszkami typu *Gotow k trudu i oboronie*" oraz „koleżanka Kaufman", która „żydłaczyła nie do pojęcia" (czyli posługiwała się praktycznie martwym dzisiaj językiem – żydowską gwarą języka polskiego, z której ocalały już tylko pojedyncze zwroty w szmoncesach).

Statystycznie wyglądało to tak – na pierwszym roku medycyny było trzystu czterdziestu studentów (a nie czterystu, jak Lem powiedział Fiałkowskiemu). 48 procent stanowili Ukraińcy, 32 procent Żydzi, 16 procent Polacy, 4 procent – inni, przede wszystkim „obywatele radzieccy"[17]. Nie umiem powiedzieć z całą pewnością, do której grupy zaliczono tu Stanisława Lema, ale prawdopodobnie nie do Polaków.

W wielu różnych archiwach Lem i jego rodzina figurowali jako ludność żydowska lub żydowskiego pochodzenia. W gimnazjum nauka religii była obowiązkowa i Lem uczył się wyznania mojżeszowego[18], co było wystarczającym argumentem, by go uznać za Żyda – z punktu widzenia zarówno ustaw norymberskich, jak i polityki narodowościowej ZSRR. Nowe władze faworyzowały w rekrutacji studentów niepolskiego pochodzenia, dlatego dobrze było się powołać na dowolny papier uzasadniający czyjąś żydowskość czy ukraińskość – odsetek Polaków w zachowanych dokumentach jest więc zapewne zaniżony, choć oczywiście wszystko tu zależy od definicji „prawdziwego Polaka".

Ta definicja to temat na inną książkę, napisaną przez zdecydowanie innego autora, ale patrząc na to z dzisiejszego punktu widzenia, powiedzielibyśmy, że większość tych ludzi była nadal obywatelami Drugiej Rzeczypospolitej. Narzucone im przez okupanta obywatelstwo ZSRR nie miało mocy prawnej, podobnie jak stosowane przez obu okupantów arbitralne dzielenie polskich obywateli na „Polaków", „Żydów" i „Ukraińców". Nie zamierzam idealizować Drugiej Rzeczypospolitej, w niej również dzielono ludzi według kryteriów narodowościowych. Na lwowskich uczelniach już od roku 1935 studentów żydowskich obowiązywał system getta ławkowego. Niemniej jednak w Drugiej Rzeczypospolitej istniały ścieżki kariery także dla mniejszości narodowych. Symbolizuje to choćby kariera Włodzimierza Pitułeja, który przed wojną był szefem ochrony Piłsudskiego i komisarzem policji państwowej, a we Lwowie okupowanym przez Niemców został szefem budzącej grozę wśród Polaków kolaboracyjnej Ukraińskiej Policji Pomocniczej.

Według dzisiejszych kryteriów to wszystko byli Polacy, legitymujący się paszportem z orłem w koronie, niezależnie od tego, do wyboru jakich narodowości skłonili ich okupanci po roku 1939. Będę więc w tym rozdziale używać nazw takich jak „Żydzi", „Polacy" czy „Ukraińcy", pamiętając, że tak naprawdę byli oni wszyscy obywatelami Rzeczypospolitej Polskiej, którzy jeszcze latem 1939, mijając się na promenadzie w drodze do lwowskiej opery, wymienialiby uprzejme ukłony kapeluszem. Dzielenie ich według kwot narodowościowych i przyznawanie tym grupom arbitralnych przywilejów – tych nie przyjmujemy na uczelnię, tamtym dajemy przydział na mieszkanie – zapoczątkował okupant radziecki, a spotęgował okupant niemiecki. Ilekroć dziś widzimy dyskusję typu „Żydzi kontra Polacy kontra Ukraińcy", jest ona smutnym pokłosiem polityki obu okupantów.

Lem nie chciał mówić o swoich żydowskich korzeniach, dlatego jego wspomnienia z tego okresu są pełne luk i uników. W drugim wydaniu wywiadu rzeki z Beresiem pojawia się charakterystyczny fragment, w którym na pytanie, czy Lem był świadom trwającej wokół niego eksterminacji żywiołu polskiego, odpowiedzią jest pełna dygresji opowieść o radzieckich słodyczach (niedobrych) i cyrkowcach (akurat niezłych). Na to zniecierpliwiony Bereś woła: „Niech mi pan, na miłość boską, opowiada o sowieckiej okupacji, a nie o występach cyrkowców!", na co odpowiedzią są kolejne dygresje. W pierwszym wydaniu książki cały ten temat był po prostu nieobecny[19].

„Eksterminacja" to nie jest za mocne słowo. Przedstawicieli polskich elit NKWD zaczęło aresztować zaraz po wkroczeniu do miasta. Nocą z 9 na 10 grudnia 1939 roku ruszyła pierwsza fala masowych aresztowań. Zatrzymano kilka tysięcy osób, wśród nich słynnych gorzelników Stefana i Adama Baczewskich, przedwojennych sędziów i prokuratorów, przedwojennych premierów (Aleksandra Prystora i Leona Kozłowskiego). W nocy z 23 na 24 stycznia 1940 roku przeprowadzono nawet falę aresztowań lewicowych literatów (wśród nich – Władysława Broniewskiego), bo zdaniem Stalina lewicowość niezależna od NKWD była gorsza nawet od prawicowości. Wina tych wszystkich ludzi polegała wyłącznie na tym, że należeli do polskiej elity.

We wspomnieniach Stanisława Lema ten temat jest w przedziwny sposób nieobecny. Nawet nie chodzi o to, że w ogóle go nie ma. Dowiadujemy się na przykład, jak Lemowie widzieli, że Smirnow szykuje się na kolejną nocną akcję – i gdy już wyszedł z domu, biegli ostrzec najbliższych. Pomagali im się ukryć w wypożyczalni książek na Brajerowskiej. Tylko że wszystko to Lem relacjonuje tak, jakby chodziło o jakąś zabawę – jakby nie wiązała się z tym groza bezpośredniego zagrożenia życia (a wielu Polaków aresztowanych nocą przez NKWD po prostu zniknęło bez śladu i nawet dziś nie zawsze mamy stuprocentową pewność co do daty czy miejsca ich śmierci).

Mogę tylko zgadywać, że to jakiś psychologiczny mechanizm obronny podobny do tego, którym Lem neutralizował wspomnienia z okresu okupacji niemieckiej. Mogło chodzić o coś, o czym nie chciał wspominać nie dlatego, że nic nie pamiętał – tylko dlatego, że coś pamiętał aż nadto dobrze. Ale to są tylko moje domniemania, bazujące na kruchej przesłance – na zdumieniu faktem, że groza obecna w innych lwowskich wspomnieniach praktycznie nie występuje w relacjach Lema. Równie dobrze ten paradoks można wyjaśnić czym innym: studia medyczne zawsze są ciężkie, a tutaj dodatkowo mamy do czynienia ze studentem ambitnym, któremu zależało nie tylko na jak najlepszych ocenach, ale także na tym, żeby wszystkie świadczyły o rzetelnie zdobytej wiedzy.

Znamienna jest opowiedziana Fiałkowskiemu anegdota o odzyskaniu przez Lema dokumentacji świadczącej o przebiegu tych dwóch lat studiów. Niemcy po zajęciu miasta zlikwidowali uniwersytet i wszystkie papiery kazali po prostu wyrzucić na śmietnik. Odzyskał je stamtąd „archiwariusz od Bernardynów", który to „zebrał na taczki i przechował". Dysponując wszystkimi pieczątkami i blankietami, pomagał przy okazji studentom „zaliczyć" jakieś dodatkowe przedmioty czy nawet całe lata studiów. Lem odmówił, a archiwariusz „spojrzał na niego jak na półgłówka".

To wszystko się dzieje, gdy wokół Lema już giną ludzie i rozgrywają się inne dramaty. A jednak nawet w takiej chwili nie zapomina o honorze polskiego studenta. Może więc rzeczywiście studia pochłaniały go tak bardzo, że nie miał głowy do innych spraw – poza polowaniem na słodycze (nie było już chałwy, musiały wystarczyć popularne w ZSRR suszone morele, zwane *uriuk*) i okazjonalnym wyjściem do kina czy do cyrku?

Beresiowi opowiedział, że bezpośrednio zagrożony czuł się tylko raz. Jako student kontynuował swoje gimnazjalne hobby – dalej projektował samochody i czołgi oraz fotografował ich modele. Wbrew zakazom ojca zaniósł te zdjęcia do wywołania i gdy poszedł po odbitki – już na niego czekał ktoś z NKWD, kto na szczęście dał sobie jednak wytłumaczyć, że to wszystko niewinne młodzieńcze hobby.

W najgorszej sytuacji w ówczesnym Lwowie byli „bieżeńcy". Teoretycznie należy to po polsku rozumieć jako „uchodźcy", ale reżimy totalitarne często narzucają słowom nowe znaczenia. W 1939 roku we Lwowie znalazło się kilkadziesiąt tysięcy uchodźców, chroniących się w mieście najczęściej przed Niemcami (ale czasem przed własnymi sąsiadami z ogarniętej anarchią prowincji). Część bieżeńców chciała wyjechać ze Lwowa do Generalnego Gubernatorstwa, bo na przykład mieli tam rodzinę, a Niemców bali się mniej niż Rosjan; część odwrotnie: Hitlera bała się bardziej od Stalina. Powody mogły być najróżniejsze: od żydowskiego pochodzenia po tęsknotę za bliskimi.

Bieżeńcy nie mieli gdzie mieszkać ani z czego żyć. Przygarniały ich czasem polskie rodziny, dokarmiano ich w tak zwanych kuchniach ludowych prowadzonych przez polski Komitet Pomocy Społecznej. Wiosną 1940 roku okupant postanowił jednak dokonać ostatecznego rozwiązania problemu bieżeńców i zaproponował uchodźcom specjalne radzieckie paszporty. Odtąd bieżeńców definiowano jako tych, którzy takiego paszportu nie mają – bo albo sami odmówili przyjęcia (na przykład z powodów patriotycznych albo w nadziei na wyjazd do Generalnego Gubernatorstwa), albo urzędnicy im go nie przyznali (choćby ze względu na przedwojenną działalność polityczną). Dlatego przestrzegam przed tłumaczeniem tego słowa na współczesnych „uchodźców" przez analogię do pierwotnego znaczenia w języku rosyjskim – bieżeńcem w ówczesnym sensie był po prostu ten, kogo tak klasyfikowała władza radziecka. W połowie czerwca 1940 roku zaczęto ich masowe wywózki – co przebiegało bardzo dramatycznie, dochodziło nawet do samobójstw[20].

Lema nie dotyczyło to bezpośrednio. Podczas pierwszej okupacji Lwowa właściwie udało mu się zachować nawyki młodzieńca z wolnej Polski – dalej największą jego pasją było konstruowanie eksperymentalnych maszyn. Druga, niemiecka okupacja miasta wszystko dramatycznie zmieni. Od pierwszego dnia bezpośrednie zagrożenie życia stanie się dla Lema codziennym doświadczeniem.

Niemcy zaatakowali Związek Radziecki znienacka 22 czerwca 1941 roku. Pierwsze bomby spadły na Lwów tuż przed świtem, o godzinie 3.25. Tego dnia zginęło około trzystu osób, w tym kilkanaście w pasażu handlowym Mikolascha[21], o którym Lem pisze w *Wysokim Zamku*. Z opisanych przez Lema lwowskich miejsc to akurat nie ocalało – ruin po pasażu do dzisiaj nawet do końca nie odgruzowano. Powojenne władze postawiły brzydką plombę, ale nie wypełniła ona całej posesji po dawnym pasażu. Zostało dziwne ni to podwórko, ni to rumowisko, w którym bez trudu odnajdziemy ślady fundamentów po przedwojennych sklepach.

To wszystko było kilka minut spacerem od mieszkania Lemów. Ale jeszcze straszniejsze sceny rozgrywały się bliżej. Z balkonu na Brajerowskiej widać fragment ponurego, szaroburego budynku z zamurowanymi oknami. To dawny klasztor sióstr brygidek, od końca XVIII wieku pełniący funkcję lwowskiego więzienia (pełni ją także i dzisiaj).

Lwów leżał jakieś sto kilometrów od granicy wyznaczonej przez pakt Ribbentrop–Mołotow. Władze radzieckie po niemieckim ataku wpadły w panikę. Największa zdawała się panować wśród przedstawicieli resortów siłowych, którzy najwięcej wiedzieli o stanie gotowości obronnej ZSRR, spodziewali się więc, że wróg wkroczy tu lada chwila.

Zaczęła się pośpieszna ewakuacja, której upiornym elementem była likwidacja lwowskich więzień. Początkowo plan był taki, że wszystkie zaległe wyroki śmierci zostaną wykonane natychmiast, a resztę zatrzymanych wywiezie się do łagrów w głębi kraju. Pierwszego dnia wojny zabito około setki więźniów, a wywieziono niecały tysiąc. Tymczasem w samych Brygidkach było 3688 osadzonych[22].

Drugiego dnia wojny, 23 czerwca 1941 roku, szef lwowskiego NKWD podjął decyzję o opuszczeniu miasta. Więźniów miano pozostawić zamkniętych w celach. Nocą z 23 na 24 osadzeni w Brygidkach zorientowali się, że nikt ich nie pilnuje, i zaczęli próbować wydostać się na zewnątrz. Niektórym udało się rozbić drzwi i wyjść na dziedziniec, ale tylko nieliczni wymknęli się za bramę. Ucieczkę powstrzymał patrolujący ulicę oddział wojska, który ogniem karabinów maszynowych zapędził więźniów z powrotem do cel. Zginęło kilkadziesiąt osób. Jeszcze tego samego dnia NKWD wróciło do więzień, żeby wymordować więźniów. W Brygidkach puszczono wolno część „kryminalnych", bo rozporządzenie mówiło, że zabici mieli być tylko „polityczni" (stanowiący zresztą większość). W innych więzieniach zabijano wszystkich bez żadnej selekcji, czasem po prostu przez wrzucanie granatów do cel. Nawet tam, gdzie selekcja jednak się odbywała, z braku czasu była niestaranna, nie prowadzono też oczywiście żadnej ewidencji, dlatego tak naprawdę do dzisiaj nie wiadomo, ilu ludzi zamordowano w lwowskich więzieniach przez te kilka strasznych dni.

W Brygidkach egzekucje trwały prawdopodobnie trzy dni, od 24 do 27 czerwca. W nocy z 27 na 28 NKWD opuściło więzienie na dobre. Pozostało w nim kilkuset wycieńczonych więźniów (którzy od kilku dni nie dostawali jedzenia ani picia, nie opróżniano też ich wiader sanitarnych, tak zwanych paraszy) oraz kilka tysięcy trupów w piwnicy.

Część więźniów uciekła jeszcze w sobotę 28 czerwca. W nocy z 28 na 29 budynek stanął w płomieniach. Kto go podpalił, nie wiadomo. Wycofujący się Rosjanie? Ostrzeliwujący miasto Niemcy? Być może zrobili to sami osadzeni, żeby więzienne archiwa nie trafiły w ręce kolejnego okupanta[23].

Pierwsza niemiecka jednostka wkroczyła do Lwowa już 30 czerwca. Był to sformowany z Ukraińców batalion Nachtigall. Jego związki z Einsatzgruppen, specjalnymi jednostkami ss i policji stworzonymi w celu rozpoczęcia ostatecznego rozwiązania kwestii żydowskiej na podbijanych terenach, były po wojnie przedmiotem gorącej kontrowersji, której rozstrzygnięcie przekracza zasięg tej książki i kompetencje jej autora. Wiadomo na pewno, że dowodzona przez Standartenführera Ottona Rascha Einsatzgruppe wyruszyła do Lwowa z Gliwic przez Kraków dzień po napaści Niemiec na ZSRR, 23 czerwca 1941 roku, i to ona przede wszystkim odpowiadała za organizowanie pogromów – nawet jeśli rozkazy Rascha wykonywał bezpośrednio ktoś inny.

Jak Niemcy z Einsatzgruppen mieli odróżniać Żydów od nie--Żydów? Niemcy sami się tym nie parali, chyba że w ostateczności. Najchętniej wszędzie – nie tylko na Ukrainie – wyręczali się lokalnymi mieszkańcami, podburzanymi propagandowym hasłem, że Żydzi odpowiadają za komunistyczne zbrodnie. Takie jak zbrodnia w Brygidkach.

Mieszkańcy Lwowa początkowo nie mogli uwierzyć w okrucieństwo NKWD. Reżim stalinowski mordował dyskretnie, ukrywając swój zbrodniczy charakter. 30 czerwca nie wszyscy jeszcze byli gotowi na tę straszną prawdę, że we lwowskich więzieniach rozkładają się zwłoki tysięcy ludzi. Niektóre od tygodnia, w letnim upale, a w dodatku w pobliżu pożaru. Zanim lwowianie zdążyli się naocznie przekonać o rozmiarach tragedii, uświadomił im je fetor rozkładających się zwłok. Niemcy otworzyli więzienia i ogłosili, że winnymi tej zbrodni – tak jak i wszystkich innych zbrodni komunizmu – są Żydzi. I muszą zostać za to ukarani. Zaczął się pogrom.

To oskarżenie było oczywiście absurdalne. Przecież spośród więźniów niemałą część stanowili Żydzi, jak choćby krewny Lemów, Henryk Hescheles, syn „ciotki Berty", redaktor naczelny poczytnej przedwojennej gazety „Chwila". W Brygidkach NKWD poddało go torturom, a wypuszczono go kilka miesięcy przed niemieckim atakiem. Po otwarciu więzienia również on padł ofiarą antysemickiego pogromu. Być może w ostatnim dniu życia zobaczył wśród zwłok wynoszonych z piwnic Brygidek twarz swojego kolegi z redakcji „Chwili", Leona Weinstocka[24].

Pogromy kierują się swoją logiką zbrodniczego absurdu, ten nie był tu wyjątkiem. We Lwowie zorganizowali go z niemieckiego poduszczenia ukraińscy bojówkarze, zwolennicy Andrija Melnyka i Stepana Bandery, ale też pospolite szumowiny, w tym również polskiego pochodzenia.

W relacjach z tych wydarzeń najbardziej przerażające są dla mnie dzieci – sześcioletni chłopcy, którzy ochoczo doskoczyli do pogromu, by na miarę swoich skromnych możliwości przyczynić się do budowy sojuszu niemiecko-ukraińskiego, „wyrywając kobietom z głowy włosy, starcom brody". To akurat zaobserwowała niewiele starsza od tych chłopców córka Henryka Heschelesa Janina[25] tuż po tym, jak ojciec posłał jej ręką na pożegnanie ostatniego całusa, idąc na pewną śmierć.

Ukraińskie bojówki zgarniały Żydów prosto z ulicy, pod pretekstem zapędzenia ich do wynoszenia nadpalonych i rozkładających się trupów z piwnic. Naprawdę chodziło jednak o to, by bić i mordować osoby zidentyfikowane jako Żydzi.

Jak to podczas pogromu bywa, identyfikacja była daleka od precyzji. Heschelesówna opisuje na przykład przyjaciółkę rodziny, „panią Niunię Blaustein", która na samym początku pogromu błagała Henryka, by ten nie wychodził z domu, i powiedziała, że sama cudem uniknęła śmierci, bo okłamała zaczepiających ją Ukraińców, że wraca właśnie z katolickiego kościoła. Kłamstwo brzmiało wiarygodnie, bo 1 lipca, kiedy zaczął się pogrom, to była niedziela.

Profesor Tadeusz Tomaszewski spotkał tymczasem na ulicy Sykstuskiej znajomą, „Manię Susułowską, nieprzytomną z przerażenia". Przed chwilą szła ulicą z dwójką swoich znajomych. Zaczepili ich jacyś cywile – Susułowska podała się za Aryjkę i puścili ją wolno, ale tamtych dwoje zabrali „nie wiadomo dokąd" (z dalszej lektury książki wynika, że jedna z tych osób potem się odnalazła, ciężko pobita; o drugiej więcej nie ma mowy)[26].

Głównym orężem bojówkarzy były drewniane i metalowe drągi, którymi mordercy katowali swoje ofiary aż do śmierci.

Krew i mózgi zachlapały mury więzienia do wysokości pierwszego piętra. Widziało to wielu świadków, a co najbardziej w tym niesamowite – Niemcy utrwalili to na niezliczonych zdjęciach i filmach[27].

Stanisław Lem znalazł się wśród ofiar pogromu. Na szczęście nie wśród ofiar śmiertelnych – był w grupie Żydów, których najpierw zapędzono do wynoszenia trupów, a następnie nieoczekiwanie puszczono wolno, z niemieckiego rozkazu, który zatrzymał pogrom. O tym, co Lem wtedy przeżył, nie opowiadał wprost, nawet najbliższej rodzinie, ale zostawił wstrząsający opis w powieści *Głos Pana*. Jeden z jej bohaterów, matematyk Rappaport, który po wojnie wyemigrował do USA, w pewnym momencie dość nieoczekiwanie – nie jest to uzasadnione fabularnie – dzieli się z narratorem powieści, profesorem Hogarthem, swoim wojennym wspomnieniem.

Głos Pana to historia o szyfrach, w której Lem zakodował wyjątkowo dużo treści autobiograficznych. Prawdopodobnie jest to najbardziej autobiograficzna powieść w dorobku autora.

Lem nie chciał mówić, że padł ofiarą pogromu – bo to by prowadziło do rozmowy o jego żydowskich korzeniach, o których nigdy nie mówił publicznie. Zresztą i same pogromy z roku 1941 były w PRL tematem tabu. Nawet dzisiaj mówienie o nich spotyka się z gwałtownym oporem, czego przykładem – polskie reakcje na Jedwabne albo opór państw bałtyckich przed rozliczaniem się z kolaboracji z Niemcami. Lem o pogromach lwowskich ani więc pisać otwartym tekstem nie mógł, ani nie chciał. Ale spójrzmy na jego szyfr.

Rappaport opowiada Hogarthowi, jak czekał na własną śmierć podczas „pewnej masowej egzekucji – w roku bodajże 1942 – w rodzinnym jego mieście":

Wzięto go z ulicy jako przypadkowego przechodnia; rozstrzeliwano ich grupami na podwórzu niedawno zbombardowanego i jednym skrzydłem jeszcze płonącego więzienia. [...]

[Rappaport] zapamiętał młodego człowieka, który przyskoczywszy do niemieckiego żandarma, wołał, że nie jest Żydem – lecz wołał po żydowsku (w żargonie), ponieważ niemieckiego zapewne nie znał. Rappaport poczuł obłąkańczy komizm tej sytuacji i naraz najdroższą rzeczą stało się dlań zachować do końca sprawność umysłu [...]. Postanowił uwierzyć w reinkarnację. Zachowanie tej wiary przez piętnaście do dwudziestu minut wystarczyłoby mu. Ale w sposób abstrakcyjny nawet tego nie potrafił uczynić, toteż odnalazł w grupie oficerów, oddalonych od miejsca egzekucji, jednego, który wyróżniał się swoim wyglądem. [...]

Z obecności słodkawego czadu trupiego w powietrzu zdał sobie sprawę dopiero, kiedy zobaczył chustkę w ręku upatrzonego oficera. Powiedział sobie, że z chwilą, kiedy zostanie zastrzelony, wcieli się w owego Niemca. [...]

Raptem otwarła się brama i wjechała ekipa operatorów filmowych. Przekazano po niemiecku jakieś rozkazy i strzały natychmiast umilkły. Rappaport nie wiedział ani wtedy, ani gdy mi to opowiadał, co zaszło. Być może Niemcy zamierzali sfilmować zwał trupów, aby uczynić z ich obrazu scenę w kronice filmowej, demonstrującej postępowanie wroga (działo się to w strefie frontu wschodniego) [...].

Niedobitków uszeregowano porządnie i sfilmowano, po czym oficer z chustką zażądał jednego ochotnika. Rappaport zdał sobie natychmiast sprawę z tego, że powinien wystąpić. [...]

Nie potrzebował przecież całego aparatu sylogizmów, aby pojąć, że jeśli nie wyjdzie nikt, zginą wszyscy, więc ten, kto teraz wyjdzie przed szereg, właściwie już niczego nie ryzykuje. [...]

Już zmierzchało, gdy uchylono wielką kratę i zataczając się w chłodnym powietrzu wieczoru, grupa niedobitków wybiegła na puste ulice.

Nie śmieli zrazu uciekać – ale po prostu nikt o nich się nie troszczył. Rappaport nie wiedział czemu; a w analizę postępowania Niemców nie wchodził; zachowywali się jak los, którego nie trzeba koniecznie wykładać.

Pisząc o roku „bodajże 1942", Lem odsunął bezpośrednie skojarzenie z pogromami roku 1941. Teraz możemy sobie wyobrazić profesora Rappaporta jako (szczęśliwie niedoszłą) ofiarę ulicznej łapanki, których wiele było na terenach Generalnego Gubernatorstwa czy okupowanych terytoriach ZSRR. Ale żeby całkiem nie skłamać, narrator dodaje owo „bodajże".

„Bodajże" – a więc: nie całkiem. A więc: coś koło tego. A więc: może jednak w 1941. Hogarth, który streszcza nam historię Rappaporta, z perspektywy swojego relatywnie bezpiecznego życia w Ameryce przecież nie musi wnikać w nasze wschodnioeuropejskie niuanse. Dla niego różnica między rokiem 1941 a rokiem 1942 to bodajże różnica między rokiem premiery disnejowskiego *Dumbo* a rokiem premiery disnejowskiego *Bambi*.

Dalej: po pierwszym przeczytaniu wydaje nam się, że całej egzekucji dokonywali wyłącznie Niemcy. Byłem o tym przekonany, czytając *Głos Pana* po raz pierwszy jako dziecko, i to przekonanie towarzyszyło mi podczas kolejnych lektur. Dopiero gdy życie Lema zaczęło mnie interesować nie mniej od jego twórczości, zwróciłem uwagę na ciekawą prawidłowość, jaką jest precyzyjne stosowanie nieosobowych form czasowników w tym fragmencie.

Przyjrzyjmy się jeszcze raz kluczowym zdaniom, zawierającym opis łapanki i egzekucji: „Wzięto go z ulicy", „rozstrzeliwano ich grupami", „uchylono wielką kratę". Kto wziął? Kto rozstrzeliwał? Kto uchylił?

Lem oczywiście nie mógł napisać, że robili to Ukraińcy. Ale wbrew pozorom wcale nie napisał, że robili to Niemcy. Że zbrodni dokonują Niemcy, to już dopowiadał sobie czytelnik, zwiedziony mistrzowską grą pisarza, zręcznie żonglującego formami czasowników, żeby i nie skłamać, i za dużo prawdy nie napisać.

Niemcy podczas wszystkich tych pogromów oczywiście byli obecni, ale – jak to Lem opisuje wprost – „stali w pewnym oddaleniu", bo to wszystko było okrutną ceremonią, którą ludność miejscowa odprawiała na ich cześć, w nadziei (skądinąd daremnej) na łaskawość nowego okupanta. Wszędzie, gdzie Niemcom udawało się tak pokierować wydarzeniami, żeby krew mordowanych Żydów została na rękach litewskich, łotewskich, estońskich, polskich, ukraińskich czy białoruskich – starali się ograniczać do filmowania i dokumentowania, żeby móc w propagandowych reportażach przedstawiać siebie jako przedstawicieli cywilizowanego narodu, ze zdumieniem obserwujących wschodnioeuropejską dzicz.

Ile z doświadczeń Rappaporta było doświadczeniem samego Lema? Gdy spytałem o to panią Barbarę Lem, odpowiedziała lakonicznie: „Wszystko"[28]. W książce Tomasza Lema znalazła się także informacja, że „fetor, jakim przeszło jego [Stanisława Lema] ubranie, był tak straszny, że trzeba było je spalić".

O tym, co się działo z Lemami później, informacje mamy jeszcze bardziej szczątkowe. 7 lipca 1941 roku ogłoszono rozporządzenie władz okupacyjnych nakazujące noszenie opasek lub łat z gwiazdą Dawida wszystkim Żydom „do trzeciego pokolenia", a także osobom pozostającym z Żydami w związku małżeńskim. W ciągu najbliższych dni kilkaset osób dla przykładu zabito za brak gwiazdy Dawida.

Stanisław Lem przez pewien czas nosił takie oznakowanie, ale za życia nigdy tego nie powiedział publicznie. Wyznał to tylko swojej żonie, i też nie wprost. Zaczęło się od wspomnienia o tym, jak jakiś Niemiec spoliczkował go za to, że Lem nie zdjął w jego obecności czapki z głowy. Polacy we Lwowie nie mieli takiego obowiązku – z tego więc Barbara Lem wydedukowała, że jej przyszły mąż musiał mieć wtedy na sobie gwiazdę Dawida[29].

W jakimś momencie w drugiej połowie 1941 roku rodzina Lemów musiała ponownie opuścić mieszkanie na Brajerowskiej i przeniosła się najpierw na ulicę Bernsteina (dziś: Szołem-Alejchema), a potem się rozdzieliła: rodzice zamieszkali w willowej dzielnicy Zniesienie, a syn na ulicy Zielonej (praktycznie nie zmieniła nazwy – dziś nazywa się Zelena).

Na Bernsteina mieszkał brat Samuela Lema – Fryderyk Lehm, w *Wysokim Zamku* opisany jako „stryj Fryc"[30]. Tak dochodzimy do najbardziej bolesnego tematu tej książki: losów dalszej rodziny Stanisława Lema. O tym nie rozmawiał on już z nikim publicznie. W filmie dokumentalnym Jerzego Janickiego powiedział jedno, bardzo wymowne zdanie: „A potem zaczęli znikać moi najbliżsi"[31], po którym następuje szybkie cięcie montażowe. Wyjątek zrobił w latach osiemdziesiątych dla Władysława Bartoszewskiego, który relacjonował wspomnienie Lema o „wuju lekarzu", który „został zamordowany w Kielcach 4 lipca 1946 roku"[32].

Prawie na pewno Bartoszewskiemu pomyliły się relacje o dwóch różnych postaciach. O wuju zamordowanym we Lwowie (prawdopodobnie Marku Wollnerze) oraz o doktorze Sewerynie Kahanem, przewodniczącym Komitetu Żydowskiego w Kielcach i jednej z ofiar pogromu kieleckiego. Kahane był synowcem „stryja Fryca" i prawdopodobnie przez pewien czas ukrywali się razem w mieszkaniu na Bernsteina[33].

Wujowie, stryjowie i ciotki wymienieni w *Wysokim Zamku* zginęli w ciągu kilkunastu miesięcy niemieckiej okupacji. Dla Stanisława Lema to nie byli jacyś dalecy, mało znani krewni. To był stryj, który w dzieciństwie, chcąc Staszkowi osłodzić wizytę u dentysty, zaaranżował uroczysty przejazd dorożką. To był zamożny wuj, który finansował Staszkowi zakupy przerastające możliwości finansowe ojca. To były ciotki nagradzające go słodyczami za ładną recytację wierszyków.

Dla Samuela i Sabiny Lemów to był zaś cały świat. Z *Wysokiego Zamku* widać, że przed wojną każdą wolną chwilę spędzali w towarzystwie krewnych. Tego, co musieli czuć w czasie wojny, zwyczajnie nie umiem opisać. Lem unikał rozmów na ten temat. Gdy próbował o to pytać Tomasz Fiałkowski, Barbara Lem osobiście poprosiła go, żeby więcej o tym z mężem nie rozmawiał, bo „Staszek nie może po tym spać"³⁴.

Środkiem, który pozwala przynajmniej spróbować wyobrazić sobie takie tragedie, jest literatura; w 1950 roku Lem napisał na ten temat powieść pod tytułem *Wśród umarłych*. Stanowi ona drugi tom trylogii *Czas nieutracony* – której pierwszym tomem jest napisany w 1948 *Szpital Przemienienia*.

Lem wielokrotnie dystansował się od *Wśród umarłych* i *Powrotu* (tomu trzeciego). Od roku 1965 wręcz nie pozwalał ich wznawiać. Beresiowi mówił pogardliwie, że je z niego „wyduszono", i starał się je przedstawić jako cenę zapłaconą za wydanie tomu pierwszego, jedynego, na którym mu naprawdę zależało. Coś w rodzaju wyrachowanego wybiegu, jednego z wielu, do których musieli się uciekać pisarze w stalinizmie. W świetle dzisiejszej wiedzy przypuszczam jednak, że niechęć Lema do *Wśród umarłych* miała inne przyczyny. Nie chodziło o to, że Lem pisał to beznamiętnie i z wyrachowania. Wprost przeciwnie – za bardzo się w drugim tomie odsłonił.

Przede wszystkim: akcja *Wśród umarłych* dzieje się we Lwowie. Rzecz jasna, tak jak w *Głosie Pana* nie jest to powiedziane wprost, ale szyfr jest jeszcze łatwiejszy do rozwiązania. W apogeum stalinizmu nie dało się napisać książki z taktycznego wyrachowania i zarazem umieścić jej akcji we Lwowie. Albo-albo.

W *Szpitalu Przemienienia* Lem umieścił swoje *alter ego*, Stefana Trzynieckiego – młodego lekarza, który w powieści ma tyle samo lat, ile miał Lem w chwili jej pisania, ale jako że akcja dzieje się kilka lat wcześniej, bohater i autor nie są metrykalnymi rówieśnikami. Metrykalny rówieśnik pojawia się za to w drugim tomie. Jest to Karol Włodzimierz Wilk, kolejne *alter ego* Lema, ale tym razem wyidealizowane.

O ile Trzyniecki dzielił rozterki i bezradność Lema, o tyle Wilk jest samorodnym geniuszem politechnicznym i kimś, kto w odróżnieniu od Trzynieckiego ginie podczas wojny, ale w więzieniu podczas tortur dokonuje jakiegoś niesprecyzowanego odkrycia matematyczno-fizycznego, które ludzkości otworzy drogę do gwiazd – i tym sposobem zyskuje horacjańską nieśmiertelność.

Ustępstwem Lema na rzecz obowiązującej socrealistycznej poetyki była biografia Wilka – sieroty-samouka, którego politechniczny talent odkrył ktoś, kogo Lem wzorował na swoim koledze (mówił Beresiowi: „przerobiłem swojego kolegę na komunistę Marcinowa").

„W marcu 1942 napisał do niego Marcinów. Dostał adres chłopca przypadkiem, od jakiegoś szofera [...], proponował mu przyjazd do miasta, obiecując mieszkanie i pracę w firmie, w której sam był zatrudniony" – pisze Lem w wyklętej powieści. Nazwa miasta tu nie pada, ale proszę zwrócić uwagę na to, kiedy Wilk dostaje list.

Przed wojną Wilk mieszkał w okolicach Tarnowa. To znaczy, że w latach 1939–1941 od Lwowa oddzielała go granica niemiecko-radziecka, ale 1 sierpnia 1941 roku Lwów włączono do Generalnego Gubernatorstwa.

Ukraińcy przyjęli to z rozpaczą, bo oznaczało to koniec ich mrzonek o niepodległej Ukrainie, sprzymierzonej z Trzecią Rzeszą na wzór marionetkowych państewek Słowaków czy Chorwatów. Polacy zaś odczuli ulgę, być może przedwczesną, ale z tych dat wynika, że rzeczywiście, jeśli Marcinów szukał kontaktu z Wilkiem, to najwcześniej na przełomie 1941 i 1942 mógł go nawiązać przez przypadkowego szofera (dopiero 1 listopada 1941 roku zniesiono granicę celną między dystryktem galicyjskim i Generalnym Gubernatorstwem).

Firma, w której pracował Marcinów i do której z jego rekomendacji przyjęto Wilka, nazywała się Rohstofferfassung. Ta informacja już ewidentnie umieszcza akcję we Lwowie, bo naprawdę istniało przedsiębiorstwo o tej nazwie. Pojawia się ono na przykład w cytowanej tu wielokrotnie książce Janiny Hescheles *Oczyma dwunastoletniej dziewczyny*; o swojej pracy w tej firmie Lem opowiedział także Beresiowi już w pierwszej, ocenzurowanej edycji wywiadu rzeki. Natomiast w samej powieści *Wśród umarłych* czytamy:

> W firmie pracowali niemal wyłącznie Żydzi. Ogromną większość stanowili nędzarze, zbierający odpadki po śmietnikach, mniejszość zaś – śmietanka miejscowego żydostwa, byli kupcy, fabrykanci, adwokaci i radcy. Według kart pracy byli szmaciarzami i pobierali groszowe pensje, w rzeczywistości zaś opłacali Zygfryda Kremina za to, że ich chronił, a płacili tak sowicie, że z tego źródła płynęły do kieszeni dyrektora największe dochody. Sami pracowali w biurze […], zajmowali się jednocześnie wyrabianiem aryjskich papierów oraz sprzedażą i kupnem walut i złota.

Kremin nie nazywał się Zygfryd, tylko Wiktor, ale Lem nie zmienił mu nazwiska. Był jednym z powierników (*Treuhänder*), którzy z ramienia ss przejmowali żydowskie mienie na terenach podbitych przez Trzecią Rzeszę. Aresztowano go w Łodzi po wojnie, ale uniewinniono dzięki zeznaniom Żydów, którym ocalił życie[35].

Wiktor Kremin był podobno osobiście zaprzyjaźniony z szefem policji w Generalnym Gubernatorstwie Odilo Globocnikiem, co wyjaśnia, dlaczego papiery, które firmował, miały tak silną moc – nawet jeśli wszyscy wiedzieli, do czego naprawdę służyły[36]. Zanim Niemcy zajęli Lwów, Kremin zdążył już zbudować w Lublinie niewielkie imperium oficjalnie zajmujące się odzyskiwaniem surowców wtórnych (szmat, złomu, makulatury). W rzeczywistości zaś ratowani przez niego Żydzi odpłacali mu się, prowadząc niesłychanie zyskowny handel kradzionymi czy szabrowanymi kosztownościami.

Jak Lem tam trafił? Jako mistrz zwodzenia swoich rozmówców, opisał to Beresiowi tak:

Przez całe lato czterdziestego pierwszego roku rodzina rozważała, co ze mną zrobić, bo Niemcy zamknęli wszystkie uczelnie, a ja wyrażałem absolutną niechęć do jakiejkolwiek działalności urzędniczej. I wtedy przez jakiegoś znajomego ojca udało się załatwić dla mnie pracę fizyczną w niemieckiej firmie Rohstofferfassung, która zajmowała się odzyskiwaniem surowców.

To zdanie ewokuje wyobrażenie jakiejś narady rodzinnej, podczas której przy brzęku srebrnych sztućców i porcelany seniorzy rodu zastanawiają się, co zrobić z niesfornym młodzieńcem wydalonym z uczelni. I nagle ktoś rzuca: „A może zatrudnimy go w firmie znajomego?". Propozycja wszystkim się podoba, senior rodu otwiera karafkę trzymaną na specjalne okazje.

W rzeczywistości zaś wyglądało to prawdopodobnie raczej tak, że Lemowie ukrywali się w mieszkaniu na Bernsteina przed ukraińskimi bojówkarzami szerzącymi terror na ulicach i poszukiwali sposobu na ocalenie. Żydowskie rodziny stawały w tej sytuacji przed najdramatyczniejszym wyborem: kogo ratujemy w pierwszej kolejności, bardzo szybko oczywiste się bowiem stało, że wszystkich naraz ocalić się nie da.

Heschelesówna w posłowiu do swojego pamiętnika przeprasza osobę opisaną w nim jako „ciotka W.", która jej nie pomogła w tym samym okresie, latem 1941 roku. Gdy po wojnie Janina Hescheles sama została matką, zrozumiała, że w pierwszej kolejności ratuje się własne dzieci. Dalszych krewnych dopiero w miarę możliwości – i po latach napisała, że sama zachowałaby się tak samo na miejscu owej ciotki.

Przypuszczam więc, że ta narada rodzinna wyglądała tak: rodzina zdecydowała, by w pierwszej kolejności ratować Staszka, bo jako mężczyzna zdolny do pracy fizycznej ma największe szanse na ocalenie. Będzie go można ulokować w zakładzie pracującym dla Niemców, a Lemowie słusznie się spodziewali, że takich Żydów likwidować będą na samym końcu. (Przez pewien czas „mocne" papiery zdawali się mieć także lekarze pracujący w getcie, ale Samuel Lem zapewne uznał, że to pułapka, skoro nie skorzystał z tej możliwości – co ocaliło im wszystkim życie).

Holokaust we Lwowie przebiegał szybciej niż w miastach na zachód od granicy wytyczonej na mocy paktu Ribbentrop–Mołotow, bo Niemcy mieli mniej czasu. Nie było tutaj tego złudnego roku 1940, kiedy Żydzi w okupowanej Polsce przejściowo mogli mieć nadzieję, że za murami getta choć części z nich jakoś się uda ułożyć życie.

W niecały miesiąc po „pogromie więziennym" wydarzyła się kolejna tragedia: „dni Petlury", pogrom zorganizowany przez Ukraińców w rzekomą rocznicę śmierci atamana Petlury, zamordowanego przez Żydów (w rzeczywistości zabił go radziecki wywiad 26 maja 1926 roku). Tym razem pogrom był mniej chaotyczny, bo miał zademonstrować Niemcom organizacyjną sprawność ukraińskiej samozwańczej policji. Na podstawie własnoręcznie sporządzonych list proskrypcyjnych bojówkarze chodzili od drzwi do drzwi i wyciągali Żydów, rzekomo na roboty, naprawdę zaś do wyznaczonych miejsc, w których znów, tak jak podczas poprzedniego pogromu, głównym narzędziem mordu były drągi i kamienie. Między 25 a 27 lipca zamordowali kilka tysięcy osób, wśród nich Marka Wollnera, laryngologa, brata Sabiny Lem, która do końca życia żywiła nadzieję, że brat się odnajdzie w pełni zdrowia.

Zaraz po „dniach Petlury" okupant ogłosił nałożenie na lwowskich Żydów kontrybucji – mieli wpłacić dwadzieścia milionów rubli z własnych środków. Dla pewności wzięto tysiąc zakładników, wyłapanych przez Ukraińców wśród żydowskiej elity Lwowa. Mimo wpłacenia całej sumy wszystkich w końcu zamordowano.

Jesienią 1941 roku zaczęto przesiedlać Żydów do getta, wyznaczonego po drugiej stronie torów kolejowych, w dzielnicy Zniesienie. Wkrótce potem przeprowadzono specjalną akcję wyłapywania przedwojennych lekarzy i adwokatów pochodzenia żydowskiego, o których Niemcy wiedzieli z przedwojennych rejestrów. Aresztowali około siedemdziesięciu osób, których nikt więcej nie widział[37]. To może być moment śmierci Fryderyka, brata Samuela Lema. Jeśli nie zginął wtedy, to najpóźniej wiosną następnego roku (o ile trafił do getta, z pewnością został wyznaczony w pierwszej selekcji osób niezdolnych do pracy).

Jak to się stało, że Samuel i Sabina Lemowie ocaleli? Władysław Bartoszewski twierdzi, że rodzice Lema trafili do getta, ale Stanisław zdołał ich stamtąd wyciągnąć dzięki pomocy kolegów z gimnazjum, działających w Armii Krajowej. Pojawia się tutaj opowieść o brawurowej ucieczce dorożką, o tyle interesująca, że zna ją nie tylko rodzina Lemów, ale także rodzina Kołodziejów (o której więcej w następnym rozdziale), choć w nieco innej wersji. W tej drugiej wersji aryjską – a więc jedyną legalną – pasażerką owej dorożki była pani Olga Kołodziej[38].

Odnoszę się do tej historii o tyle sceptycznie, że nawet kiedy getto nie było jeszcze ogrodzone, osoba z aryjskimi papierami nie mogła tak po prostu wejść na jego teren, a tym bardziej wjechać dorożką. Mogła najwyżej podjechać gdzieś w pobliże.

Ale ulica Bernsteina, gdzie Lemowie mieszkali po opuszczeniu mieszkania na Brajerowskiej, właśnie była w pobliżu. Może więc naprawdę odbyła się jakaś jazda dorożką (i może naprawdę jej jedyną legalną pasażerką mogła być pani Olga Kołodziej), tylko że nie z terenu getta? Może więc po prostu chodzi o ewakuację Samuela i Sabiny Lemów z coraz mniej bezpiecznego lokalu na Bernsteina? Tak czy siak, musiało to być raczej przed grudniem 1941 roku, bo wtedy teren getta ogrodzono[39].

Potem uratowanie rodziców byłoby trudniejsze. Przez pewien czas Żydzi nadal mogli dostać przepustkę pozwalającą opuścić getto, ale to była makabryczna loteria. Główną drogą na aryjską stronę było przejście pod wiaduktem kolejowym nad ulicą Pełtewną, nazywanym „mostem śmierci". Wyjścia pilnowali zdemoralizowani ukraińscy policjanci, którzy niezależnie od okazywanych im papierów często żądali łapówki za przepuszczenie. „Codziennie przy moście te same sceny – biją, grabią, zabijają kogo chcą. Wieczorami wywożą na cmentarz sterty trupów", pisał Filip Friedman[40].

Pod koniec października, wzorem gett w innych miastach, we Lwowie utworzono kolaborancką żydowską służbę porządkową, Jüdischer Ordnungsdienst Lemberg, w sile dwustu pięćdziesięciu osób. Służący w niej Żydzi liczyli na to, że ocalą własne życie, pomagając Niemcom w mordowaniu innych Żydów. I znów: we Lwowie wszystko biegło za szybko, żeby ktokolwiek mógł długo żywić takie nadzieje.

30 października Niemcy zażądali od Judenratu zorganizowania wywózki młodych, zdrowych mężczyzn do obozów pracy. Przewodniczący Judenratu doktor Parnas odmówił – został rozstrzelany. Na pierwszy plan w Judenracie zaczął wysuwać się dotychczasowy wiceprzewodniczący doktor Henryk Landesberg, zdecydowany ocalić życie swoje albo chociaż swojego syna kosztem bezwzględnego posłuszeństwa wobec okupanta (syn rzeczywiście przeżył, ojciec – nie).

W listopadzie utworzono przy ulicy Janowskiej obóz pracy przymusowej, przekształcony potem w obóz zagłady – zwany obozem janowskim. Zginęło tutaj około dwustu tysięcy ludzi[41]. Wśród nich najprawdopodobniej byłby Stanisław Lem, gdyby trafił do getta i wyłapano by go jeszcze w jesiennych akcjach.

W marcu 1942 roku ruszył pierwszy transport do obozu zagłady w Bełżcu. Niemcy zażądali od Judenratu wytypowania wszystkich Żydów, którzy nie są zdolni do pracy ze względu na wiek czy chorobę. To jest najpóźniejsza możliwa data śmierci „stryja Fryca" i „ciotki Berty".

Samuel i Sabina Lemowie w tym momencie musieli już być w jakimś bezpiecznym schronieniu, bo tej akcji nie mogliby przeżyć. Łapanki nie organizowali Niemcy ani Ukraińcy, których stosunkowo łatwo było wprowadzić w błąd czy choćby przekupić, ale inni Żydzi, desperacko walczący o własne przeżycie. Kogoś takiego trudno przekupić.

Do czerwca 1942 roku we Lwowie pozostało około osiemdziesięciu tysięcy Żydów. Niemcy zaczęli przyśpieszać eksterminację, stosując coraz wymyślniejsze i okrutniejsze metody. Niezadowoleni z działalności żydowskiej policji, 24 czerwca zorganizowali w getcie własną łapankę. Zamordowali kilka tysięcy osób. „Kobiety nago wypędzono w nocy na otwarte pole obozu i wypuszczono na nie psy, które je rozszarpywały", pisał Jan Rogowski[42].

To był wstęp do „wielkiej akcji żydowskiej", w wyniku której latem 1942 zginie kilkadziesiąt tysięcy Żydów w getcie. Większości nie zabito w komorach gazowych, tylko w akcjach przypominających tę z 24 czerwca – z łapanek prowadzonych na wielką skalę. Pojmanych prowadzono albo do obozu janowskiego, albo bezpośrednio „na Piaski", czyli na zbocza Kortumowej Góry na peryferiach Lwowa. Tam ich rozstrzeliwano – prosto w naturalnych wąwozach albo masowych grobach – na tak dużą skalę, że okoliczni mieszkańcy widzieli, jak z góry wypływały strumienie krwi, łączące się potem w rzeczkę, która płynęła przez wieś Kleparów i wpadała do rzeki Pełtwi[43].

2 września Niemcy przeprowadzili egzekucję kilkunastu członków Judenratu – w tym doktora Landesberga – oraz oficerów policji żydowskiej. Powieszono ich na balkonach siedziby Judenratu. Świadkowie pisali, że Niemcy celowo użyli cienkich sznurków, żeby ofiary urywały się i spadały, jeszcze żywe, na bruk. „Broczących krwią, wśród szyderstw i bicia, wieszano ponownie"[44]. Niemcy przedstawili ocalałym członkom Judenratu rachunek za zakup sznurka i zażądali zwrotu kosztów.

Gdzie w tym wszystkim jest Lem? Prawdopodobnie nadal w Rohstofferfassung. Beresiowi opisuje, że udało mu się wyrobić tak zwane dobre papiery. Był tam zatrudniony formalnie jako *Automechaniker und Autoelektriker*, ale rzeczywiste kwalifikacje miał – jak sam to opisuje – raczej mizerne. Jedyną podstawą było amatorskie (tak zwane zielone) prawo jazdy, wyrobione tuż przed wojną, oraz nauki majstra. Jak się nazywał ów majster, trudno dziś dojść, bo u Beresia nazwisko brzmi „Tadeusz Solakiewicz", a u Fiałkowskiego „Tadeusz Sulakiewicz". Obaj autorzy spisywali rozmowy ze słuchu, a Lem autoryzował obie wersje. Dziś nie ma kogo o to spytać. W powieści *Wśród umarłych* występuje w każdym razie jako „Tadeusz Polakiewicz".

W obu relacjach (a także w powieści) widać szacunek, jakim pisarz darzył tego, kto go wprowadził w arkana spalania karbidowo-acetylenowego. „Pan Tadeusz Sulakiewicz, który mnie w tym zawodzie poduczał, wychodził na podwórze, brał pięciokilowy młot i pytał – to ma być spaw? Łups, i cała przyspawana karoseria odpadała" – to Fiałkowski. A u Beresia szczerze: „jakoś tam w końcu to opanowałem, ale spawaczem byłem bardzo marnym".

W powieści mamy podobną scenę:

W garażu praca szła normalnym trybem. Wilk spawał poprzeczki stalowe, które miały podtrzymywać poszerzaną ramę nowej ciężarówki. W głębi ciemnych szkieł ochronnych spawanie wyglądało jak pulsująca rytmicznie gwiazda. Obie ręce chłopca – lewa trzymająca drut i prawa, z palnikiem – wahały się w promieniu kilku centymetrów, każda z odmienną częścią. Pryskając snopami iskier, płynne żelazo zalewało styki, a płomień wdmuchiwał je w najdrobniejsze szczeliny. Gdy Wilk wstał znad dymiącej jeszcze ramy, zjawił się Polakiewicz z dwunastokilowym młotem i paroma ciosami odwalił wszystkie poprzeczki. Spoiny były poprzepalane.

– Takem pana uczył?

Zakląwszy ciężko, pan Tadeusz poszedł do kancelarii na papierosa.

Powieściowy Karol Włodzimierz Wilk uczy się szybciej od Lema, bo Marcinów i Polakiewicz chwalą jego postępy. Wilk tak jak Lem kocha maszyny, ale w jego przypadku maszyny zdają się tę miłość odwzajemniać (całe późniejsze życie Lema to tymczasem historia nieszczęśliwej, nieodwzajemnionej miłości do różnych urządzeń).

„Wilka zainteresowały zwiezione części. Dyskretnie odłożył sobie niektóre, gdyż myślał o stworzeniu na stryszku małego laboratorium" – to już ewidentnie Lem piszący o sobie samym, bo Beresiowi i Fiałkowskiemu wspomina, że w Rohstofferfassung kontynuował swoje przedwojenne hobby konstruowania własnych maszyn.

Do obowiązków Lema należało odzyskiwanie surowców wtórnych z rozbitych radzieckich czołgów i samolotów, które Niemcy zwozili na teren lwowskich Targów Wschodnich, przekształconych przez okupanta w koszary Luftwaffe. Woreczki z prochem i naboje przekazywał jakiejś organizacji podziemnej, o której nic więcej nie wiedział – tak to opisywał Beresiowi i Fiałkowskiemu. Najpewniej chodziło o Armię Krajową, tak w każdym razie zapamiętał z rozmów Władysław Bartoszewski (i jest to bardzo prawdopodobne, bo polskie podziemie komunistyczne we Lwowie było dużo słabsze).

Lem wymontowywał też jednak różne urządzenia nieprzydatne w podziemiu, jak sztuczne horyzonty i szybkościomierze z samolotów, bo po prostu ciekawiła go ich konstrukcja (bardzo go przy tym bawiło, że miały napis „*Made in Germany*"). Raz też dla kawału odpalił wymontowaną z czołgu świecę dymną, a kiedy indziej wrzucił do pieca paczkę z prochem. „Był tak sakramencki wybuch, że rura kominowa wyleciała ze ściany, a my wszyscy wyglądaliśmy jak Murzyni […], a przed bramą chodził wartownik niemiecki!", opowiadał Beresiowi.

Brak dostatecznie precyzyjnych danych, by określić stopień współpracy Lema z podziemiem. Trudno powiedzieć, czemu w rozmowach z Beresiem i Fiałkowskim nie podaje nazwy konkretnej organizacji. Dlaczego właściwie ktoś miałby po 1989 roku ukrywać swoje związki z AK (jeśli to rzeczywiście była AK)? Może Lem po prostu nie miał w tej kwestii stuprocentowej pewności, więc nie chciał wprowadzać w błąd czytelników? Z Bartoszewskim przecież rozmawiał prywatnie, nie spodziewając się, że te rozmowy będą ćwierć wieku później relacjonowane dziennikarzom. Zresztą właśnie dlatego, że wywiad z Bartoszewskim to już relacja z drugiej ręki, należy do niej podchodzić ostrożnie. Według Bartoszewskiego łącznikiem Lema z podziemiem byli „koledzy licealni" – to jest oczywista pomyłka, musi chodzić o gimnazjalnych. A zapewne raczej o kolegę gimnazjalnego, w liczbie pojedynczej, bo podstawą konspiracji jest redukowanie do minimum kręgu wtajemniczonych.

W każdym razie według Bartoszewskiego to właśnie owi koledzy uratowali rodziców Lema z getta przy użyciu dorożki, a samemu Stanisławowi dostarczyli fałszywe papiery. W książkach Beresia i Fiałkowskiego te papiery pojawiają się nie wiadomo skąd. Skoro jednak od początku wiadomo, że produkcja fałszywych chrześcijańskich metryk i aryjskich kenkart była istotnym ubocznym aspektem działalności firmy Rohstofferfassung, tam bym ich źródeł szukał w pierwszej kolejności.

Fałszywe dokumenty przedstawiały Stanisława Lema jako Ormianina nazwiskiem Jan Donabidowicz. W przedwojennym Lwowie rzeczywiście od średniowiecza żyła spora diaspora ormiańska. W okresie Drugiej Rzeczypospolitej była już silnie spolonizowana, podobnie zresztą jak diaspora żydowska.

Ale w którym dokładnie momencie Lem stał się Donabidowiczem? I na jak długo? Tu już zaczynają się zagadki. Według Bartoszewskiego Lem cały czas miał „mocne papiery" dzięki znajomym z AK i na podstawie tych dokumentów pracował do końca okupacji, utrzymując rodziców. Wydaje mi się to mało prawdopodobne, bo przede wszystkim sama praca w Rohstofferfassung już dawała „mocne papiery", także Żydom (oczywiście do czasu). Gdyby Stanisław Lem występował w Rohstofferfassung jako Ormianin pod fałszywym nazwiskiem, narażałby się na śmiertelne niebezpieczeństwo: jakiś przedwojenny znajomy jego lub jego rodziców mógłby odruchowo nazwać go „Staszkiem". Przecież tę pracę załatwił mu „znajomy ojca", a na dodatek pracowali tam „głównie Żydzi", ryzyko takiego spotkania było więc realne.

Skądinąd wiadomo, że w Rohstofferfassung pracowała przynajmniej jeszcze jedna osoba spokrewniona z klanem Lemów (ale na tyle daleko, że nie pojawia się we wspomnieniach Stanisława Lema, być może nawet nigdy się nie poznali). To urodzona w 1926 roku Zofia Kimelman, córka Wandy Lem i Maxa Kimelmana[45]. W Rohstofferfassung pracowała pod prawdziwym nazwiskiem. Dopiero w sierpniu 1942 roku wyrobiła fałszywe papiery na nazwisko Zofia Nowak. Dlatego mało prawdopodobne wydaje mi się, żeby Stanisław Lem stał się Janem Donabidowiczem na początku okupacji.

Bardziej prawdopodobna wydaje mi się chronologia, którą możemy odczytać z wywiadu z Fiałkowskim. „To [praca w Rohstofferfassung] był czterdziesty pierwszy i czterdziesty drugi rok, a w czterdziestym trzecim musiałem zwinąć żagle". Dokładnej daty „zwinięcia żagli" Lem nie podaje, ale chyba można ją odgadnąć, bo wiąże to z innym dramatycznym incydentem – ukrywaniem na terenie zakładów gimnazjalnego kolegi o nazwisku lub przydomku Tiktin, który zdezerterował z żydowskiej służby porządkowej.

Beresiowi Lem opisywał to tak:

To było rano, gdy wyszedłem na podwórze przed garażem. Przez cały czas chodził tam na posterunku lotnik niemiecki. Ten mój znajomy musiał mnie wcześniej zobaczyć, bo natychmiast znaleźliśmy się w środku. Był w cywilnym ubraniu, w oficerkach, z gołą głową. Okazało się, że uciekł. Zdarzyła mu się dość dziwna historia: miał ze znajomymi uciekać, korzystając z pomocy węgierskich żołnierzy, ale kiedy przyszli w umówiony punkt, wpadli w zasadzkę, bo ci Węgrzy przyszli w towarzystwie uzbrojonego Żyda, który był zaufanym gestapo lub policjantem. Zaczęło się rozstrzeliwanie. Wtedy uciekł. Jak trafił do mnie, nie mam bladego pojęcia.

Nie mam co do tego pewności, ale odnoszę wrażenie, że chodzi o udokumentowane wydarzenie historyczne: nieudany bunt żydowskich policjantów z 12 lutego 1943 roku. Pod koniec stycznia Niemcy zlikwidowali getto i przekształcili jego resztki w *Judenlager*, przejściowy obóz koncentracyjny dla ostatnich kilku tysięcy Żydów, których eliminację z różnych powodów opóźniono. Obóz był pod bezpośrednim nadzorem niemieckim, cywilna żydowska administracja była już zbędna. Rozwiązali więc – a raczej wymordowali – Judenrat, zabijając też jego ostatniego prezesa, doktora Edwarda Eberzona.

Przy życiu pozostali jednak szef żydowskiej policji porządkowej Baruch Roizen i jego prawa ręka – dwudziestosiedmioletni Maks Goliger-Szapiro (w innej pisowni: Guliger), były sportowiec, który miał wśród gestapowców kumpli od kieliszka. Prawdopodobnie dlatego przeżył tak długo. W getcie jego nazwisko wymawiano ze strachem i nienawiścią. Goliger starał się wkupić w łaski Niemców, okazując wyjątkowe okrucieństwo wobec własnych rodaków.

Wraz z nim przeżyło do tego momentu około dwustu żydowskich policjantów, którzy doskonale zdawali sobie sprawę z tego, że ich dni są policzone. Goliger wymyślił plan ucieczki na Węgry przy pomocy przekupionych oficerów niemieckich lub węgierskich (spotkałem się z różnymi wersjami). Tak czy siak, plan się nie udał – spiskowcy wpadli w pułapkę i Niemcy przystąpili do eliminacji żydowskich policjantów. Zginęli zakatowani przez Niemców publicznie – dla zastraszenia około siedmiu tysięcy Żydów, którym jeszcze ciągle pozwalano żyć.

Tiktin ukrywał się w Rohstofferfassung przez kilka dni.

To wszystko było dość wariackie, bo ten garaż w ogóle nie był zamykany, wystarczyło wejść na górę z latarką (tam nie było światła), by zauważyć chłopaka, chowającego się w jakichś zakamarkach. Ale jak długo tak można? W końcu mu powiedziałem „nie możesz tu siedzieć wiecznie". Po jakimś czasie odszedł, a ja uświadomiłem sobie, że prawdopodobnie wpadnie, będzie przesłuchiwany, a Niemcy będą go wypytywać, gdzie się ukrywał. Wtedy powie, że u mnie. Jak sobie to uświadomiłem, zrobiło mi się gorąco... dlatego przeprowadziłem się do pewnej staruszki, u której mieszkałem tak długo, aż mi zmieniono papiery na Jana Donabidowicza.

Tak Lem to opisuje Beresiowi. Pamiętajmy jednak, że w tych wywiadach konsekwentnie przemilcza ważną okoliczność: swoje pochodzenie. A przecież jako Żydowi śmierć z rąk niemieckich groziła mu niezależnie od tego, czy Tiktin by go wsypał, czy nie. Przypuszczam – ale to już tylko moja hipoteza – że prawdziwe motywy ucieczki z Rohstofferfassung były trochę inne.

Nawet gdyby Stanisław Lem rzeczywiście nie zdawał sobie w lutym 1943 roku sprawy z tego, że przez ostatnie półtora roku Niemcy wymordowali przeszło dziewięćdziesiąt procent ze stuparodziesięciotysięcznej populacji Żydów we Lwowie, i nie wyciągnął z tego logicznego wniosku, że za chwilę zabiorą się także za tych jeszcze żywych, tych chronionych „mocnymi papierami", incydent z ucieczką Tiktina musiał mu to wreszcie uświadomić. W końcu dla Żyda w getcie nie było lepszych papierów niż papiery żydowskiego policjanta. Jeśli nawet ci z Ordnungsdienst spodziewali się rychłej likwidacji, to już znaczyło, że najwyższy czas się ukryć.

Kiedy getto przekształcono w obóz, wszyscy pozostali przy życiu Żydzi zostali skoszarowani. Nie dostawali już przepustek pozwalających w miarę swobodnie poruszać się po mieście. Jeśli pracowali poza obozem – wyruszali w zorganizowanych kolumnach pod strażą i tak też wracali. Taką „kolumnę Rosztofu" w maju 1943 opisuje Janina Hescheles. Stanisław Lem byłby w niej, gdyby nie uciekł w ostatniej chwili. Zostałby mu wtedy miesiąc życia, podobnie jak innym Żydom z Rohstofferfassung. Nie wiadomo mi, czy ukrywając kolegę z gimnazjum, Lem ocalił mu życie. Dalsze losy Tiktina nie są mi znane. Ale zapewne było odwrotnie: spotkanie z Tiktinem ocaliło życie Stanisławowi Lemowi. Gdyby dłużej zwlekał z ucieczką, trudniej byłoby mu wyrobić fałszywe papiery i przedostać się do bezpiecznego schronienia.

O żydowskiej policji porządkowej czy też w ogóle o Judenratach trudno pisać, całkowicie powstrzymując się od oceny. Tiktin musiał mieć na sumieniu przynajmniej jedną zbrodnię: zbrodnię kolaboracji z okupantem. Ale prawdopodobnie, jeśli udało mu się dożyć lutego 1943 roku, musiał robić rzeczy jeszcze straszniejsze. Lem do tej oceny zresztą jakby przystępuje w rozmowie z Beresiem, bo chwilę potem robi niby-dygresję, która jest tak naprawdę rozwinięciem tego tematu: „Właśnie wtedy jakiś »pieriewoźnik« całą swoją rodzinę pomagał pakować do Treblinki (a jeśli nie pakował, to w każdym razie nie przeszkadzał i nie poszedł za nimi). Potem pytał ludzi: »czy ja jestem mordercą?«".

Lem prawdopodobnie nawiązuje tutaj do wydanego w roku 1993 przez wydawnictwo Karta wspomnienia Całeka Perechodnika, żydowskiego policjanta z getta w Otwocku, który rzeczywiście nie zdołał uratować swojej rodziny przed transportem do Treblinki, po czym sam zginął kilka miesięcy później. Tytuł *Czy ja jestem mordercą?* nadała polska redakcja. Później ukazała się druga, poprawniejsza wersja, sporządzona na podstawie oryginalnego rękopisu Perechodnika, pod tytułem *Spowiedź* (i z poprawioną pisownią imienia autora). Lem, jak to miał w zwyczaju, przekręcił nazwisko Perechodnika na coś, co zabrzmiało jak rzeczownik pospolity „pieriewoźnik". I zadaje pytanie, którego Perechodnik w rzeczywistości w ogóle w swoim rękopisie nie stawia. Być może Lem ich zresztą nie czytał, tylko nawiązywał do gorącej dyskusji na temat tych wspomnień, która toczyła się w połowie lat dziewięćdziesiątych, po prostu chcąc w rozmowie z Beresiem poruszyć temat oceny moralnej kolaborantów.

Sam jednak tej odpowiedzi nie udziela. Zostawia wszystko zawieszone na znaku zapytania. Mnie tym bardziej wydaje się niestosowne, żebym siedem dekad po tych wydarzeniach sam ferował jakieś wyroki, siedząc sobie wygodnie przy biurku i popijając herbatkę. „Tyle wiemy o sobie, ile nas sprawdzono", pisała Noblistka. Ja nie wiem, co ja bym robił w chwili ostatecznej próby, i mam nadzieję, że nigdy się nie dowiem.

Pytania o zagładę i odpowiedzialność moralną mimowolnych współuczestników dręczyło jednak Lema przez całe życie. Widać je nie tylko w tym wywiadzie, widać je także w pierwszej i ostatniej książce z Lemowskiego kanonu powieściowego, od *Szpitala Przemienienia* po *Fiasko*, a także w tekstach publicystycznych i quasi-publicystycznych, jak słynny apokryf profesora Aspernicusa z Lemowskiej *Prowokacji*. Myślę, że musiały go dręczyć już wtedy. Nie wierzę w zapewnienia Lema, że „oglądał rzeczywistość z perspektywy mrówki", więc nie wiedział o tym, co się dzieje w getcie, ani o innych zbrodniach niemieckich, dochodziły go tylko „jakby niewyraźne echa wydarzeń".

Sam w *Czasie nieutraconym* sportretował przecież Rohstofferfassung jako miejsce, w którym doskonale orientowano się w aktualnej sytuacji nie tylko w getcie lwowskim, ale także w innych gettach Generalnego Gubernatorstwa, ponieważ ukrywający się Żydzi, poprzez swoje kontakty, obracali w kancelarii firmy złotem i walutami, potrafili też sprowadzić najrozmaitsze towary niedostępne na wolnym rynku, jak prawdziwy kawior czy francuskie wina. Co więcej, o tym, co się będzie działo w którym getcie, Zygfryd *alias* Wiktor Kremin dowiadywał się pierwszy. Lem opisuje w powieści początek kolejnej akcji likwidacyjnej, która psuje urodziny Kremina (podczas przyjęcia serwowano właśnie *echter Kaviar*, a także liczne francuskie trunki). Jednym z gości był Sturmbannführer Tannhäuser, o którym Lem mówi Fiałkowskiemu, że był postacią autentyczną. Tannhäuser o tym, co się dzieje w getcie, informuje Kremina na bieżąco. Przerywa mu urodziny pilnym telefonem, żeby go zawiadomić o kolejnej akcji likwidacyjnej. Kremin ruga swojego rozmówcę (było nie było, majora ss), jakby był jego przełożonym: *„Tannhäuser, warum haben Sie mich nicht vorher benachrichtigt?!* – wykrzykiwał do telefonu. *– Ach was, ich konnte nicht, ich konnte nicht! Was für eine Drecksache!"* („Tannhäuser, czemu mnie pan wcześniej nie uprzedził?! Ach tak,»nie mogłem, nie mogłem!«. Co za gówno!").

W rozmowie z Fiałkowskim Lem wprost podkreślił, że portret Kremina jest w ogólnej mierze realistyczny. Jeśli tak, mamy prawo zakładać, że powieściowy portret całej firmy też jest zgodny z rzeczywistością: było to miejsce rozplotkowane i wszyscy pracujący tam Żydzi zawdzięczali dożycie roku 1943 właśnie temu, że byli tak dobrze poinformowani. Dlatego Lem w roku 1942 najpewniej zdawał sobie sprawę z sytuacji w getcie.

To zaś oznacza, że pracując w Rohstofferfassung, mój ukochany pisarz narażony był na moralne męczarnie, wciąż myśląc o losie swoich krewnych. Jasne, nic nie mógł zrobić, żeby im pomóc. Ale mózg ludzki tak nie działa. Myślę, że już wtedy Lema dręczyły pytania o naturę dobra i zła, które kilka lat później w tak dojrzały sposób zacznie stawiać w *Czasie nieutraconym*. Kremin wydaje się postacią niemalże pozytywną. Gdy Niemcy rozpoczynają kolejną akcję likwidacyjną, nie szczędzi wysiłków ani łapówek, żeby wyciągać „swoich Żydów, już ładowanych na dworcu do wagonów".

Jasne, nie robi tego bezinteresownie. Wygląda na to, że podchodzi do sprawy ambicjonalnie. Mordowanie „jego Żydów" to podważanie jego pozycji. Nie może na to pozwolić! Będzie się zatem starał ich ratować i nawet jeśli (jak w powieściowej scenie) uratuje tylko połowę, to przecież i tak więcej ocalonych istnień ludzkich, niż mógłby na Sądzie Ostatecznym przedstawić autor niniejszej książki (a i zapewne większość czytelników). Na początku 1943 roku Niemcy przystąpili do likwidowania ostatnich resztek getta we Lwowie. Dla lwowskich Żydów nie było już żadnych „dobrych papierów", zginąć mieli wszyscy – nieważne, czy pracowali dla wojska, czy byli w Judenracie, czy mieli mundur służby porządkowej. Stąd właśnie moje przekonanie, że niemożliwe, by Lem pracował w Rohstofferfassung aż do końca okupacji.

Kiedy więc ostatecznie Lem opuścił te zakłady? Odpowiedź w gruncie rzeczy sprowadza się do tego, czy wierzymy w autentyczność historii o Tiktinie. Lemolodzy, z którymi o tym rozmawiałem, często ją kwestionują, argumentując, że za dużo w niej zbiegów okoliczności (nagłe spotkanie kolegi z gimnazjum akurat przed Rohstofferfassung?).

Ja zakładam jej prawdziwość, kierując się dość słabym – przyznaję – argumentem, że zmyślenie fikcyjnej postaci nie jest w stylu Lema. On raczej kluczył, raczej odwracał uwagę, raczej nie mówił całej prawdy, ale nie posuwał się do stuprocentowego zmyślenia. Gdyby tak robił, byłoby mu dużo prościej ominąć kwestię żydowskiego pochodzenia, po prostu wymyślając fikcyjnych aryjskich przodków.

Jeśli założymy prawdziwość opowieści o Tiktinie, mamy w miarę dokładną datę ucieczki z Rohstofferfassung – połowa lutego 1943 roku. Jeśli tę hipotezę odrzucimy, to pozostaje tylko taka możliwość, że Lem uciekł wcześniej i wcześniej też stał się Janem Donabidowiczem. Niezależnie od wersji musimy jednak chyba przyjąć, że przynajmniej przez pewien czas Lem mieszkał (nocował) na terenie tych zakładów, gdzie czuł się bezpieczniej.

„Woleliśmy nocować w garażu, aniżeli wychodzić na miasto, mówiło się bowiem, że posiadanie przepustki razem z kenkartą nie stanowi wcale dla Polaka gwarancji nietykalności i policjant ukraiński może go po prostu zastrzelić" – mówił Fiałkowskiemu. I to akurat jest zgodne z tym, co opisuje w książce *Polacy we Lwowie 1939-1944*. *Życie codzienne* Grzegorz Hryciuk – kierowana przez Pitułeja ukraińska policja porządkowa siała postrach i wśród Żydów, i wśród Polaków. Spotkanie z takim policjantem było dla Lema zagrożeniem niezależnie od tego, jaką miał kenkartę.

Bez względu na to, czy uciekł z zakładów już w roku 1942, czy dopiero w lutym 1943, pozostaje kolejna zagadka życiorysu Lema, z którą musimy się zmierzyć. Co najmniej przez kilkanaście miesięcy żył we Lwowie całkowicie nielegalnie. Każde przypadkowe rozpoznanie na ulicy groziło śmiercią jemu, jego rodzinie oraz „państwu Podłuskim z ulicy Zielonej"[46], u których doczekał do końca niemieckiej okupacji (prawie na pewno nie był to zresztą jedyny adres, pod którym się ukrywał – ale tylko ten podał publicznie).

To okres o tyle ciekawy dla wielbicieli jego prozy, że najprawdopodobniej właśnie podczas tych kilkunastu miesięcy powstał *Człowiek z Marsa*, pierwsza Lemowska powieść science fiction. Z wywiadu z Beresiem wynikałoby, że Lem napisał ją właśnie jako Donabidowicz, gdy miał z jednej strony jaką taką możliwość poruszania się po mieście dzięki fałszywemu nazwisku, z drugiej zaś – to poruszanie się po mieście powinien był ograniczać do absolutnego minimum. Być może jeden i drugi aspekt jego położenia kryje się w zdaniu z wywiadu Beresia, które jest bardzo charakterystyczne dla Lema: „zapisałem się w wypożyczalni książek, czytać mogłem, ile chciałem". W tym pozornie niewinnym opisie sytuacji da się odczytać grozę sytuacji człowieka, który ukrywa się przed śmiertelnym zagrożeniem – i z tego powodu śmiertelnie się nudzi.

Przez ostatnie kilkanaście miesięcy niemieckiej okupacji we Lwowie nikt już nie miał mocnych papierów, poza samymi Niemcami. Ale i oni zaczynali się bać, bo – jak mówi Lem

Beresiowi – „był to okres, gdy zaczęło się już mówić o Rosjanach i ich wielkich zimowych ofensywach". Incydent z Tiktinem, jeśli był prawdziwy, to zdarzył się jakieś dwa tygodnie po kapitulacji Paulusa w Stalingradzie, która przyniosła unicestwienie Grupy Armii Południe – tej samej, która zajęła Lwów[47]. Uruchomiona przez Niemców machina terroru po ostatecznym rozwiązaniu kwestii żydowskiej obróciła się tymczasem ku „Aryjczykom". Jak trafnie to zauważył profesor Horst Aspernicus, niemiecka polityka w gruncie rzeczy nie miała sensu. Sporym kosztem zbudowali machinę wyzyskującą niewolniczą pracę Żydów i jeńców wojennych tylko po to, żeby ich czym prędzej wymordować – ale wtedy ich gospodarka była już uzależniona od darmowej siły roboczej. Skąd więc ją brać? Przez pewien czas Niemcy dość naiwnie zakładali, że narody słowiańskie zgłoszą się na ochotnika. Akcja werbunkowa we Lwowie (i nie tylko) zakończyła się jednak fiaskiem.

Od jesieni 1942 roku zaczęły się łapanki. Być może jedną z nich Lem opisuje Fiałkowskiemu w wywiadzie – ukrywając się u pewnej staruszki, czekał na fałszywe papiery i patrzył przez okno, jak jakichś ludzi ładują do ciężarówek. Łapanki prowadzono w różnych miejscach, w których masowo gromadzili się mieszkańcy Lwowa. Teoretycznie celem tych akcji było schwytanie osób zdolnych do pracy, ale jako zdolnych do pracy zaklasyfikowano także pięćdziesięciotrzyletnią kobietę oraz mężczyznę bez wszystkich palców u jednej ręki[48].

Niemcy stawiali na ilość, obstawiali miejsca, w których za jednym razem można było złapać kilkaset osób: początkowo targowiska, potem dworzec – na którym do ciężarówek pakowano po prostu wszystkich pasażerów pociągu podmiejskiego. Zdarzało się także zgarnianie wszystkich widzów kina, łącznie z obsługą. Szczytowe nasilenie łapanek to początek roku 1943[49].

„Aryjskie papiery" nie wystarczały, by wyjść z takiego kotła. Tylko cztery rodzaje papierów dawały taką możliwość: legitymacja „Im Dienst der Deutschen Wehrmacht", „Deutsche Post",

RD („Służba Rzeszy") i… żydowskie. Niemcy nie zabijali wszystkich jak leci, każdy miał osobny termin – jak mówił Lem, sarkając Beresiowi na przekłamania historyczne w filmie *Szpital Przemienienia* Żebrowskiego; Żebrowski pokazał bowiem jedną wielką egzekucję, a powinien był pokazać osobne egzekucje pacjentów, osobne lekarzy, osobne pielęgniarzy i tak dalej.

Lwów w okresie, w którym Lem ukrywa się na fałszywych papierach, jest miastem grozy. Łapanka grozi każdemu. Tramwaje jeździły puste, na ulicach nie było przechodniów, pokazy kinowe świeciły pustkami – i to wcale nie za sprawą wcześniej ogłoszonego przez podziemie bojkotu[50]. Może się wydać dziwne, że Lem w tych warunkach miał głowę do wypożyczania książek, ale trzeba pamiętać, że dla ukrywającego się Żyda priorytetem było nierobienie tego, czego byśmy oczekiwali po ukrywającym się Żydzie. Sublokator państwa Podłuskich, który w ogóle nie wychodzi z domu, byłby podejrzany. Lem nie musiał chodzić do pracy. Żył z oszczędności ojca, który także opłacał jego sublokatorski pokój (również dlatego nie można raczej dawać wiary relacji Bartoszewskiego, że Lem utrzymywał rodziców, pracując w Rohstofferfassung). Wymykał się więc zapewne po książki, a potem wracał jak najszybciej i uciekał w świat fantazji.

Nie podał listy swoich lektur z tego okresu, ale być może było tam jakieś amerykańskie opowiadanie czy powieść science fiction (technicznie było to możliwe, przecież do roku 1941 Trzecia Rzesza miała normalną wymianę kulturalną z USA). W Polsce nie było tradycji literatury tego typu. W Ameryce niemal samodzielnie wynalazł ją w latach dwudziestych wydawca Hugo Gernsback w czasopiśmie „Amazing Science Fiction". *Człowiek z Marsa* spokojnie mógłby się ukazać w tym czasopiśmie. Przypuszczam – choć nie mam na to cienia dowodu – że bezpośrednią inspiracją dla Lema był niemiecki przekład jakiegoś amerykańskiego autora ze stajni Gernsbacka. To by tłumaczyło, czemu akcja *Człowieka z Marsa* zaczyna się akurat w Nowym Jorku (oczywiście takim z wyobraźni Lema – w którym na przykład Piąta Aleja jest ulicą dwukierunkową i jeżdżą nią trolejbusy).

Jak na dzieło pisane w takich warunkach *Człowiek z Marsa* jest wręcz zaskakująco dobry. Widzimy tu zapowiedź przyszłego talentu Lema. Tematem powieści jest Kontakt, jeden z klasycznych toposów science fiction (potraktowany z typowo Lemowskim pesymizmem – nie dość, że nic z tego nie wychodzi, to jeszcze tytułowe stworzenie najwyraźniej jest tak wredne, że nie ma sensu się z nim próbować dogadać, trzeba je po prostu zabić). Mamy tutaj też ulubioną konstrukcję fabularną Lema: głównym bohaterem, którego oczami postrzegamy opowiadaną historię, jest laik, osoba przypadkowo wciągnięta w coś, czego nie rozumie (jak potem choćby Robert Smith z *Astronautów*, Ijon Tichy czy bohaterowie krótkich form). I mamy wreszcie kilka malowniczo nakreślonych postaci drugoplanowych, z obowiązkowym szalonym naukowcem i małomównym inżynierem.

Rodzice Lema ukrywali się wtedy „koło Gródeckiej, w jakiejś bocznej ulicy" (Bereś) oraz „gdzieś w okolicach Brajerowskiej" (Fiałkowski). Znów mamy tu jakąś maskaradę: Lem ewidentnie dobrze pamięta dokładny adres – prawdopodobnie była to ulica Kossaka[51] – ale ma swoje powody, żeby go nie podać (zapewne te same co zwykle: celowo zataja tożsamość osób, które ich ukrywały).

Możemy się domyślać jego strachu i osamotnienia z tego okresu, czytając jeden z najbardziej wstrząsających fragmentów *Czasu nieutraconego* – scenę łapanki, w której wpada Stefan. O ile Karol Włodzimierz Wilk jest jakby „fajniejszym Lemem", o tyle Trzyniecki jest Lemem mniej rozsądnym, bardziej fajtłapowatym, dającym się wykorzystywać obcym ludziom. W drugim tomie okazuje się, że w *Szpitalu Przemienienia* ekscentryczny artysta Sekułowski (wzorowany na Witkacym) uczynił go wykonawcą swojej ostatniej woli.

Przyciągnęło to uwagę niejakiego Dolańca, wyjątkowo obrzydliwej postaci drugoplanowej – hieny, która urządziła sobie biznes ze skupu majątku ofiar niemieckiego terroru. Dolaniec omotał Stefana, który razem z nim przyjeżdża do nienazwanego miasta, ewidentnie będącego Lwowem. W mieście mieszka także jego ojciec, wielki nieobecny całej tej trylogii (wątek Trzynieckiego to w gruncie rzeczy nieustanna próba porozumienia z ojcem – dalekim i niepojętym jak istota z innej planety). Przyjeżdża pociągiem w przedziale *nur für Deutsche* (Dolaniec ma gest i możliwości!) i planuje nocleg u ojca. Ale że nie ma ochoty na rozmowę z nim o swoich planach, postanawia przyjść późno, tak żeby od razu iść spać. Czas do wieczora przeczekuje u kolegi ze studiów. W mieście, w którym obowiązuje godzina policyjna, to jest oczywiście samobójczo nierozsądny plan.

Trzyniecki początkowo zachowuje się jak normalny przybysz w normalnym mieście, ale to miasto stopniowo zmienia się w scenerię z nocnego koszmaru. Stefan wchodzi do „knajpki na rogu", by zjeść śniadanie – jest okropne, serwują mu „ciągliwe jak z gumy bułki i herbatę o smaku mytki drucianej". Potem chce się odświeżyć u fryzjera, ale tutaj mamy pierwsze ukłucie strachu. Wchodząc do zakładu fryzjerskiego, w drzwiach zderza się z mężczyzną z twarzą „asymetryczną, o jakimś cierpkim, niezadowolonym wyrazie. Jakby Żyd – pomyślał Stefan i zdębiał, bo to było jego własne odbicie w wielkim lustrze, sięgającym podłogi". Stefan zaczyna czuć, że wszyscy przypatrują mu się podejrzliwie, i nawet po ogoleniu nadal nie wygląda dostatecznie aryjsko.

W końcu na kwadrans przed godziną policyjną dociera do mieszkania ojca i tu dowiaduje się, że ojciec wyjechał na dwa dni. Spędza więc noc na dworcu i następnego dnia oczywiście jeszcze bardziej niż poprzednio przypomina ukrywającego się Żyda. Znów zjada śniadanie w kolejnej knajpie – jest paskudne jak poprzednio. Szuka fryzjera. Ale wszyscy przechodnie wyglądają albo jakby spali, albo, co gorsza, nagle jakby się budzą i zaczynają wyjątkowo uważnie lustrować Stefana i jego wychudzone, zarośnięte oblicze.

Stefan próbuje nie wpaść w panikę. Zaczepia kogoś na ulicy, uprzejmie uchylając kapelusza. „Najmocniej państwa przepraszam – pyta – czy nie wie pan, gdzie tu jest otwarty fryzjer?" Odpowiada mu tylko kolejne podejrzliwe spojrzenie. Potem nagle ktoś biegnący ulicą ostrzega go: „Człowieku, uciekaj! Tam są, za rogiem!". Stefan wie, że chodzi o łapankę, w której wyłapują Żydów, ale odpowiada bełkotliwie, „zmieszany i przestraszony zarazem": „ależ ja nie jestem Żydem!". Na próżno. Grupa bawiących się na ulicy podrostków zaczyna go wytykać palcami, demaskując jego pochodzenie. Najpierw jeden z nich „robi Żyda", co narrator precyzyjnie opisuje tak: „chwilę wytrzeszczał na niego oczy, potem nagle zazezował, wypuczył wargi wywracając je na lewą stronę i co siły przydusił nos palcami. Inne dzieci najpierw syczą »szt! szt!«, a potem wołają: »Kłapciuch! Żyd! Juda! Juda ucieka! Judaa!«".

W końcu łapią go Niemcy. Ocena ulicznych wyrostków jest dla nich ważniejsza od aryjskich papierów, które przerażony Stefan im przedstawia. Niemiec reaguje na nie po prostu ironicznym: *Du bist also kein Jude, was? Sehr schön!"* („A więc nie jesteś Żydem? No pięknie!"). Stefan trafia na plac, z którego wszyscy są wywożeni do Bełżca, i opisuje sceny grozy wśród ludzi czekających na śmierć:

> Kilku wyrostków wciąż dopadało szpar między deskami, oferując truciznę w małych kopertach. Cena jednej dawki cyjanku potasu wynosiła górala. Żydzi byli jednak nieufni: w kopertach znajdowała się przeważnie mielona cegła.

Stefan wychodzi z tego wszystkiego w końcu żywy, zresztą wbrew jakiemukolwiek prawdopodobieństwu. Bełżec bowiem nie był obozem koncentracyjnym, był obozem zagłady, nie można w nim było zrobić tego, co opisuje powieść: wdać się w rozmowę z Niemcami i dzięki temu zostać odłączonym od grupy przeznaczonej na śmierć i przydzielonym do grupy przeznaczonej do pracy. Można było najwyżej zyskać dodatkowe parę miesięcy życia przez pracę w Sonderkommando obsługującym komory gazowe. Myślę jednak niestety, że opis grozy ulic Lwowa jest stuprocentowo realistyczny.

Ostatnią publiczną egzekucję – już nie Żydów, tylko Polaków i Ukraińców – Niemcy przeprowadzili w lutym 1944 roku, a ostatnią niepubliczną (na Piaskach – tam, gdzie wcześniej mordowano Żydów) pod koniec kwietnia 1944 roku[52]. Potem już Niemcy mieli zbyt dużo zmartwień na głowie w związku ze zbliżającym się frontem wschodnim.

Rosjanie podeszli pod miasto latem, ale długo wstrzymywali ofensywę. Zdecydowali się w końcu na manewr okrążający – od północy miasto obeszła 60 Armia w kierunku na Żółkiew, od południa 68 Armia na Gródek Jagielloński. Powtórzyła się sytuacja podobna do tej z roku 1941, kiedy Rosjanie to się wycofywali, to wracali do Lwowa. Większość sił niemieckich wycofała się 18 lipca. Resztki oddziałów zabarykadowały się w Cytadeli w centrum miasta. Armia Czerwona okrążyła miasto, ale nie wkraczała, dając Niemcom kilka dni na wyrżnięcie polskiego powstania prowadzonego w ramach akcji „Burza".

Dla Lema to również są chwile pełne grozy. W pewnym momencie dotarła do niego plotka, że wycofująca się dywizja ss „Galizien" dokonuje pogromu na własną rękę. Uciekł w panice na Pohulankę, czyli pustkowia ciągnące się w pobliżu ulicy Zielonej. Z humorem opowiadał Fiałkowskiemu, że potem śmieszyły go rzeczy, które ze sobą zabrał: „kilka kostek cukru, jakieś skarpetki, jeden bucik".

Większość walk o Lwów mieszkańcy domu przy Zielonej przeczekali w piwnicy. W tym przypadku „większość walk" oznacza ładne kilka dni, może nawet tydzień (chodzi o okres między 18 a 27 lipca). Słyszeli, jak ostatni patrol niemiecki dobija się do bramy kamienicy. Gorączkowo się naradzali, otwierać czy nie. Postanowili nie otwierać, zapewne słusznie. Lem opisywał Fiałkowskiemu, że dwukrotnie w ciągu tych dni zrobił rzecz zakrawającą na samobójstwo. W pewnym momencie w piwnicy przypomniał sobie, że w kuchni został garnek zimnego barszczu. Wszedł na górę, by się go napić, ale gdy tylko zaczerpnął go naczyniem – huknęło, a kiedy się ocknął, trzymał w ręku uszko po naczynku, które zniszczyła eksplozja, razem z resztą sprzętów kuchennych. „Gdybym stał metr dalej, tobym zginął", wspomina Lem, dodając, że „kilka dni wcześniej" (!) wymknął się z tej samej piwnicy, żeby wreszcie się umyć, ale słysząc coraz bliższe wybuchy, „kończył tę kąpiel z nadludzką szybkością". Ów wybuch prawdopodobnie odpowiadał za problemy ze słuchem, które pisarza dręczyły przez całe życie.

Gdy strzały ucichły, wymknął się do centrum miasta, by wreszcie zobaczyć rodziców. To było zapewne mniej więcej 22 lipca – Lwów został zajęty w związku z tą samą ofensywą lwowsko-sandomierską, która doprowadziła do zajęcia Chełma i Lublina, a więc także do symbolicznej daty założycielskiej PRL. Wspominał Fiałkowskiemu:

> W miarę jak się zagłębiałem w miasto, spotykałem coraz mniej ludzi. Kiedy doszedłem w pobliże Ogrodu Jezuickiego, nie było już nikogo. Szedłem jednak dalej – i nagle usłyszałem charakterystyczny silnik Pantery, grzechot gąsienic po bruku. Odwróciłem się – i rzeczywiście zobaczyłem, co prawda w sporej odległości, jadącą ku mnie niemiecką Panterę [...]. Chciałem uciec do jakiejś bramy, ale wszystkie były zamknięte. Mogłem się tylko wtulić we wnękę i czekać, co będzie dalej. Przed czołgiem nie uciekniesz.

Na szczęście dla Lema, nim załoga pantery zdążyła go skosić wukaemem, sama już płonęła żywcem za sprawą celnego strzału zamaskowanego rosyjskiego działa przeciwpancernego. „Słyszałem straszne krzyki ludzi płonących wewnątrz", wspomina Lem. I to był ostatni krzyk niemieckiego okupanta, jaki usłyszał.

Przez krótką chwilę Lwów był niczyj, czyli polski – i była to bardzo niebezpieczna chwila. Lem wspominał, że swego ojca, który chciał się przyłączyć do akcji „Burza", w ostatnim momencie zatrzymał na schodach, gdy ten zamierzał wyjść na ulicę z biało-czerwoną opaską „LEKARZ WOJSKOWY ARMII KRAJOWEJ". To byłoby samobójstwo. Rosjanie przyjęli pomoc Armii Krajowej przy zajmowaniu miasta, bo sami nie mieli na miejscu jednostek piechoty. Wkrótce po zajęciu Lwowa jednak wyłapali kilka tysięcy swoich „sojuszników" z biało-czerwonymi opaskami. Część wymordowali, część zesłali do łagrów, część wcielili do Armii Czerwonej.

Los Samuela Lema, gdyby go przyłapano z taką opaską, byłby zapewne straszny. Rosjanie niektórych akowców zabili od razu, bez sądu, innych skazywali na łagier, którego schorowany starszy pan nie mógł przeżyć.

W życiu Stanisława Lema zaczęła się trzecia okupacja, o której wiadomo najmniej. Lemowie musieli w radzieckim Lwowie prowadzić bardzo ostrożną grę. Ocaleni z Holokaustu niestety nie mogli w ZSRR liczyć na to, że ktoś im powie: „Przetrwaliście Holokaust! To wspaniałe! Oto medal za sukces, a to zadośćuczynienie za cierpienia!". Pod niemiecką okupacją ocalenie wymagało przeważnie współpracy z dwuznacznymi moralnie postaciami, jak Kremin czy Dolaniec. Wymagało dawania łapówek za fałszywe papiery i sutego opłacania ryzykantów gotowych ukrywać Żydów w swoich domach czy mieszkaniach. Łapówkarstwo, fałszerstwo i posiadanie walut było przestępstwem w ZSRR, więc zarówno ukrywani, jak i ukrywający nie chcieli po wojnie, żeby ktoś ich pytał, co się stało ze złotymi monetami, którymi Żydzi płacili za schronienie.

W ustroju totalitarnym nie trzeba było popełnić przestępstwa, żeby wylądować w więzieniu. Wystarczało podejrzenie. Wspomniana już rodzina Kimelmanów była o krok od bardzo poważnych kłopotów – informator NKWD podsłuchał w roku 1945 Maxa Kimelmana mówiącego po niemiecku i uznał go za szpiega. Kimelman spędził pięć miesięcy w kijowskim więzieniu bez żadnego wyroku, na szczęście rodzinie udało się go wyciągnąć, a później także opuścić ZSRR.

Nowym okupantom Lem nie mógł się przyznać do pracy w Rohstofferfassung ani do posługiwania się fałszywymi dokumentami. Jeśli Armia Krajowa istotnie miała coś wspólnego z uratowaniem Samuela i Sabiny Lemów z ulicy Bernsteina czy wręcz z getta – to także musiało pozostać tajemnicą. Na wszystko to nowy okupant miał właściwie trzy odpowiedzi: pięć lat łagru, dziesięć lat łagru albo rozstrzelanie (gdy się czyta wyroki z tego okresu – są przerażająco monotonne, radzieccy sędziowie jakby z zasady nigdy nie dawali wyroków innych niż pięć lat, dziesięć lat lub śmierć, niejasny jest też klucz, jakim się przy tym posługiwali).

Zanim pierwsi rzucimy kamieniem w ówczesnych Rosjan, przypomnijmy sobie zdumiewający brak empatii, jaki współcześni Polacy potrafią okazywać wobec rozmaitych „dziadków z Wehrmachtu". A przecież Kaszubi czy Ślązacy także stawali przed alternatywą: służba Niemcom albo śmierć.

W każdym razie przypuszczam, że tu kryje się wyjaśnienie pozornie sensacyjnego dokumentu opublikowanego niedawno przez Wiktora Jazniewicza – w radzieckich archiwach odnalazł on pisane prawdopodobnie ręką Lema w październiku 1944 roku podanie o przyjęcie na politechnikę z uzasadnieniem, że marzy o konstruowaniu czołgów dla Związku Radzieckiego[53]. Sam Jazniewicz interpretuje to tak, że Lem niekoniecznie postanowił zmarnować dwa lata ciężkich studiów na medycynie, tylko raczej mieć jakiś papier świadczący o jego lojalności w razie ewentualnego procesu za pracę w Rohstofferfassung[54].

Do procesu na szczęście nie doszło. Lem wznowił studia medyczne. Rozdział o wojennym koszmarze zakończmy ponurym wspomnieniem opowiedzianym Fiałkowskiemu. Zaraz po odejściu Niemców we Lwowie ruszyło „stukanie i pukanie jak w Klondike". To nowi mieszkańcy pożydowskich kamienic – a więc także tej przy Brajerowskiej 4 – rozbijali kilofami ściany w piwnicach, szukając zamurowanego żydowskiego złota.

Taka jest naga prawda o owym osobliwym gatunku, który został „zaobserwowany przez Grammplussa w najciemniejszym zakątku naszej Galaktyki – *Monstroteratum Furiosum* (Ohydek Szalej), który zwie siebie *Homo sapiens*".

III

Wejście na orbitę

W którym właściwie roku Lemowie przeprowadzili się do Krakowa? To pozornie bardzo proste pytanie było przez wiele lat przedmiotem kolejnej Lemowskiej gry pozorów, której ulegali nawet najwięksi specjaliści. Przez dłuższy czas na przykład na oficjalnej stronie Lem.pl wisiała błędna informacja (1946), która wzięła się z dosłownego potraktowania wypowiedzi Lema, że przyjechali „jednym z ostatnich transportów", bo ojciec zbyt długo odkładał przeprowadzkę[1].

Gdy piszę te słowa, błędny rok podaje także hasło *Lem* w polskiej Wikipedii. To samo w rosyjskiej biografii Lema, pióra Praszkiewicza i Borisowa[2]. Autorzy książki skompilowali ją z publicznych wypowiedzi Lema i wpadli w pułapkę. W ogóle nie pojawia się tam na przykład kwestia pochodzenia Lema, nie zgadzają się też niektóre daty, w tym właśnie data repatriacji.

Proszę zwrócić uwagę na językową maestrię, z jaką Lem umie i nie skłamać, i prawdy nie powiedzieć. „Jeden z ostatnich transportów" – co to właściwie znaczy? Wszystko jest „jednym z ostatnich". To jest jedna z ostatnich stron tej książki, a ty ją czytasz, czytelniku, w jednym z ostatnich dni swojego życia. Oczywiście, przed tobą jeszcze wiele dni i wiele stron. Ale z czysto logicznego punktu widzenia – przecież nie skłamałem.

Spójrzmy na te dwa sąsiednie zdania w rozmowie z Beresiem: „Ci, którzy wyjeżdżali w 1945 roku, mogli zabrać ze sobą meble. My po zapisaniu się do PUR-u [Państwowego Urzędu Repatriacji] wyjechaliśmy ze Lwowa ze szczątkami dobytku".

Każdy, czytając to, odruchowo zobaczy tutaj przeciwstawienie sytuacji „nas" (Lemów) i „tych, którzy wyjeżdżali w 1945 roku". A więc pomyśli, że Lemowie wyjechali w roku następnym. Skądinąd wielu Polaków we Lwowie faktycznie opóźniało wyjazd z powodów patriotycznych. Mieli oni nadzieję, że pozostawienie w mieście polskiej populacji ułatwi przyszły powrót Lwowa do macierzy. Ta postawa była naiwna, bo oczywiście dla Stalina przymusowe wysiedlenie dziesiątków tysięcy mieszkańców nie byłoby żadnym problemem – a czy do Polski, czy na Sybir, to już kwestia drugorzędna. Postawę tej grupy świetnie opisuje w swoich pamiętnikach Ryszard Gansiniec, który w roku 1945 jeszcze twierdził, że „tylko Żydzi fruwają za San". Ale w końcu i on wyjechał, 11 czerwca 1946, rok po Lemach[3].

Lemowie przenieśli się bowiem do Krakowa latem 1945 roku. Powiedziałbym nawet, że jechali jednym z pierwszych transportów. Wyprzedzili większość słynnych transportów „instytucjonalnych", którymi na Ziemie Odzyskane ewakuowano załogi polskich instytucji, takich jak teatry, uczelnie czy Ossolineum. Tak zwany transport uniwersytecki ruszył na przykład do Wrocławia 28 września 1945. Nim dojechał, Samuel Lem już zaczął pracę w krakowskim szpitalu[4].

Dlaczego Stanisław Lem kluczył w tak niewinnej kwestii? Robił to tak systematycznie, że nie można złożyć tego na karb zwykłego nieporozumienia. Posuwał się nawet do dezinformowania przyjaciół w prywatnej korespondencji. Kiedy na początku lat siedemdziesiątych profesor Władysław Kapuściński, pierwszy samozwańczy lemolog[5], poprosił pisarza o przysłanie życiorysu – Lem napisał mu, że rodzina przeniosła się do Krakowa „w 46"[6]. Czy w takiej sprawie mógł się pomylić? Takie daty zapamiętuje się chyba na całe życie.

Lem przy użyciu kolejnego szyfru coś chce ukryć, a coś jednak powiedzieć między wierszami. Stałym elementem jego wypowiedzi na ten temat jest żal do ojca, że nie zdecydował się na wcześniejszą przeprowadzkę i że czekał zbyt długo, a wskutek tego Lemowie stracili prawie cały majątek, z wyjątkiem kilku drobiazgów, w tym ważnej dla Stanisława Lema niemieckiej maszyny do pisania oraz „paru książek".

Majątek Lemowie oczywiście stracili nie dlatego, że zbyt długo czekali, tylko dlatego, że byli Żydami. Niemcy konfiskowali majątki Żydów, powierzając je „powiernikom", na przykład Kreminowi. Jedyną szansą na ocalenie przynajmniej części dobytku było wchodzenie w układy z szemranymi postaciami, takimi jak drugoplanowi bohaterowie *Wśród umarłych* (Lem wzorował ich na autentycznych hienach, z którymi zetknął się we Lwowie)[7].

Bardzo ciekawą postacią jest niejaka Maria Hućko – Ukrainka, która przed wojną była dozorczynią kamienicy „mecenasa Geldbluma". Gdy przyszli Niemcy, Geldblum przepisał na nią budynek w zamian za obietnicę, że kobieta uchroni chociaż meble i obrazy. Lem opisuje ją bardzo złośliwie. Hućko para się pokątną prostytucją, chociaż brak jej jednej nogi. Goście mimo wszystko płacą, chociaż „nie wracają". Złośliwości nie szczędzi też mecenasowi, który „z ulgą" przenosi się do getta. Wszechwiedzący narrator *Wśród umarłych* pisze:

Geldblumowie opuścili dom, w którym mieszkali od osiemnastu lat. Adwokat był nawet rad z tego, tym bardziej że sąsiedzi w ostatnim czasie nie szczędzili mu upokorzeń. Sądził, że w getcie Żydzi będą mieli spokój. W mieszkaniu pozostała Maria Hućko.

Geldblum na pewno nie jest *alter ego* Samuela Lema, który najwyraźniej nigdy nie miał nadziei, że „w getcie Żydzi będą mieli spokój". Ale sam mechanizm utraty majątku działał zapewne podobnie – najpierw znajdowało się kogoś, na kogo fikcyjnie przepisywało się nieruchomość z ustną obietnicą, że „po wojnie" dojdzie do jakiegoś rozliczenia. A im bardziej zaszczuty czuł się Żyd, tym bardziej zmieniały się tego rozliczenia domniemane warunki.

Maria Hućko to postać fikcyjna, acz wzorowana na prawdziwej, jak większość bohaterów *Wśród umarłych*. Trochę przypomina mi autentyczną osobę opisaną przez dwunastoletnią Heschelesównę, która nie miała powodu, by się bawić w jakieś literackie gry. Ukrywała się ona (i wpadła) razem z matką u niejakiej Kordybowej, która „miała lat 60, a udawała 35, na męża mówiła, że to ojciec".

Można zrozumieć grozę kryjącą się w pozornie beztroskim wyjaśnieniu, którego Lem udziela Fiałkowskiemu – po wkroczeniu Rosjan Lemowie nie mogli już wrócić do kamienicy na Brajerowskiej, „bo tam już mieszkał ktoś inny". Kto? Tego nie wiem, ale zapewne ktoś w rodzaju Marii Hućko, jeśli nie wręcz Dolańca.

Skąd zaś uporczywie powracający wątek żalu do ojca, że Lemowie nie wyjechali ze Lwowa wcześniej? Gdyby chodziło o regularną repatriację w ramach PUR, wyjazd można by przyśpieszyć najwyżej o miesiąc. To niewiele by zmieniało w sytuacji Lemów, a już na pewno nic, jeśli chodzi o zachowanie majątku. Przypuszczam, że propozycja przeprowadzki do Krakowa pojawiła się jeszcze wcześniej – za niemieckiej okupacji. Zastanówmy się bowiem nad ważnym w tym kontekście pytaniem: dlaczego akurat Kraków? Przecież lwowiaków repatriowano na Ziemie Odzyskane, obiecując im tam poniemieckie nieruchomości.

Pociągi ze Lwowa jechały do Wrocławia przez Opole, Katowice i Bytom. I tam w końcu trafiła większość repatriantów, choć warunki na tych docelowych stacjach były straszne. Pociąg mógł teoretycznie jechać do Wrocławia, ale bywało, że już w Bytomiu radziecka obsługa mówiła repatriantom: *wygrużatsia*[8].

I „wygrużali się", a potem miesiącami koczowali na zrujnowanym dworcu. „Jeśli będzie rejestracja na wyjazd do Polski, nie zgadzaj się. Lepiej siedź w domu. Ci, co przyjeżdżają, siedzą w ciągu 2-ch miesięcy na stacji o głodzie i chłodzie. Nikt się o nich nie troszczy", pisał do swojej żony latem 1945 roku jakiś żołnierz, cytowany przez Marcina Zarembę w *Wielkiej trwodze*. Nie wiadomo, co zrobiła żona, bo ten list zatrzymała wojskowa cenzura (i poniekąd dlatego właśnie Zaremba może go zacytować).

Lem nie mówił swoim rozmówcom o żadnych tego typu nieprzyjemnościach, choć Bereś próbował to z niego wydostać. Wspominał zaś, że od Przemyśla obsługa pociągu była już „na pewno polska" (choć nie wiadomo, skąd może to wiedzieć, skoro przez całą podróż nie widział tej obsługi na oczy – pewność Lema rozmija się tu zresztą z ustaleniami historyków).

Dlaczego nieszczęśnicy koczujący na dworcu w Bytomiu nie zrobili tego samego co Lemowie – nie wysiedli wcześniej w Krakowie? Bo liczyli na poniemieckie mieszkania, których przecież nie mogli się spodziewać w przeludnionym Krakowie. Tymczasem na Lemów już czekało mieszkanie przy ulicy Śląskiej 3.

Skąd to mieszkanie się wzięło? Lem opisuje je jako mieszkanie „męża naszej przyjaciółki" (Fiałkowski), „pani Oli[9], białej Rosjanki, która mówiła po polsku z akcentem, a Lemowie spotkali ją w pociągu" (Bereś). Przypuszczam, że było odwrotnie: to pani Olga była „żoną ich przyjaciela", a konkretnie – przyjaciela Samuela Lema.

Oto bowiem w tej historii znów pojawia się rodzina Kołodziejów, o której wspomniałem w poprzednim rozdziale. To prawdopodobnie pani Olga była aryjską pasażerką dorożki ratującej Lemów z ulicy Bernsteina. Związki Lemów z Kołodziejami są wcześniejsze od obu wojen światowych – jak mi to opisał Witold Kołodziej. Jego dziadek Karol pochodził z podlwowskiego miasta Stryj. Był laryngologiem tak jak Samuel Lem i tak jak on trafił do rosyjskiej niewoli po kapitulacji Przemyśla.

Los Karola Kołodzieja potoczył się jednak inaczej. O ile Samuel Lem zostawił we Lwowie narzeczoną i po rewolucji niezwłocznie ruszył przez ogarnięty wojną domową kraj, żeby wreszcie się z nią pobrać – o tyle Kołodziej zakochał się w Rosjance, właśnie w pani Oldze. Osiadł w Orsku i zwlekał z powrotem do kraju. Pomiędzy Orskiem a Lwowem pojawił się front wojny polsko-bolszewickiej, wrócił więc w końcu (wraz z żoną) dopiero w roku 1922.

Lemowie i Kołodziejowie przyjaźnili się we Lwowie. Głowy obu rodzin łączyła wspólna wojenna przeszłość oraz pasja do brydża i innych gier karcianych. Kołodziejowie należeli[10] do kręgu znajomych, z którymi rodzice Lema jeździli w niedzielę „za miasto – płaciło się wtedy myto przy rogatkach", by „zaraz za rogatką w kierunku Stryja, przy Stryjskiej" zatrzymać się w ogródku „restauracji pana Ruckiego", by „rżnąć w karcięta"[11].

Mieczysław Kołodziej (syn Karola, ojciec Witolda) był nieznacznie starszy od Stanisława Lema. Niewielka różnica wieku wystarczyła, by jego wojenne losy potoczyły się dramatycznie odmiennie. W 1938 roku wcielono go do podchorążówki. Powinien był wrócić do cywila latem 1939 roku, ale w obliczu nadchodzącej wojny wstrzymano wszystkie zwolnienia.

Pakt Ribbentrop–Mołotow, choć dla Polski jako kraju był dramatycznym nieszczęściem, jemu w jakimś sensie uratował życie. Z podobnych mu podchorążych rezerwy pośpiesznie sformowano jednostkę, która nie miała realnej wartości bojowej – na kompanię żołnierzy przypadał jeden prawdziwy karabin. Gdyby Niemcy starli się z nimi na polu walki, wystrzelaliby ich jak kaczki. Niemcy jednak wstrzymali ofensywę, nim doszli do ich pozycji. Po 17 września było już wiadomo dlaczego. Jednostce Mieczysława Kołodzieja pozostało tylko przekroczyć węgierską granicę, gdzie ich internowano. Na Węgrzech spędził resztę wojny[12].

Karol Kołodziej do Krakowa przeniósł się na początku wojny i zdążył się tam nieźle urządzić, o czym Lem mówi Beresiowi (konsekwentnie unikając imienia i nazwiska). „Został zatrudniony w fabryce zgrzebeł końskich i systematycznie co niedziela chodził na wyścigi konne. Prowadził dość luksusowe życie. To on przygotował nam lokum przy ulicy Śląskiej 3 mieszkania 2".

To mieszkanie, jak przypuszczam, czekało na Lemów od dawna. Koledzy z wojska utrzymywali ze sobą jakąś łączność. Nie było to więc przypadkowe spotkanie przez Lemów „pani Olgi z córką" w tym samym pociągu, prowadzące do odkrycia, że Lemowie znają jej męża, tylko przeciwnie: od dawna planowana z owym mężem wspólna operacja.

Gdyby Lemowie przenieśli się do Krakowa wcześniej, nie musieliby opłacać różnych lwowskich właścicieli konspiracyjnych mieszkań, w rodzaju „państwa Podłuskich". Być może udałoby im się ocalić więcej pieniędzy. W obcym mieście nie musieliby się też ukrywać – mogliby ze swoimi fałszywymi aryjskimi papierami spokojnie spacerować po Plantach, bez obawy, że rozpozna ich przypadkowy szmalcownik.

Moja hipoteza jest więc taka, że uporczywie powracający żal Lema do ojca o opóźnianie wyjazdu dotyczy tak naprawdę odrzucenia wcześniejszego zaproszenia od Kołodzieja. Zaznaczam, że to jest tylko hipoteza: gdy ją przedstawiłem Witoldowi Kołodziejowi, powiedział, że nie może jej ani potwierdzić, ani wykluczyć. Takie zaproszenie mogło się pojawić wcześniej – ale zapewne nigdy się nie dowiemy, czy tak było.

Ta hipoteza w każdym razie wyjaśnia kilka zagadek, przede wszystkim kwestię żalu o „opóźnianie repatriacji". Nie chodziłoby wtedy o to, jak wielu ludzi to opacznie zrozumiało, że Lemowie wyjechali dopiero w roku 1946 – tylko o to, że nie wyjechali na przykład już w 1941. To by też od razu wyjaśniało powody, dla których Stanisław Lem chował się w tej kwestii za jakimiś dziwnymi półprawdami. Mówiąc prawdę, ujawniłby rolę, jaką rodzina Kołodziejów odegrała w ocaleniu rodziny Lemów.

Wszak dopiero od niedawna możemy w Polsce otwarcie mówić o tym, że polscy Sprawiedliwi wśród Narodów Świata woleli się nie przyznawać do swojego heroizmu. Gdyby pani Olga publicznie opowiedziała o swojej brawurowej jeździe dorożką, mogłaby ściągnąć na swoją rodzinę zainteresowanie

„poszukiwaczy żydowskiego złota", o których Lem z goryczą mówił Fiałkowskiemu. Bo przecież ktoś by od razu pomyślał: „ciekawe, ile jej za to dali". A ktoś inny: „ciekawe, gdzie to ukrywa". A przez większość czasów PRL, jak przypomniał to Borys Lankosz w groteskowym filmie *Rewers*, ukrywanie choćby jednej złotej monety było przestępstwem.

Trzymając się tej numizmatycznej metafory: przez cały PRL nie mogliśmy mieć szczerej rozmowy ani o awersie, ani o rewersie kwestii ukrywania Żydów – ani o podłości szmalcowników, ani o szlachetności Sprawiedliwych. Prędzej czy później rozmowę na boczny tor zwekslowałoby przeklęte pytanie o żydowskie złoto.

Znów niestety nie mam więc mocnych argumentów za swoją hipotezą. Mam tylko silne przeczucie, że Lemowski żal do ojca o opóźnienie przeprowadzki musiał mieć jakieś podłoże, o którym Stanisław Lem nie chciał mówić publicznie. A przecież tak naprawdę nie miał podstaw do tego żalu – w gruncie rzeczy wszystkie decyzje Samuela Lema okazały się trafne. Na każdym etapie tej okrutnej gry, do jakiej Żydów zmusili Niemcy, ojciec obierał najlepszą możliwą strategię. Zaufał właściwym osobom, unikał fałszywych nadziei. Latem 1941 roku nie wystarczało mieć pieniądze i koneksje, wielu równie zamożnych i równie dobrze ustosunkowanych Żydów zginęło czy to w pogromach, czy to w ostatecznym rozwiązaniu. Nie wszyscy łapówkarze mieli ten swoisty łapówkarski etos, którym kierował się Kremin – że jak mu już ktoś płacił za ochronę, to on przynajmniej naprawdę go chronił. Przecież najprostszym scenariuszem dla człowieka prawdziwie zdemoralizowanego było wzięcie łapówki od Żyda i natychmiastowe zabicie go lub zadenuncjowanie. I niestety takich ludzi nie brakowało.

Na zdrowy rozum Stanisław Lem powinien był podziwiać decyzje swojego ojca. Ja je podziwiam, rekonstruując je po latach. I mógł ten podziw wyrazić Beresiowi czy Fiałkowskiemu, jakoś po swojemu krążąc za zasłonami z półprawd, nie odnosząc się do kwestii żydowskiej. Zamiast tego słyszymy narzekanie, że ojciec za długo czekał. Jak to wyjaśnić? Być może nakłada się na to inny rodzinny spór. Lem jeszcze częściej powtarzał, że nie lubił studiów medycznych. Wybrał je pod presją ojca (który sam zresztą został lekarzem pod presją swojej rodziny). A Hitler i Stalin jakoś się zmówili, żeby Lwów zdobywać latem, przez co Lemowi nie udało się uniknąć ani jednej sesji egzaminacyjnej.

Wyjazd ze Lwowa dałoby się więc przyśpieszyć najwyżej o jeden czy dwa miesiące, ale to oznaczałoby dla Lema wykręcenie się od letniej sesji. Jak wspominał Fiałkowskiemu, była wyjątkowo ciężka, bo z jakiegoś powodu ukraińscy wykładowcy celowo chcieli go zagiąć na pożegnanie.

Jako ambitny student, Lem nie chciał do tego dopuścić, sesja stała się więc pojedynkiem. Wykładowca chemii, niejaki docent Sobczuk, tak długo przepytywał Lema, aż w końcu znalazł jakąś lukę w jego wiedzy i z satysfakcją postawił mu czwórkę zamiast piątki, mimo że ten nauczył się „grubego podręcznika chemii organicznej Abderhaldena prawie na pamięć". Nie pamiętał jednak czegoś o „substancjach wytwarzanych w czaszce pewnego typu wielorybów".

W tym samym okresie Lem napisał rozprawę *Teoria pracy mózgu*. Miałem w rękach ten manuskrypt i szczerze mówiąc, byłem nim przerażony. Wygląda to podobnie do pseudonaukowych traktatów różnych samozwańczych geniuszy, którzy bardzo chcą pisać teksty naukowe, ale mają tylko mgliste pojęcie o tym, jak taka praca wygląda. Na przykład wiedzą, że co jakiś czas powinien się w niej znaleźć jakiś wykres, więc okraszają swoje wywody krzywymi, w których nawet nie wiadomo, co jest na której osi.

Po przybyciu do Krakowa Lem podjął studia medyczne, ale szukał też jakiegoś prawdziwego naukowca, który oceniłby jego genialne dzieło. Tak dotarł do doktora Mieczysława Choynowskiego (1909–2001), co było dla nas niesłychanie fortunnym zbiegiem okoliczności.

Zdjęcie legitymacyjne, 1946

Lem opisuje Choynowskiego jako człowieka kompulsywnego, który zawsze wykładał prawdę prosto z mostu, nie potrafiąc lub nie chcąc niczego owijać w bawełnę konwenansów – „weredyka", jak Lem to zwykł lakonicznie określać. Doktor ocenił więc *Teorię pracy mózgu* jako stek bzdur, ale widząc zapał i inteligencję dwudziestoparoletniego studenta, zaproponował współpracę z prowadzonym przez siebie Konwersatorium Naukoznawczym, w ramach którego młodzi asystenci Uniwersytetu Jagiellońskiego nadrabiali lekturowy dystans do światowej nauki.

„Choynowski wywarł wpływ na całe moje życie", wspominał Lem u Beresia, a u Fiałkowskiego dodawał: „Choynowskiemu zawdzięczam najważniejsze moje naukowe lektury". Dzięki udziałowi w konwersatorium Lem zrozumiał, jak działa nauka – ta wiedza odróżniała go jako pisarza science fiction od wielu kolegów po fachu i dała nam arcydzieła gatunku, takie jak *Solaris* czy *Głos Pana*. Choynowski zbeształ Lema za nieznajomość angielskiego, tłumacząc młodzieńcowi, że to odcina go od możliwości czytania najważniejszych publikacji. Ów nadrobił to jednak błyskawicznie, przegryzając się ze słownikiem w ręku przez polecane mu prace. Jako samoukowi Lemowi został zwyczaj wymawiania angielskich słów po polsku (na przykład „Prin-ceton"), opanował bowiem ten język wzrokiem, a nie słuchem.

Choć Lem formalnie był dopiero studentem trzeciego roku, Choynowski zatrudnił go na pół etatu jako współpracownika wydawanego przez konwersatorium miesięcznika „Życie Nauki". Zadaniem Lema było omawianie książek naukowych, które na prośby Choynowskiego nadsyłały uczelnie amerykańskie i kanadyjskie. Dostawał za to pięćset złotych miesięcznie, co chyba miało niebagatelne znaczenie dla rodzinnego budżetu. Lemowie początkowo żyli bowiem w biedzie. Mimo że Samuel Lem powinien był przejść na zasłużoną rentę dobre dziesięć lat wcześniej, musiał dalej pracować w szpitalu.

Lemom na pewno lepiej było wylądować w mieszkaniu na Śląskiej niż na dworcu w Bytomiu, ale i tak warunkom w Krakowie daleko było do luksusu, zwłaszcza według dzisiejszych kryteriów. To mieszkanie było (a właściwie jest nadal) dwupokojowe. Co prawda ma bardzo atrakcyjną lokalizację w centrum Krakowa, wszędzie stamtąd blisko, ale poza tym niewiele ma już zalet. Parter, okna wychodzące na podwórko studnię i straszna ciasnota, w jakiej tłoczyli się Lemowie i Kołodziejowie. Stanisław Lem nie miał tam nawet własnej sypialni, nie mówiąc już o gabinecie do pracy. Zajmował tak zwaną nyżę, czyli coś, co dzisiaj w ogłoszeniu nazwalibyśmy aneksem – trochę więcej niż szafę, ale zdecydowanie mniej niż pokój. W tej nyży przebijał się nocami przez *Cybernetykę* Wienera czy *Teorię komunikacji* Shannona, ze słownikiem angielsko-polskim w ręku – żeby sporządzić ich streszczenia do „Życia Nauki".

Sama możliwość zarabiania w ten sposób pięciuset złotych miesięcznie sprawiła chyba jednak przynajmniej, że Lem ostatecznie odpuścił sobie marzenia o kontynuowaniu innej ścieżki kariery, na którą wkroczył we Lwowie. W Rohstofferfassung nauczył się przecież spawać i ciąć palnikiem acetylenowym.

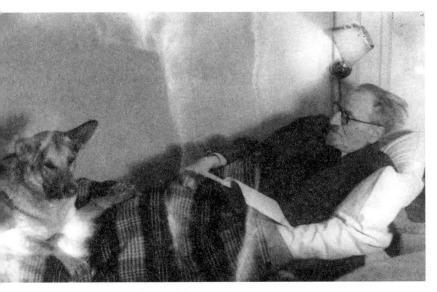

Samuel Lem z psem Radżą, Kraków 1948

W powojennej Polsce to by mu pozwalało od razu zarabiać dwa tysiące złotych, bez żadnych studiów i ślęczenia nocami nad książkami. Gdyby Lem zabrał się za to z taką energią, z jaką zabrał się za współpracę z Choynowskim, pewnie szybko by się dorobił własnego warsztatu i na krótką metę pewnie wyszedłby na tym lepiej finansowo.

Rodzice byli przerażeni planami porzucenia kariery lekarza. Matka zresztą do końca życia, gdy Lem był już pisarzem wydawanym na całej kuli ziemskiej, robiła mu wyrzuty z powodu tej młodzieńczej decyzji. Jak by zareagowała na wybór kariery spawacza? Na szczęście nie wiadomo – dzięki Choynowskiemu.

Konwersatorium działało w prywatnym mieszkaniu doktora, na Słowackiego, „mniej niż minutę drogi ze Śląskiej". W swojej poprzedniej książce o Lemie[13] wysunąłem hipotezę, że Choynowski jest pierwowzorem większości genialno-szalonych naukowców z prozy Lema. Tarantoga, Dońda, Trottelreiner, Corcoran, Sartorius, Zazul i Vliperdius mają wiele cech wspólnych. Na dobrą sprawę to jest ciągle ten sam bohater pod różnymi nazwiskami – są apodyktyczni i weredyczni, mają skłonność do archaizmów językowych („dlaboga, Tichy!"). Na tle innych hipotez, które prezentuję w niniejszej książce, ta wydaje mi się akurat stosunkowo mocno uzasadniona.

Jakimś cudem Lemowi udało się łączyć współpracę z Choynowskim nie tylko ze studiami, ale także z kontynuacją zainteresowań literackich. Zapewne zresztą nie był to żaden cud, tylko po prostu bezsenne noce. Aspiracje artystyczne doprowadziły go do spotkania drugiego człowieka, o którym również mówił, że go „ukierunkował, uformował"[14] – Jerzego Turowicza, legendarnego redaktora „Tygodnika Powszechnego".

Choynowski pomógł Lemowi zrozumieć naukę. Turowicz – całą resztę. W pogrążającym się właśnie w stalinowskim szaleństwie kraju Lem odnalazł dwóch nauczycieli, kierujących jego intelekt w innym kierunku, w stronę niezależnych poszukiwań na własną rękę.

Dlaczego Lem tak bardzo różnił się zarówno od innych pisarzy science fiction na świecie, jak i od pisarzy w Polsce *en masse*? Bo intelektualnie ukształtowały go inne lektury. Czytał to, co rekomendowali mu Turowicz i Choynowski, a więc był lepiej zorientowany w światowej nauce od przeciętnego polskiego pisarza, a także w humanistyce od przeciętnego pisarza science fiction.

Jak dobrze się stało, że Lemowie przenieśli się do Krakowa, a nie do Katowic czy Wrocławia! We Wrocławiu być może Lem spotkałby kogoś takiego jak Choynowski, ale raczej nie mógłby tam odnaleźć środowiska, które przypominałoby redakcję „Tygodnika Powszechnego".

Tygodnik był unikatową anomalią, jedynym tego rodzaju czasopismem na wschód od żelaznej kurtyny. Ukazywał się pod egidą kurii krakowskiej, co pozwalało redakcji patrzeć na świat z punktu widzenia wprawdzie nie antykomunistycznego – na to by nie pozwoliła cenzura – ale jednak niekomunistycznego. Już samo to stanowiło wyzwanie rzucone samej istocie systemu totalitarnego, który z definicji stara się wszystko podporządkować jednej ideologii.

Dlaczego Lem, który do końca życia deklarował się jako ateista, tak bardzo zbliżył się właśnie do katolickiego czasopisma? „Zadecydował przypadek", wyjaśniał Beresiowi. „Zapadłem na pisanie wierszy – bo na to się zapada jak na chorobę – i zacząłem z nimi chodzić w różne miejsca. Tak trafiłem do redakcji »Tygodnika Powszechnego«", pisał po latach[15].

„Różnymi miejscami" były redakcje „Odrodzenia", „Twórczości", „Kuźnicy", a nawet „Żołnierza Polskiego", do których Lem zanosił próbki swojej twórczości. Czasem mu coś drukowali i otrzymywał honoraria. Współpracował także z wychodzącymi na Śląsku czasopismami komercyjnymi, które dobrze płaciły – pulpowym magazynem „Nowy Świat Przygód", któremu sprzedał w 1946 roku *Człowieka z Marsa*, z tygodnikiem „Co Tydzień Powieść" oraz ze skupującym fraszki pismem satyrycznym „Kocynder", z którym współpracę poleciła mu sama Szymborska, również pisząca tam dla zarobku.

Fiałkowskiemu Lem wyrecytował jedną ze swoich ówczesnych fraszek:

Był raz sobie pewien zbrodzień
Który lubił trupa co dzień
I wychodził z bronią co dnia
A wieczorem – nowa zbrodnia

Ze wszystkich tych środowisk Lem jednak najlepiej się czuł właśnie w „Tygodniku Powszechnym". Nawet jeśli faktycznie trafił tam przypadkowo, po prostu dlatego, że jego wiersze przedtem odrzucono gdzie indziej (Przyboś rzekomo „zrzucił go ze schodów" i „tłumaczył, że nie należy rymować"), to poczuł się tam jak u siebie w domu. Rytuał regularnych wizyt w siedzibie redakcji na Wiślnej uprawiał tak długo, jak pozwalało mu na to zdrowie, nawet gdy musiał zawiesić współpracę z „Tygodnikiem" z powodów taktycznych, o czym za chwilę.

Wróćmy bowiem do roku 1946. Lem ma dwadzieścia pięć lat i odczuwa typową dla tego wieku rozterkę. Kim zostać? Lekarzem? Pisarzem? Spawaczem? W tym pięknym wieku młodemu człowiekowi zdaje się, że wszystko zależy od niego, podczas gdy już zaczynają działać życiowe procesy, które nim kierują w stronę jego przeznaczenia. Lem miał szczęście do dobrych autorytetów i dobrych przyjaciół, więc wszystko poszło w dobrym dla niego kierunku. W innym mieście mogłoby być inaczej.

Jego wspomnienia ze Lwowa to wspomnienia o samotności. Najpierw samotności dziecka, które nie ma się z kim bawić, więc rozmawia ze swoim konikiem na biegunach i z ubrań ojca buduje manekiny, żeby chociaż te dotrzymywały mu towarzystwa. Potem samotności człowieka zmuszonego do ukrywania się przed okupantem.

W Krakowie jednak Lem nagle staje się duszą towarzystwa. Nawiązuje przyjaźnie, które będą trwać przez dziesięciolecia – między innymi ze współpracownikami Choynowskiego, jak prawnik Jerzy Wróblewski, późniejszy rektor łódzkiego uniwersytetu. Zaprzyjaźnia się też z krakowskimi literatami ze swojego pokolenia, na przykład ze wspomnianą Szymborską. Przede wszystkim jednak poznaje środowisko cyganerii artystycznej, przez Romana Husarskiego i jego narzeczoną Helenę Burtan, która pochodziła z rodziny przedwojennych właścicieli słynnej fabryki w Ćmielowie.

„Mieliśmy wtedy po dwadzieścia parę lat, energia nas roznosiła i nie zdawaliśmy sobie jeszcze sprawy z tego, jaką uprząż i jakie popręgi zaczyna na nas nakładać nowy reżim"[16], pisał Lem, wspominając w 2004 zmarłego w tym roku Husarskiego. O ile wspomnienia ze Lwowa są przeważnie co najmniej melancholijne, nawet gdy dotyczą szczęśliwego, acz samotnego dzieciństwa, o tyle krakowskie, związane z Husarskim i Burtan – co najmniej pogodne, mimo że bywało też groźnie: raz w związku ze śledztwem przeciwko sublokatorowi Husarskich Urząd Bezpieczeństwa urządził w mieszkaniu „kocioł", z którego nikt nie mógł wyjść.

Lem opisywał to tak wesołym tonem, jakby chodziło o piknik. Poprosił matkę, by ta zagrzała mu kawę, bo on idzie tylko na pięć minut do Romka i akurat wróci, jak będzie gotowa. Wrócił prawie po miesiącu, ale w chwili zatrzymania udało mu się wyrzucić przez okno kartkę zaadresowaną do ojca. „Solidarność ludzi była wtedy tak wielka, że otrzymał ją po półgodzinie", wspomina Lem, dodając, że zażądał od ubeków zaświadczenia dla uczelni, bo z powodu kotła zawalił pierwszy termin egzaminu z ginekologii i położnictwa. „Żadnych zaświadczeń nie wydajemy", odpowiedzieli zaskoczeni ubecy[17].

Wszystko jest wtedy zabawą, nawet praca. Husarski i Burtan zawodowo parali się rzeźbą sakralną. Pewnego dnia Husarski wykonał w swej pracowni ogromnego gipsowego Chrystusa i dopiero gdy rzeźba była gotowa, uświadomił sobie, że jest za wielka, by ją z tej pracowni wydostać. Lem próbował mu pomóc, ale skończyło się to tak, że spadli ze schodów z Chrystusem, który rozbił się w drobny mak. „Nie było to do śmiechu, ale sytuacja była tak groteskowa, że wybuchnęliśmy śmiechem nieopanowanym".

Hela Burtan podarowała wtedy Lemowi jego pierwszego psa, wilczura imieniem Radża: „Ludzie mniej kształceni myśleli, że to jest »ta radża«, a chodziło o radżę indyjskiego". Lem przeszedł z Radżą „całe Tatry", bardzo go kochał. Wilczur zginął tragicznie, zatruty podłej jakości szczepionką przeciw wściekliźnie („oczywiście produkcji radzieckiej", dodał Lem Fiałkowskiemu).

W tej atmosferze ciągłej zabawy Lem zrobił coś niesłychanie nierozsądnego. Napisał groteskowy utwór pod tytułem *Korzenie. Drrama wieloaktowe*, który był bezpardonową kpiną z ideologii stalinowskiej. Głównym bohaterem jest Dementij Psichow, wysłany przez partię do Ameryki, celem podpatrywania tamtejszych metod produkcji „sody kiszonej" (czymkolwiek to jest).

Z Barbarą Leśniak (przyszłą żoną), Zakopane 1953

W Ameryce Dementij stracił oko (imperialiści przebili mu je, gdy podglądał ich przez dziurkę od klucza), a co gorsza – czystość ideową. Doszedł bowiem do wniosku, że „to jednak musi być fajnie mieć prawdziwe auto i lodówkę". „Mężu, rzuć to korzenie" – woła do niego towarzyszka żona, Awdotia Niedonogina. – „Na co ci lodówka? Co będziesz w niej trzymał, gacie?" Do rozumu próbuje mu też przemówić sekretarz partyjny, towarzysz Anichwili Tegonieradze (zapewne Gruzin). Na koniec na szczęście pojawia się generalissimus ex machina, sam towarzysz Stalin, i oznajmia towarzyszowi Psichowowi, że mu wybacza („głosem nieludzko życzliwym").

Lem wykonywał tę kpinę dla kręgu znajomych Husarskiego i Burtan – dość szerokiego, bo obejmował także literatów (pamięta ją na przykład Jan Józef Szczepański)[18]. Sam odgrywał wszystkie role, najwięcej śmiechu było, gdy odczytywał kobiecym głosem kwestie Awdotii Niedonoginy. To było bardzo ryzykowne, bo bywało, że wśród widzów *Korzenia* były osoby, które Lem pierwszy raz w życiu widział na oczy[19]. Gdyby w tym gronie znalazł się choć jeden donosiciel, to rzeczywiście byłaby jedna z ostatnich stron tej biografii.

Donosiciela nie było, była za to studentka medycyny Barbara Leśniak, młodsza od Stanisława Lema o dziewięć lat. Poznali się w roku 1949 lub 1950[20], pobrali w 1953 i 1954 (najpierw ślub kościelny we wrześniu, potem cywilny w lutym) i spędzili razem przeszło pięćdziesiąt szczęśliwych lat.

W wywiadach Lem rozpaczał, że nie udało mu się zachować *Korzenia*. Nagrał swoje wykonanie na taśmę magnetyczną, która się rozciągnęła i rozmagnesowała, więc nie można jej odtworzyć. A maszynopis przepadł, choć Lem wraz z żoną dwukrotnie przeszukał dom.

Już po śmierci pisarza maszynopis odnalazł jego sekretarz Wojciech Zemek, w teczce z nagłówkiem „Sknocony kryminał". Okazało się, że pisarz znalazł dla maszynopisu kryjówkę doskonałą, czyli inny maszynopis – a potem o tym zapomniał. Podczas poszukiwań zapewne wielokrotnie trzymał w rękach teczkę ze „Sknoconym kryminałem", ale nie przyszło mu do głowy go przekartkować. Niedokończony kryminał wraz z *Korzeniem* ukazał się w roku 2009 w agorowej edycji dzieł zebranych Lema[21].

Zapis na taśmie magnetycznej również udało się odczytać i przenieść na nośnik cyfrowy dzięki ekspertom Narodowego Instytutu Audiowizualnego (fragment oryginalnego głosu trzydziestoletniego Stanisława Lema odgrywającego Dementija i Awdotię można usłyszeć w filmie dokumentalnym *Autor Solaris*[22]). Przy okazji widać, że Lem improwizował podczas wykonywania tego utworu, bo są różnice między nagraniem a maszynopisem.

Jeszcze ciekawsze jednak jest skonfrontowanie *Korzenia* z socrealistyczną sztuką *Jacht „Paradise"*, wystawioną 17 kwietnia 1951 roku w Państwowym Teatrze Ziemi Opolskiej w Opolu w reżyserii Witolda Koweszki. Lem napisał ją wraz z Husarskim jak zwykle dla pieniędzy.

Ta sztuka prezentuje socrealistyczną ideologię na serio, ale współczesny czytelnik zderzony z próbkami *Jachtu*... i *Korzenia* mógłby mieć problem z odróżnieniem parodii od autentyku. Lem i Husarski, pisząc *Jacht*..., musieli prawdopodobnie pękać ze śmiechu, a i na premierze zapewne trudno się było powstrzymać od chichotu, gdy na przykład służący niosący imperialistom na tacy owoce cytrusowe potknął się, owoce upadły na scenę i rozległ się odgłos przypominający turlanie kul do kręgli. Owoce były drewnianą imitacją, bo skąd w stalinowskiej Polsce wziąć prawdziwe cytrusy?

Wydaje mi się, że – w odróżnieniu od wielu swoich rówieśników piszących w tym okresie socrealistyczne utwory z żarliwym przekonaniem – Lem nigdy w tę ideologię nie uwierzył do końca, choć na początku mógł mieć przynajmniej nadzieję na jakąś modernizację kraju. Po 1989 roku modne zrobiło się przeszukiwanie dorobku znanych pisarzy, by z ich twórczości wyciągać rozmaite kompromitujące kwiatki – ale w przypadku Lema te kwiatki są dość rachityczne.

Poza *Jachtem „Paradise"* i próbą napisania klasycznego „produkcyjniaka", opowiadaniem *Historia o wysokim napięciu*, socrealistyczna twórczość Lema sprowadza się głównie do ideologicznych wstawek w powieściach *Astronauci* i *Obłok Magellana*. Obie te powieści rozgrywają się w czasach, w których globalne zwycięstwo partii komunistycznej otworzyło przed ludzkością erę podróży międzyplanetarnych (*Astronauci*) i międzygwiezdnych (*Obłok Magellana*).

Samej partii komunistycznej w tych powieściach jednak nie widzimy. Lem sprytnie się tu schował za marksistowską doktryną, zgodnie z którą ostatecznym celem partii komunistycznej powinno być uczynienie siebie samej zbędną. To był oczywiście unik, bo ortodoksyjny marksistowski krytyk powiedziałby w takim razie, że obowiązkiem Lema było opisanie tego procesu. Jego tymczasem bardziej interesowało wyobrażanie sobie lotu kosmicznego niż budowa socjalizmu. Lakoniczne wzmianki, że to wszystko dzieje się po triumfie komunizmu, dodał na odczepnego, co mu zresztą czujni krytycy wytykali. A kto twierdzi, że w *Obłoku Magellana* jest socrealistyczny rozdział zatytułowany *Komuniści* – ten tylko dowodzi, że lekturę ograniczył do spisu treści. Proszę przeczytać resztę!

Jest też tomik *Sezam i inne opowiadania*, w którym znalazło się opowiadanie *Topolny i Czwartek*. Sam Lem nazwał je „najbardziej socrealistycznym paskudztwem, jakie kiedykolwiek napisałem". Ale tak naprawdę znów niewiele tutaj ideologii, a więcej optymistycznej wizji przyszłości, w której gospodarka wolnorynkowa – jak w *Star Treku* – jest już uważana za nielogiczny relikt przeszłości. W Warszawie zaś „nad brzegiem uregulowanej Wisły mknie bulwarami nadrzecznymi autostrada", a w tle widać „smukłe wieżowce śródmieścia z centralną sylwetką Pałacu Nauki" (co ciekawe: już nie „Kultury"!). Cóż, często przypominam sobie ten opis, patrząc na perspektywę warszawskiego *skyline* ze ścieżki rowerowej wzdłuż mostu Siekierkowskiego.

Lem przez całe życie krytykował militaryzm i wyścig zbrojeń prowadzący supermocarstwa do licytowania się, ile które ma mocy nadzabijania (*overkill*). Kiedy wolno mu było krytykować militaryzm jako taki, bez względu na flagę widniejącą na danej głowicy wodorowej – robił to, na przykład w noweli *Pokój na Ziemi*. Kiedy wolno było krytykować tylko amerykański, słowem nie wspominając o radzieckim – robił to. Ale radzieckiego nigdy nie pochwalał, po prostu o nim nie pisał.

Spotkałem się z argumentem, że socrealistycznym akcentem są pojawiające się dość wcześnie w utworach Lema postacie sympatycznych robotników, takich jak majster Woch w *Szpitalu Przemienienia*. Jeśli jednak sama opozycja „sympatyczny robotnik kontra antypatyczny *bourgeois*" ma wystarczyć, by coś zaklasyfikować jako socrealizm, to film *Moderato cantabile* Petera Brooka jest socrealistyczny, bo robotnik tam jest nie tylko sympatyczny, ale w dodatku gra go zabójczo przystojny, młodziutki Jean-Paul Belmondo.

Myślę, że pracując fizycznie w Rohstofferfassung, Lem po prostu nabrał szacunku do innych ludzi pracujących fizycznie, bo zrozumiał, że ich zajęcie też wymaga długiego doskonalenia umiejętności. Nie jest tak, że każdy głupi potrafi się wziąć do spawania – na przykład Lem nigdy się tego porządnie nie nauczył.

Lem napisał *Szpital Przemienienia* w roku 1948[23], w nagłym przypływie weny, czyli tak zwanym *furor scribendi*. To musiało być fenomenalne zjawisko. O ile opowiadania publikowane w latach 1946–1948 były raczej słabe i niewiele w nich zapowiadało przyszły geniusz (niewiele z nich też Lem pozwalał wznawiać), o tyle *Szpital Przemienienia* to już powieść wybitna. Wyskoczyła z głowy początkującego pisarza, który nie miał jeszcze nawet trzydziestki, aczkolwiek jego lwowskie przeżycia niestety przyniosły mu gorzki przywilej przyśpieszonego dojrzewania. Jednocześnie swoją prawdziwą traumę Lem opisał tak finezyjnie, że na pierwszy rzut oka nie widzimy, że to powieść autobiograficzna.

Główny bohater, Stefan Trzyniecki, ma tyle lat, ile miał Lem w chwili pisania *Szpitala Przemienienia*. Z tym że wydarzenia przedstawione w powieści dzieją się kilka lat wcześniej, w roku 1939 lub 1940, gdy Stefan skończył studia i zaczął pracę w tytułowym szpitalu dla chorych psychicznie.

Ale skoro akcja książki rozgrywa się przed rokiem 1941, to w takim razie co u boku Niemców robi pomocnicza jednostka ukraińska? I gdzie właściwie to wszystko się dzieje? W nieistniejącej miejscowości o nazwie Bierzyniec, co trochę przypomina lwowski problem „bieżeńców". Lwowskich akcentów jest tu więcej – Agnieszka Gajewska zauważyła, że charakterystyczny budynek w centrum szpitala, „wieża turecka" o niewiadomym przeznaczeniu, budzi skojarzenie z lwowskim Szpitalem Izraelickim, w którym wzniesiono taką synagogę w stylu mauretańskim, według projektu Kazimierza Mokłowskiego[24].

Szpital psychiatryczny to kolejny Lemowski szyfr. Akcja „T4", czyli likwidacja chorych psychicznie, była dla Niemców przygrywką do ostatecznego rozwiązania kwestii żydowskiej. To właśnie w szpitalach psychiatrycznych wypróbowali stacjonarne komory gazowe, potem wykorzystywane w obozach zagłady takich jak Bełżec, w którym zginęła dalsza rodzina Stanisława Lema.

Lem nie chciał otwarcie pisać o Holokauście. Dlatego wymyślił postać literacką, która ma pewne cechy żydowskie i wystarczy, że się nie wyśpi, nie ogoli i nie zje porządnego posiłku, a już zaczyna wyglądać na ukrywającego się Żyda.

Poza tym jednak autorowi udało się tu umieścić różne swoje ówczesne fascynacje – od Conrada po swoją „teorię pracy mózgu", od *Czarodziejskiej góry* po Dostojewskiego. Stawiane w tej powieści pytania filozoficzne, etyczne i poznawcze, takie jak „czy etycznie jest poświęcić jednostkę ludzką dla ocalenia wielu ludzi?" albo „po czym odróżnić rozsądek od szaleństwa?", są aktualne także dziś.

Lem złożył maszynopis w wydawnictwie Gebethner i Wolff w 1949 roku. To był zły rok dla polskiej literatury. Na szczecińskim IV Zjeździe Związku Zawodowego Literatów Polskich uznano wtedy realizm socjalistyczny za coś, co obowiązuje wszystkich polskich pisarzy. Nie bardzo było wiadomo, co to konkretnie oznacza, ale jednocześnie dla wymuszenia przestrzegania tej doktryny zaczęto likwidować niezależne wydawnictwa, żeby łatwiej odgórnie narzucać to, co za socrealizm w danym momencie uważała władza. Maszynopis trafił więc do Warszawy, do wydawnictwa Książka i Wiedza, które przejęło Gebethnera i Wolffa. I tu zaczęły się problemy. „Co kilka tygodni nocnym pociągiem, najtańszą klasą siedzącą, jeździłem do Warszawy na nie kończące się konferencje" – wspominał Lem Beresiowi. Mówiono mu, że powieść jest chybiona ideologicznie, że w związku z tym potrzebna jest przeciwwaga. I tak wyduszono z autora kolejne dwa tomy – *Wśród umarłych* (pisany w 1949) i *Powrót* (1950).

Występując w roli adwokata diabła, powiem, że te zarzuty były słuszne. Powieść nie ma kompletnie nic wspólnego z socrealizmem, już prędzej z humanistycznym personalizmem, którym Lem zaraził się w redakcji „Tygodnika Powszechnego". *Szpital Przemienienia* przynosi bowiem zdecydowane potępienie postaci takich jak Kauters – lekarzy czy naukowców, którzy w jednostkach ludzkich widzą bezosobowe „przypadki". Kauters kolekcjonuje zdeformowane płody w formalinie, instrumentalnie traktuje pacjentów, a gdy wchodzą Niemcy, okazuje się jawnym nazistą.

Problem instrumentalnego traktowania jednostki ludzkiej nie dotyczył tylko nazizmu, to wspólna cecha totalitaryzmów. Z tym samym systemem wartości Kauters spokojnie mógłby być komunistą. I pewnie zresztą zaraz by się nim okazał, gdyby do szpitala wkroczyli nie Niemcy, tylko Rosjanie.

Przeciwwaga faktycznie była potrzebna, nie tyle ideowa, ile kompozycyjna – Lem zakończył książkę potężnym cliffhangerem. Czytelnik aż wyje o dalszy ciąg. Chcemy wiedzieć, czy Stefan przeżył wojnę, czy nie!

Lem oczywiście nie myślał o czytelniku, tylko o sobie. Chciał przedstawić własną sytuację: absolwenta medycyny, który stracił powołanie do zawodu. Oraz człowieka, który cudem wydostał się właśnie spod stosu trupów, a więc przeżywa też głębokie zwątpienie w ludzkość jako taką.

Powieść spodobała się Samuelowi Lemowi, który próbował pomóc w jej publikacji przez jakichś swoich znajomych w świecie wydawniczym. Na próżno, trylogia ukazała się dopiero w roku 1955, na fali odwilży, której ojciec Lema nie dożył.

W roku 1949 Lem skończył studia lekarskie, ale celowo nie zdał ostatnich egzaminów, bo nie chciał być lekarzem (wygląda zresztą na to, że to była mimowolna korzyść z owego „kotła u Husarskiego", bo z wypowiedzi Lema wynika, że zaległe miał właśnie ginekologię i położnictwo). W wywiadach podawał konkretny powód: dowiedział się, że jego rocznik będzie dożywotnio wcielony do wojska. Znów odnoszę się do tego wyjaśnienia z pewnym sceptycyzmem.

Sam jestem z lekarskiej rodziny, więc mniej więcej wiem, na czym polegało w PRL bycie lekarzem ze stopniem oficerskim. Oznaczało, że się pracuje tak samo jak inni lekarze, w cywilnym szpitalu lub przychodni. Tyle tylko, że się ma pozwolenie na broń, talon na samochód z górnej półki, kilka medali w szufladzie, a na koniec wyższą i wcześniejszą emeryturę – same korzyści! Okresowe powoływanie na ćwiczenia też nie było bardzo uciążliwe, bo w wojsku lekarz ma nawet lepiej niż kwatermistrz – każdy z nim chce dobrze żyć.

Myślę, że Lem po prostu w 1949 roku już wiedział, że nie chce być lekarzem, tylko pisarzem. Kwestia wcielenia jego rocznika do wojska była raczej pretekstem, którego potrzebował, by uzasadnić swoją decyzję rodzicom. A raczej matce, bo ojciec – który sam był niespełnionym literatem – odniósł się do tego postanowienia z wyrozumiałością.

Wybór, przed którym stał Lem, wyglądał dramatyczniej od analogicznych dylematów w dzisiejszych czasach. Dziś można być jednocześnie lekarzem i pisarzem. W czasach PRL zawód był czymś wpisanym do dowodu osobistego, jak rysopis czy miejsce zamieszkania. Brak wpisu o miejscu pracy sygnalizował osobę z marginesu społecznego – Lemowi groziło więc stoczenie się do sytuacji „Stanisława L., nigdzie niezatrudnionego".

Zawodowy pisarz stosowny wpis dostawał od Związku Literatów Polskich, ale żeby być do niego przyjętym, Lem musiał mieć w dorobku książkę. Opowiadania i wiersze publikowane w czasopismach nie wystarczały. Na ich podstawie można było się najwyżej starać o status kandydata, ale tylko przez pewien czas, który Lemowi właśnie się skończył.

Ratunkiem mogła być praca w Konwersatorium Naukoznawczym, ale to też się skończyło. Oficjalną doktryną radzieckiej biologii miał być łysenkizm – stek absolutnych bredni wymyślonych przez szarlatana Trofima Łysenkę, któremu udało się wmówić władzom, że reprezentuje „postępową" biologię, a naukowcy krytykujący jego odkrycia są „wsteczni", więc zasługują na śmierć w łagrze.

Pomijając już to, że Łysenko miał krew na rękach, jego prace były równie odległe od metody naukowej jak Lemowska *Teoria pracy mózgu*. Lem, pojąwszy ową metodę dzięki Choynowskiemu, doskonale zdawał sobie z tego sprawę i dlatego w swoich pisanych anonimowo streszczeniach prac naukowych kładł nacisk na ratowanie polskiej biologii przed łysenkizmem.

W końcu zauważyły to władze i w roku 1950 odebrały pismo Choynowskiemu. Konwersatorium zlikwidowano. Lem wraz z Wróblewskim w ostatniej chwili wynieśli z niego zachodnie książki, bo w tej sytuacji po prostu by poszły na przemiał. Opisał to później Beresiowi w *Rozmowach...*, które po publikacji wysłał Choynowskiemu. Ten, zamiast się wzruszyć, zażądał od swojego wychowanka publicznych przeprosin za ten niecny czyn (o czym Lem mówi w drugim wydaniu *Rozmów...*, a także u Fiałkowskiego).

Redakcję miesięcznika przeniesiono do Warszawy. Lem stracił nawet swoje pół etatu. „Stałem się nikim", wspomina w rozmowie z Beresiem. Nie był ani studentem, ani pisarzem, ani redaktorem, ani dziennikarzem, ani naukowcem, ani lekarzem.

I znów uratował go Kraków. Lem może formalnie nie należał do Związku Literatów Polskich, ale miał dość nieformalnych związków z literatami krakowskimi, żeby jeździć do zakopiańskiego domu pracy twórczej ZLP, urządzonego w przedwojennej willi Astoria.

Częściowo wynikało to z powodów zdrowotnych: Kraków już wówczas słynął ze złej jakości powietrza. Nadal zresztą słynie i chyba nawet Lem, choć przewidział prawie wszystko, nie przewidziałby pół wieku temu, że to nadal będzie problemem w drugiej dekadzie XXI wieku. Mieszkanie w Krakowie w każdym razie pogorszyło jego alergię oddechową i starał się jeździć w góry w okresie pylenia traw, ale także zimą i w ogóle przy każdej okazji.

W 1950 roku poznał w Astorii pewnego „grubego pana", z którym poszedł na spacer do Czarnego Stawu Gąsienicowego. O tym przełomowym spacerze Lem opowiadał w kilku wywiadach, które różnią się co do istotnych szczegółów (czasem Lem wiedział od razu, kto to jest, czasem dowiadywał się z opóźnieniem). Rozmawiali o polskich i światowych tradycjach literatury fantastycznej – Grabińskim, Umińskim, Vernie, Wellsie.

„Gruby pan" zapytał Lema, czy gdyby dostał zamówienie, napisałby coś takiego. Lem bez wahania potwierdził (miał już przecież w dorobku *Człowieka z Marsa*). Po dwóch tygodniach pocztą przyszła umowa wydawnicza, bo „gruby pan" był Jerzym Pańskim, wpływowym redaktorem z wydawnictwa Czytelnik. W umowie pozostawało puste miejsce na tytuł – Lem wpisał w ciemno *Astronauci*, jeszcze nie mając pomysłu na powieść, ale domyślał się, że taki tytuł chwyci.

Powieść ukazała się w następnym roku i rozwiązała Lemowi wiele problemów naraz. Przede wszystkim – mógł wreszcie zostać przyjęty do ZLP na pełnych prawach. Poza tym z dnia na dzień stał się pionierem polskiego science fiction. *Astronauci* mieli na okładce dopisek „powieść fantastyczno-naukowa" (z dywizem). To było najprawdopodobniej pierwsze pojawienie się w Polsce kalki amerykańskiego określenia „science fiction", spopularyzowanego w USA przez wspomnianego Hugona Gernsbacka.

Od strony literackiej *Astronauci* są dużo słabsi od *Szpitala Przemienienia*. Aż trudno uwierzyć, że to ten sam autor, w dodatku o kilka lat starszy. Jednak na tle ogólnej nudy i szarzyzny literatury socrealistycznej roku 1951 powieść świeciła niczym meteoryt tunguski, któremu była poświęcona (Lem, szukając tematu, najwyraźniej po prostu chwycił się ogłoszonej akurat w 1950 roku hipotezy radzieckich uczonych Lapunowa i Kazancewa, że być może nie był to meteoryt, tylko katastrofa pojazdu pozaziemskiego). Powieść przyniosła też Lemowi pierwsze przekłady: w 1954 roku ukazała się w NRD, furorę zrobiła też w ZSRR.

W Polsce wzbudziła złość wielu recenzentów. Eustachy Białoborski i Andrzej Trepka, którzy sami próbowali pisać książki o podróżach kosmicznych i mieli Lemowi za złe, że świsnął im sprzed nosa palmę pierwszeństwa, zaatakowali ją z dwóch stron.

Białoborski w „Problemach" wytknął Lemowi błędy naukowo-techniczne w opisie statku kosmicznego Kosmokrator, którym bohaterowie lecą na Wenus, skąd (jak się okazało) przyleciał tunguski bolid. Zarzucił *Astronautom* (zapewne trafnie), że powieść łamie „drugie prawo Ciołkowskiego".

Trepka w „Ilustrowanym Kurierze Polskim" zarzucił z kolei Lemowi łamanie zasad etykiety marksizmu-leninizmu. Bohaterowie powieści mówią do siebie „proszę pana". „Tam nikt nie mówi wy. Słowo»towarzyszu«, tak drogie nam dzisiaj, w oczach autora nie uzyskuje obywatelstwa za 50 lat", zauważył.

Na to samo zwróciła uwagę Zofia Starowieyska-Morstinowa w „Tygodniku Powszechnym", ale z innych powodów. „Ludzie zamknięci w międzyplanetarnym pocisku powinni być ze sobą po imieniu" – pisała, ironizując: „niech pan uważa, gonią nas meteory!". W imieniu „wszystkich tłumaczy" wyraziła też nadzieję, że formuła „proszę pana" zaniknie w języku polskim do roku 2000. „I kto miał rację, proszę pani?", mogę tylko westchnąć w roku 2017.

Zarzuty ideologiczne były dość częste. Na łamach „Nowej Kultury" ukazał się dwugłos Ludwika Grzeniewskiego i Zofii Woźnickiej. Nie był to jednak dwugłos „za" i „przeciw", jak w dzisiejszych mediach – była to raczej dyskusja, kto potępi Lema z pozycji bardziej pryncypialnych. Grzeniewski krytykował go za „nieopisanie człowieka ery komunizmu", a Woźnicka – za „brak dostatecznie mocnej podbudowy ideologicznej". Oboje w jakimś sensie mieli oczywiście rację, ale Lem wdał się z nimi w dość bezsensowną polemikę.

Choć w wywiadach po latach lubił przypominać te głosy krytyczne, dla porządku dodajmy, że było też wiele recenzji pozytywnych. Powieść chwalili między innymi Leszek Herdegen, Adam Hollanek (paradoksalnie, właśnie za „pokazanie komunizmu") i Andrzej Kijowski, który bardzo słusznie nazwał ją „książką na cześć człowieka". Nawet w owym dwugłosie z „Nowej Kultury" Ludwik Grzeniewski chwalił autora za fascynujący opis wenusjańskiego krajobrazu, istotnie chyba najmocniejszą stronę powieści.

Z tego, co mówił Lem, jego ojciec nie był zachwycony *Astronautami* i trudno mu się dziwić. Z punktu widzenia literackiego warsztatu to ewidentny krok w tył w porównaniu ze *Szpitalem Przemienienia*. Powieść jednak sygnalizuje długo już wyczekiwaną poprawę fortuny rodziny Lemów. Po sukcesie *Astronautów* Lem mógł już przebierać w kolejnych zamówieniach.

W roku 1953 Iskry zamówiły u niego zbiór opowiadań (ukazał się w następnym roku). Stare utwory z „Nowego Świata Przygód" nie nadawały się do druku w nowych warunkach – były za mało socrealistyczne[25]. Lem musiał więc napisać utwory premierowe, lepiej dostosowane do obowiązującej doktryny socrealizmu, jak na przykład *Topolny i Czwartek*. Znalazły się tam także opowiadania o Ijonie Tichym. Ślady prac nad nimi widać w dzienniku Jana Józefa Szczepańskiego – Lem czytał mu je 29 października 1953 roku. Szczepański odnotował, że są „świetnie zrobione". W rewanżu przeczytał Lemowi fragmenty swojej prozy i zawstydziło go, że w porównaniu wyglądała „staroświecko i prymitywnie". W styczniu 1954 roku Szczepański był na zebraniu sekcji prozy krakowskiego ZLP, gdzie Lem ponownie przeczytał te same opowiadania. Szczepański zanotował w dzienniku pod datą 31 stycznia:

Było kilku młodych krytyków z „Życia". Śmieli się bardzo, ale w pewnej chwili zaczęli spoglądać po sobie i coraz bardziej sztywnieć i surowieć. W dyskusji napadli zgodnie na Lema, że taki bezprzedmiotowy humor to zjawisko społecznie groźne. Gdzie dydaktyka postępowa? My się tu śmiejemy, ale co z tego? Jednak to nie jest frazes, że śmiech podejrzewany jest o kontrrewolucyjność.

Priorytetem w tym okresie dla Lema był *Obłok Magellana*, „epos ery kosmicznej", próba wyobrażenia sobie pierwszej międzygwiezdnej załogowej wyprawy kosmicznej. Też zresztą czytał go Szczepańskiemu we fragmentach, budząc jego podziw i zazdrość (zapis z 21 października 1952 roku: „Nie spotkałem u żadnego polskiego pisarza współczesnego takiej plastyki i precyzji i takiego wyczucia dramatyczności człowieczeństwa. Widzę, jaki sam jestem anemiczny w widzeniu i odczuwaniu, w pragnieniu i w proteście").

Oto w XXXII stuleciu do Alfy Centauri wyrusza statek kosmiczny Gea, nie wiadomo dlaczego wiozący na pokładzie aż dwieście dwadzieścia siedem osób. Dzieje się to już po triumfie komunizmu, ale tak daleko w przyszłości, że mało kto pamięta komunistów. Dlatego, paradoksalnie, rozdział zatytułowany *Komuniści* wcale nie jest o nich, tylko o tajemniczym ataku szału, którego doznaje załoga. Z tego ataku ratuje ją niejaki Ter Haar (wszyscy tam mają bardzo dziwne imiona), który jako jedyny pamięta, że kiedyś istnieli jacyś komuniści. Powstrzymuje on astronautów przed szałem, odwołując się do pamięci męczenników, którzy kiedyś cierpieli tortury na Gestapo, walcząc o świetlaną przyszłość (czyli teraźniejszość bohaterów powieści).

Główną ambicją Lema było przedstawienie technologii przyszłości i chwilami wyszło mu to niesłychanie sprawnie. W *Obłoku Magellana* mamy opis czegoś w rodzaju Internetu. Nazywa się to Biblioteką Trionów (w przyszłości ludzie zaczną konstruować „kryształy kwarcu o zmodyfikowanej strukturze" nazywane trionami – Lem prawdopodobnie czytał coś o pierwszych tranzystorach, bo trochę je przypominają z opisu). Biblioteka Trionów magazynuje „wszystkie bez wyjątku twory pracy umysłowej" i każdy człowiek może się z nią połączyć „dzięki prostemu urządzeniu radiotelewizyjnemu".

Posługujemy się nim dziś, nie myśląc wcale o sprawności i potędze tej olbrzymiej, niewidzialnej sieci opasującej glob; czy w swojej pracowni australijskiej, czy w obserwatorium księżycowym, czy w samolocie – ileż razy każdy z nas sięgał po kieszonkowy odbiornik i wywoławszy centralę Biblioteki Trionów, wymieniał pożądane dzieło, by w ciągu sekundy mieć je tuż przed sobą na ekranie telewizora. Nikt nie zastanawia się nawet nad tym, że dzięki doskonałości urządzeń z każdego trionu może jednocześnie korzystać dowolnie wielka ilość odbiorców, nie przeszkadzając sobie w najmniejszej mierze.

To jakby po prostu Lem zajrzał do kryształowej kuli i podejrzał nas, wymieniających kieszonkowymi „urządzeniami radiotelewizyjnymi" selfiki, GIF-y z kotkami, plotki o celebrytach i inne twory pracy umysłowej!

„Dostałem od Horyz.[ontów] Techniki i Wydz.[iału] Młodzież.[owego] Czytelnika dwie propozycje napisania ksiąg fantastycznych – wielki jest na to popyt, niestety za wielki na moje możliwości" – pisał w lipcu do Aleksandra Ścibora-Rylskiego (załączając „od Radży uniżone merdania")[26]. Lem był już wtedy pochłonięty pracą nad kolejną powieścią kosmiczną. „Pożera mnie niezdrowa ambicja, żeby z *Obłoku Magellana*, jak się to, co piszę, ma nazywać, była dobra rzecz", przyznawał, a skoro już cytuję ten list, to dodam jeszcze zawarty tam opis tego, czym dla Lema były wówczas Tatry:

uskuteczniłem trawers granią Giewontu, zdobyłem Kominy Tylkowe, przełęcz In(?)acką, i na domiar dobrego zrobiłem całą Orlą Perć od Zawratu przez Kozie Wierchy, Zmarłą Przełęcz i Granaty, jak daleko się dało, nazajutrz zaś w świetnej formie hasałem na gubałowskim dancingu.

oraz świetny portret lata w Krakowie:

pogoda straszna: upał ścieka kleistym potem z czół, omszałe nogi plączą się po bruku odwykłe od ich upalnej smrodliwości, dusza […] szlocha w smętu odmętach. Co nie przeszkadza spożywać lodów i wisien w wielkich ilościach; skutki fatalne, przy upale zwłaszcza. Mówi się trudno – życie, jak mawiał Irzykowski, na tym polega, że nie można żyć.

Nim *Obłok Magellana* ukazał się jako książka, z hukiem miał premierę w sylwestrowym numerze krakowskiego tygodnika „Przekrój". Lem był wtedy jeszcze na tyle mało znanym pisarzem, że redakcja uznała za stosowne opatrzyć pierwszy odcinek ramką wyjaśniającą, kto zacz. Wyjaśniano w niej, że Stanisław Lem to „autor powieści *Astronauci* o wyprawie na Wenus". To był chyba ostatni taki przypadek, gdy Lema w Polsce trzeba było w ten sposób prezentować czytelnikom.

Ostatni odcinek został wydrukowany w sierpniu 1954 roku. Lem był już wtedy mężem Barbary Leśniak, dlatego książka ukazała się zadedykowana „Basi". Początkowo małżonkowie nie mieszkali razem, bo nie mieli do tego warunków – w nyży na Śląskiej z trudem mieściła się jedna osoba, Barbara Leśniak zaś mieszkała w jednym pokoju z siostrą. Lem jeździł do żony tramwajem na ulicę Sarego.

Ale i to się wkrótce zmieniło na lepsze. Lemom i Kołodziejom w 1954 roku udało się dopiąć skomplikowaną formalnie kwestię zamiany dwupokojowego mieszkania na Śląskiej na czteropokojowe mieszkanie przy Bonerowskiej 5. Oba mieszkania były komunalne, a chodziło o przeprowadzkę dwóch rodzin naraz. Przebiegało to więc wieloetapowo, bo najważniejsze było, żeby urząd nie dokwaterował im kogoś obcego. Nie dożył tego niestety Samuel Lem, który w 1954 roku poszedł na pocztę na Słowackiego i tam nagle zmarł na zawał, którego obawiał się od dziewiętnastu lat[27].

W nowym mieszkaniu przy Bonerowskiej 5 żyli w warunkach całkiem już niezłych jak na ten okres. Młode małżeństwo zajęło reprezentacyjny pokój z balkonem. Sabina Lem zamieszkała w pokoju przechodnim i na Bonerowskiej mieszkała do końca życia, czyli do roku 1979. Syn regularnie ją tam odwiedzał, choć z różnych wspomnień, między innymi Tomasza Lema, wynika, że relacje między nimi zawsze były trudne.

Reszta mieszkania przypadła Kołodziejom. Witold Kołodziej zapamiętał „wujka Staszka" jako sympatycznego, bezpośredniego i wesołego mężczyznę, który witał go podaniem dłoni z entuzjastycznym okrzykiem „szufla!". Od dziecka wiedział, że mieszka z rodziną znanego pisarza, bo pouczano go, że ma być cicho, gdy wujek Staszek pracuje.

W nowym mieszkaniu „wujek Staszek" istotnie pracował jak szatan. Przestał pisać do „Tygodnika Powszechnego", bo ostrzegano go, że współpracując z tym pismem, zmniejsza szanse na publikację *Czasu nieutraconego*[28]. Nadrabiał to współpracą z „Przekrojem", „Życiem Literackim" i „Echem Krakowa". Nieprozatorskie utwory z tego okresu ukazały się w roku 1962 w pierwszej niebeletrystycznej książce Lema, *Wejście na orbitę*. Prozatorskie – między innymi w *Dziennikach gwiazdowych*, bo to w tym mieszkaniu narodził się Ijon Tichy.

Jeśli chcesz, czytelniku, spędzić noc w dawnej sypialni Stanisława i Barbary Lemów, nic prostszego. Większość komunalnych mieszkań na Bonerowskiej wykupił niedawno prywatny inwestor i przekształcił w komfortowe apartamenty do wynajęcia. Dawne mieszkanie 4A zajmowane przez Lemów dziś jest apartamentem numer 15. Dawny pokój Stanisława i Barbary

Lemów jest w nim sypialnią, a dawny przechodni pokój Sabiny Lem to salon z aneksem kuchennym.

Zadanie biografa Lema robi się od tego momentu prostsze, bo na Bonerowskiej przychodzi na świat Lem jako kompulsywny korespondent. To już koniec z szaradami i odgadywaniem, co Lem usiłował powiedzieć między wierszami Beresiowi czy Fiałkowskiemu. Koniec z wydarzeniami, które miały kilka różnych dat, i postaciami, które miały kilka różnych imion. Odtąd praktycznie każdy dzień z życia Lema jest opisany w jakimś liście czy zachowanym dokumencie.

Zakończę ten rozdział dwoma dokumentami, które wydają mi się oddawać nastrój tego okresu – ostatnich chwil stalinizmu. Pierwszym jest zaświadczenie wystawione Lemowi przez Oddział Krakowski Związku Literatów Polskich 21 września 1953 roku:

Niniejszym stwierdza się, że ob. Stanisław Lem, zam. w Krakowie, przy ul. Śląskiej 3, jest członkiem Zarządu Związku Literatów Polskich. Jest on powieściopisarzem, autorem powieści fantastyczno-naukowych, dramaturgiem i publicystą, popularyzującym zagadnienia naukowe. Specyfika jego działalności twórczej, wiążącej go ściśle z krakowskim środowiskiem literackim i naukowym, wymaga jego stałego pobytu w m. Krakowie.

Zaświadczenie wystawia się żonie Barbarze celem przedstawienia Komisji Przydziału Pracy.

/Adam Polewka/
prezes

Tak jak w Rohstofferfassung Lem na podstawie amatorskiego prawa jazdy stał się *Automechaniker und Autoelektriker*, tak jesienią 1953 roku, trochę naciągając, zrobił tu z siebie dramaturga (choć w dorobku miał tylko *Jacht „Paradise"*) i autora powieści fantastycznonaukowych w liczbie mnogiej, choć był dopiero po *Astronautach* i przymierzał się do *Obłoku Magellana*. W tym momencie jednak najważniejsze było uchronienie żony przed skierowaniem jej do pracy gdzieś poza Krakowem. Barbara kończyła właśnie studia medyczne. Tym zaś, czego młody lekarz w PRL bał się najbardziej, było przymusowe zesłanie na prowincję.

Argumentacja przedstawiona w zaświadczeniu jest, powiedzmy to sobie szczerze, trochę naciągana. Znam wielu pisarzy science fiction, którzy nie zgodzą się, że tę literaturę można uprawiać wyłącznie pod warunkiem „stałego pobytu w m. Krakowie". Ważniejszy tutaj był podpis Adama Polewki, działacza komunistycznego ze stażem od roku 1932, posła na Sejm i redaktora „Echa Krakowa".

5 marca 1953 roku zmarł Stalin. Polska, podobnie jak reszta obozu radzieckiego, pogrążyła się w żałobie. Zakłady przerwały pracę, szkoły naukę, pasażerowie wysiadali z unieruchomionych tramwajów i autobusów, przechodnie zatrzymywali się na ulicy i zbiorowo płakali. Trudno powiedzieć, kto szlochał szczerze, a kto z obawy przed represjami za niedostatek żałoby. Groźba prześladowań była skądinąd realna. Stalinizm przetrwał swojego założyciela o lat kilka (w Polsce), kilkanaście (w Czechosłowacji) czy kilkadziesiąt (w Rumunii, gdzie trwał właściwie do samego gorzkiego końca Ceauşescu w grudniu 1989 roku).

„Tygodnik Powszechny" zresztą w marcu 1953 roku zamknięto właśnie w ramach represji za próbę wydania normalnego numeru mimo żałoby, rzekomo spontanicznie jednoczącej cały naród. Dopiero w grudniu 1956 pismo wznowiono w dawnej formule (w latach 1953–1956 ukazywał się tak zwany tygodnik paksowski, z identyczną szatą graficzną przejętą przez inną redakcję prawem kaduka).

Jak Lem zareagował na śmierć Stalina? Był wtedy w Zakopanem razem z przyjaciółmi, krakowskimi literatami. Wiadomość o śmierci Generalissimusa wywołała zaimprowizowane zebranie aktywu ZLP. Otóż literaci mieli już wykupione miejscówki na wyciąg narciarski. Czy jednak w takiej chwili wypada zjeżdżać? Może jednak należy się przyłączyć do „spontanicznej żałoby"? Lem rozstrzygnął ten spór. „Zjeżdżamy!" No i zjechali, i nikt ich nie represjonował[29].

Dwa tygodnie później tak opisywał Jerzemu Wróblewskiemu początki odwilży (tym razem w sensie czysto meteorologicznym… a może jednak nie tylko?):

Kochany Jurku, na pewno usprawiedliwisz moje tak długie milczenie, wywołane brakiem Maszyny w Tatrach. Ach, jakież to było klawe! Ale nacisk, pełen goryczy i żalu, trzeba położyć na słowo „było", a przez nie ontologiczną koleją wszystko jedno, prawie, czy było, czy nie było, bo grunt ten, że teraz nima śniegu już koło mnie, i górski nie wieje wiatr (należy te ostatnie słowa czytać jako kawałek Poematu, a by się rytm nie załamał, należy w słowie „górski" kłaść akcent na ostatniej sylabie!)
[…]
Winienem Ci, tuszę, pewne informacje na temat mej Klassy Zjazdowej. No cóż, rzeknę skromnie, Jeździ Się […]. Powiadam Ci, drogi Jerzy, od dziś po dech ostatni – Tylko Goryczkowa. Kocioł, Gąsienicowa, nartostrada na Kuźnicę, na Jaszczurówkę (widoki) = owszem, to wszystko być MOŻE. Ale Goryczkową jeździć się MUSI. Stawia ona co prawda Potworny Problem, bo zjazd jest szalenie krótki […]. Co Dalej? Musi się więc mieć następne Miejscówki, a o Nie jest Tak Szalenie Trudno! […] Praktykowane codziennie, to jeżdżenie może zrujnować Milionera (po 10 dniach – 300 zł na sam Wyciągg!!!)[30].

Jak trudno było o wejściówki, Lem opisał w felietonie, w którym zdradził kilka metod: na wytrzymałość („zjawić się przed piątą rano"), na ciało zbiorowe („wjechać tak jest bardzo łatwo, ale tylko razem z całym ciałem") i na chama („mieć jakąkolwiek miejscówkę, późniejszą, nieaktualną etc., kopać, kląć, pchać, okładać kijami, przy pewnej elokwencji oraz sile fizycznej wjedzie się na górę niemal na pewno")[31].

Jeremi Przybora wspomina Lema jako mistrza hybrydowej metody, łączącej „na wytrzymałość" z „na ciało". O świcie dzwonił do kasy kolejki linowej w Kuźnicach i mówił: „Tu Dom Literatów »Astoria«. Posyłamy do was gońca po wejściówki dla grupy pisarzy". Po czym sam pędził do Kuźnic jako rzekomy goniec...[32]

Cóż, można zrozumieć, że skoro o miejscówki na „Wyciągu" było „Tak Szalenie Trudno", Lemowi udało się namówić pozostałych literatów, by zamiast opłakiwać Słońce Narodów, poszli zjeżdżać.

IV

Dialogi

W połowie lat pięćdziesiątych fortuna Stanisława Lema wreszcie się odwróciła. Przestały go już dręczyć rozterki sprzed dekady, gdy wbrew sobie studiował medycynę, ale marzył o literaturze. Po sukcesie *Obłoku Magellana* ma już przed sobą jasną ścieżkę kariery pisarza, którego utwory fantastycznonaukowe wydawcy będą kupować na pniu. Redakcje czasopism z Krakowa i Warszawy chętnie też widzą jego felietony i eseje.

Lem po śmierci ojca musi się stać jedynym żywicielem rodziny – ale akurat dzieje się to w momencie, w którym rodzinny budżet widzi solidną nadwyżkę, zapewne po raz pierwszy od kilkunastu lat. Nadwyżka pozwala Lemowi na powrót do ukochanego hobby – do kolekcjonowania dziwnych maszyn – oraz na regularne wyjazdy na narty do Zakopanego. Sądząc z korespondencji, zima to ulubiona pora roku Stanisława Lema. Tak pisał do Aleksandra Ścibora-Rylskiego w styczniu 1956 roku, w odpowiedzi na propozycję współpracy z tygodnikiem „Nowa Kultura":

Gragów, 11.1.56
My Dear,
[...]
Propozycje Wasze, drogi pisarzu, połechtały chciwość Mamony naszą. Kupiłem sobie ostatnio nakręcanego ptaszka, który dziobie dość długo okruszki, oraz angielskiego kotka

Z Barbarą Lem, Zakopane 1959

w ramach koegzystencji, który nakręcony, jak wariat lata za motylkiem (też śtucznym). To kosztowało ⅓ honorarium za *Obłok*, wliczając jeszcze budownictwo Mechaniczne Z Motorkiem „Erector" (nie mieszać z Erekcją!!!) from New York. Czy Macie Komis z zabawkami Zagran.[icznymi] w Warszawie?? Jeśli nie – Współczuję Potwornie!! Nie przyjedziesz tu nigdy, Ty Bykku, to i nie obaczysz Ptaszka, Kotka ani Erectora. Więc (bo to o tym właścież) potrzebując na nowe zabawki, muszę chyba pisać dla Was – myślę, że najlepiej będzie pisać nieduże felietony o Sprawach Świata Nauki, Bytu, Ontologii, Kultury, Cywilizacji i takie tam przyszłościowe Drumperele. A kiedy? Może przyślę co Ściborowi Naszemu Ukochanemu przed Tatrami, ale to wątpliwe, bo pisarsko to okropne mam zatwardzenie (myślę o książce). No a Ty?

Ściborku Nasz A leć a Piej
Na Zachwycenie Hej
I kryjąc Srom ustawiaj Bom
Łódeczce Lubej Swej!
ALBO:
Na Złom
Rzuciliśmy
Pisarski Srom
Na złom, na złom (bom-badi-bom!!!)
Gragłów, Stęczeń 56 rąk[1].

„Nowa Kultura" była oficjalnym organem Związku Literatów Polskich. Przez związek zresztą obaj pisarze się zaprzyjaźnili. Pismo odegrało istotną rolę w odwilży powszechnie kojarzonej z październikiem 1956, choć to skojarzenie prowadzi na manowce.

Październikowy wiec na placu Defilad, na którym nowy pierwszy sekretarz Władysław Gomułka mówił o „wypaczeniach idei socjalizmu", nie zapoczątkował demokratyzujących system przemian. Przeciwnie, wypuszczenie Gomułki z więzienia (13 grudnia 1954), tajny referat Chruszczowa o zbrodniach stalinowskich (wygłoszony w Moskwie w lutym 1956 roku, kolportowany w Polsce od marca 1956), masówki w zakładach pracy zapoczątkowane w warszawskiej FSO (kwiecień 1956) i eksplodujące w poznańskich zamieszkach (czerwiec 1956) – to wszystko było ciągiem wydarzeń, które w październiku 1956 roku w zasadzie zaczęły wygasać.

Beresiowi Lem powiedział, że „pierwsze podmuchy odwilży" zaczął odczuwać między 1953 a 1954 rokiem. Prawdopodobnie nakładała się na to euforia związana z pozapolitycznymi dobrymi wiadomościami w jego życiu. Wtedy przecież się żeni, ponadto zaczyna zbierać owoce sukcesu *Astronautów*.

Przede wszystkim jednak, o ile dla wielu jego rówieśników koniec stalinizmu jest intelektualnym szokiem, o tyle dla Lema to właściwie jego pierwsza spełniona prognoza. W 1952 roku zaczął pisać *Dialogi*[2] – przedziwną książkę ni to filozoficzną, ni to fantastyczną, zawierającą rozmowy między Filonousem i Hylasem, mędrcami zamieszkującymi być może grecką Agorę, być może inną planetę, a być może świat wyobrażeń biskupa Berkeleya (od którego Lem zaczerpnął te imiona).

Dialogi były fabularną wersją autentycznych sporów, które Lem toczył w ramach konwersatorium Choynowskiego kilka lat wcześniej (głównie – jak potem wspominał Beresiowi – z niejakim „magistrem Oświęcimskim"). Ich głównym tematem była cybernetyka, nowa teoria naukowa, która w latach czterdziestych ubiegłego wieku zdawała się mieć nieograniczone pole zastosowań – od teorii funkcji działa przeciwlotniczego po teorię literatury i filozofię społeczną. Tak przynajmniej obiecywał jej pionier Norbert Wiener w opublikowanej w roku 1950 pracy *The Human Use Of Human Beings*, którą Lem przeczytał w oryginale, a potem zdążył zaobserwować najpierw odsądzanie tej książki od czci i wiary przez komunistyczną propagandę, a potem jej wydanie w roku 1960 jako *Cybernetyka i społeczeństwo* (z długaśnym wstępem radzieckiego uczonego, wyjaśniającego, gdzie autor się myli, a gdzie ma rację).

Cybernetyka wprawdzie w końcu nie spełniła pokładanych w niej nadziei na sprowadzenie nauk humanistycznych do szczególnego przypadku nauk ścisłych (o historii takich kolejnych zawiedzionych nadziei, od pozytywizmu po memetykę, można napisać osobną książkę), dla ówczesnego Lema była jednak o tyle cenna, że wynikało z niej czarno na białym, że totalitaryzm nie może sprawnie funkcjonować.

Z cybernetycznego punktu widzenia krytycznie ważnym elementem sterowania czymkolwiek – państwem czy działem przeciwlotniczym – jest sprzężenie zwrotne: coś, co informuje władcę lub strzelca o sprawności działania maszyny, by ten mógł nanosić niezbędne poprawki. W totalitaryzmie cenzura i propaganda służą blokowaniu sprzężenia zwrotnego. Bez względu na to, czy władza podejmuje decyzje słuszne, czy niesłuszne, docierają do niej wyłącznie sygnały pozytywne. Taka maszyna musi się zachowywać jak silnik parowy bez zaworu bezpieczeństwa – dowodzi Filonous Hylasowi. Nigdy nie osiągnie optymalnych parametrów pracy, więc będzie pracować mało wydajnie, miotając się w konwulsjach od jednego kryzysu do drugiego. Takich kryzysów Lem zobaczy w PRL jeszcze kilka, ale książkę przecież napisał już przed nadejściem tego pierwszego.

Klimat schyłkowej odwilży dobrze widać we fragmencie listu Lema do Jerzego Wróblewskiego: „Es herrst grösste Unruhe, Smutek und Prostation (sic!) in unseren Kreisen, jeder versucht einen kleinen Weg zu finden, wo er was zu verdienen hätte, ohne aus sich eine Hure zu machen"[3], czyli: „W naszych kręgach panuje wielki niepokój, smutek i prostracja, każdy próbuje znaleźć dla siebie jakiś sposobik, żeby udało się coś zarobić bez robienia z siebie kurwy". W innym miejscu tego listu opisuje warszawskie środowisko literackie jako „ein Bild von Hosenscheissen" („obraz gówna w gaciach").

Przede wszystkim szybko się okazało, że otrzymywane od różnych czasopism propozycje współpracy, które posypały się na fali Lemowskiej popularności na przełomie roku 1955 i 1956, okazały się w dużym stopniu mrzonką. Problem zaczynał się od tego, że tekstów, które wiele redakcji wzięłoby od Lema z pocałowaniem ręki – czyli, jak to ujął, „przyszłościowych Drumpereli", on wcale nie chciał pisać. Chciał się bardziej serio przyglądać zagadnieniom „kultury i cywilizacji", a to go kierowało na kurs kolizyjny z cenzurą (rozumianą i jako instytucja, i jako skłonność różnych redaktorów do asekuranctwa).

Współpracę z „Nową Kulturą" Lem na przykład nieformalnie zerwał już w czerwcu 1956 roku. Powodem było odrzucenie dwóch tekstów przez redaktora Leona Przemskiego. Ze skrajną niechęcią opisuje go w *Dzienniku 1954* Leopold Tyrmand

jako „chasyda komunizmu o twarzy wyblakłego onanisty".
Tyrmandowi Przemski odrzucił jego polemikę z Kałużyńskim
w sprawie Hemingwaya. Lemowi – artykuł *Człowiek i władza*
oraz fragment *Dialogów*. „Pewnie chciał mnie trzymać na zasadzie naukowo-technicznego informatora, a nie faceta, który
przysparza migrenę RedNaczowi niebezpiecznymi Formuli-
rowkami" – sarkał Lem w liście do Ścibora-Rylskiego⁴.
Przez chwilę była nadzieja na współpracę z innym tytułem. Być może w jakimś alternatywnym wszechświecie do
dziś polski świat literacki żyje legendą absolutnie najlepszego czasopisma kulturalnego w dziejach Polski, którym stałoby się krakowskie „Życie Literackie", gdyby wypalił spisek,
szykowany przez krakowskich literatów jesienią 1956 roku.
Cała zmowa trwała wszystkiego coś koło tygodnia. Dość dokładnie opisał ją w dzienniku Jan Józef Szczepański. Grupa
spiskowa sformowała się 21 listopada. Poza Lemem, Szczepańskim i Błońskim należeli do niej historyk sztuki Janusz
Bogucki i krytyk teatralny (a później dyrektor Starego Teatru) Jan Gawlik. Wyobraźmy sobie, jakie razem mogliby
zrobić pismo!

„Życiem Literackim" od 1952 roku kierował jednak Władysław Machejek, twardogłowy stalinista, który w 1956 roku
trzymał w PZPR z tak zwaną frakcją natolińczyków, sprzeci-
wiających się demokratyzacji systemu. „On nie taki zły, ino
Kręty a Durny", charakteryzował go Lem w liście do Ścibora-
-Rylskiego⁵. Warszawska „Nowa Kultura" trzymała z kolei
z reformatorską frakcją tak zwanych puławian. Obie nazwy
pochodziły od dwóch warszawskich adresów. Natolińczycy
spotykali się w reprezentacyjnym rządowym pałacyku w parku natolińskim (dziś włada nim Fundacja Centrum Europej-
skie Natolin), a puławianie mieszkali głównie w eleganckich
przedwojennych kamienicach na Puławskiej, gdzie w okresie
stalinizmu dostali przydziały (kłujące w oczy warszawiaków,
którzy żyli w gorszych warunkach).

Intryga w „Życiu Literackim" okazała się pułapką Machejka, który na chwilę spanikował – tłem było antykomunistyczne powstanie na Węgrzech, które przeraziło wielu stalinistów nad Wisłą – i potrzebował na gwałt jakiegoś dowodu na swoją liberalność. Gdy poczuł, że w Polsce jednak tym razem obędzie się bez powstania, po prostu przestał przychodzić na umówione spotkania z grupą „spiskowców". Ta się zresztą też wykruszyła – Szczepański pisze (z datą 28 listopada 1956 roku): „na ostatnie spotkanie przyszedł tylko Lem, Machejek się nie stawił".

Lem był jak najdalszy od natolińczyków, ale miał mnóstwo zastrzeżeń pod adresem puławian. Przede wszystkim – nie wierzył w sens naprawiania tego systemu. Tak to wyjaśniał w liście do Ścibora-Rylskiego, którym to listem zresztą zrywał współpracę z „Nową Kulturą" (a nie minął nawet rok od zaproszenia do tej współpracy, które jeszcze w styczniu Lemowi mile „łechtało chciwość Mamony"):

Kochany Leszku,
Niniejszym wysyłam Okrzyk Opamiętania pod Twoim adresem, wielce niespokojny o losy Ojczyzny, Nowej Kultury i Twoje Osobiście.

Wysłałem przedwczoraj list do Worosz.[ylskiego], w kt. [órym] wyjaśniam, dlaczego usuwam się od współpracy z pismem, w zw. mianowicie z jego przemówieniem i naszą z Tobą rozmową, która w pewnej mierze zarysowała mi programowo-ideowo-polityczną linię pisma na przyszłość, którą uważam za w najwyższym stopniu szkodliwą, fałszywą, a nawet jeszcze gorzej: obiektywnie wrogą, jak się to mawiało dawniejszymi czasy.

Stajecie się, albo staniecie się, poprzez kontynuację linii rozpolityczniania pism literackich i przekształcania ich w trybuny do polemik i ataków ze wszystkimi partiami stalinowskimi – otóż stajecie się obiektywnymi sojusznikami Natolina. [...]

1. Eksperyment socjalistyczny wykazuje po bezmała 40 latach istnienia, że NIE TAK. Innymi słowy: doświadczenie w laboratorium euroazjatyckim wykazało fałszywość założeń, tj. konkretnie: planu konstrukcyjnego, wg którego ten model budowano. Utrzymanie modelu tego w akcji wymaga a) strasznych ofiar materialno-moralnych, b) ciągłego stosowania przemocy, terroru, policji polit. itd. itp., c) anihilację spontanicznie rozwijającej się kultury, życia duchowego, twórczości naukowej [...].

2. Rządy większości laboratoriów NIE CHCĄ przyznać, że się eksperyment nie udał, i że trzeba konstrukcję przekształcić, zmienić w pewnych założeniach ISTOTNYCH plany i zacząć, na dobrą sprawę, eksperyment OD NOWA.

3. Wywołują tę niechęć liczne b. czynniki: sprawa miłości władców do władania [...], sprawa wysiłku intelektualnego – OLBRZYMIEGO i ryzyka – OLBRZYMIEGO [...].

4. Metodologicznie poprawne traktowanie problemu polegałoby ot na czym: większość państw socjalistycznych daje wolną rękę eksperymentowania na polskim i jugosł. [owiańskim] pólkach doświadcz. [alnych], pomagając, a nie przeszkadzając, gdyż oczywiste jest, że ew. sukces byłby sukcesem komunizmu jako koncepcji przebudowy świata [...], wściekłe ataki stąd i stamtąd wykazują po prostu, że element racjonalno-naukowo-metodologiczny, jaki w marksizmie XIX-wiecznym tkwił wcale obficie [...] [przerósł mitami] i nic już prawie nie zostało, a w przegniłą mistyczną-religijną magmą obrosłym grobie marksizmu kołaczą już tylko szczątki świetnie zaprojektowanych, choć dziś nieco archaicznych Marksowych myśli [...].

W tej sytuacji merytoryczna dyskusja z kierownictwami (TAKIMI) jest oczywiście rozmową z pijanym, zadelirycznionym szakalem. Rozmowa z partiami też jest nonsensem, ponieważ partie te nie przekonanie o słuszności kierownictwa utrzymuje w ryzach, ale Policja Polityczna, miły Leszku [...].

Pomyśl nad tym mój Kochany, bo się troskam o Ciebie, a życzę Ci, jak wiesz, dobrze. Ściskam łapska nie bądź idiotą Twój [Stanisław Lem][6].

Choć list był zatytułowany „OSTATNI APEL", Lem po trzech dniach napisał kolejny, w którym precyzyjniej uzasadniał niewiarę w naprawianie partii od wewnątrz:

[...] partia faktycznie składa się w wielgiej b. części z ludzi lichych, ponieważ TAKA BYŁA ZASADA REKRUTACJI W czasach stalinizmu, że kto Myślał, Chciał Być Uczciwy, Odpowiedzialność Dźwigać Za Losy itd., ten kopa dostawał, a kto był Posłuszny, Zmieniał Zdanie 10 razy na dobę, jeśli takie Wiewy Szły z Góry, kto w górę drżał, a na Masy srał, ten właził do Aparatu i jak balonem jechał w górę, sam to wiesz, więc po co Ci mam tłumaczyć? Partii [...] nie można dzisiaj w 100% przemienić personalnie [...], byłoby to mniej więcej tym samym, co próba całkowitego zastąpienia części samochodu nowymi częściami PODCZAS WYŚCIGU, na chodzie [...][7].

Kilka tygodni później Lem pisał pojednawczo – zbliżały się wszak święta:

Kochany Ściborku, na ostatni list Twój zareagowałem 4-stronicową kolubryną, którą chciałem zmieść ze Świata Bożego wszystkie samosiersko-batoropodpskowskie przesłanki postawy Twojej i Twojego Wiktora [Woroszylskiego]. Jednakże ochłódłszy, po namyśle list ten do kartotek odłożyłem i pozostaję w mniemaniu, iżem dobrze uczynił, albowiem flukta polutyczne zmieniają się, poglądy takoż, a przyjaźń nasza, dobrze jest, aby to wszystko wytrzymała, co daj Boże dalej, Amen[8].

Ich przyjaźń rzeczywiście to wszystko wytrzymała. Gdy jednak czytam te listy, jestem pełen podziwu dla przenikliwości Lema. I po raz kolejny przekonuję się, jak naiwne były nadzieje puławian i sekundującej im „Nowej Kultury". Puławianie liczyli na to, że uda im się uzasadnić demokratyzację systemu poprzez odwoływanie się do pism Marksa i Lenina.

Po latach Leszek Kołakowski kpił z autoironiczną melancholią z tych nadziei w *Głównych nurtach marksizmu*. Dobre dziesięć lat zajęło mu dojście do tego, co Lem twierdził już w połowie lat pięćdziesiątych – że dyskutowanie z władzą na filozoficzne argumenty nie ma sensu. Równie dobrze można analizować pisma młodego Marksa w rozmowie z „pijanym szakalem", bo podstawą władzy totalitarnej nie jest żadna ideologia, tylko „Policja Polityczna". Jeśli pewnego dnia partia komunistyczna zaakceptuje kapitalizm, to podległa jej policja polityczna zacznie wymuszać przemocą budowę kapitalizmu. Tak się przecież po 1989 roku stało w Chinach i Wietnamie. Spróbujcie bronić proletariuszy tamtych krajów, powołując się na Marksa!

Dalsze wydarzenia przebiegły zgodnie z prognozą Lema. Gdy puławianie szukali argumentów filozoficzno-ideowych, natolińczycy rozbudowywali wpływy w resorcie spraw wewnętrznych i uprawiali – jak dziś byśmy to powiedzieli – politykę historyczną, za sprawą której wszyscy weterani antyhitlerowskiego podziemia mieli się wspólnie poczuć „bojownikami o wolność i demokrację" i dołączyć do jednej organizacji: zbowid-u. W ten sposób poparcie dla obozu władzy budowano także wśród dawnych akowców i powstańców warszawskich. Doprowadziło to w 1968 roku do ostatecznego przesilenia, które zakończyło złotą erę kultury PRL.

Zakończyła się też wtedy złota era twórczości Stanisława Lema. Wróćmy jednak do jej początku. W 1956 roku Lem ma trzydzieści pięć lat i ukształtowane *credo* artystyczne, światopoglądowe i polityczne. O ile mi wiadomo, nie zna wtedy jeszcze krytycznych prac Karla Poppera i Isaiaha Berlina o marksizmie, ale jego własna krytyka wygląda podobnie. Docenia rolę Marksa jako jednego z wielu filozofów XIX wieku, ale nie wierzy w jego dwudziestowieczne leninowskie wcielenie, które Lem uważał za coś w rodzaju nieudanego eksperymentu naukowego o straszliwych skutkach ubocznych.

Odrzucał też marksowską kategorię „konieczności dziejowej". Lem uważał, że nawet jeśli istnieją jakieś „obiektywne prawa historii", ludzkość ich zapewne nigdy nie pozna, więc nie można z nich tworzyć fundamentu programu politycznego, jak czynili marksiści. W 1953 roku pisał w liście do Wróblewskiego:

Dlaczego „berło cywilizacji" przechodziło w ciągu wieku z jednych narodów do rąk innych – na to pytanie nie znalazłem w marksizmie wyraźnej odpowiedzi poza ogólnikami [...], prawa obiektywne rozwoju społecznego to nic innego, jak NIEZAMIERZONE SKUTKI SPOŁECZNEJ DZIAŁALNOŚCI LUDZI [...] NIEZAMIERZONE, NIEZAPLANOWANE, a raczej NIEPRZEWIDZIANE[9].

Gdyby Lem mógł w połowie lat pięćdziesiątych napisać książkowy esej, w którym poruszałby ten temat wprost – powstałoby być może dzieło, z którego do dzisiaj uczyliby się studenci nauk społecznych. Coś na miarę *Nędzy historycyzmu* Poppera albo biograficznego eseju o Marksie Berlina[10]. Widać z listów oraz z tekstów, które wysyłał do „Nowej Kultury" (ale je odrzucono), że chciał o tym pisać i na pewno podpisałby taką umowę na książkę. Ale polskie redakcje były zainteresowane tylko jego fantastyką.

Lem w połowie lat pięćdziesiątych wydaje się z tym pogodzony. Bo to jest druga część jego programu: skoro nie ma złudzeń co do natury tego systemu, to nie zależy mu także na pisaniu polityczno-ideowych manifestów. Popper z Berlinem też przecież byliby bezsilni, dyskutując z pijanym szakalem uzbrojonym

Około 1950, autoportret
zrobiony za pomocą samo-
wyzwalacza

w policję polityczną. Póki jednak ten szakal pozwala pisarzom
gdzieś na boku, gdzieś na marginesie systemu „robić swoje" –
pisząc czy to fantastykę, czy to eseje o dawnej polskiej poezji,
czy to awangardowe sztuki teatralne, czy to scenariusze dla
Andrzeja Wajdy – czemu nie? Ta postawa łączy Lema z jego
najbliższymi literackimi przyjaciółmi: Błońskim, Szczepańskim,
Ściborem-Rylskim, Mrożkiem.

Dołączą do niego w końcu inni autorzy, którzy w roku
1956 jeszcze mieli złudzenia co do szans na reformowanie
ustroju. „Nową Kulturę" i tak w końcu zlikwidowano w 1963,
a Woroszylski wylądował *de facto* z zakazem druku. Pozwalano
mu pisać już tylko książki dla młodzieży (zresztą znakomite,
co pozwolę sobie podkreślić jako ówczesna młodzież).

Wiele lat później Lem ubolewał nad zaszufladkowaniem go w roli specjalisty od science fiction, ale w listach z drugiej połowy lat pięćdziesiątych jeszcze tego nie widać. To zrozumiałe. Przecież dopiero co walczył, żeby w ogóle cokolwiek mu wydano, a w 1955 roku jest już zasypywany propozycjami. I nie chodzi już tylko o propozycje pisania kolejnych książek fantastycznonaukowych, ale także o przekłady i adaptacje filmowe.

Epopeja pod tytułem „ekranizacje Lema" – z której, jak wiemy z perspektywy lat, dla pisarza wynikały głównie rozczarowania – zaczyna się na przełomie lat 1955 i 1956, gdy w imieniu Zespołu Filmowego „Kadr" odezwał się do Lema Krzysztof Teodor Toeplitz, z propozycją napisania scenariusza mającego połączyć wątki *Astronautów* i *Obłoku Magellana*. Ta propozycja – sądząc z listów – rozsierdziła pisarza. „Czuję w rdzeniu pacierzowym, że będzie z tego Gułwno", pisał w jednym[11], „bo jak barszcz z samych grzybów ino syraczkę wywołuje, tak film zbyt gęsty i napchany ukontentowania widzowi nie da", uzasadniał w drugim[12]. Odpisał filmowcom, że wolałby wykonać odwrotną operację – skupić się na wybranym wątku z jednej ze swoich powieści, i pod tym kątem zaczął pracować nad scenariuszem *Astronautów*.

Z propozycji Zespołu Filmowego „Kadr" rzeczywiście wyszło „Gułwno", ale nie z powodów artystycznych, tylko politycznych. Między grudniem 1955 a kwietniem 1956 roku Lem korespondował z Krzysztofem Teodorem Toeplitzem w sprawie ekranizacji *Astronautów*, którą miałby reżyserować Jerzy Kawalerowicz w Zespole Filmowym „Kadr". Z tej korespondencji wyłoniła się już koncepcja zadowalająca dla pisarza – i wtedy właśnie władze kinematografii odebrały im ten projekt. Lem pisał w liście do Ścibora-Rylskiego, że personalnie zdecydował o tym przewodniczący Komisji Oceny Scenariuszy Tadeusz Karpowski[13], ale prawdopodobnie realnym decydentem był ktoś jeszcze wyżej. Napisanie scenariusza przekazano Ludwikowi Starskiemu z Zespołu Filmowego „Iluzjon" z intencją realizacji w koprodukcji z enerdowską wytwórnią DEFA.

I znów: można westchnąć nad tym, jaką wersję *Astronautów* obejrzeli widzowie w alternatywnym wszechświecie, w którym film pozwolono kręcić zespołowi Kadr. Powstawały tam przecież odważne dzieła, posuwające naprzód granice sztuki filmowej: *Kanał, Eroica, Pociąg, Faraon*. Z tym zespołem Lem zresztą ciągle coś chciał zrobić: już to adaptację *Inwazji z Aldebarana*, już to *Pamiętnik znaleziony w wannie*, już to *Powrót z gwiazd*.

Możemy tylko zaszlochać nad wyobrażaniem sobie, jak te filmy nakręciliby Kawalerowicz czy Wajda we współpracy z Allanem Starskim, Janem Józefem Szczepańskim czy Aleksandrem Ściborem-Rylskim (a były już gotowe scenariusze). Mistrz Wajda zrobił przecież dla Telewizji Polskiej w 1968 roku perełkę na podstawie słabszego opowiadania Lema *Czy pan istnieje, Mr. Johns?* – czyli film *Przekładaniec*, ale zespół Kadr był już wtedy zresztą zlikwidowany w ramach pomarcowego przykręcania artystom śruby (po czterech latach władze łaskawie pozwoliły na jego odtworzenie w nowej formie, tym razem jako Studio Filmowe „Kadr").

Co do *Astronautów* – to już samo przekazanie tego projektu twórcom *Przygody na Mariensztacie* oznaczało, że powstanie coś może i miłego dla oka, ale pozbawionego ambicji. Formuła koprodukcji z NRD praktycznie gwarantowała, że po długich męczarniach wyjdzie z tego gniot.

Dla Lema miało to wszystko przynajmniej jedną dobrą stronę: wiązała się z tym jego pierwsza zagraniczna podróż (nie licząc oczywiście „repatriacji" w 1945 roku, a także wcześniejszego trzykrotnego przekroczenia granicy bez ruszania się ze Lwowa). W czerwcu 1956 został zaproszony przez wschodnioniemieckie władze do Berlina. Ulokowano go w hotelu Newa, „takim lepściejszym", i urządzono mu typowy socjalistyczny rytuał podejmowania dostojnego gościa:

potwornie męczące *à la longue*, bo między innymi Faust – 4,5 godziny, Fiesto z Genui, 4 godziny, Mozarta Don Juan w Operze – trzy sztuki u Brechta [...]. Występowałem w radio, w telewizji (ze strachem, bo na żywo) [...] Miałem 2 Presskonferencje, zwiedzanie zamku Sans Souci w Poczdamie, Treptow Park z pomnikiem Radz.[ieckim] (czy widziałeś kiedy to Potworniactwo B. Wielkie na fotografii?) [...] jeździłem też na rozmowy z Defą do Babelsbergu. Poza tym łaziłem po sklepach [...][14].

...i tutaj dopiero opowieść się rozkręca. Lem, który jeszcze pół roku wcześniej za szczyt rozpusty uważał zakupy w krakowskim „komisie z zagranicznymi zabawkami", teraz nagle mógł ruszyć na podbój sklepów Berlina Wschodniego i Zachodniego. Ewidentnie interesowało go to bardziej od teatrów i koncertów (Tomasz Lem zresztą opisuje w *Awanturach na tle powszechnego ciążenia*, że jego ojciec potrafił zasnąć na widowni, co bardzo krępowało Barbarę Lem.

W tym samym hotelu pojawiła się także delegacja polskich prawników, co Lem opisywał Wróblewskiemu – wykładowcy prawa na Uniwersytecie Łódzkim! – ze szczególną złośliwością: „Same kurduple, grube toto, małe a krótkie, po niemiecku na 8 osób – jedna z lekka kaleczyła, reszta ani dudu, a głupie to! Brali mnie zdaje się za Niemca, gdyż gadali [przy mnie] swobodnie [po polsku] i słyszałem, jak namiętnie się naradzali, czy jechać do Zachodniego Berlina: chcieli, lecz bojali się. Ot jakie Fisze wyjeżdżają [...]. Tałatajstwo, chamy i paniusie – powiadam Ci – takie grube dupska, to właśnie nasz towar eksportowy, co się tyczy Prawa. Podejmowało ich tamtejsze Justizministerium"[15].

Lem też się trochę bał wyjazdu „na Zachód". Nie było wtedy jeszcze muru berlińskiego (wzniesiono go w roku 1961), dlatego by dostać się za żelazną kurtynę, wystarczyło wsiąść do metra i przejechać kilka stacji. Teoretycznie było to legalne, bo Berlin Zachodni formalnie był obszarem bezpaństwowym. Jego władze nikomu nie mogły zabronić wstępu na swoje terytorium, a z kolei władze NRD nie mogły zakazać przekraczania granicy nikomu poza własnymi obywatelami. Oczywiście obywatel PRL miał jednak osobne powody, żeby się bać. Lem rozwiązał ten problem po swojemu. Jak wspominał Fiałkowskiemu, zakładał rosyjską czapkę uszankę i w metrze udawał, że czyta „Prawdę". Liczył na to, że upodobni się w ten sposób do Rosjanina, a więc enerdowski pogranicznik nie odważy się go zaczepić. Trudno powiedzieć, czy to za sprawą takich środków bezpieczeństwa, czy też po prostu od początku nie było się czego obawiać, w każdym razie Lemowi udało się po raz pierwszy od 1939 roku znów zobaczyć z bliska kapitalizm.

„Mieszkanie tam potwornie drogie – pisał w tym samym liście do Wróblewskiego – 200 zachodnich marek za 4-pokojowe mieszkanie miesięcznie, a marka zachodnia kosztuje 4 razy więcej od wschodniej. [...] na Wschodzie takich pensji nie ma, a na Zachodzie też są dość niskie (stosunkowo), co oznacza, że ludzie płacą tam 20 do 40 procent dochodów na mieszkanie – ot, kapitalizm". Jednak odwrotnie niż w komedii Barei, te minusy kapitalizmu nie przesłaniały Lemowi jego plusów: „aut MASY, towarów MASY, bananów na straganie GÓRY. [...] okropnie praktyczna rzecz U-Bahn, nie mają tam komunikacyjnych problemów w ogóle".

Z pierwszej podróży zagranicznej Lem przywiózł: maszynkę do golenia (która „szczypała i wyła, ale nie goliła"), „nieco maneli damskich Barbarze, które są tam b. tanie", „sobie: kolej elektryczną, trzy lokomotywy, wagony osobowe, towarowe, semafory, zwrotnice, skrzyżowanie szyn, tory", a także „maszynkę elektryczną do parzenia kawy dla kompanii [wojska]: olbrzymia, na 2 litry kawy, z głupoty ją kupiłem", światłomierz, lornetkę, i „magnetofon walizkowy, najdroższy sprawunek, niemal 700 DM z mikrofonem, taśmami i całym kramem" (na ten magnetofon Lem nagrywał coś, co lekceważąco nazywał przyjaciołom w listach „wrzaskami i wygłupami". Utrwalił też jednak własne wykonanie *Korzenia*).

Tymczasem czekał pisarza kolejny wyjazd – pierwsza wycieczka czysto turystyczna. W lipcu 1956 roku małżeństwo Lemów wyrusza w pierwszą wspólną podróż: rejs do Danii i Norwegii świeżo zwodowanym statkiem M/s Mazowsze (będzie eksploatowany przez Żeglugę Gdańską do roku 1983). Statek zwodowała stocznia rzeczna w Budapeszcie na Dunaju, podróż nie była więc przesadnie komfortowa. „Mieszkało się w kajutach małych jak szuflady, BEZ OKIEN, poniżej LINII WODNEJ", narzekał Lem w liście do Jerzego Wróblewskiego[16].

Charakterystyczne, że w tamtym ustroju do wszystkiego, nawet do wycieczki turystycznej, trzeba było mieć specjalne dojścia. Jak dowiadujemy się z tego samego listu, Lem dostał przydział na tę wycieczkę przez ZLP, ale też była ona na tyle mało atrakcyjna, że choć literatom przyznano cztery miejsca, reflektowali tylko Lemowie.

Wrócili „okropnie niewyspani, wymęczeni i skonani, choć pełni wrażeń i bardzo opaleni", i kwalifikowali się na „choć 10-dniowy zdrowotny urlop". Do najwspanialszych wrażeń Lem zaliczył widoki norweskich fiordów oraz „Życie Dzienne i Nocne Kapitalizmu", a zwłaszcza kopenhaskiego parku Tivoli. Na dwa tygodnie przyznano Lemom przydział dewiz będący równowartością siedemnastu ówczesnych dolarów na osobę (około stu pięćdziesięciu dzisiejszych). „Okazało się, że nie jest to tak znowu dużo i Sprawunków raczej się robić nie dało", pisał Ściborowi-Rylskiemu 2 sierpnia 1956 roku, dodając, że udało mu się kupować magazyny „Life" i „Time".

Nawet w najczarniejszych latach stalinizmu Lem robił wszystko, żeby być na bieżąco z prasą światową. Wciąż podtrzymywał kontakt z Choynowskim – między innymi właśnie po to, żeby ten udostępniał mu zachodnie czasopisma popularnonaukowe (jak wynika z relacji Lema – nie było to łatwe,

Z Barbarą Lem, podczas rejsu statkiem Mazowsze, 1956

Choynowski bowiem potrafił się obrazić za byle co i odciąć Lema od prasy; pisarz z rozpaczy czytał wtedy radziecką „Technikę Mołodioży")[17].

Dla Lema „Nature" czy „Scientific American" były zdobywanym z trudem zakazanym owocem, podczas gdy jego zachodni koledzy po fachu, jak Arthur C. Clarke czy Isaac Asimov, mogli sobie te tytuły kupić w byle kiosku razem z paczką papierosów. Może właśnie dlatego Lem czytał je uważniej. Widać to po jego korespondencji z Jerzym Wróblewskim, z którym Lem chętnie dyskutował o nowinkach ze świata nauki i techniki.

Proszę spojrzeć na fragment tego oto listu z 1954 roku:

Ekonomika wytrzyma powszechność transportu poddźwiękowego samolotami, ale naddźwiękowy może już okazać się, ze względu technologicznych wąskich gardeł, dziedziną deficytów, i tylko elita będzie mogła tak podróżować, a jeśli nie elita, to albo grupa wybrana ze względu na „parametr znajomości", albo na „parametr pochodzenia", albo „statusu", albo „pozycji w aparacie władzy"[18].

Lem rozważa tutaj w konwencji futurologicznej coś, co jest dzisiaj naszą codziennością. W tym samym 1954 roku Boeing oblatał pierwszy prototyp tego, co do produkcji wejdzie trzy lata później jako Boeing 707, pradziadek latających do dzisiaj samolotów pasażerskich. Wiele linii lotniczych bagatelizowało jednak odrzutowce w przekonaniu, że większość połączeń uda się dalej obsługiwać tańszymi, sprawdzonymi samolotami śmigłowymi, jak Lockheed Constellation.

Gdyby szefowie linii lotniczych spytali o zdanie Lema, może uniknęliby tego błędu. Uniknęliby także późniejszego nadmiernego optymizmu w sprawie sensu transportu naddźwiękowego. Wbrew „ekonomice transportu" utopiono mnóstwo pieniędzy w bezsensownych i nieopłacalnych projektach, jak Concorde, Tu-144 czy Boeing 2707. Tego ostatniego nie wprowadzono do produkcji, ale pod koniec lat sześćdziesiątych kilka dużych linii lotniczych zdążyło go zamówić – skasowanie projektu wiązało się ze zwolnieniem kilkudziesięciu tysięcy pracowników i ciosem dla Seattle, czego skutki miasto odczuwało przez dziesięciolecia.

To tylko jeden z wielu przykładów na to, że Lem górował swoim rozumieniem nauki i techniki nie tylko nad innymi pisarzami science fiction, ale także nad menedżerami i politykami (z obu stron żelaznej kurtyny). Jest takie rosyjskie powiedzonko „Ja nie czitatiel, ja pisatiel", którego dalekim kuzynem jest angielskie „executive summary", czyli „streszczenie dla zarządu".

Otóż Lem, po pierwsze, zawsze był „czitatielem", a nie tylko „pisatielem", po drugie zaś – nie czytał streszczeń, tylko całość. Wycieczka zagraniczna była więc dla niego nie tylko pretekstem do spróbowania coca-coli i zwiedzania nocnego życia

kapitalistycznego miasta, ale nade wszystko do czytania nie-
ocenzurowanej prasy. Niejednej amerykańskiej korporacji – na
pewno Boeingowi! – przydałby się w zarządzie ktoś taki jak
Lem, kompulsywny „czitatiel", uważnie śledzący prasę naukową i techniczną, nieograniczający się do *executive summary*".

Jako „pisatiel" w roku 1956 Lem wreszcie zaliczył dwa najważniejsze sukcesy: zagraniczny i krajowy. Enerdowskie wydanie *Astronautów* ukazało się już w 1954 roku (jako *Der Planet
des Todes*, „Planeta śmierci"), w 1956 roku dochodzi do tego
Obłok Magellana (*Gast im Weltraum*, „Gość w przestrzeni kosmicznej"), a także przymiarki do przekładów: rosyjskiego, cze-
chosłowackiego i holenderskiego. Choć Lem narzekał w listach,
że nie ma z tego ani grosza, bo kraje socjalistyczne nie zawar-
ły ze sobą umowy o wzajemnym honorowaniu praw autorskich,
to jednak status „eksportowego towaru literatury polskiej"
oczywiście wiązał się z profitami typu niematerialnego.

Trudny do przecenienia sukces przyniosło też ukazanie
się numeru „Przekroju" z 29 lipca 1956 roku. Zamieszczono
tam opowiadanie *Z dziennika gwiezdnego Ijona Tichego*, czyli
późniejszą *Podróż czternastą*. Wcześniej na łamach tygodnika
ukazały się opowiadania *Czy pan istnieje, Mr. Johns?* i *Szczur
w labiryncie* (styczeń–luty 1956), ale dopiero ta lipcowa publikacja rozsławiła Lema na całą Polskę.

To było słynne humorystyczne opowiadanie o sepulkach,
które stanowią podstawę życia kulturalnego i społecznego
Ardrytów z planety Enteropii (reklamy i dzieła literackie nieustannie mówią o sepulkach i sepuleniu, ale nie wolno o nich
mówić publicznie i samo głośne poruszenie tego tematu w towarzystwie grozi skandalem, a jak jeszcze Ijon Tichy nieopatrz-
nie wyznał, że chciałby spróbować sepulenia bez żony...).
Latem 1956 roku ten utwór stał się sławny na całą Polskę.
Zaczytane na śmierć egzemplarze „Przekroju" krążyły z rąk
do rąk. O opowiadaniu powszechnie dyskutowano w innych
mediach.

Adam Włodek, były mąż Szymborskiej, nazwał „Sepulką" oswojonego jeża. *Z dziennika gwiezdnego Ijona Tichego* zaadaptowano na radiowe słuchowisko satyryczne (wyreżyserował je Józef Grotowski, który realizował też adaptacje między innymi *Solaris* i *Powrotu z gwiazd*). Opowiadanie jest czytane i cytowane do dzisiaj. Jeśli zastanawiamy się, w którym momencie Lem rzemieślnik pióra stał się Lemem geniuszem, nastąpiło to gdzieś w połowie roku 1956. Możemy się spierać o *Szpital Przemienienia* czy *Dialogi*, ale *Podróż czternasta* jest bez wątpienia dziełem niepospolitego umysłu.

Geniuszem Lem staje się więc w roku odwilży. To fascynujące, że najważniejsze daty polskiej historii xx wieku – 1939, 1945, 1956, 1968, 1981 – są także najważniejszymi datami jego biografii. Jednocześnie, jeśli się temu przyjrzeć bliżej, równie fascynujące jest to, że owe wielkie wydarzenia społeczno--polityczne są tylko tłem spraw, które dla Lema w danym roku były jednak istotniejsze. Szczególnie wyraźnie widać to właśnie na przykładzie roku 1956.

Owszem – zajmują go takie sprawy jak Czerwiec, Październik czy tajny referat Chruszczowa o zbrodniach Stalina, wygłoszony na zamkniętym posiedzeniu xx Zjazdu kpzr nocą z 24 na 25 lutego 1956. W Polsce zresztą władze komunistyczne samowolnie odtajniły tekst referatu i dlatego w marcu 1956 roku jego treść Lem relacjonował Wróblewskiemu z drugiej ręki, ale w ogólnym zarysie trafnie:

> Już wiem, że tam stoi, jak nasze Słoneczko sam kazał stosować „fizyczieskije diejstwa" na śledztwie, jak aranżował zabawę z lekarzami [kremlowskimi, oskarżonymi w 1952 przez umierającego satrapę o antystalinowski spisek – przyp. W.O.], jak kazał tego bić, tamtego zakuć, jak kazał Ordżonikidzemu wybierać między samobójstwem a śmiercią [...], jak Sokół nasz własnoręcznie w korektach swych biografii i inszych o sobie dziełek dopisywał, że jest Genialnym Koryfiejem,

[...] zafajdaność rewolucyjnego dzieła, plus dwa Oceany Spokojne krwi; już się nikt nie ma prawa łudzić, że tak być musiało i że to historia krew upuszczała. Żadna historia, lecz Słoneczko Nasze Kochane![19]

Na własne oczy Lem zapoznał się z referatem nie później niż na początku kwietnia, bo 4 kwietnia 1956 roku referat miał już Jan Józef Szczepański (któremu z kolei przyniósł go Marek Pastuszko – jego współlokator). Odnotował w dzienniku, że następnego dnia odwiedził go Lem i obaj o tym dyskutowali; Lem przepowiadał „przyhamowanie odwilży"[20].

Echa tego wszystkiego znajdziemy w korespondencji z tamtego okresu, ale gdyby podsumować to ilościowo – to więcej uwagi Lem poświęcał w 1956 roku jeździe na nartach, pierwszym zagranicznym podróżom, zabawkom kupowanym w Krakowie i Berlinie, przekładom swoich książek i przyziemnym sprawom wydawniczo-finansowym. „Chciwość Mamony", o której pisał Ściborowi-Rylskiemu, pchała go do podpisywania kolejnych umów wydawniczych, a nie był pewny, czy będzie miał czas i możliwości, by się ze wszystkich wywiązać. „I tak już dzień bliski, w którym na konferencji prasowej w Kom.[endzie] Gł.[ównej] MO w W-wie opowiedzą ludziom prasy o tym wielkim hochsztaplerze Lemie, który popodpisywał masę umów z wydawnictwami, masę piniąchów zagarnął, a potem zesechł duchowo w ostatecznej niemożności i trzeba było straty przepisać na Skarb Państwa", martwił się w styczniu 1956 roku. Ten lęk – „podpisuję za dużo umów, nie mam kiedy tego napisać"[21] – nie opuści go właściwie aż do końca kariery.

W przełomowy rok 1956 Lem wszedł jako pisarz już, owszem, ustawiony – ale jednak drugorzędny. Popularność *Astronautów* i *Obłoku Magellana* przyniosła mu pewne uznanie i gwarancję zainteresowania wydawców, ale jednak było to zainteresowanie redakcji młodzieżowych czy w najlepszym razie naukowo-technicznych. *Czas nieutracony* opublikowano za późno. Gdyby *Szpital Przemienienia* ukazał się zaraz po wojnie, Lema wymieniano by jednym tchem z Tadeuszem Borowskim czy Zofią Nałkowską. Z kolei gdyby cała trylogia z socrealistycznym finałem ukazała się trochę szybciej, choćby w roku 1953, przeszłaby do historii jako pierwiosnek odwilży. Jednak w 1955 jej poetyka była już spóźniona.

Wytykali to wówczas w recenzjach bliscy ideowo Lemowi krytycy i pisarze, tacy jak Ludwik Flaszen czy Aleksander Ścibor-Rylski. Pomstowali na niewskazanych bliżej „cenzorów, redaktorów, wydawców i wszelkiego autoramentu sekretarzy"[22], za których sprawą książka ukończona w roku 1950 ukazała się w 1955. Niby brali w tych tekstach stronę pisarza, ale jednak między wierszami widać sugestię, że książka się w rezultacie zestarzała jeszcze przed premierą.

Socrealistyczne akcenty, które czytelnik z roku 1952 czy 1953 mógłby uznać za niezbędne serwituty, warunek publikacji – w roku 1955 już raziły. *Poemat dla dorosłych* Ważyka, wydrukowany w sierpniu 1955, tych serwitutów już przecież nie miał wcale. Wzbudził skandal, Pawła Hoffmana odwołano za to ze stanowiska redaktora naczelnego „Nowej Kultury" – ale jednak to właśnie ten utwór wyznaczał nowe standardy szczerości pisania o powojennej Polsce, na których tle trzeci tom *Czasu nieutraconego* już trącił anachronizmem.

Lem więc w roku 1955 cieszy się statusem pisarza, owszem, czytanego, lubianego, dobrze recenzowanego, a nawet rozchwytywanego przez wydawców, ale jednak – drugorzędnego. To się zmienia właśnie w roku 1956.

Co jest miarą sukcesu pisarza? Co decyduje o awansie z drugo- do pierwszorzędności? W czasach PRL kryteria były trochę inne, ale w gruncie rzeczy podobne do dzisiejszych. Dziś, w dobie względnie taniego i powszechnego podróżowania, trochę mniejsze jest znaczenie zagranicznych podróży służbowych – no ale także dzisiaj pisarz fetowany w Berlinie i umieszczony w „lepściejszym hotelu" miałby się czym chwalić na Facebooku.

Ponadto każdy pisarz chciałby mieć chociaż jeden taki moment, w którym czytelnicy wyrywaliby sobie z rąk zaczytane na śmierć egzemplarze tygodnika czy choćby kwartalnika z jego opowiadaniem czy esejem. Chciałby stać się kimś, o kim Amerykanie mawiają „the talk of the town". W Stanach „the town" w tym kontekście to przeważnie Nowy Jork (zresztą „New Yorker" ma słynną rubrykę pod takim właśnie tytułem), w Polsce – Warszawa i Kraków.

Lem po raz pierwszy osiąga to latem 1956 roku właśnie dzięki opowiadaniu o sepulkach. To daje mu ten status, jakim w naszych czasach cieszą się Witkowski, Masłowska czy Pilch albo sławni autorzy non-fiction, jak Filip Springer czy Magdalena Grzebałkowska. Każdy aspirujący inteligent musi mieć zdanie na temat ich najnowszej książki.

Obłok Magellana był popularny, ale jego czytanie w kręgach inteligenckich nie było *de rigueur*. Przeciwnie, traktowano to jako rodzaj wstydliwej przyjemności, jak czytanie romansów czy kryminałów. Ten sam Adam Włodek, który teraz zachwycał się sepulkami, jeszcze nie tak dawno napisał felieton zatytułowany *Dlaczego nie czytałem „Obłoku Magellana"*[23]. W drugiej połowie roku 1956 Lem staje się więc nie tylko pisarzem, którego się chętnie czyta – staje się pisarzem, którego nie wypada nie czytać.

I wreszcie wtedy – tak jak dzisiaj – marzeniem prozaika było zaistnienie w świecie filmu. Wiadomo – tam są największe pieniądze i największy splendor. Czymże wszystkie nagrody literackie wobec przemarszu czerwonym dywanem, w towarzystwie gwiazdorskiej obsady i sławnego reżysera!

I tutaj znowu przełom następuje w roku 1956. Lem wkroczył w ten rok, snując korespondencję z Krzysztofem Teodorem Toeplitzem na temat współpracy z zespołem Kadr. Nic z niej, jak wiadomo, w końcu nie wyszło, co nie zmienia faktu, że ów rok Lem zakończył już jako autor mający podpisaną konkretną umowę na adaptację. Pewnie byłby bardzo poirytowany, gdyby ktoś mu powiedział, że to się przeciągnie o trzy lata, a rezultat będzie raczej rozczarowujący – ale w świecie filmu tak bywa.

Rok 1956 w polskiej literaturze zwykle kojarzymy z Hłaską, Bursą, Stachurą, Herbertem czy Białoszewskim. Ambitny licealista, pisząc referat na tak zadany temat, zapewne wspomniałby o „Współczesności" i o „Po Prostu", być może o pokoleniu Kolumbów. Raczej nie wymieniłby jednak Stanisława Lema, który – jako rocznik 1921 – do tego pokolenia niewątpliwie przecież należał.

Gdyby Lemowi, Błońskiemu i Szczepańskiemu udała się operacja odbicia krakowskiego oddziału ZLP wraz z jego tygodnikiem z rąk Władysława Machejka, być może mówilibyśmy dziś o pokoleniu „Życia Literackiego" – tak jak mówimy o pokoleniu „Współczesności". Nie udało się, a do istniejących czasopism Lem nie za bardzo pasował.

Nigdy nie doznał „ukąszenia heglowskiego", nie porwał go socrealistyczny „romantyzm wielkich budów", nie uwierzył w ten system na tyle, żeby doznać szoku na wieść o referacie Chruszczowa. Widać z listów, że mniej lub bardziej subtelnie kpił ze wstrząsów, które w tym okresie przeżywali jego rówieśnicy, jak Woroszylski, Wróblewski czy Ścibor-Rylski.

Podobnie kpiarski stosunek do odwilżowej euforii zdawał się mieć Sławomir Mrożek, z którym Lem blisko zaprzyjaźni się w roku następnym. I tak jak Mrożek, Lem znajdzie się na obrzeżach fenomenu roku 1956. Przeżyje ten przełom po swojemu, zachowując własną odrębność. Co z kolei sprawi, że sześćdziesiąt lat później książki Lema, tak jak książki Mrożka, lepiej zniosą próbę czasu od niejednego ówczesnego tuza „Współczesności" czy „Po Prostu".

V

Eden

W 1956 roku Lem zyskał literacką sławę. Ale najlepsze było ciągle przed nim.

Załóżmy, że w roku 1957 stałoby się coś, co odebrałoby mu zapał do pisania – powiedzmy, ziściło się marzenie o spadku po tajemniczym krewnym z Ameryki. (Skądinąd przypuszczam, że konsekwentne przedstawianie siebie przed kolegami jako kogoś, kto pisze z „chciwości Mamony", było elementem Lemowskiej autokreacji – gdyby tak było, wybierałby łatwiejsze tematy – ale robimy przecież tylko eksperyment myślowy). Co z jego dorobku po sześćdziesięciu latach dobrze zniosłoby próbę czasu? *Szpital Przemienienia* i garstka opowiadań. Wspominalibyśmy dziś Lema jako autora realistycznej powieści o II wojnie światowej, który poza tym pisał humoreski fantastyczne do „Przekroju". Nie wspominalibyśmy Lema jako króla fantastyki polskiej i światowej. Powieści *Astronauci* i *Obłok Magellana* przyniosły mu sławę i pieniądze, ale fatalnie zniosły próbę czasu. A sam *Szpital Przemienienia* to jeszcze za mało, żeby trafić do panteonu nieśmiertelnych. Wspominalibyśmy Lema po prostu jako jeszcze jeden meteor, który na chwilę zabłysnął na literackim firmamencie w tym niezwykłym 1956 roku.

Dzieła, które uczyniły go literackim ewenementem na skalę stulecia, powstaną dopiero w ciągu następnych kilku lat i będzie to oczywiście przede wszystkim fantastyka. W rok 1957 Lem wchodzi jednak jako autor o ambicjach wykraczających poza science fiction. Od kilku lat pracuje nad *Dialogami*, książką bardziej filozoficzną niż beletrystyczną[1]. Miał z nią nieustającego pecha. Jak tu już pisałem, cybernetyka była w PRL długo nauką wyklętą i nawet *Obłok Magellana* miał problemy z drukiem związane z tym, że Lem opisał tam *de facto* cybernetykę, ale pod inną nazwą ("mechaneurystyka"), jako przedmiot studiów głównego bohatera. Fiałkowskiemu opowiadał potem, że wewnętrzny recenzent wydawnictwa, Ignacy Złotowski, zatrzymał z tego powodu maszynopis prawie na rok).

Maszyny cyfrowe nie mogły się pojawiać w literaturze fantastycznej w obozie radzieckim, na przykład w *Mgławicy Andromedy* Jefremowa wszystko jest mechaniczne i analogowe. Lem to ograniczenie obchodził, opisując jakieś "automaty" czy "triony" bez wnikania w zasady ich działania. *Dialogi* były jednak próbą popularyzacji cybernetyki na serio.

Pierwsze dialogi Lem zaczął pisać więc do szuflady, bez nadziei na to, że to będzie kiedykolwiek opublikowane. W roku 1956 taka nadzieja się pojawiła, po części ze względu na rozluźnienie cenzorskich zakazów, a po części ze względu na popularność Lema. Wydawcy zasypywali go teraz propozycjami. W odpowiedzi mówił im, że ma prawie już gotową książkę o cybernetyce. Nie powieść, tylko esej. Można sobie wyobrazić rozczarowanie wydawców, którzy szukali czegoś rozrywkowego, dla młodzieży, o rakietach i kosmosie!

Zainteresowanie okazało tylko Wydawnictwo Literackie, które opublikowało (po wielu perypetiach) *Czas nieutracony*. W okresie odwilży wydawnictwo stało się oczkiem w głowie Lucjana Motyki, kojarzonego z puławianami działacza PZPR, o korzeniach wywodzących się z przedwojennej PPS. Motyka w rządzie zajmował się kulturą (początkowo zresztą fizyczną, ale potem go przenieśli do kultury i sztuki). Był też ważną figurą w krakowskim komitecie wojewódzkim. W 1957 roku nawet został jego pierwszym sekretarzem. Jego protekcji wydawnictwo zawdzięczało to, że mogło przepchnąć przez cenzurę coś, co zatrzymano by gdzie indziej². A że z *Dialogami* będzie problem, wiadomo było od samego początku. Lem bez powodzenia próbował fragmenty opublikować w „Nowej Kulturze" i „Życiu Literackim". Dodatkowo utrudnił sobie sytuację, pisząc na przełomie lat 1956 i 1957 dialogi vii i viii, w których otwartym tekstem mowa o tym, że ustrój totalitarny nie może na dłuższą metę funkcjonować w sposób stabilny.

Kiedy dokładnie skończył prace nad książką? Widnieje w niej dziwny dopisek: „Kraków 1954–1955 – listopad 1956". Jak to z Lemem bywa, nie można wierzyć podawanym przez niego datom. Pisałem już, że zaczął prawdopodobnie przed rokiem 1954, a zakończył dopiero na początku 1957. Świadczy o tym korespondencja z Jerzym Wróblewskim. W grudniu 1956 Lem wysłał Wróblewskiemu maszynopis *Dialogów* – wszak książka zrodziła się na konwersatorium, w którym obaj uczestniczyli i zawiązali tę wieloletnią przyjaźń. W liście Lem wyjaśnia, że w ostatnim dialogu odwołuje się do socjologicznej terminologii marksistowskiej nie dlatego, że wierzy w marksizm, tylko dlatego, że „ludzie u nas są dobrze otrzaskani z tą terminologią", a wymyślając *ad hoc* własne konstrukcje pojęciowe, stałby się „hochsztaplerykiem"³. Ten opis pasuje do dialogu, który ostatecznie w książce ukazał się jako dialog vii – przedostatni.

W styczniu 1957 roku Lem przeprasza za opóźnienia w korespondencji i wyjaśnia, że był zajęty pisaniem jeszcze jednego dialogu, poświęconego „kwestiom selekcji rozwarstwiającej w poszczególnych systemach społecznych". To jest dialog viii – rzeczywiście ostatni. „Ostatecznie do 233 stron powiększoną książczynę dałem do wydawnictwa, dalszych zmian wprowadzać nie myśląc, cokolwiek by się dziać miało", napisał do Wróblewskiego⁴.

Wygląda więc na to, że końcowa data w dopisku („listopad 1956") powstała, gdy Lem uważał maszynopis za gotowy, ale zaraz potem zmienił zdanie i dopisał jeszcze jeden rozdział.

Nie miał potem głowy do poprawienia tego, bo następne kilka miesięcy upłynęły pod znakiem przepychanek z cenzurą. Istniało ryzyko, że *Dialogi* ukażą się bez dwóch ostatnich rozdziałów albo i w ogóle się nie ukażą. W maju 1957 roku pisał do Ścibora-Rylskiego, że wprawdzie dostał już skład do korekty – ale „ostatnie arkusze jeszcze nie wyszły z cenzury i jestem trochę zaniepokojony"[5].

Dlaczego ta książka w ogóle przeszła przez cenzurę – nie mam zielonego pojęcia. Moja hipoteza jest taka, że Lucjan Motyka (który właśnie stanął na czele krakowskiego komitetu wojewódzkiego) użył wszystkich swoich wpływów, żeby krakowskiego autora przyciągnąć do krakowskiego wydawnictwa. Lema kojarzymy dziś jednoznacznie z Wydawnictwem Literackim, ale w połowie roku 1957 jeszcze nie było to oczywiste. „Wuel" wprawdzie wydał *Czas nieutracony*, ale już *Astronauci*, jak pamiętamy, wyszli w warszawskim Czytelniku; poza tym Lem zdawał się wierny młodzieżowemu wydawnictwu Iskry (też warszawskiemu). Wydało mu ono kolejno: *Sezam i inne opowiadania* (1954), *Obłok Magellana* (1955) i *Dzienniki gwiazdowe*, które po raz pierwszy pod tym tytułem ukazały się w marcu 1957 roku.

Sam Lem o swój sposób na cenzurę był pytany wielokrotnie i konsekwentnie zwykł to zbywać jakimś żartem – co może sygnalizować sytuację, w której Lem nie chce ani skłamać, ani powiedzieć prawdy. Fiałkowskiemu wyjaśnił na przykład, że cały sekret polega na tym, że nikt tej książki wówczas w Polsce nie zrozumiał. To oczywiście nieprawda, o czym świadczy choćby ówczesna recenzja Danuty Kępczyńskiej z „Nowych Książek":

Rezultatem tych rozważań są nie tyle możliwości przypisywane przyszłym wiekom, co diagnozy stawiane dziś aktualnym bolączkom życia społecznego. Dlaczego w naszym systemie pleniło się zjawisko „ucieczki decydowalności w górę"?

Dlaczego w naszym 12-leciu narósł cały słownik wyrazów zacierających sens istotnych niedomagań systemu? Kiedy „plan" występuje przeciw dziełom nauki, sztuki, kultury i dlaczego – oto kilka zagadnień, na które Filonous pragnie odpowiedzieć z całkiem nowego punktu widzenia, zaskakująco odmiennego od sformułowań publicystyki prasowej[6].

Z dwóch Lemowskich książek opublikowanych w 1957 roku ważniejsze z dzisiejszego punktu widzenia są oczywiście *Dzienniki gwiazdowe*, choć właściwie niewiele jest tam premierowego materiału. Do pięciu opowiadań o Ijonie Tichym opublikowanych wcześniej w *Sezamie* (podróży dwudziestej drugiej, dwudziestej trzeciej, dwudziestej czwartej, dwudziestej piątej oraz antyamerykańskiej „dwudziestej szóstej i ostatniej", która zresztą ukazała się w tym tomiku po raz drugi i właśnie ostatni) doszły trzy: dwunasta (o tym, jak dzięki wynalezionej przez Tarantogę machinie do rozciągania czasu Tichy obserwuje różne fazy rozwoju społecznego cywilizacji „mikrocefali"; ewidentna satyra na odwilż), trzynasta (o Mistrzu Oh, baldurach i badubinach – do tego jeszcze wrócimy) i czternasta (ta o sepulkach, kurdlach i ośmiołach, znana już z „Przekroju").

Tych opowiadań byłoby za mało nawet na cienką książkę, dlatego objętość dopchnięto innymi opowiadaniami pisanymi wcześniej dla „Przekroju", a nawet dla „Nowego Świata Przygód" (*Koniec świata o ósmej*). W odróżnieniu od *Dialogów* to wydanie *Dzienników gwiazdowych* nie przyniosło więc Lemowi twórczych męczarni wartych odnotowania w korespondencji. Wróblewskiemu w marcu pisał od niechcenia, że „przesyła swoją ostatnią książeczkę", i zaraz przechodził do spraw istotniejszych: że w Zakopanem pogoda była wspaniała, opalił się więc tak, że „biorą go teraz za Murzyna z Kamerunu"[7], oraz do zmartwień związanych z *Dialogami*. Wtedy nie było jeszcze wiadomo, czy cenzura nie odrzuci książki w całości.

W kwietniu zaczął pisać *Śledztwo* i od początku skarżył się, że mu to ciężko idzie[8]. Było to już drugie podejście Lema do próby połączenia formuły kryminału z fantastyką. Pierwszym był „Sknocony kryminał", który Lem zaczął pisać około roku 1955, po czym zrezygnował i zamknął maszynopis na wieki w teczce z takim właśnie nagłówkiem (z braku lepszego pomysłu na tytuł tak to zostało opublikowane w agorowej edycji dzieł zebranych w 2009 roku).

„Sknocony kryminał" opowiadał o milionerze Maystersie, który wynajmuje detektywa Cavisha, by ten rozwikłał zagadkę jego śmierci. Maysters swoje zlecenie zawarł w liście wysłanym do Cavisha w ostatnich dniach swojego życia, które spędzał w tajemniczej klinice stosującej nowatorskie terapie związane z promieniotwórczością. Rzecz dzieje się w roku 1960, a więc w niezbyt odległej wówczas przyszłości. Lem najwyraźniej nie miał pomysłu, jak to zakończyć. Nie miał go także w *Śledztwie* (bo zakończenie *Śledztwa* to przecież Gombrowiczowskie „koniec i bomba, a kto czytał ten trąba"). Udany mariaż obu popkulturowych gatunków – *Katar* – powstanie dopiero w latach siedemdziesiątych, choć oczywiście i *Śledztwo* należy już do Lemowskiego kanonu.

Śledztwo broni się przede wszystkim dzięki świetnie zbudowanemu klimatowi jak z horroru. Porucznik Gregory ze Scotland Yardu prowadzi śledztwo w makabrycznej sprawie. W typowo angielskiej mgle nocą znikają zwłoki z okołolondyńskich kostnic. Wygląda na to, jakby zmarli ożywali i po prostu wychodzili. Fikcyjny Londyn (prawdziwego Lem przecież nie znał) mocno przypomina tutaj scenografię telewizyjnego Teatru Sensacji „Kobra". Gregory ciągle pije whisky w barze (nie w pubie, pubów w tym Londynie po prostu nie ma). Chodzi oczywiście w prochowcu. Bywa w Ritzu (do którego najwyraźniej można dojechać tramwajem – Londyn z nich przecież słynie...). Ale wszystkie takie zgrzyty paradoksalnie tylko dodają dziś książce patyny, budzą nostalgię za peerelowską praśną popkulturą.

Gdyby jeszcze tylko to się jakoś lepiej kończyło! W 1974 roku Lem pisał do swojego rosyjskiego tłumacza, że po latach wreszcie wymyślił dobre zakończenie dla *Śledztwa*: zamiast wyjaśniać wszystko czystym przypadkiem, powinien był wymyślić serię niezależnych czynników, które zadziałały dopiero w kombinacji[9]. Napisał więc *Śledztwo* jeszcze raz, jako *Katar*.

Lem w listach parokrotnie skarżył się, że w trakcie pisania *Śledztwa* dopadał go kryzys twórczy. Najwyraźniej jego samego dręczyła świadomość, że nie ma pojęcia, jak to zakończyć. Mściło się tutaj na nim to, że jako pisarz był samoukiem, nie miał więc odruchu typowego dla zawodowców, by przed przystąpieniem do pisania przemyśleć konspekt czy choćby drabinkę struktury fabularnej. Powieść rozwijała się przed nim w trakcie pisania, tak jak przed czytelnikiem w trakcie czytania. Czasem szło to szybko i sprawnie, jak w przypadku *Szpitala Przemienienia*, a czasem jak po grudzie – jak w przypadku *Śledztwa*.

Inna sprawa, że Lem w roku 1957 nie ma głowy do pisania. Zajmuje się wieloma rzeczami naraz. Adam Hollanek namówił go do współpracy z efemerycznym ilustrowanym tygodnikiem „Zdarzenia". Lem miał w nim przez kilka lat swój stały felieton. Początkowo bardzo go to ucieszyło, bo wcześniej narzekał, że nie ma gdzie publikować – dla „Nowej Kultury" był za mało marksistowski, dla „Tygodnika Powszechnego" za mało katolicki. Własny stały felieton to było coś. Z korespondencji wynika jednak, że bardzo go to absorbowało. A całe przedsięwzięcie było jednak niezbyt poważne. „Zdarzenia" miały niewielki i wciąż spadający nakład. Płaciły nieregularnie, na co Lem regularnie skarżył się w listach. Ostatecznie przestały się ukazywać w roku 1960.

Dobra wiadomość przyszła za to w maju. Stanisław Lem otrzymał za *Czas nieutracony* nagrodę literacką. Była to Nagroda Miasta Krakowa, fundowana przez ówczesny odpowiednik samorządu lokalnego, czyli miejską radę narodową. W liście do Ścibora-Rylskiego Lem martwił się, że dostał nagrodę dzięki „pozaliterackim czynnikom w MRN", bo literaci woleli dać nagrodę Hannie Mortkowicz-Olczakowej, córce przedwojennych wydawców Mortkowiczów, matce Joanny Olczak-Ronikier. W liście widać lęk Lema przed zadzieraniem z tak wpływową dynastią literacką. Pyta, niby żartobliwie: „czy koledzy bardzo mi za to wbijają szpile?"[10].

Kim mogły być te tajemnicze „pozaliterackie czynniki w MRN"? Jeśli ta plotka jest prawdziwa (podkreślam: nie wiem tego na sto procent, Lem w liście pisze, że usłyszał tak od tajemniczych „życzliwych"), to pasuje to do mojej wcześniej zasygnalizowanej hipotezy: w ten sposób pierwszy sekretarz komitetu wojewódzkiego Lucjan Motyka (którego życzenie dla MRN było przecież rozkazem!) dawał Lemowi do zrozumienia, że ze współpracy z Wydawnictwem Literackim będą dla niego płynąć same korzyści. Nagrodzono go przecież konkretnie za książkę „Wuelu", a nie za książki Czytelnika i Iskier...

Poza tym pozytywnych wiadomości było już niewiele. Sprawa ekranizacji ciągnęła się kolejny rok – i nadal nic z tego nie wychodziło. Korzyść z tego była przynajmniej taka, że dawało to Lemowi pretekst do kolejnych wyjazdów do Berlina. Dzięki temu honoraria za swoje tamtejsze przekłady mógł odbierać w markach wschodnich, nielegalnie wymieniać na zachodnie i w Berlinie Zachodnim z kolei kupować towar na handel w Polsce. Ten trik Lemowi zasugerował Marcel Reich-Ranicki (tak Lem mówił Beresiowi), postać szalenie kontrowersyjna – był funkcjonariuszem wywiadu w Polskiej Misji Wojskowej w Berlinie Zachodnim, a w 1958 roku wyemigrował do RFN i zrobił tam zawrotną karierę jako krytyk literacki. Lem pisze o nim bez cienia sympatii, ale walutowe porady niewątpliwie mu się przydały.

Z przekładów na rosyjski i czeski Lem nie miał nawet tyle. Wydawca radziecki nie odpowiadał na listy. Czechosłowacki zasłaniał się brakiem umowy międzypaństwowej w sprawie wzajemnego rozliczania praw autorskich. Lem zagroził mu opisaniem tego w liście otwartym do „Nowej Kultury", dopiero wtedy przyznano mu honorarium (ale z tym samym warunkiem: nie ma mowy o żadnym przelewie, trzeba się stawić osobiście i odebrać korony).

Tymczasem pieniądze zaczęły być Lemowi jeszcze bardziej potrzebne niż przedtem. W tym samym liście z maja 1957 roku pojawia się pierwsza wzmianka o czymś, co wkrótce stanie się bezdenną studnią do zasypywania paczkami banknotów: Lem wspomniał Ściborowi-Rylskiemu, że jego przyjaciel Jan Błoński właśnie „wyprowadził się z Krakowa do Borku Fałęckiego, gdzie mu wystawiono Domek".

Formalnie rzecz biorąc, nie była to wyprowadzka z Krakowa. Tę istniejącą od XIV stulecia wieś włączył w 1941 roku do granic administracyjnych Krakowa generalny gubernator Hans Frank.

Niemcy ze względów strategicznych wytyczyli tędy drogę łączącą Kraków z Zakopanem. Powojenne władze Krakowa zaczęły wzdłuż niej tworzyć mniej lub bardziej chaotyczne przedmieścia, których główną zaletą był stosunkowo dobry dojazd do centrum. A właściwie miał być, bo w 1957 roku zakopianka to pojedyncza jezdnia z płyt betonowych. Nie ma tramwaju, nie ma autobusu, nie ma kanalizacji, nie ma sklepów, nie ma nawet innych utwardzonych dróg.

A jednak szansa na życie jak w amerykańskim filmie – z domkiem na przedmieściach i samochodem w garażu – działa na Lema jak magnes. Mieszkanie na Bonerowskiej jest wygodne jak na standardy wczesnego PRL, ale Lemowie zdążyli już zobaczyć, jak się żyje na Zachodzie. Nie mają zamiaru w nieskończoność tłoczyć się w komunałce, choćby i z zaprzyjaźnionymi Kołodziejami. Barbara Lem zresztą chce do Krakowa sprowadzić swoją matkę.

Jej mąż – teść Stanisława Lema – przed wojną był z zawodu zarządcą majątków ziemskich, czyli tak zwanym ekonomem.

Przed wojną pracował dla hrabiny Lanckorońskiej w jej dobrach pod Lwowem. Leśniakowie wiedzieli, że stalinowska okupacja oznacza dla nich pewną śmierć, więc jeszcze w 1939 roku przenieśli się w okolice Krakowa. Lanckorońska też by zresztą zginęła, gdyby nie skorzystała w ostatniej chwili z akcji wymiany ludności w maju 1940 roku.

W czasie okupacji Leśniakowie mieszkali u swojej rodziny w okolicach Dobczyc (dziś ta posiadłość jest na dnie Jeziora Dobczyckiego, utworzonego sztucznie przez zatamowanie rzeki Raby). Po wojnie przenieśli się do PGR-u w okolicach Bytomia. Po śmierci męża matka Barbary Lem nie miała co ze sobą zrobić. Najchętniej zamieszkałaby z córką i zięciem, ale na Bonerowskiej było na to za ciasno, zresztą w Krakowie nie można było tak po prostu domeldować się do mieszkania komunalnego.

Błoński tymczasem kusił, że na osiedlu Kliny, na którym zamieszkał, stoi jeszcze jeden dom i czeka na nabywcę. Nie mógł go znaleźć, oczywiście, nie bez ważnych przyczyn: był położony najniżej, a więc najbardziej narażony na zalania i podtopienia.

Osiedla nie należy sobie wyobrażać na wzór wizualizacji z reklam współczesnych deweloperów. Formalnie była to spółdzielnia mieszkaniowa, powołana na gruncie rozparcelowanej działki rolnej. Dziś ta okolica wygląda pięknie dzięki starej zieleni, ale na zdjęciach sprzed pół wieku to są po prostu nieciekawe ceglane budynki stojące w szczerym polu.

Tomasz Lem pisze w *Awanturach…*, że jego ojciec nawet nie chciał słyszeć o przeprowadzce w takie miejsce. Ale kusił Błoński. Kusiła żona. Kusiło marzenie, by żyć jak pisarz w Ameryce. Sądząc z listów – najbardziej Stanisława Lema kusiło to, że elementem całego pakietu będzie posiadanie własnego samochodu. Marzył o nim od roku 1939, gdy zrobił swoje pierwsze, przedwojenne prawo jazdy (nieważne w PRL). Okupacja oczywiście przekreśliła te marzenia, ale Lem wrócił do nich po wojnie. Fiałkowskiemu mówił, że planowali z Husarskim budowę samochodu samoróbki. W końcu nic z tego nie wyszło – i całe szczęście, bo Lem wtedy zupełnie nie miałby już kiedy pisać – ale to pokazuje, że marzenie nigdy w nim nie zgasło.

Tylko że w PRL marzenie o własnym domu i własnym samochodzie było mało realne nawet dla wziętego pisarza. Nowy samochód można było kupić tylko za dewizy w państwowym banku PKO, który – to trochę może być trudne do zrozumienia dla dzisiejszego czytelnika – sprzedawał węgiel, wódkę, żyletki, dżinsy i zabawki dziecięce w ramach „eksportu wewnętrznego" (czyli sprzedaży prowadzonej dla własnych obywateli dysponujących obcymi walutami).

Flagowym samochodem w ofercie banku PKO w roku 1958 była Simca Aronde, popularnie zwana w Polsce „rondlem" (choć jej nazwa nawiązuje do starofrancuskiego słowa oznaczającego jaskółkę). Rondel kosztował 1950 dolarów. Na dzisiejsze – to jakieś 16 tysięcy. Z perspektywy dzisiejszego Polaka taka cena za nówkę sztukę nie jest może szokująca, ale wówczas Lem w ogóle nie miał prawa posiadać tylu dolarów.

Pochodzenie dewiz trzeba było udokumentować. Sklepy PKO były przeznaczone przede wszystkim dla tych, którzy mieli legalne źródła dewizowego zarobku – na przykład z jakiegoś kontraktu na tak zwanej placówce. Lem od biedy mógł udokumentować zarobki w rublach, koronach czechosłowackich czy markach wschodnioniemieckich, ale już wszystkie jego marki zachodnioniemieckie pochodziły z czarnego rynku, więc nie mógł się do nich przyznać.

W liście do Ścibora-Rylskiego w sierpniu 1957 roku Lem snuje utopijne plany. Bank PKO oficjalnie uważa ruble radzieckie za walutę równie atrakcyjną jak dolary amerykańskie (a nawet od nich atrakcyjniejszą!). Może więc uda się od niego kupić simkę, albo chociaż moskwicza, za ruble?[11] Rzecz jasna, nic z tego w końcu nie wyszło. Tak samo jak z jeszcze bardziej szalonych planów kupienia przedwojennego fiata 500 w dobrym stanie.

Taka okazja na chwilę pojawiła się w czerwcu 1958 roku[12], ale nim Lem zdążył podjąć decyzję, samochód znalazł innego nabywcę[13] („innego frajera", pocieszał się Lem, bo to chyba faktycznie nie byłby dobry zakup).

W końcu wybór padł na najtańszy samochód wówczas dostępny dla Polaka – enerdowski AWZ P70 Zwickau. Niewiele egzemplarzy dotrwało do naszych czasów, samochody te były bowiem strasznie awaryjne i tandetnie zbudowane. Jak jego następca Trabant, P70 miał nadwozie z włókna szklanego na drewnianym szkielecie. Na krótką metę miewało to nawet pewne dobre strony, bo naprawa drobnej „szkody parkingowej" nie kosztowała tyle co w dzisiejszych samochodach – nader często od każdej strony polakierowanych na metalik, więc byle stłuczka idzie od razu w tysiące.

Karoserię P70 mógł naprawić nie blacharz, ale… stolarz! Po jakimś czasie jednak te samochody literalnie rozlatywały się na kawałki, gdy drewniany szkielet spróchniał (taką dekompozycję P70 mamy pokazaną w serialu *Alternatywy 4*).

Silnik był dwusuwowy, więc P70 wyposażony był w zmorę do dziś pamiętaną przez tych, którzy zdążyli jeździć syrenką czy wartburgiem – wolne koło, specyficzną odmianę sprzęgła, która miała chronić silnik przed zatarciem przy wysokich obrotach (w odróżnieniu od czterosuwów w dwusuwach nie można hamować silnikiem). W praktyce wolnego koła często nie udawało się załączyć, kiedy kierowca tego potrzebował, albo wyłączyć, gdy już było zbędne. Samo ruszenie tym samochodem z miejsca nie było więc takie proste, że się przekręca kluczyk i jedzie. Trzeba było się jeszcze szarpać z wolnym kołem. Szarpać w sensie fizycznym, bo nie było tam oczywiście żadnego wspomagania – Lem porównywał ten gest do „wyrywania sztachety z płotu"[14].

Zaznaczę jednak, że inni kierowcy dwusuwów nie mają tak złych wspomnień – może Lem jednak trochę przesadzał? W każdym razie, jeśli wierzyć pisarzowi, dalsza jazda też nie była łatwa. Zmienianie biegów wymagało „kunsztownych zabiegów" (gaz na wyciśniętym sprzęgle, ruszanie na półsprzęgle, huśtanie wozem)[15]. Jeżdżenie tym samochodem w dalekie trasy było ryzykowne, bo instrukcja zalecała przegląd i wymianę oleju co tysiąc kilometrów. W Polsce łatwo tyle zrobić w jedne wakacje bez przekraczania granic!

Skoro Lem nie miał dolarów na zakup simki w PKO, pozostało mu wzięcie P70 za złotówki w Motozbycie. Czego ostatecznie dokonał w połowie września 1958 roku. Proszę jednak nie wyobrażać sobie tego tak, że ot, po prostu wszedł do najbliższego salonu Motozbytu w Krakowie. O nie! Przede wszystkim potrzebna była protekcja – i tym razem otwartym tekstem Lem już pisze Ściborowi-Rylskiemu, że protekcja wyszła z krakowskiego komitetu wojewódzkiego PZPR (co pasuje do wcześniejszych hipotez dotyczących Dialogów i nagrody):

W ubiegłym tygodniu wyjechałem do Katowic, gdyż tam tylko jeszcze można było dostać P70, a i to za bardzo silną protekcją ze strony KW (krakowskiego). Samochód wybrałem z dziesięciu niebieskich (innych nie było) po maleńkiej próbnej jeździe, zaczem następny dzień spłynął na gorączkowym gromadzeniu mamony. Całą gotówkę wsadziłem do spodni i następnego dnia byłem już z Barbarą w katowickim Motozbycie. Szczęśliwie przetransportowaliśmy następnie ukochanego grata do Krakowa i zagarażowaliśmy w Borku, w naszym garażu, przyczem wóz odprowadził za umiarkowaną opłatą szofer dyrektora katowickiego Motozbytu. Od tej chwili zaangażowaliśmy instruktora, z którym całymi dniami jeżdżę gdzie się da, mając na moim P70 tabliczkę „nauka jazdy" – i w ten sposób zrobiłem już pierwsze 200 kilometrów. Dzięki chodom, protekcjom i finansowym kumoterstwom udało mi się dostać wprost na egzamin z prawa jazdy, który odbędzie się w najbliższą środę. Do tego czasu nie mogę jeszcze niestety jeździć sam.

W egzaminie na prawo jazdy najbardziej irytowała go konieczność nauczenia się na pamięć teorii budowy silnika spalinowego – którą on przecież i tak miał w małym palcu, ale egzamin można było oblać za samo użycie innej terminologii niż w kluczu. „Do czego służy olej – do zamiany tarcia na poślizg, do chłodzenia, do smarowania, do uszczelniania, jakoteż do konserwacji, a jeżeli zapomnisz o JAKOTEŻU, możesz nie zdać!"[16], ironizował w liście do Ścibora-Rylskiego, który sam wówczas przymierzał się do zakupu samochodu i najwyraźniej bardzo go te doświadczenia Lema interesowały.

Dopiero perspektywa zmotoryzowania skłoniła Lema do przeprowadzki do domu na przedmieściach. Przedtem formalności związane z zakupem i wykańczaniem były domeną żony. Zajmowało to Lemom koniec roku 1957 i właściwie cały 1958. Dom był w niedokończonym stanie surowym. Nie był na przykład poprawnie zadaszony. Gdy w styczniu 1958 roku państwo Lemowie przebili się nieodśnieżoną drogą do swojej nowej nieruchomości, odkryli ze zgrozą, że śnieg przesypał się przez dziury w dachu i wewnątrz domu zastali „czterotonową zaspę".

Ponadto zacieki na sufitach olbrzymie, oraz brud, zgnilizna, kompletny rozkład i tak zwana Nicość Postępująca. Barbara się bardzo tym biedna przejęła, że wszystko, co zrobić miano w lutym [?], gdy był taki ciepły, okazało się Kłamstwem, ale mnie to nic a nic nie zdziwiło. Dwu zdrętwiałych jak srające muchy urzędasów odkryliśmy pod kopcem śniegu, jak nawpół oczadziali akta tajne spółdzielcze paląc, na nich sobie herbatę krzynę grzali i ręce nad rurą piecykową, którzy urzędolińcy Nic Nie Wiedzieli i zamiast mówić, tylko z cicha bekali. Zaczem w drogę powrotną udaliśmy się i już po godzinie byliśmy na obszarze bardziej zaludnionym, bliżej domu na Bonerowskiej[17].

Wyglądało na to, że spółdzielnia zrezygnowała z wykańczania, bo dom – z powodu pierwotnych fuszerek budowlańców, którzy zaniedbali drenowanie otoczenia i izolację fundamentów – był właściwie katastrofą budowlaną i kwalifikował się do rozbiórki. Tylko szaleniec albo desperat gotów byłby go remontować na własny koszt.

„Gdybym wiedział, byłbym pierwej cyjanku kupił. A teraz nie ma prawie i na cyjanek", pisał w liście w czerwcu 1958 roku[18]. W tym momencie nie ma już siły nawet żartować ze swojej sytuacji, którą jeszcze kilka miesięcy wcześniej opisywał z humorem:

W domku naszym, do któregośmy się jeszcze nie wprowadzili, wybuchło wszakże dużej miary odkrycie: woda geyzerem zalała w ostatnim czasie piwnice oraz garaż. Bliższe badania wykazały, że chodzi o 30-centymetrowej zaledwie głębokości basen wewnętrzny, pochodzenia gruntowo-zaskórnego, spowodowany brakiem odpływu wód podpowierzchniowych, oraz przekroczenia przez budującą Spółdzielnię elementarnych budowlanych przepisów o izolacji fundamentów, niedrenowanie gruntu, brak rozeznania geologicznego itp. Duże wysiłki nasze i znaczne nakłady pieniężne spowodowały częściowe wypompowanie wody już po dziesięciu dniach, atoli pewna jej ilość zechciała nadal powracać, bijąc ze źródełka, które utworzyło się, szemrząc cicho, ukojnie, w piwnicy.

Obecnie dużym nakładem kosztów ściągamy rzeczoznawców, którzy orzekają, jako domek rozpaść się musi, powinien w każdym razie, a to spożyty przez grzyba, który ze stojących w Głębokiej Wodzie fundamentów jako palma lelijowa wnet w górę, w górę miły bracie wystrzeli. Radzą domek opchnąć, ale nie ma komu, i kupić sobie mieszkanie spółdzielcze, ale nie ma za co[19].

Wydatki związane z tym domem przekraczały ówczesne możliwości Lema. Z sum, które czasem podaje w listach, wynika, że książka mogła mu dać coś rzędu dziesięciu czy dwudziestu tysięcy złotych, a wydatki na dom szły w setki. Nawiasem mówiąc, dzisiaj te relacje wyglądają podobnie.

W samym 1957 roku musiał wpłacić spółdzielni sto czterdzieści tysięcy, a to była dopiero pierwsza transza[20]. Urząd skarbowy zainteresował się tymi ogromnymi sumami i wyliczył tak zwany domiar, czyli dopłatę w wysokości trzech tysięcy złotych. Zarobki Lema za rok 1957 urząd wyliczył mniej więcej na dwieście tysięcy złotych. Nie umiem powiedzieć, czy suma jest prawdziwa, ale trzeba pamiętać, że Lemowie rzeczywiście mieli nieudokumentowane przychody. W całą tę awanturę z domkiem mogli się wdać tylko dzięki wsparciu finansowemu ze strony teściowej Lema. Sprzedała ona na czarnym rynku biżuterię, którą udało jej się przechować z czasów przedwojennych. Lem próbował także handlować towarami kupowanymi podczas wyjazdów do Berlina, ale nie okazał się zdolnym handlarzem. W listach z humorem opisywał swoje kupieckie porażki.

Handluję Kochany czym mogę. Zastępcy redaktora naczelnego Gazety Krakowskiej za jedne 630 zł sprzedałem boskie czarne slippery, kupiłem je dla siebie, ale co robić, 78 marek kosztowały, to dał mi po 10 dniach 500, a „na resztę dwa dni proszę zaczekać". To do dzisiejszego dnia czekam. Hollanek ze „Zdarzeń", jak zaznaczyłem, za opowiadanie nie płaci, tylko coraz nowsze Listy Gwarancyjne z pieczątkami Gazety Kr.[akowskiej] i inne zapewnienia podpisane przez redkolektyw mi wystawia, aby uspokoić, ale ja tych talonów na talony do gęby nie włożę i jak widzę typa, to tylko wyję [...]. Okazuje się, że jakieś niechodliwe buble przywiozłem zresztą. W ogóle nic nie idzie. Nie chciałbym się powtarzać, ale cudna niebieska trykotowa sukienka Basi po 2 dniach noszenia na pupie jak torba końska z obrokiem obwisła i rozciągnęła się, zgroza, w szafie wisi, ani sprzedać, ani nosić i tak mniej więcej to leci.

Jak widzisz drogi Leszku, mózg mam kompletnie już sprukwiony, co się tyczy Handlu i Interesów, a fart mam do tego taki, jak nieboszczyk przejechany przez walec drogowy do biegów długodystansowych. Dałem pewnemu młodzieńcowi godnemu zaufania aparat fot. do sprzedania, to poszedł i zginął jak sen jaki złoty z aparatem. Niech skonam, jeżeli jestem pewien, że zobaczę jeszcze aparat lub gotówkę [...]. Ten pierścionek, który kosztował 3041 marek jak obszył, byliśmy u rzeczoznawcy, „wartuje" ok. 3000 złotych, z tym że szlif niemodny i w ogóle żadna atrakcja. Tak że Basia nosi, bo jej się przynajmniej podoba. Niezły numer, co?[21]

Pod znakiem remontu i wykańczania domu, osuszania fundamentów, zakładania okien, poprawiania dachu i montowania rynien upływa państwu Lemom cały rok 1958. Na domiar złego obojgu małżonkom zaczyna potężnie szwankować zdrowie – zapewne przyczyniły się do tego przemęczenie i stres. Barbarze już wcześniej doskwierała wątroba, widać o tym wzmianki w listach jeszcze z 1956 roku. Teraz ma ataki kolki wątrobowej, które kompletnie ją paraliżują. Stanisławowi z kolei w podobny sposób odzywają się nerki – również paraliżującym bólem.

W tych warunkach właściwie codziennie przynajmniej jedno z nich musi być na placu budowy. Zanim kupili samochód, byli skazani na taksówki, które kosztowały ich „czterdzieści złotych dziennie"[22], czyli mniej więcej tyle, ile by to wyniosło dzisiaj.

Do kłopotów z domem Lemowi doszły kłopoty z filmem. Z korespondencji wynika, że czuł się w przepychankach z Niemcami porzucony przez polską stronę koprodukcji, czyli Ludwika Starskiego, szefa zespołu Iluzjon. Ubliżał mu słowami, których przyzwoitemu biografowi cytować nie przystoi, tym bardziej że znając tylko jedną wersję wydarzeń, nawet nie wiem, w jakim stopniu to pomstowanie było uzasadnione.

Wersja Lema wyglądała tak, że miał różne uwagi do niemieckiego scenariusza. Niemcy nie chcieli z Lemem rozmawiać i odsyłali go do Starskiego, który z kolei wprawdzie przyznawał Lemowi rację, ale nie zamierzał z Niemcami nic negocjować: mówił, że można najwyżej zerwać z nimi współpracę i wyciągnąć wtyczkę z projektu[23].

Nie chcę tutaj wnikać w to, kto miał rację w tym sporze. Poprawki Lema wyglądały sensownie, na przykład kwestię ekspozycji (czyli nieuchronnego w science fiction wyjaśnienia widzowi, dlaczego ogląda świat odmienny od tego, który zna ze swojej codzienności; często rozbija się to o narracyjną tandetę w rodzaju napisów czy lektora) chciał rozwiązać w sposób podobny do późniejszej o kilkanaście lat *Odysei kosmicznej* Kubricka: że wszystkiego dowiadujemy się, śledząc lotniczą podróż na kosmodrom członka ekspedycji, który żegna się z rodziną przez wideofon, zerka na jakieś programy informacyjne – i w ten sposób niezbędne informacje trafiają do widza językiem filmowym[24].

Mogło być jednak po prostu tak, że skoro Niemcy wzięli na siebie większość produkcji i wskazali osobę reżysera, Starski zwyczajnie nie mógł niczego na nich wymusić. Lem miał więc żal o to, że Starski nie dokonał rzeczy niemożliwej – polska strona być może mogła najwyżej zerwać współpracę, ale nie miała możliwości przeforsować zmian scenariusza. W każdym razie w połowie roku 1958 rzeczywiście wyglądało na to, że film ostatecznie nie powstanie, co dla Lema byłoby ruiną finansową – z kolejną transzą honorarium od Niemców wiązał przecież nadzieje na spłatę kolejnej transzy dla spółdzielni!

Z tego wszystkiego nie miał już nawet głowy do lektur. „Pism literackich od 10 dni nie czytałem! Pierwszy raz w życiu!", donosi ze zgrozą[25]. O dziwo, ma jednak głowę do pisania.

W listach do Wróblewskiego i do Ścibora-Rylskiego pieklił się na Wydawnictwo MON, które odesłało mu maszynopis *Śledztwa*, domagając się różnych poprawek. Na przełomie maja i czerwca 1958 roku Lem wyjechał do Zakopanego i naniósł zmiany. Książka się, koniec końców, w następnym roku ukazała (choć znowu dopisek na końcu podaje „styczeń 1958" jako datę zakończenia pisania).

W kwietniu 1958 – kiedy jego przyszły dom jeszcze ciągle był hodowlą grzyba, niezadaszoną, ale za to z podziemnym basenem – Lem zaczął pracować nad kolejną przyszłoroczną premierą książkową. Donosi Wróblewskiemu, że napisał opowiadanie o szaleńcu przyjaźniącym się z „wielkim elektronicznym komputerem" (to oczywiście *Przyjaciel*) oraz zaczął właśnie kolejne – „mroczną opowieść z dreszczykiem o sensie bycia człowiekiem". To prawdopodobnie *Młot*, który razem z *Przyjacielem* (a także trzema pierwszymi opowiadaniami o Pirxie: *Test*, *Patrol* i *Albatros*) ukaże się w tomiku *Inwazja z Aldebarana*[26].

Opowiadania zawarte w tym tomiku są dość realistyczne. Łatwo sobie wyobrazić ich akcję (w odróżnieniu od groteskowych *Dzienników gwiazdowych*, w których Lem od samego początku igrał z wyobraźnią czytelnika, opisując na przykład piesze spacery przez kosmos). To może mieć związek z faktem, że Lem w tym okresie ciągle korespondował z Zespołem Filmowym „Kadr". Czynniki wyższe we władzach kinematografii zadecydowały wprawdzie, że *Astronautów* będą robić Niemcy, ale Kadr (między innymi w osobie Krzysztofa Teodora Toeplitza) dalej był zainteresowany współpracą z Lemem.

Pirx zapewne został wymyślony specjalnie do filmu, bo właściwie od razu w korespondencji pojawiają się różne pomysły na scenariusze z udziałem tej postaci. W opowiadaniu *Młot* nie pada wprawdzie nazwisko głównego bohatera – astronauty, który wdaje się ze swoim pokładowym mózgiem elektronowym w relacje znów przypominające *Odyseję kosmiczną* – ale chyba to też jest Pirx u schyłku kariery. Wśród różnych filmowych konceptów był i taki, w którym to opowiadanie stanowiło główną klamrę fabularną, a pozostałe (na przykład *Test* czy *Albatros*) pokazywano jako retrospekcje[27].

Przewijają się w tych listach bardzo ciekawe nazwiska młodych reżyserów, którzy byli zainteresowani nakręceniem czegoś na podstawie Lema. Mowa między innymi o Kazimierzu Kutzu i Stanisławie Barei, któremu szczególnie podobała się tytułowa *Inwazja z Aldebarana*, opowiadanie zdecydowanie odstające od reszty zbiorku, bo miało charakter satyryczny.

Głównymi bohaterami są NGTRX i PWGDRK, najeźdźcy z Aldebarana, którzy przyjechali z intencją skolonizowania Ziemi i uczynienia z nas swoich niewolników. Na szczęście dla ludzkości wylądowali w miejscu, które okazało się dla nich śmiertelną pułapką – opodal podkrakowskiej wsi o nazwie Myciska Niżne.

Jako przedstawiciele bardziej zaawansowanej cywilizacji, NGTRX i PWGDRK dysponują uniwersalnymi translatorami, które tłumaczą im ziemskie napisy oraz słowa. Ze strzępków gazety dowiadują się więc, że Ziemianie potrafią wystrzelić w kosmos sztucznego satelitę (było to 4 października 1957 roku; Lem był wtedy zajęty pisaniem *Dialogów* i przymiarkami do zakupu domu i samochodu). Przegniły drogowskaz „Myciska Niżne – 5 km" wskazuje w niebo. PWGDRK przypuszcza, że to nazwa sztucznego satelity. „Nonsens. Jak mogą mieć sputniki, jeżeli nie potrafią zestrugać równolegle kawałka deski?" – trafnie ripostuje NGTRX. Dyskusję przerywa im pojawienie się przedstawiciela gatunku *homo sapiens*.

„Dobry wieczór panu", wita go (przez translatora) NGTRX, uśmiechając się uprzejmie w ludzkim kostiumie. „To też było częścią diabolicznego planu Aldebarańczyków. Mieli rutynę w podbijaniu obcych planet". Ku zaskoczeniu najeźdźców *homo sapiens* niespodziewanie zaatakował ich wyziewem „wodorotlenku etylu" (czyli C_2H_5OH, wzoru chemicznego, który powinien znać każdy prawdziwy Polak), a potem wyrwał drogowskaz i zatłukł ich razem z ich człekokształtnymi kostiumami, krzycząc przy tym „A psiamać chrrancowata wasza dyszlem chrzczona".

„Przodek czworonożnego ssaka płci żeńskiej, potraktowany częścią czterokołowego pojazdu w ramach religijnego obrządku polegającego na...", zdążył jeszcze przetłumaczyć translator, nim jego też dosięgnął zabójczy cios. Mieszkańcy Mycisk następnego dnia obciążyli zwłoki kosmitów kamieniami – i do jeziora, a ich rakietę przerobili na kolumnę bimbrowniczą.

Bareja mógłby z tego zrobić niezły film, ale Lem słusznie nie wierzył, że cenzura kiedykolwiek by na to zezwoliła. Pisał do Ścibora-Rylskiego: „Koncept Barei wydaje mi się politycznie absolutnie nie do przyjęcia. Tego (zakończenia zwłaszcza!) nikt przecież nie puści. Są to plugawo-inteligenckie naśmiewania się z Ludu Naszego"[28].

Ostatecznie jedynym opowiadaniem z tego zbioru, które doczeka się filmowej adaptacji, będzie *Przyjaciel*, owa opowieść o „szaleńcu przyjaźniącym się z mózgiem elektronowym". W roku 1965 dla Se-ma-fora Marek Nowicki i Jerzy Stawicki nakręcą z tego film krótkometrażowy, który już wtedy chyba musiał wyglądać archaicznie. Znacznie późniejszy *Test pilota Pirxa* nie jest adaptacją opowiadania *Test*, tylko innego – *Rozprawa*, które Lem napisał dobre dziesięć lat później.

Gdzieś w tym burzliwym roku 1958 powstało prawdziwe arcydzieło, klasyfikowane przez lemologów jako początek ścisłego Lemowskiego kanonu[29]: *Eden*. Lem pracował nad nim zapewne równolegle do *Śledztwa* i *Inwazji z Aldebarana*, ale o ile prace nad tymi utworami relacjonował korespondencyjnie Ściborowi-Rylskiemu i Wróblewskiemu – o tyle *Eden* pisał w milczeniu. Niechętnie też o nim potem mówił w wywiadach, a pytania Beresia zbył szokującą opinią, że *Eden* to drugorzędna fantastyka – gdy zaś ten, zdumiony, zaoponował, Lem przyznał, że może na tle drugorzędnej fantastyki ta książka nie jest zła, ale to jakby na tle garbatych ustawić człowieka przeciętnego i mówić, że to Apollo.

Tymczasem *Eden* jest dziełem wybitnym na każdym poziomie. Na poziomie czysto rozrywkowym to jest świetna powieść science fiction. Dziś oczywiście jej sceneria trąci myszką, ale to samo powiedzielibyśmy o ówczesnych dziełach Heinleina, Clarke'a czy Dicka. Trzon fabularny znakomicie by się jednak bronił choćby i dzisiaj; gdyby ktoś zapragnął z tego zrobić scenariusz współcześnie wyglądającego filmu z gatunku *„space opera"*, czekałoby go tylko stosunkowo proste zadanie zamiany Lemowskich lingwistycznych archaizmów (typu „kalkulator" zamiast „komputer" albo przesadnie grzecznościowe formy w dialogach między astronautami).

Ale jest jeszcze ta druga warstwa, o której Lem w ogóle nie chciał mówić. *Eden* to opowieść o tytułowej obcej planecie, na której rozbijają się ziemscy astronauci, bo – jak o tym mówi kapitalne pierwsze zdanie – „W obliczeniach był błąd". Remontując uszkodzoną rakietę, astronauci poznają cywilizację istot zamieszkujących Eden, które nazwali „dubeltami" (bo składają się one jakby z dwóch odrębnych organizmów), i nawet nawiązują kontakt z jednym z mieszkańców planety, który w dramatycznym finale dość szczegółowo wyjaśnia, dlaczego ta cywilizacja wygląda tak dziwnie.

Dla Lema *Eden* stanowił radykalne zerwanie z czymś, co jeszcze kilka lat wcześniej wyglądało na jego program literacki. *Astronauci* i *Obłok Magellana* dają czytelnikowi nadzieję, że w finale zostanie nawiązany Kontakt i poznamy obcą cywilizację, ale w obu przypadkach te oczekiwania zostają zawiedzione. Jako że czytelnicy i recenzenci mieli to Lemowi za złe, zbiorczo im odpowiedział w 1954 roku na łamach „Przekroju": zadeklarował, że nigdy nie zamierza opisać kontaktu z obcą cywilizacją, gdyż byłoby to literackim oszustwem – można próbować sobie wyobrazić rakietę kosmiczną, bo jej kształt da się mniej więcej wywnioskować z jej przeznaczenia.

Nie można jednak wyobrazić sobie innej istoty rozumnej, bo z konieczności jako ludzie będziemy sobie tworzyć jej wizerunek na nasz obraz i podobieństwo. Aż do *Edenu* Lem naruszał tę zasadę tylko w utworach satyrycznych, pisanych tak naprawdę właśnie w celu skarykaturowania problemów ludzi w kosmicznej scenografii. W *Edenie* zrobił podobny zabieg na serio. W finale zaprzyjaźniony dubelt opowiada bohaterom, że przeszło sto lat temu na tej planecie rozpoczęto budowę idealnego społeczeństwa i skończyło się to tym samym co podobne eksperymenty na planecie Ziemia: masowymi grobami.

Tym razem Lem nie skarżył się na problemy z cenzurą, bo zapewne ich nie było. Cenzor, który by przyznał, że widzi jakieś aluzje do ustroju PRL w alegorycznej opowieści o zbrodniczym totalitaryzmie na innej planecie, sam by potwierdził, że coś mu się nie podoba w ustroju PRL. W jego dobrze pojętym interesie leżało udawanie, że nie zrozumiał aluzji, nawet jeśli zrozumiał ją świetnie (a właściwie: tym bardziej wtedy).

Lem zapoczątkował *Edenem* cały nurt fantastyki aluzyjnej, opisującej realia bloku wschodniego przebrane w obcoplanetarny kostium. Robili tak też potem Strugaccy czy Bułyczow. Dlaczego Lem unikał tego tematu i nie chciał rozmawiać o *Edenie*? Ci z państwa, którzy zignorowali moje ostrzeżenia i przeczytali drugi rozdział tej książki, mogą się tego domyślać. Reszta niech mi teraz uwierzy na słowo, że całe obszerne fragmenty *Edenu* nie są tworem wyobraźni pisarza. Książkę Lem napisał tak szybko i sprawnie (prawdopodobnie w większości podczas jednego wyjazdu do Zakopanego latem 1958 roku), bo nie musiał tego wymyślać – streszczał wspomnienia wracające do niego regularnie w koszmarnych snach.

Poniższa przerażająca scena, przedstawiająca wynoszenie jakichś cuchnących, na poły rozłożonych zwłok z osobliwego lochu, powstałego, gdy rakieta wrąbała się w edeńską glebę, to – jeśli pominąć fantastyczną scenografię – wspomnienie samego Lema. Tyle że do wynoszenia zwłok nie zachęcał go przepraszającym tonem jakiś sympatyczny Doktor, ale banderowscy bojówkarze zapędzali tak Doktorów, Inżynierów, Chemików, Adwokatów i Redaktorów, żeby potem większość z nich zamordować na miejscu, a nielicznych – jak Rappaporta w *Głosie Pana* czy Stanisława Lema 1 lipca 1941 roku – wypuścić na wolność:

– Maszynownia wygląda, niestety, jak jatka. Trzeba zaraz wynosić i zakopywać wszystko, w rakiecie jest raczej ciepło i pośpiech jest dosłownie wskazany – szczególnie przy tym upale [...].
Doktor dopiero teraz wyszedł z tunelu. Na gumowym miał drugi biały płaszcz, od góry do dołu pochlapany krwią.
– Naprawdę, to może zemdlić, bardzo mi przykro. Cóż robić. Trzeba. Chodźcie zaraz.
Doktor odwrócił się i zniknął. Tamci spojrzeli na siebie i kolejno zanurzyli się w tunelu.
Grabarska robota, jak ją nazwał Chemik, zakończyła się dopiero późnym popołudniem. Pracowali półnadzy, aby nie poplamić kombinezonów, wynosząc okropny ciężar czym się dało – kubłami, na blaszanych nosiłkach [...], mimo nawoływań Koordynatora do oszczędzania wody zużyli pięć wiader na mycie.

Podobnie kolejny opis tak naprawdę pokazuje to, co astronauci zobaczyliby, wylądowawszy w 1942 lub 1943 roku na Kortumowej Górze opodal Lwowa, z której wtedy wyciekał strumień „wodnistej cieczy", jak w *Edenie*:

Spiętrzony nad brzegiem rowu woskowy wał wydał im się w pierwszej chwili jednolitą, nabrzękłą bryłą. Straszna woń ledwie pozwalała oddychać. Wzrok z trudnością oddzielał od siebie pojedyncze kształty, w miarę jak je rozpoznawał. Niektóre leżały garbami do góry, inne na boku, spomię-

dzy stulenia mięśni piersiowych wysuwały się wątłe tor-
sy o odwróconych, wklinowanych między inne twarzycz-
kach, wielkie kadłuby, stłoczone, zgniecione, przemieszane
z chudymi rączkami o węzełkowatych palcach – pełno ich
zwisało bezwładnie wzdłuż opuchłych boków – pokrywa-
ły żółte zasieki.

[...]

Zwarci ramionami, zbliżali się coraz bardziej, z oczami
wbitymi w to, co wypełniało wykop. Był wielki.

Grube krople wodnistej cieczy, lśniącej w słonecznych cęt-
kach, ściekały po woskowych grzbietach, po bokach, gro-
madziły się w zaklęsłych twarzach bez oczu, wydawało im
się, że słyszą odgłos, z jakim krople miarowo padają w dół.

Lem nie chciał w wywiadach rozmawiać o *Edenie* z tego samego powodu, z którego nie chciał rozmawiać o drugim tomie
Czasu nieutraconego. Za bardzo się w tej książce odsłonił. W postaci dubelta, który nawiązał łączność z ziemskimi astronautami, opisał samego siebie, fantazjującego we Lwowie w roku
1943 o istotach z kosmosu, żeby nie oszaleć ze strachu i rozpaczy.

Eden to jakby odwrócenie sytuacji z młodzieńczego *Człowieka z Marsa*. Bohater tamtej książki dowiaduje się od członków
jakiejś tajemniczej organizacji o wylądowaniu na Ziemi stwora,
który jest czystym, destrukcyjnym złem i dogadać z nim się nie
sposób. Wierzy im, choć na dobrą sprawę nie zasługują na jego
zaufanie (wszystko się wszak zaczęło od porwania go z nowojorskiej ulicy!). W *Edenie* zaś zbrodnicza dyktatura przedstawia w propagandzie Ziemian jako potwory, żeby zniechęcić
mieszkańców do jakichkolwiek prób kontaktu. W propagandę
nie wierzy jednak ten właśnie dubelt, chociaż próba kontaktu
kończy się dla niego śmiercią. Ziemianie niechcący narazili go
na zabójczą dawkę promieniowania.

Rozmowa toczy się za pośrednictwem automatycznego translatora. Ziemianie proponują dubeltowi, że go wyleczą. Ale ten

już wie, że tak czy siak nie ma dla niego przyszłości. Nie może wrócić do swoich – bo go zabiją. Nie może odlecieć z ludźmi – bo życie na wygnaniu będzie dla niego męczarnią porównywalną z nostalgią wygnanego lwowiaka w Krakowie.

– Czy chcesz zostać z nami? My – wyleczymy cię. Śmierci nie będzie – powiedział wolno Doktor. – Czy zostaniesz u nas?
– Nie – odpowiedział głośnik.
– Chcesz odejść? Chcesz wrócić – do swoich?
– Powrót – nie – odpowiedział głośnik.
Popatrzyli na siebie.
– Naprawdę nie umrzesz! Wyleczymy cię, naprawdę! – zawołał Doktor. – Powiedz, co chcesz zrobić, kiedy będziesz wyleczony?
Kalkulator zaskrzeczał, dubelt odpowiedział jednym, tak krótkim, że ledwo słyszalnym dźwiękiem.
– Zero – powiedział, jakby z wahaniem, głośnik. I po chwili dodał, jak gdyby niepewny, czy go dobrze zrozumieli:
– Zero. Zero.

Mniej więcej w tym samym okresie Lem zwierzał się Ściborowi-Rylskiemu w konwencji czarnego humoru, że myśli o cyjanku. Może to jednak nie był tylko makabryczny żart? *Eden* wygląda na powieść pisaną w stanie głębokiego przygnębienia, by nie rzec wręcz: depresji. Zwłaszcza jeśli dodatkowo zauważymy, jak bardzo to jest autobiograficzne.

Na szczęście w drugiej połowie 1958 roku nastrój Lema zdecydowanie się poprawia. Remont domu zaczyna dawać widoczne efekty, choć pochłania mnóstwo pieniędzy. Skąd Lem je wziął?

Ludziom żyjącym z pisania książek znana jest ta pokusa, by na krótką metę skokowo poprawić stan finansów, podpisując umowy z kilkoma wydawcami naraz i od każdego biorąc zaliczkę. Lepiej być winnym wydawcy książkę (i potem coś ściemniać w sprawie zawalonego terminu) niż komuś innemu pieniądze. Robił tak nawet Dostojewski, a w roku 1958 zrobił to Lem.

W maju 1959 tak to opisywał Ściborowi-Rylskiemu: „muszę przecież (ha ha) TRZY książki w tym roku (?) napisać, jako że tyle w ubiegłym podpisałem umów, i to na same Grube, bo byłem wtedy w nędzy i się miotałem, miotałem, aż te umowy sobie wymiotałem (jaka ciekawa forma gramatyczna, nie uważasz?)"[30]. Jak się okaże, żadnej z nich nie odda w terminie.

Będą to *Pamiętnik znaleziony w wannie*, *Powrót z gwiazd* i *Solaris*.

VI

Niezwyciężony

Pod koniec roku 1958 z listów Lema całkowicie znika ton paniki i desperacji, który po raz ostatni pobrzmiewał przy okazji remontu domu. Pojawia się zaś ton może nie zaraz bon vivanta, ale w każdym razie kogoś żyjącego na przyzwoitym poziomie (przynajmniej na tyle, na ile to było możliwe w ustroju komunistycznym).

Przypadek Lema jest interesujący, bo pisarz ciągle doświadczał na własnej skórze tego, że w PRL, choćby się było człowiekiem odnoszącym sukcesy zawodowe – czyli na przykład autorem popularnym wśród wydawców i czytelników w kraju i za granicą – w gruncie rzeczy niewiele się z tych sukcesów miało. Nawet jeśli spełnił się amerykański sen o domku i samochodzie, to domek był katastrofą budowlaną, a samochód – enerdowskim Ersatzwagenem.

Swoje przygody człowieka, który wprawdzie ma pieniądze, ale co z tego, skoro nie ma ich na co wydać, Lem wielokrotnie i z humorem przedstawiał w prozie, w publicystyce i w prywatnej korespondencji nieprzeznaczonej do publikacji. Wygląda na to, że nie przesadzał, bo podobnie opisywali to jego przyjaciele. Na przykład Jan Józef Szczepański, przypadkowy świadek próby zakupienia telewizora przez Lema w roku 1959 (wtedy ciągle jeszcze prywatny odbiornik telewizyjny był wielką rzadkością), zanotował w swoim dzienniku takie zdarzenie:

Przy domu na Klinach (© Piotr Barącz / PAP)

[Lemowie] kupili telewizor, a nazajutrz się popsuł. Pojechałem z nimi do sklepu. Powiedziano im: „co trzeci ma defekt, przyślemy montera za dwa tygodnie".

Lemowie ze Szczepańskimi przyjaźnili się już wcześniej, ale po 1958 roku ta przyjaźń jeszcze mocniej się zacieśnia. Dom Lemów stoi przy zakopiance, czyli po drodze między Krakowem a Kasinką w Beskidzie Wyspowym – wsią letniskową, w której Szczepański miał niewielki domek. Szczepański stał się więc regularnym gościem u Lemów – gościem cennym dla biografa, bo odnotowującym w skrupulatnie prowadzonym dzienniku praktycznie każde spotkanie.

Wiadomo zatem, że początkiem przyjaźni był 4 września 1952 roku, kiedy to Lem uciął sobie ze Szczepańskim dłuższą pogawędkę w krakowskiej siedzibie Związku Literatów Polskich. Nawiasem mówiąc, ten pierwszy wpis należy do nielicznych historycznych dokumentów pokazujących jakąś formę aprobaty Lema dla filozofii marksistowskiej – Szczepański czuł się bowiem w rozmowach ze swoim przyszłym przyjacielem nawracany „może nie tyle na sam marksizm, co na aprobatę marksizmu"[1].

W świetle tego, co Lem pisał wtedy w listach do wcześniej poznanych przyjaciół – oraz w świetle powstałej mniej więcej wtedy satyry na stalinizm zatytułowanej *Korzenie* – myślę, że Szczepański trochę przesadzał. Lem przede wszystkim był zdeklarowanym materialistą – z późniejszych wpisów w dzienniku wynika, że tym właśnie Szczepańskiego szokował najbardziej. Obalał wszystkie jego argumenty przemawiające za wiarą czy mistycyzmem (takie jak fenomen „cudownych uzdrowień", który Lem sprowadzał do igraszki statystycznej) – Szczepański z żalem, ale jednak przyjmował te argumenty.

Spotykali się też towarzysko – sylwestra 1954/1955 Stanisław i Barbara Lemowie spędzili u Szczepańskich. Odtąd niemal zawsze spędzali to święto wspólnie, choć w różnych miejscach. W sylwestra 1960/1961 po raz pierwszy Lemowie mogli wystąpić w roli gospodarzy – dopiero teraz, w wyremontowanym domu, mieli do tego warunki. Przedtem, na Bonerowskiej, było po prostu zbyt ciasno. Szczepański odnotował w dzienniku tylko trzy spotkania w krakowskim mieszkaniu Lemów – na kilkanaście wizyt Lema u siebie. Pierwszy raz odwiedził Lemów w nowym domu na Klinach 10 maja 1959 roku i od tej chwili te proporcje radykalnie się odwracają. Zresztą ta akurat wizyta nie wyglądała na zbyt udaną. Lemowie byli „oboje chorzy, skwaszeni i gdyby nie agresywny humor Błońskiego, byśmy się nudzili".

Błoński był sprawcą tego całego zamieszania, bo to on sprowadził się na Kliny jako pierwszy. To on wypatrzył domek czekający na nabywcę i to on nakłaniał Stanisława Lema do przeprowadzki, która była bardziej marzeniem Barbary niż Stanisława. Profesor Błoński – juror nagrody Nike, czołowy przedstawiciel krakowskiej szkoły krytyki literackiej, wpływowy eseista, którego artykuł *Biedni Polacy patrzą na getto* z 1987 roku do dzisiaj kształtuje język, jakim mówimy o Holokauście – raczej nie kojarzy się z „agresywnym poczuciem humoru". Ale patrząc na niego z punktu widzenia biografii Lema, zobaczymy innego Błońskiego: ekscentryka usiłującego w towarzystwie za wszelką cenę zwrócić na siebie uwagę. Czasem to ratowało sytuację – jak w owym wpisie z roku 1959. Czasem było to lekko uciążliwe dla otoczenia, ale znośne, jak na przykład podczas sylwestra 1959/1960 (zorganizowanego u Błońskich), gdy Szczepański lakonicznie odnotował: „Błoński jak zawsze próbował udziwniać wszystkich groteskowym fantazjowaniem". Ale w następnego sylwestra Szczepański już wprost oskarża Błońskiego o zepsucie atmosfery na imprezie: „Błoński w chimerycznym nastroju, trochę obrażony na Lemów, cierpiący z powodu braku naszej gotowości do zachwycania się jego błyskotliwymi powiedzonkami", napisał i zdiagnozował ekscentryczne zachowanie przyjaciela następująco: „Fenomenalnie zdolny, gruby i łakomy chłopiec, który stworzył system agresywnego bluffu do obrony i to mu zostało".

Błoński spotykał się z Lemem praktycznie codziennie, o ile nie rozdzielały ich zagraniczne wojaże (których będzie teraz coraz więcej). Spotkania przeważnie kończyły się awanturą. Michał Zych, siostrzeniec Lema, był ich świadkiem jako mały chłopiec (ilekroć chorował – a chorował często – trafiał pod opiekę babci, a więc spędzał dnie i noce w domku na Klinach).

Mówił mi, że słuchał tych sporów ze strachem, bo obaj męż-
czyźni zachowywali się czasem, jakby byli o krok od fizycznej
konfrontacji[2].

Pytałem Barbarę Lem, czy do takiej konfrontacji kiedykolwiek doszło. Zaprzeczyła, ale powiedziała, że też się tego
czasem obawiała, a raz już była pewna, że się biją, bo głośna
sprzeczka dobiegająca z gabinetu jej męża na piętrze przeszła
w nieartykułowane krzyki i odgłosy szamotaniny.

Pobiegła na górę i ujrzała niezwykły widok. Jan Błoński – być może znów rozczarowany „brakiem gotowości
do zachwycania się jego błyskotliwymi powiedzonkami" –
w przypływie „agresywnego poczucia humoru" wskoczył
Stanisławowi Lemowi na plecy. Ten za sprawą swoich traum
wojennych nie znosił fizycznej bliskości obcych ludzi, zamiast
więc docenić żart, próbował za wszelką cenę strącić Błońskiego, który przerażony reakcją przyjaciela, wczepiał się weń
tym bardziej kurczowo. Lem zaczął więc uderzać Błońskim
o meble. Dopiero pojawienie się Barbary Lem uspokoiło obu
literatów[3].

O co oni się tak kłócili? O wszystko, od spraw zasadniczych
po błahe. Michał Zych wspominał, że jego wuj nie lubił, gdy
Błoński przeprowadzał lingwistyczne eksperymenty na jego
imieniu i nazywał wuja na przykład „Staszyną-ptaszyną". Im
bardziej Lem protestował przeciwko takim zniekształceniom,
tym chętniej Błoński go nimi raczył.

Zdarzały się i poważniejsze tematy sporów. Błoński był humanistą rozczarowanym humanistyką, który szukał sposobu
na unaukowienie literaturoznawstwa. W latach sześćdziesiątych xx wieku modnym sposobem – oczywiście, jak i pozostałe,
okazał się on ślepą uliczką – był strukturalizm, którego fran-
cuscy mistrzowie odwoływali się do metafor zaczerpniętych
z algebry i cybernetyki.

Błoński chciał, żeby jego sąsiad podzielił się z nim swoją
wiedzą w tej dziedzinie – ale duma nie pozwalała mu stawiać

siebie w roli zwykłego ucznia. Uciekał więc w „agresywny bluff". Ale sąsiad nie pozostawał dłużny, bo był niejako w odwrotnej sytuacji.

Otóż Lem przez całe dorosłe życie kochał naukę, ale też całe życie miał wobec niej liczne zastrzeżenia. Od juwenilnego *Człowieka z Marsa* aż po *Głos Pana* i *Fiasko* widać u niego tę samą obawę, że jak się małpie da kalkulator, to ona w pierwszej kolejności użyje go do walenia innych małp po głowach. Nauka i technika nie czynią nas lepszymi istotami, przeciwnie, im potężniejsze narzędzia nam daje do rąk, tym straszniejsze dla nich znajdujemy zastosowania.

Lema fascynowało pytanie o źródło zła. Raz na nie nawet odpowiedział w felietonie:

Na klasyczne pytanie „unde malum", „skąd zło", mam taką odpowiedź: to się zaczęło jakieś sto do stu dwudziestu tysięcy lat temu, w górnym czwartorzędzie, kiedy nasi przodkowie wytłukli wszystkie mamuty i całą masę innych wielkich ssaków[4].

Ta odpowiedź to jednak żart. W Błońskim Lem widział kogoś, kto przeczytał więcej książek na ten temat i ma ciekawsze przemyślenia, ale zapewne z podobnego powodu nie mógł tak po prostu pozwolić swojemu sąsiadowi na urządzenie u niego w domu klasycznego seminarium. Rozmowy w końcu przechodziły więc w awanturę.

Tematy tych sporów w każdym razie bywały właśnie tak wzniosłe, jak: Skąd jest zło? Czy cybernetyka potrafi wyjaśnić wszystkie zachowania ludzi? Czy ważniejsze są nauki o człowieku, czy nauki o wszechświecie? Tak je w każdym razie zapamiętała Barbara Lem, pośrednio też chyba ślad takiej dyskusji widzimy w dzienniku Szczepańskiego we wpisie z datą 15 lipca 1960: „Lem opowiadał mi o bigoterii Błońskiego, dziwnie splecionej z jego podziwem dla kultu zła w literaturze".

W garażu domu na Klinach (© Piotr Barącz / PAP)

Trzecim bliskim przyjacielem z tego okresu był Sławomir Mrożek. Po raz pierwszy spotkali się na ślubie Lemów w roku 1953, ale na „ty" przeszli dopiero na przyjęciu sylwestrowym 1958/1959 u Jana Józefa Szczepańskiego (poza Lemami i Mrożkiem był tam też Jerzy Turowicz; są takie przyjęcia, że człowiek by dał wszystko za sam przywilej bycia tam w roli kelnera, szatniarza, kierowcy, kogokolwiek…).

Korespondować zaczęli wcześniej, ale pierwszy osobisty list wyszedł od Mrożka 14 stycznia 1959 roku:

Stanisławie,

w pierwszych słowach mojego listu podkreślam obalenie tytułów, jakie nastąpiło między nami z 31.XII.1958 na 1.I.1959. Czynię to z pewnym lękiem, czy nie było to przypadkiem z Twojej strony wynikiem chwilowej lekkomyślności. Jednocześnie zabezpieczam się i niejako okopuję na tej pozycji, utwierdzając to pisemnie[5].

Sądząc z pierwszych listów, obu literatów zbliżyły głównie kwestie motoryzacyjne. Mrożek właśnie przystępował do zakupu samochodu marki P70. Lem niewątpliwie górował nad swoimi znajomymi literatami wiedzą o motoryzacji po prostu dlatego, że go to pasjonowało. Z jego listów można wyobrazić sobie, że sam wykonywał większość napraw – choć jednak miał w garażu komplet podstawowych narzędzi, to w rzeczywistości głównym źródłem wiedzy Lema był jego sąsiad pan Zawiślak, mechanik samochodowy (tak przynajmniej twierdzi Michał Zych). Tak czy owak, wydaje się naturalne, że Mrożek i Ścibor-Rylski zwracali się ze swoimi pytaniami dotyczącymi olejów, przewodów i filtrów do Lema właśnie.

Korespondencja Lema z Mrożkiem szybko jednak zeszła na ciekawsze tematy. Obaj tłumaczyli w niej swoje koncepcje filozoficzne, polityczne i literackie, spierali się o innych pisarzy. Łączyła ich niechęć do zapomnianego już Ireneusza Iredyńskiego, który był wówczas literatem bardzo znanym w środowisku, ale nie zostawił po sobie nic, co by wytrzymało próbę czasu. Innym wspólnym przekonaniem była głęboka niewiara w to, że z reformowania PRL cokolwiek komukolwiek może wyjść dobrego.

Na przełomie 1958 i 1959 roku obaj mają jeszcze bardzo podobne podejście do literatury. *Wesele w Atomicach* Mrożka i *Inwazja z Aldebarana* Lema to utwory tak podobne, że właściwie mogłyby pochodzić od tego samego autora. Potem oczywiście drogi obu pisarzy się rozejdą; obaj już w roku 1959 pracują nad swoimi największymi arcydziełami.

Ze względu na wyjazd Mrożka do Warszawy, a potem do Francji i Włoch przyjaźń miała charakter głównie korespondencyjny – podobnie jak wcześniej zawiązane znajomości ze Ściborem-Rylskim czy z Wróblewskim. Chociaż w listach ciągle widać próby umówienia się na spotkanie, okazje zdarzały się rzadko. Zdecydowanie rzadziej niż z Błońskim czy Szczepańskim w każdym razie.

Życie towarzyskie Lema nie ograniczało się tylko do literatów. Zresztą nikt wtedy chyba tak nie funkcjonował. Przyjęcia, na których wszyscy są dziennikarzami, w większości związanymi z tym samym tytułem, to fenomen współczesnej Warszawy, ale na pewno nie ówczesnego Krakowa. Choćby na tym sylwestrze u Szczepańskiego poza Lemem, Mrożkiem i Turowiczem byli też koledzy z wojska, sąsiedzi, znajomi żony... – wszyscy skrupulatnie wyliczeni w dzienniku.

Lemowie dalej byli stałymi gośćmi na rodzinnych imprezach Kołodziejów, którzy pozostali na Bonerowskiej (a oni z kolei często odwiedzali Lemów na Klinach. Ze wspomnień Michała Zycha wynika też, że jego wuj doskonale się odnalazł w bliższej i dalszej rodzinie swojej żony. W domu na Klinach, który wtedy nie znajdował się jeszcze przy ulicy Narvik (ulica początkowo miała się nazywać Fortową)[6], na stałe mieszkała nie tylko teściowa Lema, ale także siostra jego żony i mały Michaś. Wprawdzie osiedlali się tam, tylko gdy Michał chorował, ale chorował w tym okresie często na różne choroby wieku dziecięcego: na przykład w 1959 roku najpierw złapał świnkę (nazywaną też zniekształconym niemieckim słowem: „mums"), a kilka dni później szkarlatynę[7]. Mumsem zaraziła się niejaka Halinka, dziewczyna zatrudniona do pomocy w kuchni. To wszystko prawdopodobnie zainspirowało pojawienie się tej choroby w *Opowiadaniu Pirxa*: „Najpierw technik stosu, potem obaj piloci naraz, potem reszta; spuchły im gęby, oczy jak szparki, wysoka gorączka, o wachtach nie było nawet mowy".

Rodzina Leśniaków spotykała się często w posiadłości w Stróży koło Myślenic. Stanisław Lem chętnie podczas tych wyjazdów uczestniczył w wyścigach samochodowych, które Michał Zych wspominał z przerażeniem. Jego wujowie bowiem albo ścigali się samochodami dookoła lipy rosnącej na podwórzu, albo urządzali sobie szaleńcze rajdy po zakopiance. Żeby wyścig był ciekawszy, zasada była taka, że pasażerowie starają się, jak mogą, utrudnić kierowcy prowadzenie samochodu – złośliwie zasłaniając mu oczy, zmieniając biegi, zaciągając ręczny, włączając wycieraczki lub zabierając okulary. Na szczęście samochody wtedy ciągle były rzadkością, więc ruch na drodze był niewielki. Ale jednak strach pomyśleć, że przecież wystarczyłaby jedna ciężarówka i wszystko skończyłoby się tragicznie.

Ludzie wtedy mieli jednak inne podejście do bezpieczeństwa na drodze niż my dzisiaj, w czasach unijnych certyfikatów, testów zderzeniowych i poduszek powietrznych. I zresztą często płacili za to najwyższą cenę. Na szczęście nie zapłacili jej Lem ani Mrożek, choć ten drugi w liście z 1961 roku opisywał rozbicie własnego P70 podczas poślizgu na mokrej kostce, która wówczas pokrywała dzisiejszą drogę ekspresową S7 gdzieś w okolicach Tarczyna[8].

„35 000 już miał i wał rzeczywiście stukał mu" – podsumował to Mrożek. Lem pożegnał się ze swoim P70 wcześniej i z niższym stanem licznika: 21 000[9]. Nigdy tego samochodu nie lubił – jak pamiętamy, musiał coś szybko kupić w związku z przeprowadzką, a na nic lepszego nie było go wtedy stać. Samochody naprawdę atrakcyjne wymagały walut, a u pisarza krucho było wtedy nawet ze złotówkami.

Lemowie od początku uważali, że bez samochodu nie ma mowy o przeprowadzce na Kliny, z powodu braku komunikacji publicznej i jakiejkolwiek infrastruktury na miejscu. Przez wiele lat do najbliższego sklepu mieli kilka kilometrów (sklep na osiedlu otwarto dopiero w roku 1964). Tymczasem wcale nie tak wielu mieszkańców osiedla miało samochody. Michał Zych wspomina, że oprócz p70 Lemów był tam jeszcze renault dauphine Błońskiego, poza tym syrenka i dekawka (czyli DKW). Najwspanialszy samochód miał znachor, do którego pacjenci ściągali z okolicznych wsi – była to simka aronde, obiekt niespełnionych marzeń samego Lema.

Witold Kołodziej wspomina, że w czasach jego dzieciństwa sam dźwięk hałasu silnika na Bonerowskiej sygnalizował odwiedziny wujka Staszka. To były czasy, w których ulicą w centrum miasta samochód przejeżdżał raz na parę dni. Jak sobie radzili niezmotoryzowani? Jednoślad nie był wtedy elementem stylu życia, tylko namiastką dla tych, których nie było stać na samochód. Na przykład Jan Józef Szczepański między Krakowem a Kasinką przemieszczał się najpierw rowerem, a potem motocyklem Villers 125 – i bynajmniej nie z powodu kontrkulturowych upodobań.

Na początku lat sześćdziesiątych jednak Lema przestały już ograniczać kwestie finansowe i nigdy więcej nie musiał się o nie troszczyć. Oczywiście będzie od czasu do czasu sarkał w korespondencji a to na nagłe wydatki, a to na spóźniające się honoraria, ale ewidentnym przejawem finansowej stabilizacji jest to, że przyjaciele – zwłaszcza Ścibor-Rylski i Szczepański – zaczynają go traktować jako źródło chwilówek.

O ile Szczepański odnotowuje to lakoniczną wzmianką w dzienniku z datą 13 grudnia 1961 roku, o tyle korespondencja ze Ściborem-Rylskim w sprawie pożyczek jest dość obszerna. Często nawet emocjonalna. Po raz pierwszy ten temat pojawia się wiosną 1959 roku. Dla nich obu ta kwestia musiała być niezręczna, więc początkowo ma postać nawiązań nie wprost, w rodzaju: „Jak z forsą? Jakby co, to czuwam".

W liście z 21 listopada Lem relacjonował powrót samochodem z wizyty u Ścibor-Rylskich:

Barbara zwróciła mi uwagę, że będąc u Was, zachowałem się bardziej nieprzyzwoicie i à la chame, aniżeli to jest w normalnym moim z przyrodzenia wynikłym obyczaju, a to dając między innymi jakoby do zrozumienia, że oczekując w nierychliwej, ale sprawiedliwej przyszłości jakowychś likworowych od Ciebie procentów, w związku z rzeczoną pożyczką. Co, jeżeli w samej istotności rzeczy tak się jakoś wypadłszy jakgdyby powiedziało, aczkolwiek sobie najdoskonalej niczego nie przypominam, co by tak imputaną [sic] stanowić potrzebowało – to jednak, zważywszy, że Żona, i na wszelki ogólny, jakoteż przyszły wypadek, aby uniemożliwić kontynuację powstawania kręgami wokół mnie plotek i głupich pomówień, jakobym w samej rzeczywistości – pragnę Ci nieniejszym oświadczyć, że nic podobnego, czysta fiume, nieporozumiencja, a jeżeli cośkolwiek, to wolna gra półsłówek, odchylenia słuchowe, ustna aberracja i kwita […], a zresztą bywajta, i w ogóle – a za świnię mnie ta nie miejta.

Przed kim jak przed kim, ale przed Ściborem-Rylskim Lem zwyczajnie nie mógł mieć tajemnic finansowych. Jedną z przyczyn poprawy sytuacji materialnej w roku 1958 było oczywiście podpisanie trzech umów na trzy powieści, ale drugą – i chyba istotniejszą – było popchnięcie naprzód sprawy ekranizacji *Astronautów*. Wszystkie swoje filmowe problemy Lem konsultował z przyjacielem, który miał już wtedy w dorobku zrealizowane scenariusze oraz własnoręczną reżyserię.

Przepychanki z Niemcami znalazły pod koniec roku 1958 gorzko-słodkie zakończenie. Wbrew obawom Lema produkcja w końcu ruszyła. Ale zgodnie z jego obawami całkowicie zignorowano jego uwagi do scenariusza. Niemcy zrobili film po swojemu, zachowując się tak, jakby stalinizm nigdy się nie skończył i nadal w każdym filmie trzeba było wysławiać urok jedynie słusznego ustroju (Lem proponował apolityczną wizję internacjonalistycznej przyszłości, mniej więcej takiej jak w filmie *Star Trek*). Zdjęcia ukończono w czerwcu 1959 roku. Lem śledził postęp prac z daleka, bo nadsyłano mu fotografie z planu:

Oglądałem fotosy barwne i liczne – na ogół niepomiernie mi się nie podoba i czuję straszny wygłup w powietrzu, tym bardziej że gorszej obsady nie podobna sobie wyobrazić. Same chłystki jakieś grają wielgich starszych uczonych. Głupiość potężna każdemu aż strzela z gęby. Chińczyk patrzy na 28 lat, z innymi jeszcze gorzej, nasz Machowski wygląda przy nich jak tato. Yoko Tani ładna (załączam zdjęcie), ale co z tego?

Dla Lema już wtedy jego proza z pierwszej połowy lat pięćdziesiątych była wstydliwym wspomnieniem. Przeszedł na wyższy poziom literatury. W tym samym liście w następnym zdaniu pisał przecież:

Edenu autorskie egzemplarze dostałem dopiero wczoraj. Forsy oczywiście nie, ale żyje się pod tym względem dzięki Wydawnictwu Literackiemu[10].

Za pięć dni Lem zacznie pisać *Solaris*[11]. Owa forsa, którą już dostał od Wydawnictwa Literackiego, to zaliczka za *Pamiętnik znaleziony w wannie*, na który zresztą pierwotny termin oddania maszynopisu właśnie minął w maju 1959 roku[12]. Dla Lema, który znajduje się między tymi dwiema (a właściwie trzema, bo jeszcze przecież jest *Powrót z gwiazd*, do którego chwilowo nie miał głowy, ale z tej umowy przecież w końcu też musiał się wywiązać) powieściami a *Edenem*, *Astronauci* byli odległym wspomnieniem, jakby to napisał ktoś inny. Jedynym akceptowalnym poziomem czysto rozrywkowej fantastyki, do jakiego jeszcze mógł się zniżyć, są w tym okresie opowieści o pilocie Pirxie, do których ekranizacji ciągle namawiał go Ścibor-Rylski.

Lem bardzo się bał, że „wielki wygłup" związany z enerdowskim filmem – zatytułowanym *Milcząca gwiazda* – uderzy rykoszetem w jego pisarską reputację. Rozważał wycofanie nazwiska, ale nie zrobił tego, głównie z dwóch przyczyn – Niemcy wschodni dobrze za to płacili, a Niemców zachodnich ten film zainteresował jego twórczością. Zaczęli sprowadzać enerdowskie wydania, pojawiły się też pierwsze propozycje od wydawców w RFN.

Lem nie chciał więc zrobić skandalu. Rozważał publikację swojej wersji scenariusza, żeby w ten sposób dyskretnie odciąć się od filmu – taka propozycja pojawia się w tym samym liście, w którym Lem przepraszał za „nieporozumiencję" w sprawie pożyczki. Nie zdecydował się jednak na żaden taki krok, zapewne nie chcąc ryzykować konfliktu z Niemcami.

Jakby za mało było utrapień związanych z ekranizacją *Astronautów* – w 1961 roku Czesi zaczęli się przymierzać do ekranizacji *Obłoku Magellana*. Wyszedł z tego w końcu film *Ikaria XB 1*, który trafił na ekrany w czerwcu 1963 roku. Film ma bardzo dużo wspólnego z fabułą *Obłoku Magellana*. Pojawia się tam na przykład także scena napotkania w kosmosie martwej stacji bojowej NATO. Nazwiska Lema nie zobaczymy jednak nigdzie w napisach. Formalnie była to ekranizacja piracka. Lem tak to opisywał Wróblewskiemu w 1961 roku:

Mam teraz grubszy zatarg z Czechami, ich dwaj autorzy [Pavel Juráček i Jindřich Polák] ukradli mi mnóstwo pomysłów z *Obłoku Magellana* i zrobili z tego bez pytania scenariusz tak ze dwa razy gorszy od *Milczącej gwiazdy* – bronię się rękami i nogami, w osamotnieniu, bo czeska agencja DILIA broni naturalnie swoich Czechów, radcy prawni wyszukują kruczki w prawie autorskim, zapraszano mnie do Warszawy, przez kilka dni co świt budził mnie telegram z Pragi, odpowiedziałem na wszystko negatywnie i na razie ucichło, ale to tylko do czasu[13].

Nie wiem, co Czesi proponowali Lemowi – zapewne umieszczenie jego nazwiska w napisach, ale bez wynagrodzenia. Lema, jeśli w ogóle, interesowałoby rozwiązanie odwrotne. *Milcząca gwiazda* była, jaka była, ale chociaż przyniosła dość marek wschodnioniemieckich, by spełnić marzenie Lema: po raz pierwszy w życiu mógł sobie kupić porządny samochód. Uprzedzając dalsze wydarzenia, powiem, że to będzie kolejne z serii Lemowskich rozczarowań. Wiosną 1959 roku jest jednak zaangażowany w liczne formalności związane z uzyskaniem pozwolenia w odpowiednich enerdowskich i peerelowskich urzędach na to, by polski pisarz wydał enerdowskie pieniądze na zakup enerdowskiego samochodu, a potem go sprowadził do Polski – wszystko to wymagało wielu pieczątek i zaświadczeń i być może w jakiś sposób zainspirowało *Pamiętnik znaleziony w wannie*. Enerdowskich marek Lem ma już w każdym razie tyle, by wystarczyło na najdroższą pozycję w cenniku. Chwalił się Ściborowi-Rylskiemu[14]:

> Wybrałem z Katalogu Wartburga Coupe, bo ma Powieki na Reflektorach, Panoramiczne szyby, Hard-Top, rozkładane do spania Fotele, Luksusy, Radio, Wszystko Synchronizowane, Nowe Zawieszenie, Chromów Massę, Białe Kręgi na Oponach i ogólnie nie znaną w Polsce linię karoserii.

Na zdjęciach samochód istotnie wyglądał imponująco. Wszystkich egzemplarzy tego modelu wyprodukowano nieco ponad pięć tysięcy. W dobrym stanie taki wartburg kosztuje dziś trzydzieści siedem tysięcy euro[15], czyli tyle co samochody już z całkiem zacnej półki.

Z tego samego listu wynika, że strona enerdowska próbowała Lema namówić na wybór standardowego wartburga, argumentując, że na wersję ekstra będzie musiał dłużej czekać. To dziwne dla współczesnego czytelnika, przyzwyczajonego raczej do odwrotnej sytuacji przy zakupie samochodu – dealer

Z wartburgiem,
1962

zwykle próbuje namówić na wersję droższą niż ta, na którą
nas stać. Niemcy zapewne wiedzieli coś, z czego Lem w roku
1959 jeszcze nie zdawał sobie sprawy: że kupowanie luksusowego samochodu w gospodarce niedoboru jest błędem, bo
wszystkie te „luksusy" będą mu się psuć na potęgę.

Samochód w każdym razie pięknie się prezentował. Pozwoliło to Lemowi na spełnienie kolejnego elementu amerykańskiego snu, w którym, jak pamiętamy, nie chodzi tylko
o domek na przedmieściach, ale także zajeżdżanie z fasonem

do centrum samochodem o „nie znanej w Polsce linii karoserii". Lemowie jeżdżą więc do Krakowa na różne wydarzenia kulturalne. Tak na przykład relacjonował jedno z takich wyjść Ściborowi-Rylskiemu:

Zesrywam się tu nad robotą pisarską równie bezpłodnie, co dzielnie. Wczoraj w Piwnicy z Błońskim bylim, krakowskiej, Skrzyneckiego Piotra. Bardzo ciekawe i Dziwne. Kupa Kociaków Siwych, Zgrabnych, Szalenie Podsinookich, szpilkonogich, czarne i barwne młodzieńców swetry, Broszek [Jerzy Broszkiewicz], Mrożek, Flaszen z Żonną, nieco Psychiatrów z wariatokliniki krak.[owskiej], łysych młodych intelektualistów, wszystko w Potwornym Tłoku. Siedziałem w przejściu, które na kwadrans przed przedstawieniem zostaje dostawianymi krzesełkami tak zamurowane, że kociaki i kocury literackie po mnie na czworakach chodziły, pragnąc w te albo we wte. Wreszcie poryk jeburczy jazzowej muzyczki, która czekanie umila, cichnie, światło gaśnie, i zapalają się domorosłe świece i reflektory i program, z absurdu doskonale podanego głównie złożon, się zaczyna. Żałuj, żeś nie widział. Przyjemna atmosfera niewymuszonego wylewania aperitifów za gorsy kociąt, z ciasnoty, nie z perwersji, bo tu każdy do gardła nalać woli, tanga XAWERY i WIATR, draki, Ej Uchniem, wykład o radzieckim malarstwie (to była próba generalna, wątpię, żeby im to malarstwo puścili) – w sumie ubaw po Muszlę (uszną)[16].

Jan Józef Szczepański z kolei odnotował w dzienniku swoje wspólne krakowskie wieczory kulturalne z Lemami. Wspólnie poszli znów do Piwnicy (4 grudnia 1960), do Jamy Michalikowej (19 grudnia 1960) oraz do Krzysztoforów, na *W małym dworku* w reżyserii Kantora. Z właściwą sobie lakonicznością Szczepański zrecenzował Kantora następująco: „pretensjonalna, bardzo męcząca blaga".

Humor Lemowi w tym okresie psują już tylko dwie sprawy. Jedną jest zdrowie – tak swój stan w roku 1959 opisywał Ściborowi-Rylskiemu[17]:

Jestem obecnie dość biedny. Jednocześnie bowiem ze strajkiem nerek (piaseczek, całkiem słusznie!), otrzymałem w darze od losu pokręcenie stawu barkowego (rymatys, lub coś podobnego), ciężkie zatrucie pokarmowe (epoka sraczki minęła, obecnie jestem na papkach grysikowych), podczas kiedy moja Teściowa wygotowała na Stanisława Tort Daktylowy i Przekładaniec Wyższosferowy – a ja mogę najwyżej postnego sucharka!

To się już nigdy nie poprawi, niestety. Będą lepsze i gorsze dni, ale zawsze Lemowi coś będzie dolegało – to odwrotnie niż problemy finansowe, z którymi Lem pożegnał się na zawsze w roku 1958. Ale tak dochodzimy do jego drugiego problemu: owo pożegnanie wiązało się, jak pamiętamy, z podpisaniem umowy na trzy powieści dla trzech różnych wydawnictw.

W połowie 1959 roku zaczynały mijać terminy oddawania maszynopisów, a Lem jeszcze do żadnego się nie zabrał. Co gorsza, wciąż kuszony przez Ścibora-Rylskiego propozycjami filmowymi – zamiast pisać te powieści, obmyślał koncepcje filmu. Luźne idee, które opisuje Ściborowi-Rylskiemu w listach, zaowocują w końcu tomikiem *Noc księżycowa*, wydanym w roku 1963. Krótko mówiąc, był winny różnym instytucjom trzy książki i jeden scenariusz – a praktycznie niczego jeszcze nie zdążył napisać.

Na żadną z tych powieści nie miał tak naprawdę pomysłu. Umowa wydawnicza, która w końcu zaowocowała powstaniem *Solaris*, dotyczyła na przykład powieści pod roboczym tytułem *Kosmiczna misja*, której bohaterem ma być „zwiadowca wysłany na stację kosmiczną przez pełną podejrzliwości i obaw Centralę"[18].

Pamiętnik znaleziony w wannie zaczął się od opowiadania o Ijonie Tichym, które Lemowi wymknęło się spod kontroli w trakcie pisania – postanowił więc wyrzucić „zaczontek odpowiedni" i zostawić bezimiennego bohatera. Powieść zaskakiwała go w trakcie pisania, jak to referował Mrożkowi: „ja W Ogóle Niczego Nie Zamierzałem i to Samo tak Wyszło"[19]. To samo było z *Powrotem z gwiazd*: Lem zaczął pisać powieść o astronaucie, który wrócił z dalekiej wyprawy – dla niego trwała dwadzieścia dwa lata, ale na ziemi minęło ich sto dwadzieścia siedem za sprawą einsteinowskiej dylatacji czasu – nie mając jeszcze bladego pojęcia, jakie to cywilizacyjne zmiany go po tym powrocie zaskoczą.

Gdy Lem opowiadał to wszystko Beresiowi, ten nie dawał mu wiary. I słusznie, bo aż trudno uwierzyć, że tak genialne pomysły jak betryzacja w *Powrocie z gwiazd* czy twory F w *Solaris* można było wymyślić po prostu *a vista*, stukając w klawisze. Gdy jednak odtworzymy chronologię wydarzeń oraz uwzględnimy życiowe doświadczenia Lema, przestaje być to aż tak nieprawdopodobne.

Na pierwszy ogień poszła *Solaris*. 1 czerwca 1959 roku Lemowie wyjechali do Zakopanego[20]. Dla Barbary Lem był to debiut w prowadzeniu samochodu za miastem. Wyjazd był owocny. Niecałe trzy tygodnie później Lem donosił Ściborowi--Rylskiemu:

Prawda, że ja tu zesrywając się (już to Wmość Pan wybaczysz mnie chamowi takie zawiesistości w tym Officjalnym Liście) od 1 czerwca 120 stron napisałem, a i te tylko dlatego jeszcze stołu się trzymają, a sraczem nie żeglują, bom się przeczytać ich bojący[21].

To dawało sześć stron dziennie! Sześć stron jednej z najważniejszych powieści science fiction w dziejach gatunku! Lem jednak, jak widać, nie miał poczucia, że tworzy arcydzieło.

Przeciwnie, dręczyła go obawa, że wychodzi mu powieść o niczym. Pierwotny pomysł, z nieufną Centralą, zdążył już „pożeglować sraczem" – został po nim dziwny ślad w postaci tajemniczego Moddarda, który dostarczył głównego bohatera na stację, a potem znika z powieści i już więcej się nie pojawia. W finale – pisanym rok później – bohater zaś wprawdzie wysyła Centrali jakiś swój raport, ale wtedy już Lem wiedział, że wyszła mu książka zupełnie o czym innym.

O czym – tego po napisaniu tych pierwszych stu dwudziestu stron sam jeszcze nie wie. W tym momencie prawdopodobnie jeszcze jest przed napisaniem rozdziału *Mały apokryf*, w którym akcja powieści zamiera, a główny bohater i narrator w jednej osobie – psycholog Kris Kelvin, wysłany na Stację Solaris przez Centralę całkiem słusznie zaniepokojoną brakiem łączności – zaczyna nam streszczać historię prób zrozumienia tej planety przez ziemskich naukowców.

Rozdział ten jest w gruncie rzeczy pastiszem metody naukowej. W kategoriach powieści akcji – jest błędem kompozycyjnym: fabuła ani trochę nie posuwa się tu naprzód. Z filmów Tarkowskiego i Soderbergha ten rozdział zresztą wyleciał w całości, bo też i nawet nie wiadomo, jak go sfilmować – bohater siedzi w bibliotece i czyta, mamrocząc do siebie? Nawet gdyby go grał George Clooney, widownia by tego nie wytrzymała.

Po kolejnym miesiącu Lem napisał z Zakopanego dwie wersje listu do Jerzego Wróblewskiego, datowane „28 July" oraz „28 or 29 July". Obie po angielsku. Nie wiem, czy którąkolwiek wysłał, ale pisał je ewidentnie przede wszystkim dla siebie, samemu sobie próbując wytłumaczyć, o czym właściwie jest *Solaris*.

To jest pytanie, na które nie da się oczywiście odpowiedzieć jednym zdaniem, czy nawet jednym dwustronicowym listem. Ale sądząc po tych listach, Lem w lipcu 1959 roku nadal sam nie znał odpowiedzi. Najważniejszy w jego powieści ciągle wydawał się mu ocean. Zapewne autor był przekonany, że w finale powinna się wyjaśnić jego Zagadka – tak jak w *Edenie*:

There lives a giant ocean, with no machines, no architecture (Earth-like, of course), no literature, no music, no language, but there is some kind of information cruising, some internal steering processes, some intrinsic psychical life, and the scientific team, landing on Solaris, will proceed to make the famous first contact. But there can be no such thing. We have no semantic bridge between us and the living being. We have no common experiences. This creature has no EXTERNAL language, because there is no one, to whom she could speak.

(Żyje tam ogromny ocean, bez maszyn, bez architektury (przypominającej ziemską, oczywiście), bez literatury, bez muzyki, bez języka, ale jest jakaś forma obiegu informacji, jakieś wewnętrzne procesy sterujące, jakieś przyrodzone życie psychiczne, a zespół naukowy lądujący na Solaris przystąpi do dokonania słynnego pierwszego kontaktu. Ale to się nie może udać. Nie mamy wspólnych doświadczeń. To stworzenie nie ma żadnego ZEWNĘTRZNEGO języka, bo nie ma nikogo, z kim mogłaby [sic!] rozmawiać.

Jako krytyk powiedziałbym, że ocean jest MacGuffinem, jak nazwał ten kompozycyjny zabieg Alfred Hitchcock, komentując fabułę protothrillera *39 kroków*. MacGuffin to coś, co pozornie jest bardzo ważne dla akcji, ale tak naprawdę nie wiadomo, co to jest, i nie ma to znaczenia dla fabuły (bo i tak najważniejsze to patrzeć, jak Cary Grant ucieka przed ostrzeliwującym go samolotem). Najsłynniejszym MacGuffinem popkultury jest walizka w *Pulp Fiction* – cała fabuła obraca się wokół niej, ale nigdy się nie dowiadujemy, co było w środku. Bo kogo to obchodzi?

Ocean zamieszkujący Solaris jest więc fascynującym pomysłem, ale tak naprawdę w powieści najciekawsze jest co innego. Gdy naukowcy próbują skontaktować się z oceanem, ocean próbuje się skontaktować z nimi. Więcej od ludzi wie o neutrinach, cząstkach elementarnych teoretycznie przepowiadanych od lat trzydziestych xx wieku, ale po raz pierwszy zaobserwowanych w roku 1956 (podkreślam tę datę, by pokazać, jak bardzo na bieżąco z nauką był Lem).

Neutrina wszystko przenikają nawet lepiej od promieni rentgenowskich – bo praktycznie nie zostawiają śladów. Nawet dziś naukowcy mają wielki problem z ich detekcją. Ocean dzięki swojej wrodzonej umiejętności rejestracji neutrin potrafi czytać w myślach astronautów, a także materializować im „twory F", jak to nazwał jeden z badaczy, doktor Sartorius.

Twory F to po prostu materializacje najbardziej skrywanych fantazji z podświadomości. Dla głównego bohatera powieści taką fantazją jest Harey – kobieta, którą kiedyś skrzywdził w związku i która popełniła przez niego samobójstwo. Kelvin wciąż żyje w cieniu tego wspomnienia i zapewne nie ma w jego życiu takiego dnia, w którym nie marzyłby o tym, żeby cofnąć skutki tamtego błędu.

Pozostałym astronautom zwidują się zapewne materializacje ich fantazji seksualnych, choć nie jest to powiedziane wprost. Możemy się tego tylko domyślać z aluzji jednego z nich (Snauta) oraz z osieroconego tworu F, który po sobie zostawił Gibarian, przyjaciel Kelvina. Jest to ogromna naga Murzynka o „słoniowatych kłębach", podobna do „owych steatopygicznych rzeźb z epoki kamienia łupanego, jakie widuje się czasem w muzeach archeologicznych".

Latem 1959 roku Lem jeszcze najwyraźniej nie zdawał sobie sprawy z tego, że pomysł na powieść już ma: planeta, na której człowiek dostaje drugą szansę na naprawienie błędów dręczących go od dziesięcioleci. Za dużo uwagi poświęcił oceanowi, który jest praktycznie nieobecny w obu ekranizacjach,

Tarkowskiego i Soderbergha. Nie zauważył, że w centrum tej fabuły powinna być relacja Kelvina z Harey – słusznie uwypuklona w obu ekranizacjach, a także skradziona przez Paula Andersona w horrorze science fiction *Ukryty wymiar* (1997), w którym MacGuffinem jest co innego („eksperymentalny napęd grawitacyjny"), ale skutek ten sam: astronauta (Sam Neill) spotyka żonę, która się kiedyś przez niego zabiła (Holley Chant).

Żeby zrozumieć, co jest centralną fabułą jego własnej powieści, Lem musiał zrobić sobie roczną przerwę. Zakończył *Solaris* podczas kolejnego maratonu pisania w Domu Pracy Twórczej ZLP w Zakopanem w czerwcu 1960 roku. Przerwę poświęcił na pisanie pozostałych dwóch powieści: *Powrotu z gwiazd* i *Pamiętnika znalezionego w wannie*.

Najmniej śladów pozostało po pracy nad *Powrotem z gwiazd*. Lem nie lubił tej powieści. Mówił Beresiowi:

> Razi mnie sentymentalizm tej książki, krzepa bohaterów, papierowość bohaterki. Coś mi tam zalatuje Remarkiem z jego *Trzech towarzyszy*. Jest w tym jakieś gówniarstwo. A mówiąc spokojniej – autorowi nie wolno robić bohaterom przyjemności tylko dlatego, że im sprzyja. Romans w końcu mógł się skończyć jak w powieści, ale warunkiem koniecznym byłaby osobowość tej ukochanej narratora, a w istocie jest ona pustym miejscem.

Nawet jeśli się zgodzić z tą surową oceną, to jednak ciągle niezwykle brzmi deklaracja zrobiona chwilę przedtem:

> W utworze, którego nie lubię – *Powrót z gwiazd* – sprawa betryzacji pojawiła się nagle i zaskoczyła mnie samego. Wiedziałem tylko jedno: tu musi nastąpić jakiś rozziew, nieporozumienie, bo nie może być tak, że ktoś wraca po stu trzydziestu latach na Ziemię, a rozmowa toczy się płynnie

i pojęcia są wspólne. Wiedziałem, że zaraz musi nastąpić konflikt, który rzeczywiście ze mnie „wyskoczył".

Betryzacja to radykalna odpowiedź nauk ścisłych na spór o naturę zła. Skoro źródłem wszelkiego zła jest naturalna skłonność *homo sapiens* do agresji, ludzkość – wkrótce po starcie wyprawy do układu Fomalhaut z głównym bohaterem Halem Breggiem na pokładzie – uzgodniła radykalne rozwiązanie tego problemu. Zgodnie z propozycją trzech uczonych, Benneta, Trimaldiego i Zacharowa, agresję po prostu wyeliminowano. Żaden człowiek nie może zrobić krzywdy drugiemu człowiekowi (a nawet zwierzęciu).

Właśnie betryzacja jest źródłem konfliktu, który „wyskoczył" z Lema na początku powieści. Atrakcyjna młoda studentka imieniem Nais zaprasza przypadkowo spotkanego Bregga do siebie do mieszkania. To dziwne nawet jak na obyczaje ludzkości w roku 2016, a co dopiero w 1960. Dopiero w trakcie tej nieudanej randki nie randki okazuje się, że Nais nie oczekiwała żadnego zagrożenia ze strony przypadkowo spotkanego czterdziestoletniego mężczyzny, bo myślała, że jest zbetryzowany, jak reszta ludzkości. Wpada w panikę, gdy Bregg uświadamia jej, kim jest.

Powieść nie podobała się nie tylko Lemowi. Także Szczepański w dzienniku odnotował swoje rozczarowanie. Przeszło pół wieku później mogę tylko wygłosić swoje dwudziestopierwszowieczne *votum separatum*: uwielbiam *Powrót z gwiazd*! Uważam betryzację za fascynującą hipotetyczną odpowiedź na pytanie *„Unde malum?"*, o które spierali się Lem z Błońskim, a także na prefigurację dyskusji o perspektywie transludzkiej, o której piszą dziś modni autorzy tacy jak Houellebecq czy Kurzweil. Może i „ukochana narratora", czyli Eri, jest „pustym miejscem" – istotnie, jej rola w tej powieści ogranicza się głównie do wzdychania – ale to przecież znów tylko hitchcockowski MacGuffin.

Podobnie jak wcześniejszy *Eden*, trzy wielkie powieści Lema pisane między rokiem 1960 a 1961 są znacznie bardziej autobiograficzne, niż się wydaje na pierwszy rzut oka oraz niż pisarz był gotów przyznawać publicznie. W przypadku *Pamiętnika znalezionego w wannie* przyznał się prywatnie, w liście do Mrożka. Tłumacząc treść powieści, właściwie od razu przeszedł do niby-żartobliwego opisywania swoich okupacyjnych doświadczeń (choć potem podkreślił, że jego „powiastka [...] ścisłą alegorią nie jest"):

[...] ten Model, jaki w xiążce jest, wydaje mnie się być pod pewną względą podobny do naszego Biggest Sąsiada. Ot, ja u Niego byłem przed paru laty, gdy On do mnie przyszedł do Lwowa. I to charakterystyczne (wrażenia całkując), że jednocześnie wrażenie straśliwej bzdury, tępoty, groteski nieustającej a wszechobecnej, zmatołecczenia, kretyństwo rządzące – ten obraz większość ludzi brała notabene za jedyny, adekwatny i dlatego Wszyscy Lwowiacy np. byli w lipcu 41 roku Pewni, że Rosja do 5 tygodni pod ciosem Dolfka przewróci się do góry zadkiem. Ale jednocześnie z hegemonią bzdury można było dostrzec ten jakiś spiritus, który Koestler wydobył w swojej xiążce [Ciemność w południe]. Więc to współistnienie kompletnego, chaotycznego bałwaństwa z jakąś potworną doskonałością, a nie zamierzoną, uważ, nie tą, której chciałyby Marxe i Marksiki, lecz samorodną, mimowiedną, nie zaplanowaną, nie zachcianą i nie mającą z produkcją ani dystrybucją dóbr (osnowami marksizma...) nic wspólnego, przeciwnie, to już może raczej z sumy (z summy) defektów, niedowładów, paraliżów miejscowych, kumoterstw, konfuzji, krazieżostwa, klikowości, z tych tysięcy ropowisk, którymi UPSTRZYWA ten ś-ty System oblicze społeczeństwa, z tego wszystkiego powstaje opar zimnej doskonałości i mistycznego przymusu, który skuwa nawet dusze wewnętrznie zrazu wolne i poprzez który to czad już nie tak głupkowato jak na początku zwiduje się patrzącemu Człowiekowi zmartwiała w kretynizmie i frazesowiczostwie tępa maska Oficjalnie Postępowo Zesrywającego się Obywatela[22].

W przypadku *Solaris* i *Powrotu z gwiazd* też nie ma oczywiście „alegoryi ścisłej", ale za to tym jest ciekawsza, że dotyczy osobistych przeżyć samego Lema. Wiele go łączy z Halem Breggiem i Krisem Kelvinem. Bregg jest jego rówieśnikiem, w powieści mowa, że ma czterdzieści lat (biologicznych).

Wiek Kelvina nie jest podany wprost, ale możemy się domyślać, że to też coś między czterdziestką a pięćdziesiątką. Jego współpraca z Gibarianem sięga wielu lat wstecz, a tragiczna śmierć Harey wydarzyła się wiele lat temu, kończąc również wieloletni związek. Trzydzieści lat to byłoby jeszcze za mało, żeby mieć tak bogaty życiorys. Aktorzy grający Kelvina są zwykle w średnim wieku – w filmie Tarkowskiego był to Donatas Banionis, rocznik 1924, czyli na planie czterdzieści pięć lat; w filmie Soderbergha George Clooney, rocznik 1961, na planie czterdzieści jeden lat; w sztuce Natalii Korczakowskiej w teatrze TR Warszawa grał tę postać Cezary Kosiński, rocznik 1973, na scenie trzydzieści sześć lat. Średnio wyjdzie nam coś koło czterdziestki – czyli z grubsza w wieku piszącego to Lema.

Hal Bregg był w podróży przez dwadzieścia dwa biologiczne lata, czyli w chwili wylotu miał lat osiemnaście. Tyle samo co Lem, gdy przestała istnieć planeta Lwów. Ten monolog Bregga:

To, że z miasta, które pozostawiłem, nie ocalał nawet kamień na kamieniu, było dobre. Jak gdybym żył wtedy na jakiejś innej Ziemi, wśród innych ludzi; tamto zaczęło się i skończyło raz na zawsze, a to było nowe.

mógłby być także monologiem samego Lema. Oczywiście prawie wszystkie lwowskie kamienie zostały na swoich miejscach, ale Lem zachowywał się, jakby tego miasta już nie było na mapie. Odrzucał wszystkie zaproszenia stamtąd i propozycje wspólnych wyjazdów od polskich dziennikarzy. Po opuszczeniu Lwowa żył już na jakiejś innej Ziemi, wśród innych ludzi. Tamtego nie ma, jest powojenny świat, rządzący się nowymi regułami.

Druga rzecz, która łączy Bregga z Lemem, to traumatyczne wspomnienia śmierci przyjaciół podczas wyprawy do Fomalhaut. Ginęli najczęściej z powodu przypadku. Lekarz, który bada Bregga, nakłania go do tych wspomnień. Bregg się opiera („Nie mam nic do opowiadania – odparłem zły. – W każdym razie nic sensacyjnego"), ale w końcu rzuca nazwiskami: „Arder, Venturi, Ennesson".

Jak zginął Arder – nie wiadomo. Nagle urwała się łączność. „To jego radio milczało, nie moje. Kiedy kończył mi się tlen, wróciłem". Ennesson miał awarię silników, jego statek stracił ciąg i sterowność. Gdy sobie uświadomił, że czeka go powolne konanie na orbicie, „wszedł w protuberancję" i spalił się na oczach Bregga.

Najbardziej traumatyczne jest wspomnienie śmierci Venturiego. Miał awarię pokładowego stosu atomowego. Ratowanie go groziło rozsadzeniem całego statku kosmicznego. Bregg jako pilot nie podjął ryzyka i zostawił Venturiego na śmierć.

Doktorze, przecież ja, czekając na Ardera, krążąc wokół tego słońca – powymyślałem sobie różne osoby i rozmawiałem z nimi, mówiłem za siebie i za nie, i pod koniec uwierzyłem, że one są ze mną. Każdy ratował się, jak umiał. Niech pan pomyśli, doktorze. Siedzę tu, przed panem, wynająłem sobie willę, kupiłem stare auto, chcę się uczyć, czytać, pływać, ale ja to wszystko w sobie mam. To jest we mnie, ta przestrzeń, ta cisza, i jak Venturi krzyczał o pomoc, a ja, zamiast ratować go, dałem całą wstecz!

To zapewne nie jest takie dalekie od uczuć samego Stanisława Lema. Dla ocalałych z Holokaustu najgorsze wspomnienia to nie są te o ludziach, z którymi po prostu nagle urwała się łączność, ani nawet nie te o ludziach popełniających samobójstwo na ich oczach, tylko te o ludziach błagających o pomoc – którym nie można było pomóc. Trzeba było „dać całą wstecz", by ocalić siebie i swoją rodzinę.

Lekarz nie ma dla Bregga żadnej dobrej rady. Odradza mu mówienie o swoich traumach ludziom współczesnym – nie zrozumieją, za sprawą betryzacji wyznają inny system wartości („wszystko jest teraz letnie, Bregg"). Odradza też jednak trzymanie się kręgu starych towarzyszy.

Radę ma jedną, brutalnie prymitywną: ufarbować siwiznę, zmarszczki wygładzić kremem, lepiej się ubierać i stworzyć związek ze współczesną kobietą. Hal Bregg stosuje się do tej rady i stąd happy end, na który narzekał Lem (a który mnie się prywatnie akurat podoba). Rozmowy Bregga z Eri to głównie monologi astronauty, przerywane rzadkimi westchnieniami, ale jeśli usuniemy fantastyczną scenografię – Bregg mówi tutaj o traumie typowej dla ocalałych z Holokaustu. O wyrzutach sumienia, że on przeżył, a miliony innych zginęły, bo zabrakło im złotych monet na łapówki dla szmalcowników, bo nie mieli koneksji pozwalających na dostanie pracy w Rohstofferfassung, bo skręcili nie w tę przecznicę, co trzeba:

Oni tam zostali, Tom, Arne, Venturi, i są teraz jak kamienie, wiesz, takie zamrożone kamienie, w ciemności. I ja powinienem był też tam zostać, ale jeżeli jestem tu i trzymam twoje ręce, i mogę mówić do ciebie, i ty słyszysz mnie, to może to nie jest takie złe. Takie podłe. Może nie jest, Eri! Tylko nie patrz tak. Błagam cię. Daj mi szansę.

Sytuacja astronautów na planecie Solaris jest w gruncie rzeczy podobna. Kelvin ma tylko jedną traumę – śmierć Harey. Gdy

Snaut się o tym dowiaduje, reaguje kpiną: „ach, ty niewinny chłopcze!". Nie wiadomo, kto lub co go nawiedza, ale z jego bełkotliwego monologu wynika, że coś znacznie gorszego.

– Człowiek normalny – powiedział. – Co to jest człowiek normalny? Taki, co nigdy nie popełnił niczego ohydnego? Tak, ale czy nigdy o tym nie pomyślał? A może nie pomyślał nawet, tylko w nim coś pomyślało, wyroiło się, dziesięć albo trzydzieści lat temu, może obronił się przed tym i zapomniał, i nie lękał się tego, bo wiedział, że nigdy nie wprowadziłby tego w czyn. Tak, a teraz wyobraź sobie, że naraz, w pełnym dniu, wśród innych ludzi, spotyka то ucieleśnione, przykute do siebie, niezniszczalne, co wtedy? Co masz wtedy?
Milczałem.
– Stację – powiedział cicho. – Masz wtedy Stację Solaris.

Z listów do Wróblewskiego wynika, że jeszcze pisząc tę scenę, Lem myślał, że głównym tematem jego powieści będzie niemożliwość kontaktu z obcą istotą. Bohaterowie *Edenu* porozumieli się z dubeltem, odwołując się do uniwersalnego języka matematyki. Lem chciał podnieść samemu sobie poprzeczkę, wymyślając istotę, z którą nie da się w ten sposób dogadać, bo nawet jeśli z nią uzgodnimy podstawowe pojęcia analityczne czy algebraiczne, nie mamy po prostu wspólnych doświadczeń.

To jednak za mało na fabułę powieści. Szukając wyjścia z tej pułapki, Lem niejako mimochodem wymyślił coś jeszcze lepszego, po prostu stukając w szaleńczym tempie w klawisze maszyny do pisania w domu pracy twórczej w Zakopanem.

Pytałem panią Barbarę Lem o to, jak wyglądały takie robocze wyjazdy, bo czasem towarzyszyła małżonkowi i widziała to z bliska. Lem zawsze brał pokój na poddaszu, który był mało atrakcyjny, bo latem panowała tam duchota, a w dodatku dzieliła go największa odległość od łazienki, położonej na parterze. Łazienka przeważnie bywała zajęta, więc mieszkańcom bliżej położonych pokojów łatwiej było upolować ten moment, w którym się akurat zwolniła.

Lem sobie z tym radził za sprawą swoich problemów z bezsennością. Budził się zwykle przed świtem, kiedy łazienka i tak była wolna. Upał w dzień też go nie przerażał, bo w dzień spacerował po górach, obmyślając kolejne rozdziały (zapewne dlatego Pirx, Bregg, Rohan z *Niezwyciężonego* czy nawet Kelvin w rozdziale *Stary mimoid* regularnie wędrują po jakichś piargach, dolinach, jarach i przełęczach).

Pokój na poddaszu miał jedną, decydującą zaletę: brak sąsiada piętro wyżej, co gwarantowało, że Lema nie będzie dekoncentrować niczyje tupanie. Na początku *Solaris* rytmicznie pojawiają się opisy podkreślające samotność i ciszę otaczające głównego bohatera: „nie było nikogo", „cisza panowała na zewnątrz". Kto wie, czy inspiracją nie była cisza w willi Astoria o czwartej rano, gdy Lem zaczynał kolejny dzień.

Tak jak Stacja Solaris, pensjonat jednak później ożywał. Pisarze spotykali się przy posiłkach, wspólnie wychodzili na spacery, opowiadali sobie swoje utwory, pożyczali sobie maszynopisy. Maszynopis *Pamiętnika znalezionego w wannie* zrobił w Astorii furorę, ale jak Lem wspominał Beresiowi, wszyscy byli zgodni, że cenzura nigdy tego nie przepuści (to była opinia między innymi Jana Kotta i Macieja Słomczyńskiego).

Mieli rację, cenzura rzeczywiście zatrzymała powieść. W pewnym momencie Lem był tak zdesperowany, że rozważał puszczenie jej w obieg w postaci pierwotnego samizdatu – maszynopisu powielanego przez kalkę. Uczynił nawet pierwszy krok do wydania książki za granicą w celu ominięcia cenzury, wysłał maszynopis do Waltera Tiela – niemieckiego tłumacza Gombrowicza, który książkę zresztą ostatecznie przetłumaczył, ale gdyby ukazała się w RFN, a w Polsce zatrzymałaby ją cenzura, Lemowi groziłby los Borysa Pasternaka, zaszczutego autora *Doktora Żywago*. Tak swoje tarapaty relacjonował Wróblewskiemu w czerwcu 1961 roku:

Jak wiesz, ogólna sytuacja jest taka, że siedzimy na beczce z udoskonalonym wodorowo prochem, w której to beczce tkwi lont, i ten lont się żarzy, tak już parenaście lat. Czasem na ten żar dmuchają, czasem go na chwilę zgaszą, czasem rozdmuchują i tak to leci. Do tych fluktuacji, jak do wszystkiego, bydlę ludzkie by się przyzwyczaiło. Jednak w moim zawodzie robi to z człowieka wyjątkową idiotę, bo ostatnio właściwie już nie wiadomo kompletnie o czym pisać, gdyż kompletnie sparanojałe czynniki wietrzą w każdym słowie groźne aluzje. Im lepiej wyrażają się ci, którzy czytali mój *Pamiętnik znaleziony w wannie* o tej książce, tym bardziej irytujące, że wydać tego nie mogę. Miałem ten tekst tutaj, gdyż niby to rozważałem poprawki i napisałem jakiści tam wstęp łagodzący, ale to zawracanie głowy. Będę się musiał postarać o kopie, tzn. chyba dam przepisać i wtedy będę Ci mógł to posłać, bo inaczej nie wiem, kiedybyś się tego doczekał. Moja *Solaris* wyszła już dość dawno, w Zakopanem nie ma jej, forsy mi nie zapłacili, autorskich egz.[emplarzy] też jeszcze nie dostałem. Zrobiłem korektę drugiej książki, która przez czystą pomyłkę nazywa się *Księga robotów*, opowiadania, idiotyczny tytuł, ale musi zostać, bo już wszystko złożone i okładka jest, a wyjdzie to na przełomie 61/62. Sporo czasu zmarnowałem tu, rozmyślając nad lukratywną propozycją napisania scenariusza filmu fant[astyczno]-naukowego. Jednakże w końcu nic z tego nie wyszło, bo film musi się dziać w naszej ojczyźnie i wynika wtedy z tego kompletny nonsens. A znów z niczego drwić nie wolno. Opisywać zaś nasze świetne rakiety interestellarne z roku 2500 nie chce mi się. Obecnie męczę i wysiaduję opowiadanie-powieść, takie w stylu *Edenu* mniej więcej, ale na razie to wszystko jeszcze w kompletnym proszku. Ideę w każdym razie mam. Na pewnej planecie miliony lat temu wylądował statek z innej jakiejś zamieszkałej planety. Załoga (nie ludzie, lecz istoty rozumne) z tego statku zginęła. Pozostał wrak rakiety i massa różnych homeostatów, robotów, automatów, które uwikłały się najpierw w walkę z żywymi mieszkańcami planety (fauną, żadnych rozumnych istot), wytępiły ją, rozmnożyły się i zaczęła się „martwa ewolucja", te automaty wyniszczały się nawzajem w walce o byt. Przestały być narzędziami, służącymi komuś, powstały automaty osiadłe (takie krzaczaste metaliczne gąszcze), automaty ruchome – wielkie jak dinozaury, miotające ogniem i różne mniejsze. Te wielkie zostały wykończone przez te małe i po tych milionach lat został pustynny ląd, na którym egzystują tylko „metaliczne rośliny" i „chmura", złożona z drobniutkich kryształkowatych pseudoowadów, też metalowych, rozumie się, które mogą się w razie niebezpieczeństwa łączyć właśnie w „czarną chmurę" i żyją w symbiozie z „roślinami". Zaczyna się rzecz od przybycia tam rakiety ziemskiej, która ginie z całą załogą w tajemniczych okolicznościach poczem przybywa druga rakieta, galaktyczny grąpownik [sic!] ze stuosobową załogą, miotaczami antymaterii, siłowymi polami, emitorami Diraca i Weyra [prawdopodobnie chodzi o nazwisko Weyla, ale to pojęcie tak czy siak nie ma sensu, choć mogłoby oznaczać broń służącą unicestwianiu materii przez zerowanie jej funkcji falowych – przyp. W.O.], uzbrojony po zęby i powieść, czy nowela, bo jeszcze nie wiem, opowiada o rozmaitych masakrach i jak wreszcie ludzie zostają pokonani. Przytem „chmura" nikogo nie zabija, a tylko magnetycznymi wyładowaniami, gdy kogo dopadnie, to mu unicestwia całą pamięć, tak że zostają żywe, lecz o zgładzonej osobowości i pamięci kaleki, coś w rodzaju dorosłych niemowląt.

Banialukę tę piszę z rozpaczy i obowiązku, nie z uciechy, bo mam tego trochę dosyć, ale tematów, które sobie szkicowałem, ruszać nie mogę, bo nie mogę już pozwolić sobie na posiadanie drugiej zatrzymanej książki. Nakłady teraz niskie, forsy mało, z filmu jakoś nici, więc muszę robić to, co przyniesie trochę pieniążków[23].

Wybieg z „łagodzącym wstępem" poskutkował i *Pamiętnik znaleziony w wannie* w końcu się ukazał. Lem nazwał ten wstęp w liście do Mrożka „Konradem Wallenrodem prozą na Poczontku"[24]. Wstęp bowiem rzeczywiście sugeruje, że rzecz dzieje się w USA, a odgrywający zasadniczą rolę w fabule Gmach jest Trzecim Pentagonem (cokolwiek to znaczy). W samej książce nic jednak już o tym nie świadczy, a w dodatku wstęp kończy się takimi zagadkowymi zdaniami:

> Nauka historyczna nie wypowiedziała jeszcze ostatniego słowa o *Zapiskach*, nazywanych też, dla miejsca, w którym je odkryto, *Pamiętnikiem znalezionym w wannie*. Nie ma też zgody co do czasu powstania poszczególnych części manuskryptu – pierwszych jedenaście stron mają Gnostorowie Hyberiadzcy za apokryf lat późniejszych – dla czytelnika jednak te specjalistyczne spory nie są istotne i pora nam zamilknąć, aby przemówił własnym głosem ten ostatni, jaki dotarł do naszych czasów, przekaz neogenicznej epoki papyrowej.

Wstęp zatem kończy się ostrzeżeniem, że stanowi dopisany później apokryf i tylko powieść należy traktować serio. Cenzora zapewne uspokoiło wyjaśnienie z wydawnictwa, że tak naprawdę chodzi o to, że powieść nie ma początku. Zaczyna się jakby w połowie zdania („…pokoju o numerze, na który opiewała przepustka, nie mogłem znaleźć"). To z kolei zapewne ślad po wyrzuceniu „Poczontku" pochodzącego z czasów, gdy Lem jeszcze chciał z tego zrobić opowiadanie o Tichym.

Problemy cenzuralne niespodziewanie pojawiły się jednak nawet w przypadku *Solaris*. Szczepański zamieścił w swoim dzienniku z datą 27 sierpnia 1960 roku taki niezwykły wpis: „Powiedział mi Lem, który mnie dziś odwiedził, że w MON-ie zażądali od niego, żeby w nowej powieści fantastycznej, którą tam wydaje, pozmieniał nazwiska uczonych o anglosaskim brzmieniu na rosyjskie" (musi chodzić o *Solaris*, Lem wtedy nie miał innej książki w Wydawnictwie MON).

Nie wiem, czy istniała jakaś pierwotna wersja z innymi imionami – Lem zazwyczaj niszczył robocze maszynopisy, najczęściej paląc je na łące za ogrodzeniem domu na Klinach. Być może udało się zadowolić wydawnictwo jedną, istotną zmianą: Gibarian, nazwisko dość ważnej postaci, to nazwisko ormiańskie, a więc w jakimś sensie radzieckie.

W potyczkach z cenzurą Lemowi mógł pomagać lot Jurija Gagarina w kosmos 12 kwietnia 1961 roku. Podobnie jak start pierwszego sztucznego satelity ziemskiego (4 października 1957), było to wielkim triumfem radzieckiej nauki i techniki. Media trąbiły o Gagarinie na okrągło i zapewne miało to jakieś przełożenie na przychylne traktowanie książek Lema w różnych wydawnictwach.

Dla samego Lema nie były to jakieś przełomowe wydarzenia. Z Jerzym Wróblewskim, z którym regularnie korespondował na różne tematy naukowo-techniczne, nie pisał akurat o tym. List z 10 kwietnia dotyczy problemów z wartburgiem („Chłodnica mnie b. ciekła i amortyzator jeden wysiadł") oraz *Drogi do zniewolenia* von Hayeka (Lem odnosił się do tej książki bardziej sceptycznie niż Wróblewski, niegdysiejszy marksista)[25].

Następny list jest z 25 maja i traktuje o sprawach czysto naukowych[26]. Lema zafascynowało to, że molekułę DNA – czyli nośnik naszego materiału genetycznego – można analizować z punktu widzenia teorii informacji i cybernetyki, jakby był to program komputerowy. Zastanawiał się nad konsekwencjami (co zapewne jest wstępem do prac nad *Summą technologiae*). Gagarin go najwyraźniej mało interesował.

Był wtedy rozdzielony ze swoim przyjacielem Janem Józefem Szczepańskim, który wędrował akurat po górach w innym towarzystwie. On z kolei (17 kwietnia 1961) odnotował gagarinomanię tak:

W gazetach, które widujemy tu z rzadka, nie ma prawie informacji o procesie Eichmanna. Tylko lakoniczne, ogólnikowe wzmianki. Natomiast całe kolumny zapełnione Gagarinem. Ze sprawozdań z lotu jedna tylko rzecz jest frapująca – opis Ziemi widzianej z wysokości 300 km. Uderza zgodność z wyobrażeniami o tym. Niebieskawy glob na czarnym niebie. Tylko ta aureola w kolorach tęczy, przechodzących od purpury do czerwieni, jest czymś nowym. Natomiast nic nowego, nic „kosmicznego" w psychice pierwszego kosmonauty. Pytany o swoje wrażenia, odpowiadał samymi politycznymi komunałami. Czuł się nie pierwszym człowiekiem w kosmosie, ale „człowiekiem radzieckim", był wdzięczny władzom i partii, był dumny z osiągnięć nauki radzieckiej itd. Ten wielki skok, którego dokonał, nie spowodował żadnego oderwania od gry, prowadzonej tu na dole.

Szczepański był tu chyba trochę niesprawiedliwy wobec Gagarina – w końcu w tym nie ma nic niezwykłego, że wypowiedzi pilota wojskowego nie są tak do końca szczere. Wypowiedzi amerykańskich astronautów też przechodzą przez biuro prasowe NASA. O tym, że radzieccy kosmonauci byli jednak choć trochę zdystansowani od „gry prowadzonej na dole", najlepiej świadczy ich fascynacja prozą Lema. W całym bloku radzieckim to był wówczas ciągle jedyny pisarz, który świadomie i celowo unikał socrealistycznych konwencji – Strugaccy byli wtedy dopiero na etapie *W krainie purpurowych obłoków* (1959), swoje największe dzieła mieli jeszcze przed sobą. I napisali je niewątpliwie zainspirowani Lemem.

Solaris w kulturze rosyjskiej pojawia się po raz pierwszy już w roku 1961, czyli parę miesięcy po polskiej premierze. Rosjanie nie dostali jednak całej książki, tylko fragment rozdziału *Solaryści*. Ukazał się w grudniowym numerze popularnonaukowego miesięcznika „Znanije – siła" (tytuł jest tłumaczeniem słynnego aforyzmu Francisa Bacona *Scientia potentia est*).

Lem wstrzelił się tu w okres kulturowej odwilży w ZSRR, krótszej i skromniejszej niż w PRL – przyniosła ona jednak także literacki debiut Sołżenicyna, czyli opowiadanie *Jeden dzień Iwana Denisowicza*, opublikowane w 1962 roku w miesięczniku „Nowyj Mir". Ten tekst kończył trwające ćwierć wieku milczenie na temat łagrów – po 1937 roku ta tematyka była po prostu całkowicie zakazana w radzieckiej prasie i literaturze[27], nie wolno już było pisać zakłamanych propagandowych peanów w rodzaju łże-reportaży Maksyma Gorkiego, opiewających humanitarny radziecki system karny, który pozwala tworzyć nowego, lepszego, zresocjalizowanego człowieka. Te też po 1937 wycofano z bibliotek.

Publikacja fragmentu *Solaris* w radzieckiej prasie nie była oczywiście aż takim szokiem, ale tu również przełamano tabu. Wczesne powieści science fiction w bloku radzieckim, jak *Mgławica Andromedy* Jefremowa czy choćby Lemowski *Obłok Magellana*, pokazywały idylliczną przyszłość, w której na Ziemi zapanował idealny ustrój. Nie ma już problemów z pieniędzmi, biurokracją czy personalnymi animozjami. Podobnie zresztą było wtedy z fantastyką zachodnią – van Vogtem czy Clarkiem.

Przyszłość w *Solaris* nie jest wprawdzie pokazana jako dystopia, ale rozdział *Solaryści* pozwala ją sobie wyobrazić jako coś dużo bardziej podobnego do owej „gry na dole" – do której nawiązania Szczepańskiemu brakowało w oficjalnych wypowiedziach Gagarina. Uczeni z przyszłości badający Solaris borykają się z podobnymi problemami, jakie znają uczeni badający dzisiaj cokolwiek – z przycinaniem dotacji, zakulisowymi rozgrywkami, wszechwładną biurokracją.

Powieść stawiała poważne wyzwania radzieckiej cenzurze, dlatego drogę do rosyjskiego czytelnika torowała sobie powoli. Kolejne fragmentaryczne przekłady ukazywały się w innych czasopismach, w roku 1976 wydano nawet książkę – ale pełne wydanie ukazało się na dobrą sprawę dopiero w roku 1992 w przekładzie Galiny Gudimowej i Wiery Perelman.

Poprzednie przekłady (w tym ten książkowy – Bruskina) były okrojone przez autocenzurę tłumaczy, pomijających między innymi wątki religijne i erotyczne. Boga i seksu w komunizmie przecież miało nie być!

W listopadzie 1962 roku Lem przyjechał do ZSRR z delegacją polskich pisarzy. Radzieccy czytelnicy znali go z przetłumaczonych na rosyjski *Astronautów*, *Obłoku Magellana*, opowiadań o Tichym i Pirxie oraz pierwszych fragmentów *Solaris* – które oczywiście podsycały zainteresowanie pisarzem, bo ta książka wciąga, nawet jeśli zaczniemy ją czytać od środka. Tym bardziej chcemy wtedy poznać zagadkę oceanu i tworów F!

To wszystko zapewne sprawiło, że Lema oddzielono od polskiej delegacji i traktowano jak gwiazdę rocka. Wielokrotnie opowiadał anegdotę, jak „w wielkim audytorium Uniwersytetu Łomonosowa zebrało się dwa tysiące młodych ludzi". Spotkanie prowadził „pewien profesor fizyki, specjalista od optyki laserowej, bardzo miły pan". Zebrani mogli Lemowi zadawać pytania na karteczkach, gospodarz zapytał po cichu, czy pytania mają być selekcjonowane – Lem odmówił.

Przyszło pytanie: „*Razwie wy kommunist?*". Lem od lat miał na takie pytanie wypróbowaną odpowiedź: „Nie, bo nie uważam, żebym zasługiwał na to zaszczytne określenie". Ale gdy tylko zdążył powiedzieć: „*Niet, ja nie kommunist*", straszliwy grom oklasków, od którego „po prostu zatrzęsła się sala", uniemożliwił dokończenie zdania[28].

Fiałkowskiemu Lem wspominał, że już podczas tej podróży spotkał w Leningradzie braci Strugackich. Jego biografowie Praszkiewicz i Borisow ustalili jednak w swojej książce, że to niemożliwe (Lemowi prawdopodobnie nałożyły się wspomnienia z różnych wyjazdów – Arkadija spotkał w Pradze, a Borysa dwukrotnie w Moskwie; w trójkę nie spotkali się nigdy). Podobnie jak Szczepański, Strugaccy prowadzili drobiazgowy dziennik. 23 listopada 1962 roku Arkadij zanotował, że słuchał wystąpienia Lema przez radio i bardzo go ucieszyło, że zapytany o swoich ulubionych radzieckich fantastów, Lem wymienił Strugackich i Jefremowa. Gdyby doszło wtedy do spotkania, z pewnością też by to odnotował, ale w Leningradzie rozminął się z Lemem o tydzień.

Tak swoją podróż Lem relacjonował na świeżo Wróblewskiemu:

Drogi Jurku,
Wróciłem przed dwoma dniami z Moskwy [...]. Wróciłem z Rosji w pewnym sensie na nią nawrócony, ze względu bez wątpienia na ludzi – przyczem kontaktów miałem tak wiele, że nie jestem wprost w stanie nawet tego, co się działo, podsumować. Trafiłem przypadkiem doskonale, bo na okres znienacka rozpoczynającej się, choć podziemnie od dawna już własnym nurtem idącej odwilży kulturalnej, która doprowadziła do drukowania wspomnień z łagrów nawet [nawiązanie do wspomnianego wyżej opowiadania Sołżenicyna – przyp. W.O.].

Co się zaś osobiście ze mną, wokół mnie wyrabiało, nie podobna wręcz wyrazić. Doszło do tego, że nasza ambasada urządziła coś w rodzaju bankietu na moją cześć, przyczem gośćmi byli głównie ci z radzieckich uczonych, których poznałem osobiście. Całe szczęście, że już jestem takim starym koniem, inaczej chyba by mi się po tym wszystkim przewróciło w głowie. Mój pokój hotelowy był prawie nieustannie pełen rozmaitych cybernetyków, astrofizyków, matematyków, nie mówiąc już o młodych pisarzach. Miałem też masowe spotkania, dwa ze studentami moskiewskiego uniwersytetu, gdzie niby Lenin w 18 roku czułem się, przemawiając do zapchanej sali, przyczem ci, co nie mogli usiąść, stali i wisieli na kolumnach, prawie że na świecznikach – miałem spotkanie z czytelnikami w bibliotece Dzierżyńskiego reoju [?], takoż ze studentami leningradzkiego uniwersytetu, jak również kameralne rozmowy z uczonymi pierwszej klasy. Kochano mię, wyrażano mi to i owo, obdarowywano mnie, czczono mnie, że zadowoliłoby to chyba człowieka o pretensjach do genialności, którym, zapewniam cię, w dalszym ciągu nie jestem. Formalnie byłem członkiem delegacji ZLP, ale praktycznie z losami delegacji nic nie miałem wspólnego. Prowadziłem długie nocne rozmowy, czytałem w rękopisach wiersze i opowiadania i powieści, przemawiałem po 14 godzin na dobę i wróciłem taki zruszczony, że przez pierwsze dwa dni robiłem błędy w ojczystym języku...

Nota bene nie byłem na Kremlu i mało co zdążyłem zobaczyć, gdyż taki byłem rozrywany: doszedłem jednak do wniosku, że nawiązanie kontaktów osobistych jest daleko ważniejsze od roli zwiedzającego zabytki turysty.

Rosjanie, ci przynajmniej, których poznałem, są prawdziwie ludźmi kraju, który wydał Dostojewskiego. To się czuje nieustannie. Są oni, mam wrażenie, bardziej serio od Polaków, bardziej pryncypialni, skłonni do głębinowych rozważań, i bez względu na światopogląd, kiedy ich podrapać, po 11 w nocy wyłazi z nich mroczny głęboki pesymizm w stosunku do Ludzkości i jej Losów. A przytem młodzież ich (literacka, studenci) jest dziwnie świeża i żarliwa, łaknąca kontaktów, nowych myśli – musiałem więc, czując się ambasadorem spraw ogólnoludzkich, mówić nie tylko o jakiejś fantastyce bynajmniej, lecz o wszystkim możliwym, od telepatii, poprzez sytuację literatury na Zachodzie, aż po problemy „wieczne".

Byłem tam trzy tygodnie i chyba nie zmarnowałem ani jednego dnia, a chociaż wróciłem zmęczony jak pies, niczego nie żałuję. Zostawiłem tam masę znajomych, takich, jakbym ich znał od dawna, zapewniłem sobie „kanały informacjonośne" tamtejszej literatury naukowej i wszelkiej innej – na Polskę patrzą stamtąd jak na Europę, jak na kraj wspaniałej wolności, piękny i wręcz paryski, a moje nieśmiałe próby sprostowania proporcji tego mirażu nie odniosły żadnego rezultatu![29]

Spotkanie czytelników z kosmonautą Konstantinem Fieoktistowem i Stanisławem Lemem, ZSRR, październik 1965 (© Viktor Koshevoi / TASS / FORUM)

Motyw „rozmów o telepatii" pojawia się też w dzienniku
Szczepańskiego, którego to najwyraźniej najbardziej rozbawiło w relacji Lema z podróży. Odwiedził przyjaciół na Klinach
1 grudnia (czyli w dniu z nagłówka powyższego listu!) i zanotował: „Przedwczoraj u Lemów. Staszek rozentuzjazmowany
intelektualną odwilżą w ZSRR. Z tego, co opowiada, najcie-
kawszy fakt ogromnego zainteresowania takimi rzeczami jak
telepatia. Jakieś metafizyczne niedopieszczenie".

Lem jechał do ZSRR jeszcze dwukrotnie, w latach 1965 i 1968.
Za drugim razem towarzyszyli mu trzej kosmonauci z załogi
statku Woschod 1: Jegorow, Fieoktistow i Komarow. Szczególnie ciepło Lem wspominał Konstantina Fieoktistowa – skądinąd jedynego w dziejach ZSRR kosmonautę, który nigdy nie
był w partii.

Misja Woschod 1 przeszła do historii jako pierwszy lot wielo-
osobowy. W praktyce to nie miało żadnego sensu poza czystą

propagandą – w 1965 roku poleciał pierwszy amerykański lot dwuosobowy, czyli Gemini 3. Wysyłając rok wcześniej trzy-osobową załogę, Rosjanie mogli zademonstrować, że ciągle przodują w technice kosmicznej, choć w rzeczywistości właśnie zaczynali przegrywać wyścig.

Woschod 1 był za mały, żeby te trzy osoby mogły na pokładzie robić cokolwiek użytecznego. A na dodatek, żeby dodać na upartego trzeciego załoganta (Fieoktistowa właśnie), trzeba było zrezygnować ze skafandrów. Wszystko to było więc śmiertelnie niebezpiecznym igraniem z ludzkim życiem z błahych powodów – te propagandowe misje raczej opóźniały, niż przyśpieszały wyścig kosmiczny. Rosyjscy kosmonauci byli więc aż nadto świadomi „gry na dole", ale po prostu nie mogli o tym mówić dziennikarzom – mówili jednak polskiemu pisarzowi, wspólnie z nim pijąc kawę na zapleczu biblioteki Gorkiego (tak to przynajmniej Lem opisał Fiałkowskiemu).

Entuzjazm, z jakim Lem się wypowiadał na temat swoich podróży do ZSRR, jest czymś, nad czym chciałbym się chwilę zatrzymać. Na początku lat sześćdziesiątych pisarz jest już domatorem, któremu nie marzą się dalekie podróże. Mrożek, Szczepański i Błoński proponują mu różne wspólne wyjazdy a to do Londynu, a to do Paryża. Pojawiają się też pierwsze zaproszenia do USA. Lem to wszystko odrzuca.

Wygląda na to, że nie lubi podróżować – nad czym szczególnie ubolewa Barbara Lem, której udaje się mimo wszystko wyciągnąć męża na kilka wspólnych wypraw. Bardzo dowcipnie to wszystko opisuje Tomasz Lem, cytując fragmenty dziennika, który podczas tych wyjazdów prowadziła jego (przyszła) matka. Na przykład podczas pobytu w Jugosławii w roku 1961 małżonków prześladowały problemy z wodą – której albo w kranie nie było wcale, albo była tylko zimna:

W naszej kwaterze idzie wprawdzie woda, ale lodowata. Mimo to dzielnie się tuszuję. Staszka namawiam, żeby się wcale nie mył, ponieważ wiem, że wtedy na pewno się umyje, a obejdzie się bez gadania…

Z innych wpisów wynika, że Lema bardzo drażniła ta kronika prowadzona przez małżonkę:

Piszę. Staszek co pół minuty chce wiedzieć o czym. W końcu każę mu siedzieć cicho. Obraża się i idzie spać.

Lem zaczął więc w ramach zemsty prowadzić pamiętnik, zatytułowany *Khoszmarna Xięga Bezlitosnych Dopiekań i Peregrynacji na Poboczu Dalmatyńskiej Partii Adriatyku*. Tomasz Lem niestety nic z tego już nie cytuje, dodając tylko, że „zawiera wiele stronic zapisanych nieczytelnym maczkiem".

Wygląda na to, że stosunkowo najłatwiej było Lema namówić na wyprawy samochodowe. Kochał motoryzację – Tomasz Lem zauważył w tej samej książce, że na filmach, które Lem kręcił w latach sześćdziesiątych na ośmiomilimetrowej taśmie, kamera zwykle skupia się na samochodach, czasem tylko w kadrze przypadkowo pojawiają się tematy mniej interesujące, jak Sławomir Mrożek, Jan Błoński czy jakieś dalmatyńskie zabytki.

Jako miłośnika motoryzacji, Lema musiała dręczyć ta zmora związana z amerykańskim snem w modelu „domku na przedmieściu": człowiek sobie kupuje ten wymarzony samochód i potem jeździ z nim w kółko tylko między domem a pracą. Ech, tak wsiąść kiedyś i pojechać choćby do Lizbony – gdyby tylko na końcu tej podróży ktoś zwrócił poniesione wydatki!

Lem znalazł się w takiej sytuacji w roku 1960. Jak pamiętamy, Czesi w końcu zgodzili się zapłacić honorarium za przekłady, ale tylko w postaci gotówki do odebrania *loco* Praga. Przelew nie wchodził w grę z powodu braku odpowiednich umów międzynarodowych. Zresztą sama możliwość rozliczania się w ten sposób nagle została zlikwidowana w 1970 roku, jak to zwykle w ustroju totalitarnym bywa – z dnia na dzień, bez uprzedzenia, bez konsultacji. Niezawodny Szczepański odnotował ten dzień w swoim dzienniku z datą 24 września 1970 roku, dodając: „W praktyce to znaczy, że władze przywłaszczyły sobie ⅔ mojego honorarium w Zw.[iązku] Radzieckim, bo teraz wolno wymieniać tylko na złotówki po kursie oficjalnym" (*via* zaiks).

Krótko mówiąc, korony czekające na Lema w Pradze trzeba było podjąć i nie można ich było przywieźć z powrotem, zresztą w Polsce nie miałyby żadnej wartości. Pozostawało tylko wydać je na miejscu. Lemowie wyruszyli więc w szaloną podróż.

Z listu do Mrożka wyraźnie widać, że dla Lema główną atrakcją wcale nie była możliwość zobaczenia zabytków Pragi ani nawet zwiedzania jej najdroższych lokali (Lemowie szastali pieniędzmi jak pijany marynarz w porcie, bo po prostu nic innego nie mogli z nimi zrobić). Najatrakcyjniejsze było wyruszenie w najdalszą samochodową podróż, jaką dotąd odbył w życiu:

Przejechaliśmy łącznie na tamecznym terenie 2500 km. Trzy były skoki wielkie, pierwszy jednym ciągiem z Krakowa do Pragi, ale warunki były wyjątkowo dobre, drogi jest coś 480 km plus godzina na granicy, no i małe w lasach siusianki. Z powrotem, tj. wczoraj [czyli 2 października 1960 – przyp. W.O.], bo dopiero żeśmy wczora wrócili, mgła od Pragi była cholerna, czarno widziałem tę drogę, widoczność tak – 50 metrów, 60, a czasem i na 20. A więc wyjechaliśmy z Pragi w tej zupie-polewce i ciągnęliśmy skromną 60-tką, za jakąś Oktawią czeską, gdy jak czarne widmo Anglicznanin jakiś wyprzedził nas. Natychmiastowo się go uczepiłem i pojechałem na jego czerwone światełka tylne. Ten człowiek wielkim kierowcą był i ryzykusem, bo setką cały czas ciągnął na Hradec Kralove, a to jest 105 km z Pragi. I myśmy ten kawałek zrobili, jadąc na jego optycznym holu, w godzinę i minut pięć! Potem już lepi było widać, pod samą granicą nawet słonko, a w Polsce zaczęło siąpić, no ale to już swoje i mniej ciekawe. A jeździliśmy w zaprzyjaźnionym kraju tak: Praga – Karlove Vary – Mariańskie Łaźnie – Praga – Brno – Bratislava (z Karlovych do Bratislavy w jednym dniu 501 km, to był nasz skok najdłuższy; co z Pragi do Brna straciłem na czasie, bo górska droga, dosyć kręta, b. stroma, coś jak na Zakopane, a nawet miejscami nachylenia większe, tyle że dobra kostka i beton), to w Słowacji zyskałem, i dopiero w 9-tej godzinie jazdy się rozkręciwszy (Barbara twierdzi, że naprawdę dobrze zaczynam jechać gdzieś po 6–7 godzinach jazdy nieprzerwanej), wyciągnąłem na wspaniałych słowackich betonach 110. A wracając do Pragi przez Brno, na kawałku autostrady małym, lecz jak stół pod samą Pragą, gdy mnie pewna Arondka podciągnęła, powyżej 112 wylazłem, i bardzo się równo i ładnie leciało. Może wyszłoby więce, ale w obcym kraju się trochę bałem: myślę, że 115 Warbur bez żadnego trudu wyciągnie. Rezerwy pod nogą byli.

Poza tym wycieczki mniejsze, z Bratislavy do Modrej, z Pragi: Jelowiste, Karlsztejn (coś wielkiego, zobaczycie, jak przyjedziecie, bośmy Filmę 8 mm kręcili, aparat projekc[yjny], ekran, wszechno mame, a z projekcją czekame), tam zamek Karla Cysorza sławny z XIV wieku, Mielnik, Litomerice, Usti na Labe, w ten sposób żeśmy na Północ, Wschód, Zachód (K. Vary), Południe spenetrowali Pragi pobliża. No i w samych miastach, w Pradze między innymi sporo się jeździło. Warbur wdzięcznie się sprawował, pech go nie opuszczał, to go w podziemnym garażu hotelu Alcron skurwiesen jakiś stuknął (z tyłu ozdópkę tłumika zgiął mi, z przodu zderzak z przednią blachą wypatroszył z lekka), na odjezdnym znowuż ktoś mnie w tylny zderzak łupnął, dopiro w domum przyuważył, wylazłszy z auta, że tego przedtem nie było. Ale hawaryj żadnych ani styrbnych nawet sytuacji nie było. Żadnej gumy, w ogóle nic. Special Benzina, nasz olej Extra 15, i na tym się leciało. Olej miałem z Polski. Skromnie zaznaczam, że pod górki mnie wszytkie czeskie Skody-Spartaki próżno się czepiały i odpadały, bo Warbur b. ładnie na trójce do 80-ki pod górę ciągnie.

Handel nie szedł. Forsy było massę, ale co robić z nią? Faktycznie 75% się przeżarło. Kawiory, śliwowiczki, Szampiter, boeuff *à la* Stroganoss [sic], tabulova spiczka, cyganska peczinka, rumunskie parki, rosztiena na rożni, slepice, kurza twarz, kroczan, jarabice, jeleń, srnczi kita, te rzeczy. Na szczęście dość drogie.

I tyle wybitny pisarz ma do opowiedzenia wybitnemu dramaturgowi o największej (jak na razie) lądowej podróży swojego życia. Jedna zdawkowa uwaga o jednym zabytku. Ani słowa o Hradczanach, moście Karola, żadnego zapierającego dech w piersiach opisu piękna przyrody – a znam te trasy, więc wiem, że bywają tam wspaniałe widoki. Wszystko to mniej ważne od oleju Extra 15, kawioru i wylezienia do stu dwunastu kilometrów na godzinę.

Hotel Alcron założono w 1932 roku i działa do dzisiaj (obecnie pod szyldem Radisson Blu). Z parkingu podziemnego można skorzystać, także nie będąc gościem hotelu – godzina sto koron, doba dziewięćset. Ze sceptycyzmem odnoszę się do anegdoty o tym, że Lema tam „skurwiesen jakiś stuknął". Lem miał skłonność do szkód parkingowych, ciągle go ktoś stukał albo od tyłu, albo od przodu. Nawet w jego własnym garażu na Klinach nocą potrafiły go stuknąć zdradzieckie ściany i brama.

Sam zresztą ten opis jazdy przez pogrążoną we mgle Czechosłowację, na zderzaku jakiegoś samobójczego „ryzykusa", budzi dziś grozę. Lem pokonał trasę z Pragi do Hradca Králové szybciej, niż dziś to sugeruje serwis Google Maps, choć obecnie na całej tej trasie jest już droga ekspresowa R11. A przecież ówczesne samochody nie przeszłyby dzisiaj żadnego testu zderzeniowego! To straszne, z jaką niefrasobliwością zachowywały się największe talenty polskiej kultury – Munk, Komeda, Kobiela czy Cybulski.

Hotel Alcron nie leży wprawdzie na Vinohradach, tylko w ścisłym centrum, ale jednak tuż obok, niedaleko wylotu ulicy Vinohradskiej. Przypuszczam, że to jego dotyczy poniższa anegdota, opowiadana przez Lema wielokrotnie – także autorowi tej książki.

Podróż Lemów przez Czechosłowację była w dużym stopniu podróżą „na wariata", bez uprzednich rezerwacji – bo w końcu na tym polega urok samochodowej wycieczki. Po krajach komunistycznych podróżować w ten sposób było trudno, bo hotele z zasady nie miały wolnych miejsc dla osób wchodzących prosto z ulicy. Turyści powinni byli mieć miejsca wykupione przez biuro podróży, a podróżujący służbowo – przez swój zakład pracy. Do dzisiaj zresztą w krajach byłego ZSRR zdarza się, że z recepcji człowiek jest odsyłany do „biura rezerwacji" gdzieś obok.

Lemowie szukali więc noclegu w Pradze późnym popołudniem lub może nawet wieczorem – bez powodzenia. Sytuacja była o tyle nieprzyjemna, że to nie była ich pierwsza próba. Poprzednia była do tego stopnia nieudana, że musieli odjechać z Pragi na kilkadziesiąt kilometrów[30].

W którymś hotelu – być może właśnie w Alcronie? – recepcjonista najpierw również powiedział, że nie ma wolnych pokojów, ale potem skojarzył nazwisko pisarza. „*To vy jste napsali Eden? Ja rozumím!*" I pokój się znalazł.

Kapitalnie tę podróż opisuje Tomasz Lem na podstawie dziennika swojej matki. W ramach wydawania pieniędzy jej mąż kupił w Pradze maszynę parową i próbował ją uruchomić w pokoju hotelowym. Według instrukcji obsługi paliwem do maszyny miał być spirytus, ale spirytusu nie mieli, Lem użył więc czeskiej wody kolońskiej. „Najpierw nic. Potem gulga, a wreszcie wszystko się kręci jak szalone".

Lemowie kupili też w Pradze ten projektor, którego posiadaniem nonszalancko chwalił się w liście do Mrożka, jakby to było oczywiste, że w każdym krakowskim domu stoi takie urządzenie. Je też uruchomił już w pokoju, odtwarzając kręcone jeszcze w Krakowie i Zakopanem filmy przedstawiające Stanisława i Barbarę Lemów w towarzystwie Aleksandra i Danuty Ścibor-Rylskich (a właściwie głównie ich samochody). Barbara Lem zapisała:

Znając Staszka, wiem, że zabierze się do tego, nie studiując instrukcji obsługi, i będzie twierdził, że aparat jest zepsuty. I rzeczywiście. Najpierw złamało się ebonitowe kółko do zmiany napięcia i zaraz potem Staszek studiuje książkę obsługi. Według książki niby dobrze, a jednak nie idzie. Rozkręcamy transformator. Nie możemy ani rusz skręcić go z powrotem. Staszek z wolna sinieje – jest bardzo gorąco, a transformator ciężki. Potrząsamy i stukamy nim o ziemię. Pakujemy wreszcie do walizki, którą Staszek zanosi do sklepu. Tam sprzedawca przekręca złamane kółko od napięcia i wkręca śrubkę. Staszek wraca, jest bardzo zmęczony. Chwilę odpoczywa, po czym uruchamia aparat.

W Pradze Lemowie obchodzili też trzydzieste dziewiąte urodziny pisarza. Spędzili je w towarzystwie czeskiego tłumacza Jaroslava Simonidesa, który miał Lemom pomagać w Pradze, ale zniknął natychmiast po ich przyjeździe i nie dawał znaku życia. Pojawił się za to niespodziewanie na urodzinach, które Lemowie chcieli spędzić samotnie w restauracji – w dodatku, co jeszcze bardziej niespodziewane, w towarzystwie wspólnej znajomej. Próby wyjaśnienia sytuacji sprawiały, że tłumacz mówił „rzeczy mętne i nieprawdopodobne". W końcu do Lemów dotarło, że tłumacz porzucił ich towarzystwo z powodu nagłego romansu z ową wspólną znajomą.

Zaraz potem wściekły Lem wysłał mu z hotelu „list rozwodowy", czyli swoją ulubioną formę epistolograficzną: list, w którym uroczyście oznajmia, że z kimś zrywa stosunki po wsze czasy. Jakąś formę takiego listu dostał właściwie każdy, kto blisko współpracował z Lemem i czymś mu przy tym uchybił; z Kandlem, Beresiem, Jarzębskim i Fiałkowskim włącznie. Przepuszczanie pieniędzy w luksusowej restauracji Moskwa Barbara Lem opisała zaś tak:

Całe góry kawioru i lodu. Trzech kelnerów czuwa nad każdym naszym westchnieniem. Pusto tak, że nie ma na kim oka wesprzeć. Jedzenie bardzo dobre. Luksusowa cisza, w której słychać każde siorbnięcie Staszka.

Była to więc podróż, którą trudno odnieść do współczesnych wrażeń z samochodowych wypraw Kraków–Praga. Przedziwnie mieszały się tam luksusy, których dziś nie można mieć za żadne pieniądze – z biedą i prześnością, przed którą wtedy z kolei za żadne pieniądze nie można było uciec. Kiedy się czyta opisy ówczesnych luksusów, łatwiej zrozumieć, dlaczego nawet ludzie, których teoretycznie było stać na kawior i szampana, z największą przyjemnością wypoczywali jednak w namiocie rozbitym w głuszy, żywiąc się złowionymi własnoręcznie rybami i paprykarzem z puszki.

Wakacje w 1961 roku Lemowie spędzili razem ze Szczepańskimi, co ten jak zwykle drobiazgowo opisał w dzienniku – wygląda to lepiej od wojaży praskich czy jugosłowiańskich, i to nie tylko dlatego, że Szczepański był większym optymistą; przeciwnie, znajdziemy też w jego książkach opisy wyjazdów bardzo nieprzyjemnych. Ten do nich nie należał (wpis z 7 sierpnia 1961):

W piątek 4-go wyjechaliśmy rano z Lemami samochodem w Bieszczady – przez Sącz, Gorlice, Jasło, Sanok. Stary Sącz pełen uroku. Uliczki porosłe trawą, cisza, stare domki garncarzy i garbarzy. Maleńkie muzeum wyposażone przez jakiegoś lokalnego zbieracza, klasztor klarysek z prześliczną amboną oplecioną złotymi pnączami drzewa Jessego. Zwiedziliśmy także zameczek w Szymbarku, zupełnie zdewastowany, ale cały. Zachował się nawet ustęp w narożnym wykuszu. W Bieczu obejrzeliśmy kolegiatę i kamieniczkę Kromera z pięknie zachowanym renesansowym wnętrzem.

Za Leskiem już bieszczadzka egzotyka. Początkowo przykra. Niechlujne, dosyć gęste osadnictwo na terenach jakby zdobytych. Czuje się, że ta ziemia jest świadkiem długiego procesu krzywd.

Stopniowo coraz puściej, coraz bardziej górzysto i lesisto. Biwakowaliśmy nad strumieniem, niedaleko Baligrodu. Następnego dnia podjechaliśmy do końca asfaltu za Wetliną i wyszliśmy na Połoninę Wetlińską.

Cudowna pogoda. Widok na rozległe gniazdo górskie, całkowicie bezludne. Piękne, lesiste doliny, na szczytach olbrzymie łąki. Jak okiem sięgnąć ani dachu, ani dymu.

W drodze powrotnej znów biwak niedaleko Baligrodu na bujnej nadrzecznej łące, drżącej od głosów świerszczy. Wczoraj cały dzień jazda powrotna. W Ropicy Dolnej odwiedziliśmy chłopczyka, którego potrąciłem motorem. Jest już w domu. Noga w gipsie, chwała Bogu złamanie było bez komplikacji.

Szczepański nawiązywał tu do wypadku z 19 lipca, kiedy czteroletni chłopiec nagle wybiegł mu na drogę, mimo ostrzegawczego klaksonu. Szczepański nie był pewien, czy nie jest winny. Nie uciekł, udzielił pierwszej pomocy i zeznawał na milicji, która uznała, że winni są rodzice chłopca, którzy go nie upilnowali. Wracając z wakacji, chciał ich odwiedzić. Lem mu to odradzał, bo ostrzegał, że gdy tylko zobaczą wyrzuty sumienia – zaczną go szantażować.

Tak się zresztą stało, zaraz po powrocie Szczepański dostał od rodziców chłopca „list w obrzydliwym tonie szantażu, domagający się pieniędzy i grożący sądem". Szczepański odpowiedział ostro, deklarując chęć opłacenia prywatnej opieki pielęgniarskiej (na co i tak był gotów), ale przecząc wszelkiej winie. Rodzice więcej się nie odezwali (a przynajmniej nic o tym nie ma w dzienniku). Ostrzeżenia Lema nie należy jednak traktować jako wyrazu jego cynizmu, raczej realizmu.

Najlepszym dowodem jest to, że w kwietniu 1962 roku Lem z kolei wpakował się w jeszcze większe tarapaty, chcąc nieść pomoc bliźniemu. Zwrócił się do niego z prośbą o pomoc człowiek nazwiskiem Leśnicki, lwowski Żyd, który – tak opisuje to w dzienniku Szczepański – „przetrwawszy okupację w Niemczech, dostał się potem do Czechosłowacji, gdzie wykładał na politechnice w Libercu jako inżynier elektryk i mechanik". Miał służbowe mieszkanie, na które „zagiął parol" jakiś funkcjonariusz StB (czechosłowackiej ubecji). Żeby zagarnąć mieszkanie, doprowadził do wydalenia Leśnickiego do PRL.

Ten, ze względu na uprzednią próbę samobójczą, w Polsce został od razu osadzony w zakładzie dla nerwowo chorych w Branicach. Po paru miesiącach go zwolniono, ale nie miał gdzie się podziać.

Upominał się w Warszawie, obchodził wszelkie urzędy i ministerstwa (zarabiając sprzedawaniem biletów pod kinami i nocując na dworcu), ale wszędzie żądano, żeby najpierw podpisał kartę repatrianta. Tego nie chciał zrobić, ponieważ postanowił dochodzić unieważnienia bezprawnej deportacji. Wreszcie, w rozpaczy, wybrał się zimą nielegalnie przez granicę. Spadł z lawiną i z połamanymi żebrami leżał w szpitalu. Ledwo podleczony, ruszył drugi raz i tym razem udało mu się. W Czechosłowacji oddał się w ręce władz, żeby w toku procesu udowodnić swoją niewinność. Dostał kilka miesięcy więzienia i papierek, że przez kilkanaście lat żył życiem nienagannego obywatela. Potem wysiedlono go ponownie, a w Polsce skazano na rok za nielegalne przekroczenie granicy.

Po wyjściu z polskiego więzienia znalazł się w punkcie wyjścia. Nie zgadzał się na uznanie statusu repatrianta, więc żaden polski urząd nie mógł mu pomóc. W końcu w wieku czterdziestu dwóch lat wylądował w domu starców w Batowicach, skąd listy o pomoc słał do różnych instytucji i znanych ludzi. Jeden z nich wysłał do Lema, który postanowił mu pomóc.

Szczepańskiego od początku to dziwiło, bo od razu zauważył, że Leśnickiemu – który w jego dzienniku nazywany jest najczęściej po prostu „wariatem" – pomóc się nie da: „Jest nieduży, ze złamanym nosem, rzadkimi wielkimi zębami i jaskrawo niebieskimi oczyma. Raczej niesympatyczny. Próbujemy mu coś pomóc, ale każda inicjatywa rozbija się o jego nieustępliwą, maniacko zasadniczą postawę. Żąda, żeby wszystko zostało mu przywrócone, co nie jest możliwe".

Powody, dla których Lem chciał mu pomóc, były dla Szczepańskiego niezrozumiałe. Odnotował tylko, że gdy Lem, miotając się w tej sprawie samochodem po Krakowie i okolicach, walnął o coś swoim wartburgiem, jego przyjaciel „w swoim typowym nastroju buffo" skomentował to warknięciem „podziwiam moją miłość dla tego skurwysyna Bliźniego".

Sprawa „wariata" zajęła Lemowi sporo czasu na przełomie kwietnia i maja (pierwszy wpis na ten temat w dzienniku Szczepańskiego datowany jest 26 kwietnia, ostatni 10 maja, ale dla Lema sprawa z pewnością zaczęła się wcześniej i prawdopodobnie zakończyła się później – po prostu tylko w tym okresie z bliska śledził to Szczepański). Pisarz próbował załatwić Leśnickiemu lepsze leczenie poprzez swoich znajomych psychiatrów, między innymi Wandę Półtawską (słynną przyjaciółkę Karola Wojtyły), która zresztą od razu powiedziała, że rzeczywiście jest on chory psychicznie i stanowi zagrożenie dla siebie i otoczenia (pytała go o jego próbę samobójczą, odpowiedział jej, że już więcej się nie będzie próbował zabić, bo nie chce dawać satysfakcji swoim prześladowcom – to jest odpowiedź paranoika, taka była lekarska opinia Półtawskiej).

Lem „uruchomił" też posła Jerzego Zawieyskiego, którego znał przez redakcję „Tygodnika Powszechnego". Chciał ponadto zapewnić „wariatowi" pomoc prawną mecenasa Andrzeja Rozmarynowicza (później słynnego obrońcy w procesach politycznych). To wszystko nie miało sensu, bo najlepsze, co można było w tej sytuacji zrobić, to dać Leśnickiemu jakąś rentę i mieszkanie gdzieś w Krakowie. Lem miał możliwości, żeby to załatwić, ale Leśnicki nie chciał, a pewnie nawet gdyby zechciał, skończyłoby się to kolejną próbą samobójczą albo usiłowaniem nielegalnego przekroczenia granicy.

W świetle tego, co wiemy o wojennych losach Lema, możemy chyba zrozumieć to, czego w tej zagadce nie zrozumiał Szczepański. W lwowskim Żydzie, swoim rówieśniku, Lem zobaczył ucieleśnienie wszystkich tych, którym nie mógł wtedy pomóc, bo musiał myśleć o ocaleniu siebie i swoich rodziców. Pamiętajmy, że dla Hala Bregga najstraszniejsze było wspomnienie Venturiego, który „wołał o pomoc", ale Bregg musiał dać „całą wstecz". Teraz więc Lem wolał dać całą naprzód, nawet jeśli wszyscy mu mówili, że to nie ma sensu, bo sprawa jest beznadziejna.

Lem w tym okresie jest u szczytu formy pisarskiej i intelektualnej. Sądząc z treści listów do Wróblewskiego, już zaczyna pracować nad dziełem podsumowującym jego wizję przyszłości – *Summa technologiae*. Tematykę i główne tezy pomogły mu ostatecznie wykrystalizować rozmowy z czołowymi radzieckimi uczonymi, ale już wcześniej Lem żywo interesował się postępami informatyki i genetyki.

Sam pisarz na poły żartobliwie mówił Fiałkowskiemu, że za swój największy sukces literacki uważa tamten incydent w praskim hotelu. Bo jednak wszystkie nagrody i ordery są niczym w porównaniu z takim namacalnym dowodem sławy – że recepcjonista w hotelu w obcym kraju na sam dźwięk nazwiska pisarza, by wyrazić uznanie dla książki, której jeszcze nie przetłumaczono na jego język (*Eden* wyjdzie w csrs dopiero w roku 1975!), nagle wręcza temu pisarzowi klucz do pokoju, którego jeszcze przed chwilą wcale nie było... to przecież na dobrą sprawę lepsze od Nobla.

Ale jak naucza Talmud: „kto ratuje jedno życie, ratuje cały świat". Więc może jednak swój największy sukces życiowy Stanisław Lem odniósł właśnie na przełomie kwietnia i maja 1962 roku? Wysiłki, które włożył w beznadziejną – zdawało się – sprawę, ostatecznie jednak nie poszły na marne.

Sprawa Leśnickiego miała nieoczekiwany happy end, którego świadkiem na szczęście był Szczepański. Inaczej nigdy byśmy się o tym nie dowiedzieli. Lem się tym nie chwalił.

Było to niemal dokładnie rok później. Oto wpis z 9 maja 1963 roku:

Wczoraj wieczorem na Klinach. Tylko my na imieninach Staszka. Jedynie na moment wpadł jakiś sąsiad. Przedtem telefon od Leśnickiego, który odnalazł się nagle (podejrzewałem, że ostatecznie wylądował w [zamkniętym zakładzie w] Kobierzynie). Jakaś tajemnicza zmiana w nim zaszła. Pracuje, znalazł mieszkanie, żyje jak normalny człowiek.

Może wystarczyło, że wreszcie w swoim życiu Leśnicki spotkał kogoś, kto okazał mu tyle bezinteresownego dobra? Nie zdziwiłbym się w każdym razie, gdyby Święty Piotr przywitał Lema nie słowami czeskiego recepcjonisty: „Ach, to pan napisał *Eden*?", tylko powiedział: „Ach, to pan całkowicie bezinteresownie uratował w latach sześćdziesiątych pewnego człowieka? Zapraszamy, oto klucz".

VII

Głos Pana

Ludzie żyjący w złotej erze przeważnie tego nie wiedzą. Nie mieli takiej świadomości starożytni Ateńczycy ani renesansowi Florentyńczycy. Nie mieli jej też polscy literaci w latach sześćdziesiątych, choć niewątpliwie to jest złoty okres polskiej kultury.

Wyobraźmy to sobie: w telewizji lecą *Kabaret Starszych Panów* (1958-1966), *Wojna domowa* (1965-1966) i *Stawka większa niż życie* (1965-1967). My już znamy na pamięć puentę każdego żartu i każdy zaskakujący zwrot akcji – wiemy, kim jest Gruppenführer Wolf i jak wespół w zespół żądz moc móc zmóc. Jak wspaniale musiało być to oglądać w premierowych odcinkach!

A kultura wyższa? Można było wtedy pójść do teatru na *Kartotekę* Różewicza (1961) w reżyserii Swinarskiego (1965). Do filharmonii na *Pasję według świętego Łukasza* Pendereckiego (1966). Do kina na *Nóż w wodzie* Polańskiego (1961), *Popioły* Wajdy i *Rękopis znaleziony w Saragossie* Hasa (1965).

Jeśli chodzi o Lema i jego przyjaciół – złota era lśni najjaśniejszym blaskiem. Ścibor-Rylski jest wziętym scenarzystą, na przykład właśnie *Popioły* to jego dzieło. Błoński wyjeżdża na prestiżowe stypendium na Sorbonę i przywozi stamtąd najnowsze mody w literaturoznawstwie – popularyzuje u nas myśl Barthes'a i strukturalistów. Szczepański wyspecjalizował się w literaturze podróżniczej, więc ciągle na koszt wydawcy jeździ a to do Ameryki Łacińskiej, a to do Persji, a to na Spitsbergen, a to do USA. Mrożek robi światową karierę jako jeden z najpopularniejszych europejskich dramaturgów. A Lem? Jeśli akurat nie pisze *Cyberiady*, to tylko dlatego, że pisze właśnie *Summę technologiae*.

Wszyscy u szczytu możliwości. Wszyscy triumfują. A jednak tego nie widać z listów ani z dziennika Szczepańskiego, który po spotkaniach z przyjaciółmi odnotowuje ciągle ich minorowe nastroje. Chwile triumfu zdarzają się rzadko i z reguły towarzyszy im refleksja typu „ale co to za triumf, za mały, za późno i zupełnie nie taki, jaki miał być". Wszyscy w tym kręgu przeżywają regularne napady zwątpienia w sens swojej pracy – nie wierzą w swój talent, ze strachem oczekują reakcji przyjaciół. A ta reakcja często rzeczywiście była surowa.

3 września 1962 roku Szczepański na przykład pisze: „Przedwczoraj wieczorem Lemowie i Błońscy u nas. Błoński załamany, rozhisteryzowany. Nic go w kraju nie interesuje, nie bawi. Szarżuje, wygłupia się agresywnie, ale widać, że naprawdę z nim źle. Nie wierzy w sens swojej krytycznej działalności, mdli go niesmak".

Z opisów Szczepańskiego wynika, że Błoński miał tendencję do upijania się na smutno. Podczas spotkań towarzyskich użalał się nad sobą i swoim zawodowym niespełnieniem. Uważał, że wszyscy mają lepiej od niego, i oczekiwał powszechnego współczucia w związku z problemami, które postronnym często jawiły się jako komicznie nieistotne (co Błońskiego jeszcze bardziej drażniło). Oto jeden z takich wybuchów w 1967 roku, podczas przyjęcia u Lemów z okazji ich rocznicy ślubu:

Wieczorem na Klinach. Rocznica ślubu Staszków. Byli Błońscy i Madeyscy. Błoński zaimprowizował całe misterium buffo nad stołem, wznosił okrzyki na cześć kawioru, trzymał wykład o gastronomii w stylu barokowo-orgiastycznym, wygłupiał się b. śmiesznie, aż pod koniec wpadł w furię, bo ktoś wspomniał o jakichś meblach ze szkoły Kenara[1], które on chciał kupić, a które sprzedano komu innemu. I nie zmieniając stylu, zaczął wyładowywać swoje kompleksy, u których korzenia jest „niedopieszczenie" krytyka. Było to ciekawe i żenujące, i nieprawdopodobne, jak surrealistyczny teatr[2].

W listach do Mrożka Błoński z kolei to właśnie swoim przyjaciołom zarzuca smęcenie. „Przyjaciele nasi w smutku pogrążeni", pisze w 1963 roku[3]. Gdy mowa o smutku Lema, zwykle dodaje coś złośliwie na temat tego, jak Lemowi się dobrze powodzi:

Z maszyną elektrostatyczną (© Irena Jarosińska / zbiory Ośrodka KARTA)

Staszek ściska Cię. Otoczony barykadami konserw z krabów i szparagów, obficie zaopatrzony w wyborne alkohole, zieje on, jak z fortecy, okropnymi jadami na wszystko, co go otacza. Inni także, tylko mniej mają do jedzenia⁴.

Sam Szczepański jednak ma podobne zjazdy. Do historii przeszedł jako niekwestionowany autorytet moralny, nieformalny lider frakcji dysydentów w Związku Literatów Polskich i jego historyczny przywódca podczas najważniejszych chwil w dziejach tej organizacji – przypadającej na solidarnościowy karnawał (co opisał w książce *Kadencja*). Prestiż, którym się cieszył, budował w latach sześćdziesiątych, konsekwentnie pozostając poza podziałami i koteriami – pisarze z różnych środowisk i opcji ideowych jednakowo szanowali jego opinię, bo wyróżniał się rzadką w Polsce bezstronnością.

Wygląda na to, że się tej bezstronności wstydził. Jeszcze w 1957 roku Lem przekazał mu opinię Błońskiego o jego twórczości. Błoński porównał ją do twarzy, która jest tak dalece pozbawiona cech charakterystycznych, że nie można jej skarykaturować. „Oczywiście nie chodzi o zdanie Błońskiego o mnie, ale o to, że sam czuję w jego opinii rację, którą skrzętnie przed sobą ukrywałem. Nie zaangażowany ni tu, ni tam, pozbawiony namiętności […] Jestem sobą zmęczony i zbrzydzony bardzo. A poza tym za dużo się sobą zajmuję", napisał, a w następnym zdaniu dodał, że właśnie dostał francuskie stypendium (co jest typowe dla naszej czwórki przyjaciół: użalają się na zawodową porażkę mimo oczywistych przejawów sukcesu).

W ostatnim wpisie z 1961 roku Szczepański wprawdzie przyznawał, że to był dobry rok („Książka, scenariusz, Zatoka Perska. I między nami wciąż tak samo dobrze. Tylko ten jesienny już blask wszystkiego"). Ale w pierwszym z roku 1962 pisał tak:

Smutek poalkoholowy. Byli wczoraj u nas: Lemowie, Siedleccy, Promińscy, Łozińscy, Świderscy, Hanka Morawska, Tila
Osterwina, Biś Łubieński, Riegerowie. Upiłem się, rzygałem
do zlewu w kuchni, język mi się plątał. Dziś cały dzień widzę
siebie jako tego pijanego kretyna i usiłuję naiwnie poprawić
swoje morale, przypominając sobie, że piszę także książki, że
to i owo umiem, że jestem kimś. Ale te pociechy brzmią mi
tak, jakby dotyczyły rzeczy zewnętrznych, a rzeczą istotną
był przypadkowy i niepotrzebny bełkot.

Ścibor-Rylski z kolei ciągle ma problemy finansowe, musi
się więc ratować, pożyczając pieniądze od Lema. Na dodatek
rozpada się jego małżeństwo z Danutą Ścibor-Rylską, w co
Lemowie są wciągnięci jako przyjaciele ich obojga. Mrożkowi opisał to w bardzo dosadnych słowach: „Ścibor-Rylski
rzucił żonę, mieszka z 25-letnią ładną dziwą w mieszkaniu
attaché naszej ambasady paryskiej, opowiada, że to dziwny
dom, zdaje się, że lokatorzy same ubeki, ale nie na etatach,
tylko z Rakowieckiej, że każdy ma pseudoposadę (architekci,
inżynierowie, co mają donosić o swych zakładach pracy)"[5].
W listach do Ścibor-Rylskich wypowiada się jednak dużo dy-
plomatyczniej. Skłócone małżeństwo korzystało ze wspólnej
skrzynki pocztowej i nigdy nie było wiadomo, kto wyjmie list
z koperty.

Na tym tle uczucie porażki, które łączy Stanisława Lema
i Sławomira Mrożka w latach sześćdziesiątych, jawi się przynajmniej jako coś typowego dla ich środowiska. Nadal jednak
na pierwszy rzut oka wymyka się to współczesnemu pojęciu.
Z całym szacunkiem dla pozostałych przyjaciół – Lem i Mrożek
tworzą w tym okresie dzieła ponadczasowe. *Tango* i *Solaris*
znajdą się przecież w każdym opracowaniu pod tytułem „literatura polska xx stulecia", choćby i w czasach Hala Bregga.

Obaj geniusze wysyłają swoje utwory – czasem jeszcze w ma-
szynopisie – przyjaciołom, prosząc o recenzję. Ale zdziwi się

ktoś, kto by oczekiwał przy tym uwagi w rodzaju „napisałem coś, z czego wreszcie jestem dumny". Bodajże ostatnią książką, o której Lem tak pisał, był *Obłok Magellana*. Bardziej typowy jest na przykład ton z listu do Ścibora-Rylskiego:

> Kraków, 20 Maya 64
> Leszku, Dawno Niewidziany!
> [...]
> Wyszła moja *Summa technologiae*. I w związku z tym, zwracam się do Ciebie, w ramach prastarej naszej przyjaźni, abyś od serca i z głębi ducha mnie uczciwie odpowiedział, chcesz-li tę książkę, czy Ci ona na nic. Bo to takie cybernetyczne i teoretyczne i wymądrzone, więc, gdybyś nie miał zamiaru czytać i przegryzać się przez ów tekst okropny, a tylko jako cygłę na półce postawić kupamięci, to poco Ci to, a ja i tak nie mogę dać książki wszystkim, bo autorskich egzemplarzy mało i nakład (3000) też niewielki i cały Kraków (księgarnie) dostaje raptem 260 egzemplarzy. Więc proszę Cię, wypowiedz się z właściwą Ci otwartością i bezpośredniością, bo jak chcesz i masz ochotę, to Ci natychmiast poślę, a jak nie, to dopiero w czerwcu, kiedy wyjdą, prześlę Ci *Bajki robotów*.
> [...]
> W Wartburgu mnie wolne koło wysiadło, ale pozatem jeździ się. Sąsiad wciąż ze starych szpejów Octawię montuje, a jego żona lada dzień nowe dziecko urodzi. Basia lakieruje okna na biały, piękny kolor, a w ogródku tulipany, jabłonie, morele, czereśnie i śliwy kwitną, aż miło. I nawet ładny ten świat, tylko cholernie na nim człowiekowi niewygodnie.

„Ów tekst okropny"! Tak Lem pisze o swoim filozoficzno-naukowym *opus magnum*, które do dzisiaj zachwyca intelektualnym rozmachem, trafnym przewidywaniem wyzwań przyszłości (czyli między innymi naszych czasów) oraz oryginalnym, literackim stylem, bo *Summa technologiae* to coś więcej niż tylko esej popularnonaukowy. Jest to typowy ton listów, które Lem i Mrożek dodawali do przesyłek ze swoimi największymi arcydziełami – niemalże przepraszali przyjaciół, że posyłają im te swoje nieszczęsne książczyny i sztuczydła. Przyjaciele zresztą też na te przesyłki wcale nie reagowali z entuzjazmem. Mrożek skrytykował *Summę...*, wytykając Lemowi w długim liście[6], że zapomniał o przyrodzonej niedoskonałości istoty ludzkiej. Dlatego nie ma sensu liczyć na autokreację taką jak w *Summie...* (czy też betryzację taką jak w *Powrocie z gwiazd*). Pisał:

Człowiek ma największe kłopoty z regulowaniem siebie, z jakim takim porządkiem w swoim życiu, a chcesz, żeby regulował innych, którzy mają dla niego tę podstawową wadę, że są inni, że nie są nim? Obawiam się, że kiedy znajdzie się dwóch, nie mówię nawet 30 milionów w skali narodu, ani tym bardziej trzy miliardy, żeby się wspólnie wyregulować, na przykład podosypywać sobie takiego proszku, który im coś takiego zrobi w mózgach, że będą „dobrzy", to skończy się na arszeniku w najgorszym wypadku, a w najlepszym, że pójdą razem na wódkę.

Lem był równie surowym recenzentem dla Mrożka. W lipcu otrzymał *Tango*. Uprzejmie pochwalił początek, ale określił tę sztukę jako „w całości, niestety, niewypał"[7]. Początkujący pisarz po otrzymaniu tak miażdżącej recenzji mógłby się załamać i na zawsze połamać pióro, tym bardziej że nie była to wyłącznie opinia Lema – czytali *Tango* wspólnie, razem ze Szczepańskim, który tak to opisał w dzienniku (wpis z 15 lipca 1964):

Mrożek przysłał Staszkowi swoją najnowszą sztukę – *Tango*. [Błąd Szczepańskiego: przysłał ją Adam Tarn z redakcji „Dialogu", który opublikował sztukę w numerze 11/1964 – przyp. W.O.]. Znacznie słabsza od poprzednich. Jest w niej bunt przeciwko „nowoczesnemu" brakowi konwencji (w życiu), ale M. nie umiał z tego wybrnąć dramaturgicznie i filozoficznie. W zakończeniu zwekslował na psychologię władzy. Jakoś to nie bardzo trzyma się kupy.

Gwoli ścisłości, Szczepański nie cenił też sobie książek fantastycznonaukowych Lema. W roku 1966 zgodził się pracować nad filmową adaptacją *Powrotu z gwiazd* i z tej okazji postanowił wreszcie to przeczytać. 25 lutego, mniej więcej tydzień po wyrażeniu tej zgody, notował w dzienniku z niesmakiem: „Czytam *Powrót z gwiazd* Lema, bo mamy wspólnie robić z tego scenariusz. Drażni mnie to i zniechęca. Wszystko zbudowane na fałszach psychologicznych".

Cytatów o tym, jak ci literaci przerzucali się złośliwymi uwagami na temat własnej twórczości, mógłbym przytoczyć jeszcze sporo, ale ciekawsze wydaje mi się to, że adresaci przeważnie się z tym zgadzali. Lem na przykład akceptował surową opinię Szczepańskiego o *Powrocie z gwiazd*. Praktycznie powtórzył ją w *Fantastyce i futurologii*, a potem w wywiadzie z Beresiem (który cytowałem w poprzednim rozdziale).

Podobnie z Mrożkiem. Krytyczny list Lema na temat wad *Tanga* sprowokował latem i jesienią 1964 roku wymianę korespondencji, w której obaj pisarze wyznawali sobie, że czują się wypaleni i wyczerpani (wbrew temu, co o ich ówczesnej kondycji twórczej napisałby krytyk w pierwszej połowie XXI wieku). Mrożek swój stan psychiczny opisuje jako coś bliskiego depresji – a że każdy list wysyła z miejscowości o uroczej nazwie Chiavari, cały czas przeprasza przyjaciela za to, że „treny jakieś pieje", choć bywa w miejscach takich, że „same nazwy tych miejscowości, sama ich fonetyka mogą mnie zupełnie już pogrążyć, jako tego lamentnika, co to sobie w przerwach od lamentowania do takich miejsc skacze, żeby potem mu się jeszcze lepiej lamentowało" – i pisze: „pewnie to i z naszym zawodem ma jakiś związek, z tym zawodem jakże głupkowatym, nieokreślonym, sztucznie wyodrębnionym, hochsztaplerskim i – nie zdziwiłbym się – lada chwila mogącym ulec ostatecznej likwidacji, tak bardzo nieokreślone i chwiejne są jego podstawy"[8] (podobnie pesymistyczne są dzienniki Mrożka).

Lem odpowiedział listem równie szczerym i bodajże najciekawszym w tej korespondencji. Napisał, że on również ma uczucie zawodowej porażki, choć tak samo jak Mrożek jest świadom tego, że trudno mu to będzie wytłumaczyć komuś postronnemu, bo dotychczas jego kariera literacka to na pozór pasmo sukcesów. Lem zaczyna od ich wyliczenia: siedemnaście książek o łącznym nakładzie „dwóch milionów z kawałkiem"; nie sposób ich kupić, bo nakłady wyczerpane[9].

Gdzie tu porażka? Największą sławę i pieniądze Lemowi przyniosły książki, których nie szanuje (takie jak *Astronauci*, wymienieni tu jako przykład). Lem najbardziej jednak dumny jest z książek późniejszych, które „nie są recenzowane". Ich przykłady to: *Solaris*, *Summa technologiae* i *Pamiętnik znaleziony w wannie*. Lem w tych książkach porusza ważne tematy psychologiczne, socjologiczne i cywilizacyjne, ale nikt o tym nie chce z nim dyskutować.

Nie znalazłem ani adwersarzy gwałtownych, ani zwolenników entuzjastycznych, nie zapoczątkowałem żadnego ruchu, żadnej wymiany zdań na jakikolwiek w ogóle temat. W tym jedynie się liczącym sensie, z wszystkimi milionami nakładów, w ogóle nie istnieję. Mam popularność przedwojennego Marczyńskiego [króla przedwojennej polskiej pulp-fiction, autora na przykład powieści *Niewolnice z Long Island* – przyp. W.O.] […]. Mnie by się chciało z Akademiami dyskutować, a mnie zapraszają na wieczorki z młodzieżą z technikumów ekonomiczno-kolejarskich. Co ja mam tej młodzieży do powiedzenia?

Wielbiciele Lema od razu skojarzą ten monolog z narzekaniami niejakiego Chloryana Teorycego Klapostoła, zapoznanego geniusza, którego Klapaucjusz spotyka w *Bajce o trzech maszynach opowiadających króla Genialona* z *Cyberiady* (którą Lem zresztą pisał właśnie w tym okresie). Jak przyznawał w liście do Michaela Kandla sam Lem, „Teorycy Klapostoł to w 60% ja sam"[10].

Ówże „myślant z myślantów pierwszy, ontologią z powołania się parający", pisze dzieła „absolutem tchnące", ale niestety nie może się z nimi przebić. W jednej ze swych fundamentalnych ksiąg Klapostoł wykłada teorię bóstw aposteriorycznych, którą rozwinięte cywilizacje muszą dorabiać na początku wszechświata, bo z braku bóstw wszechświat tworzony jest byle jak („no i rzeczywiście, popatrz tylko, proszę, na ten Kosmos, jak wygląda!"). Dzieło miało nosić tytuł *Bogotron, czyli Wszechmocnik Ostateczny*, niestety z powodu chochlika zamiast „m" w druku poszło „n".

Pomyślałem, iż, być może, za mało studiuję innych myślantów, i wnet, nabywszy ich dzieła, po kolei przestudiowałem najsławniejszych, a wiec Frenezjusza Paciora, Bulfona Struncla, twórcę szkoły strunclistów, Turbuleona Kratafalka, Sferycego Logara, jak również samego Lemuela Łysego [...]. Były to dzieła o różnicy między przodkiem a tyłkiem, o budowie cudnej tronu monarszego, jego poręczach słodkich i nogach sprawiedliwych, traktaty o polerowaniu wdzięków, opisy szczegółowe tego i owego, przy czym nikt tam sam siebie wcale nie chwalił, wszelako tak już to się jakoś składało, że Struncel podziwiał Paciora, a Pacior – Struncla, obaj hołdami przez Logarytów zasypywani. Porastało też w chwałę trzech braci wyrwackich – z nich Wyrwander ciągnął w górę Wyrwacego, Wyrwacy – Wyrwisława, ów zaś – Wyrwandra z kolei. Wtedy, gdym owe dzieła ich studiował, jakiś szał mnie ogarnął zły, rzuciłem się na nie, tłamsiłem, darłem, przeżuwałem nawet... aż łkania ustały, łzy obeschły i zaraz siadłem pisać dzieło o *Ewolucji Rozumu jako Zjawisku Dwutaktowym*.

Zarówno *Bogotron*, jak i *Ewolucję Rozumu* można potraktować jako autoironiczne odpowiedniki *Summy technologiae*. Skarga Klapostoła na jedyną recenzję z *Bogotrona* („pewien gryzipiór, imieniem Dusimił, napisał w wieczornym brukowcu, iż trefniś Chloryanek zajmuje się bajaniem bajęd i bajdołów") przypomina zresztą podobną skargę z listu do Mrożka. Lem żalił mu się, że zaszufladkowano go jako „trefnisia", a *Summa...* miała tylko jedną recenzję, i to zaledwie „trzydziestowierszową".

To jest ten moment, w którym lemolog ma ochotę powiedzieć pisarzowi: *veto*. To wszystko po prostu nieprawda. Lem skarżył się Mrożkowi, że nawet nie dostaje listów od czytelników, a przecież *Summa technologiae* zainicjowała jego kolejną epistolarną przyjaźń, tym razem z profesorem Władysławem Kapuścińskim (1898–1979) z warszawskiej Akademii Medycznej, pionierem fizyki medycznej w Polsce – który wiosną 1964 roku wyraził chęć zapoczątkowania „lemologii" i tytułował młodszego od siebie o pokolenie pisarza Mistrzem.

Kiedy kilkanaście lat temu pisałem leksykon lemologiczny (*Co to są sepulki? Wszystko o Lemie*), przejrzałem wszystkie ówczesne recenzje w archiwach Biblioteki Narodowej. Pod wpływem rozmowy Lema z Beresiem też oczekiwałem, że *Summa...* okaże się przemilczana albo ośmieszona, ale nic z tych rzeczy. Recenzje pisali najwybitniejsi „myślanci", z Leszkiem Kołakowskim włącznie („Twórczość" 1964, numer 11). Te recenzje często były, owszem, polemiczne. Kołakowski nazwał tę książkę „znakomitym esejem", ale zarzucił też Lemowi błąd ekstrapolacji. Porównał Lema do chłopca, który kopał dołek w ziemi dziecięcą łopatką i jest przekonany, że dokopałby się do Pacyfiku, gdyby tatuś mu kupił nową, gdy stara się złamała, na poparcie tej hipotezy mając dwa argumenty: że dołek się pogłębia i globus.

Środowisko akademickich filozofów zorganizowało 18 grudnia 1964 roku na temat książki Lema dyskusję – której Lem był honorowym uczestnikiem. Honory gospodarza pełniła redakcja kwartalnika „Studia Filozoficzne", który obszerny zapis rozmowy opublikował w numerach 2 i 3 z roku 1965. W dyskusji uczestniczyli akademiccy naukoznawcy: Józef Hurwic, Wacław Mejbaum, Helena Eilstein (która była wielbicielką i Lema filozofa, i Lema fantasty), Andrzej Bednarczyk i Władysław Krajewski.

Lem przedstawił siebie w tej dyskusji jako „adepta cybernetyki". Wacław Mejbaum dość przekonująco krytykował nadmierny optymizm wiązany przez Lema z tą nową nauką: według Mejbauma, jeśli cybernetyka naprawdę chce sprowadzić wszystkie zagadnienia do „czarnych skrzynek" i badać tylko wejście i wyjście, nie wnikając w ich istotę – to niczym się nie różni od fenomenologii, nie wiadomo więc, na czym ma polegać jej nowatorstwo i jakie rozwiąże problemy, których nie rozwiązano przed nią. A jeśli jednak niejawnie próbuje rozstrzygać kwestię istoty „czarnych skrzynek" – pakuje się w filozoficzne sprzeczności.

Podobne zarzuty Lem słyszał od Mrożka i prawdopodobnie także od Błońskiego, choć ich spory – ponieważ nie toczyły się na piśmie – zostawiły tylko pośrednie echa: Lem bardzo przeżywał te spory i streszczał je przyjaciołom. Szczepański czasem robił z tego notatkę i z tych notatek wynika, że Błoński w sporze z przyjacielem bronił czegoś, co Lem przedstawiał jako „teologię" lub wręcz „bigoterię".

Charakterystyczny jest tutaj wpis z 26 października 1964:

Wieczorem z Danusią u Staszków. Staszek w wyjątkowej wenie zabawiał nas opowiadaniem o swoich „teologicznych" polemikach z Błońskim. Pokazał mi sążnisty list Mrożka, broniący ostatniej sztuki, pełen metafizycznego lęku przed nicością ludzkich poczynań. Mrożek stracił niewinność – ową dziecinną przekorę i prowincjonalną zgrzebność, które uczyniły

W bibliotece na Klinach, 1970

z niego prawdziwego odkrywcę. Jest coraz bardziej zręczny, za dobrze wie, jak się robi teatr, robi literaturę. Na swój tradycjonalny sposób i ja staję się nazbyt rzemieślnikiem. Przeczytałem dziś w „Tygodniku [Powszechnym]" listy ludzi (przeważnie duchownych niemieckich) skazanych na śmierć w czasie wojny. Literatura wysila się, aby udawać sytuacje ostateczne, odtwarzać przeżycia wewnętrznej prawdy. I przeważnie kłamie. Jesteśmy za słabi, żeby zdobyć się na ową szczerość, która nie liczy już na honoraria podziwu, sławy, pieniędzy. Której zależy już tylko na prawdzie.

Zwróćmy uwagę, że smutek Mrożka inspiruje Szczepańskiego do rozważań na temat miałkości jego własnych dzieł literackich. Jak już wspomniałem, nikt w tym kręgu nie czuł się wtedy dumny ze swoich książek.

Lem otwarcie przyznawał[11], że swoje spory z Błońskim alegorycznie przedstawił w *Głosie Pana* w sporach głównego bohatera-narratora Hogartha (umysłu ścisłego) z Baloyne'em (humanistą). Przypuszczam, choć na to już nie mam dowodu, że spory między Trurlem i Klapaucjuszem w *Cyberiadzie* też były inspirowane tymi kłótniami.

Trurl i Klapaucjusz mieszkają w domkach na jakimś robocim przedmieściu, tak jak Lem i Błoński, w sporach przybierają ciągle te same role – wierzącego w technikę Trurla i obawiającego się jej Klapaucjusza. Tematy ich sporów przypominały kłótnie krakowskich literatów na tyle, na ile je znamy z pośrednich relacji: dotyczyły takich pytań jak „skąd się bierze zło?" i „czy nauka ma odpowiedź na wszystko?".

Trurl i Klapaucjusz ciągle też muszą spiskować przeciwko różnym tyranom, takim jak Okrucyusz, Potworyk czy Gębon – tak jak Lem z Błońskim spiskowali przeciw Machejkowi, Hołujowi, cenzorom i decydentom. I wygrywali w końcu dzięki swojej inteligencji i solidarności – jak historycznie wygrali z nimi w ostatecznym rozrachunku Mrożek, Lem, Błoński, Szczepański i Ścibor-Rylski.

Myślę, że właśnie ta codzienna walka sprawiała jednak, że polscy twórcy tego okresu nie czuli tego, co czujemy my, patrząc na ich dorobek i chyląc czoło przed *Cyberiadą* czy *Tangiem*. Na co dzień czuli permanentne upokorzenie związane z tym, że bez względu na talent i zasługi są dla tego systemu nikim.

Dobrze tę sytuację ilustruje historia beznadziejnych zmagań Lema z krakowskim Klubem Międzynarodowej Prasy i Książki: przez całe lata sześćdziesiąte i siedemdziesiąte próbował załatwić, żeby odkładano mu zachodnią prasę[12]. Dzisiaj dyrektor empiku ozłociłby autora takiej klasy jak Lem, gdyby ten zgodził się na jedną sesję podpisywania książek. Wtedy jednak, zgodnie z ówczesną hierarchią zależności społecznej, partnerem do rozmowy dla dyrektora księgarni był, powiedzmy, dyrektor sklepu z butami – ale nie jakiś tam pisarzyna.

Żeby przekład mógł się ukazać za granicą, nie wystarczało zainteresowanie tamtejszego wydawcy. Zgodę musieli wydać różni urzędnicy – a to w ministerstwie, a to w ZAiKS-ie (zasady się zmieniały). Odebranie zagranicznego honorarium też wymagało zgody ZAiKS-u, nawet jeśli Lem się po pieniądze fatygował osobiście, jak do Pragi czy do Berlina (tylko pieniądze od wydawców zachodnich udawało się czasem podjąć bez tego pośrednika – ale to również wymagało podróży, stąd wizyta Lema w Paryżu w 1965 roku).

Bywały też problemy poważniejsze. Cenzura działała w sposób całkowicie nieprzewidywalny, dlatego każdy intelektualista musiał się liczyć z tym, że wysiłek związany z pisaniem książki czy artykułu pójdzie na marne – bo z jakiegoś absurdalnego powodu tekst zostanie zatrzymany. Liczne przykłady znajdziemy w dzienniku Szczepańskiego – na przykład ponieważ podczas wizyty Charles'a de Gaulle'a w roku 1967 przewodniczący Rady Państwa Edward Ochab ośmieszył się, dukając przemówienie z kartki, różne teksty i filmy zatrzymywano tylko za pokazanie dowolnej osoby dukającej coś z kartki, bo odbierano to jako aluzję do Ochaba.

W 1964 roku polscy intelektualiści podpisali z inicjatywy Antoniego Słonimskiego i Jana Józefa Lipskiego tak zwany List 34 w proteście przeciwko rozpasaniu cenzury. Wszyscy sygnatariusze zostali wpisani na czarną listę – ich twórczości nie wolno było wydawać ani recenzować. A tak tę kwestię omówiono na spotkaniu z krakowskimi literatami (za dziennikiem Szczepańskiego, wpis z 30 kwietnia 1964):

Dziś w Związku Literatów otwarte zebranie POP z udziałem niej.[akiego] towarzysza Kędziorka, tłustego, obleśnego aparatczyka z KW, który „wyjaśniał" nam politykę kulturalną partii. Oczywiście ciągle wypływała sprawa listu. Poczucie wyższości, z jakim taki funkcjonariusz mówi o pisarzach i naukowcach, ucina wszelką możliwość dyskusji. „Wicie, Pigoń to już stary człowiek, z ograniczoną zdolnością rozeznania, Estreicher rozwichrzony, Dąbrowska naiwna. Kott leczył się za pieniądze rządowe, a teraz grymasi, Andrzejewski pisze poniżej wszelkiego poziomu" itd. „Cenzura nasza jest najłagodniejsza na świecie". „Iwaszkiewicz napisał w »Twórczości« »całkiem legalnie« o braku papieru, a potem wydrukował opowiadanie Rudnickiego, na które szkoda każdej kartki – gdzież logika?"

Wydawałoby się, że to nie powinien być problem Lema... ale Lema to też dotyczyło. W styczniu 1961 roku dowiedział się, że *Podróż trzynasta* Ijona Tichego, która przeszła przez cenzurę w 1957 – została zatrzymana. Ironia polegała na tym, że to opowiadanie było parodią odwilży. W tym opowiadaniu Ijon Tichy trafia na planetę, którą zalano wodą w myśl teorii, zgodnie z którą mieszkańcy planety dzięki temu przekształcą się w istoty doskonałe – baldury i badubiny. Na razie jednak dostają od tego reumatyzmu.

Tichy nieostrożnie pytał, czy ktoś już gdzieś widział takiego badubina albo kiedy mniej więcej ta transformacja nastąpi. Za karę skazano go na dwa lata swobodnego rzeźbienia pomników Wielkiego Rybona. Pewnego dnia jednak władze ogłosiły, „że wszystko, co działo się dotąd, było nieporozumieniem". Tichego skierowano do przeróbek pomników – odbijał płetwy i przytwierdzał nogi. „Mówiono już powszechnie, że lada dzień przywiezione zostaną pompy, które usuną wodę".

Potem przyszedł następny komunikat. „Aby przyklimować badubiny i spętwić baldury, ustanawia się na całej planecie oddychanie wyłącznie podwodne, jako w wyższym stopniu rybie [...]. Na prośbę wszystkich obywateli poziom wody podwyższono jeszcze o pół głębarka. [...] Osoby niższe po krótkim czasie gdzieś znikły". Tichy znów zaś odbijał nogi i przytwierdzał płetwy.

Na początku lat sześćdziesiątych ta aluzja najwyraźniej była już zbyt grubymi nićmi szyta. Rzeczywiście, kolejne nazwiska wybitnych twórców „gdzieś znikały" – Hłasko, Kott, Kołakowski, Słonimski, Ważyk, Wańkowicz (któremu w 1964 roku władze wytoczyły pokazowy proces karny pod absurdalnymi zarzutami). Lema i Mrożka na szczęście nie zniknięto, ale nie znaczy to, że nie mieli problemów. Największe kłopoty (poza *Podróżą trzynastą*, którą ostatecznie wznowiono w roku 1966, oraz *Pamiętnikiem znalezionym w wannie*) Lem miał ze swoimi esejami futurologicznymi, bo nie bardzo w nich było miejsce dla świetlanej przyszłości komunizmu. W przypadku Mrożka było to zaś już zupełnie losowe, na przykład 13 kwietnia 1962 roku cenzura zatrzymała w krakowskim Starym Teatrze wystawienie trzech jednoaktówek (*Na pełnym morzu*, *Karol* i *Strip-tease*) w reżyserii Lidii Zamkow – by 17 kwietnia cofnąć tę decyzję.

Często się dziś mówi, że PRL był „najweselszym barakiem w obozie". W połowie lat sześćdziesiątych literaci z naszego kręgu przyjaciół tego tak nie postrzegali. *Podróż trzynasta* ukazała się na przykład w ZSRR, w CSRS i na Węgrzech. Lem nie mógł o tym wszystkim w listach pisać otwarcie, zwłaszcza w korespondencji z Mrożkiem, bo obaj wiedzieli, że ich listy czyta nie tylko adresat (o tym z kolei Mrożek i Błoński otwarcie piszą w listach, które wymieniają ze sobą, gdy obaj są po drugiej stronie żelaznej kurtyny – Mrożek we Włoszech, a Błoński we Francji).

W korespondencji z Wróblewskim Lem opisał to, używając ich ulubionego szyfru, polegającego na omawianiu drażliwych kwestii w czterech językach naraz:

Kraków, sobota (Wielka) 1964

Mon Dear George, it was a pity, to lesen your dark Brief. As I am in the same mood, man könnte meinen, such Austauch of opinions has no sense. But the laws of psychology are not the laws of physics [...]. Ich habe in meinem schönen Buch *Dialogi* uber die sinusoidalen Schwankungen des Lebens in unserem System geschrieben. Aber ich habe niemand gedacht, dass dieses Law of Mine so arbeitet, dass in den paralell laufenden Soz. Systemen zu lokalen Entartungen kommen kann [...]. How very absurd this all. Now we are on the other side of the sinusoidal curve: while there is the new turn of the screw, in Suden z.B. sehen wir etwas entgegensetzliches. Und ich habe so zu sagen private Beweis dafur. Die prager Mlada Gwardia hat jetzt meinen Ijon Tichy herausgegeben [...] und man hat dort in diesen Band auch solches eingesteckt, was bei uns seit dem 58. Jahr nicht mer wiedergedruckt werden konnte (die 13. I. Tichy Reise). So haben auch die Sudlichen Slaven in Belgrad getan. Sie haben ebenfalls diese bei uns verbotene Erzählung veröffentlicht. So you can see from this fact alone, how very low is the stand of the freedom of expression there now. Ja, die Ungarn haben im Dezember 63. das selbe mit meinem Tichy gemacht. Sure, we are now the bloodiest, the darkest place in our progressing camp. The great yellow land ausgenommen, but what it is a satisfaction?[13]

Odszyfrowując:

Mój drogi Jerzy, przykro było czytać twój ponury list. Ponieważ jestem w tym samym nastroju, można mniemać, że taka wymiana opinii nie ma sensu. Ale prawa psychologii to nie są prawa fizyki [...]. W swojej ślicznej książce *Dialogi* pisałem o sinusoidalnym działaniu życia w naszym systemie. Ale nie wiedziałem, że to moje prawo działa tak, że w równolegle działających soc. systemach [„soc." to chyba tutaj nie tylko skrót od społeczny! – przyp. W.O.] dochodzi do lokalnych zaburzeń [...]. Jakie to wszystko absurdalne. Jesteśmy teraz po drugiej stronie sinusoidy. Podczas gdy u nas przykręcają śrubę, na południu dzieje się coś odwrotnego. Mam na to osobisty dowód. Praska Mlada Gwardia[14] wydała właśnie mojego Ijona Tichego i włączono do tego tomu także to, czego u nas od 58 roku nie wolno było ponownie wydrukować (13. podróż Tichego). To samo zrobili Jugosłowianie w Belgradzie. Wydali także to zakazane u nas opowiadanie. Widać z tego, jak źle wygląda sprawa wolności wypowiedzi u nas. Tak, Węgrzy w grudniu 63 zrobili to samo z moim Tichym. Jesteśmy najkrwawszym, najmroczniejszym miejscem w całym naszym obozie postępowym. Z wyjątkiem wielkiej żółtej krainy, ale cóż to za satysfakcja?

W Polsce *Podróż trzynasta* ukazała się w końcu w 1966 roku w Wydawnictwie Literackim – miało ono swoje sposoby na cenzurę i wydawało Lemowi rzeczy, które nie mogłyby się ukazać gdzie indziej. Pisałem o tym już przy okazji *Dialogów* – podobnie było z *Pamiętnikiem znalezionym w wannie* i jeszcze będzie z *Maską*, *Profesorem A. Dońdą* czy *Edukacją Cyfrania*.

W przypadku Lema dodatkowym powodem do zmartwień było coraz bardziej pogarszające się zdrowie. Do problemów z alergią, nerkami i stawami w 1961 roku doszły problemy z sercem. „Mam bogatą gamę przypadłości, które w esencji sprowadzają się do rozmaitego rodzaju bólów; EKG w zasadzie nic nie wykazuje, od czego jednakże bóle nie ustępują", pisał w 1963 roku do Wróblewskiego[15]. Te bóle były gorsze od poprzednich, bo uniemożliwiały nawet pisanie – z ich powodu Lem musiał po raz pierwszy skrócić narciarski wyjazd w sezonie zimowym 1962/1963.

Na zdrowie skarżył się akurat rzadko. Przyjaciele wiedzieli o jego katarze siennym, bo trudno było tego nie zauważyć. Wiedzieli też o atakach grypy sezonowej. O swoim sercu jednak Lem na przykład napisał Wróblewskiemu dopiero w odpowiedzi na jego wcześniejszy list na temat jego problemów z sercem. A przecież w latach sześćdziesiątych (i później) Lem właściwie nie miał już ani jednego dnia, w którym nie doskwierałaby mu jakaś mniejsza lub większa dolegliwość[16]. Co więcej, musiał się liczyć z tym, że coś, co rano było drobnym mrowieniem czy kłuciem, wieczorem przejdzie w paraliż bólowy czy wręcz zapaść.

Prawdopodobnie właśnie dlatego w tym okresie odrzucał liczne i wyglądające na bardzo atrakcyjne zaproszenia do wyjazdów gdzieś na dłużej na stypendium albo konferencję. Podróżował z żoną – ponownie odwiedzili Jugosławię (1966), wybrali się też do Grecji (1963) i Francji (1965). Chętnie wyjeżdżali większym gronem na górskie wędrówki ze Szczepańskimi.

Lem nie chciał jednak nikomu, nawet najbliższym przyjaciołom, wyjaśniać, dlaczego nie interesują go propozycje wyjazdów, które ci załatwiali mu w dobrej wierze. Mrożkowi – proponującemu mu udział w Harvard International Seminar – odpisał tak:

Mój Drogi,
dzięki za pamięć i uporczywość twoją, z jaką dbasz o moje losy w ogóle, a o Harvardzkie w szczególności. Cóż, ja doprawdy nagniotek mam już w tym miejscu, w którym się mówi, od powtarzania, że „nie" i wstyd wyznać mi, że raz jeszcze „nie"[17].

Wyjątkiem były wyjazdy do ZSRR. Po tym pierwszym Lem wiedział, że cały czas będą go tam otaczać przyjaźnie do niego nastawieni ludzie, którzy w razie czego go ocucą, podadzą mu leki i zawiozą go do szpitala. Poza tym – kto by nie chciał się czuć jak gwiazda rocka, otoczona tłumem fanów? Zwłaszcza jeśli ci fani nie są jakimiś przypadkowymi nastolatkami, tylko kosmonautami i naukowcami (jak Szkłowski czy Kapica). Jeden z wyjazdów (17 października[18] – 8 listopada 1965) tak relacjonował Wróblewskiemu:

> Wróciłem wczoraj z Moskwy. Byłem tam 3 tygodnie – Leningrad, Moskwa, Charków, Dubna, tj. Międzynarodowy Instytut Fizyki Jądrowej – no i bardzo mię czczono. Występowałem w TV, w radio, zdejmowano mię na kronice film.[owej], zostałem honorowym studentem fiz.mat. wydz.[iału] MGU, toż w Charkowie, byłem gościem kosmonautów, dostałem od nich zdjęcia, które robili w Kosmosie, z różnymi pochwalnymi napisami, ich portrety, byłem u Kapicy, u Szkłowskiego w domu, podejmowałem w hotelu grupę fizyków z IFE w Moskwie, udzielałem wywiadów (ilość niezliczona) prasie, otrzymywałem dziwne podarki (monokryształ aluminium, kaczka skacząca z motylkiem, książek rój, naczynie Dewara na płynny hel, ale mi się stłukło, świątek litewski, chińska dżonka z żelaznego drewna, portret Einsteina, długopisy jakieś, Bóg wie co jeszcze). Pojono mię koniakiem, Cinandali gruzińskim, bankietowano, wypisałem na autografy Parkera, kładłem się po północy i zrywały mię rano Tassy i telefony. Jeździłem odrzutowcem, brzuchatym samolotem An zwanym tam Brzemienna Szarańcza, autem, ekspresem Czerwona Strzała, woził mnie po północy w Moskwie swoim autem kosmonauta Jegorow, występowałem z drugim, F[i]eoktistowem, w Bibliotece Gorkiego, trzeci, Titow, napisał mi przedmowę do mych *Dzieł Wybranych* w 1 tomie, Mosfilm zawarł ze mną 2 umowy na ekranizację (*Solaris*, *Niezwyciężony*), jedną mniejszą na średni metraż (*Test z Pirxem*), TV wystawiła mego *Wiernego robota*, były dyskusje, mój wykład w Komisji Leningradzkiej Łączności Nauki

i Sztuki o zastosowaniu metod cybern.[etycznych] w literaturoznawstwie, i znów diabli wiedzą, co jeszcze. Dostałem bibliografię mych dzieł w ZSRR – mam tam 2,6 mln nakładu książek, nie licząc gazet i tygodników, które przedrukowywały to i owo. Przywiozłem olbrzymią ilość – ćwierć walizki – listów, pytań, jakie otrzymywałem na różnych spotkaniach, w Charkowie tłum żądny autografów natarł na prezydium, jechaliśmy ze stołem na ścianę, dobrzy doktorowie uratowali mi życie, w Moskwie też tak, lecz łagodniej. W prywatnych mieszkaniach też były bankiety, gdzie znakomici aktorzy Moskwy przedstawiali mi kunszta swoje, śpiewy z mandolinami śpiewali, i dusze rosyjskie otwierały się przede mną na całą swoją szerokość niepojętą. Byłem tak kochany, że ledwo się teraz ruszam; miałem setki pryncypialnych rozmów i bardzo wiele ciekawego, a nawet niezwykłego się dowiedziałem, gdyż nie miano przede mną tajemnic.

Mimo to w głowie się mi wcale nie przewróciło i akurat taki samy wróciłem, jak wyjechałem[19].

Związek Radziecki akurat wtedy również wchodził w „odwrotną fazę sinusoidy", na którą skarżył się Lem w kulturze PRL. W 1964 roku Breżniew odsunął od władzy Chruszczowa i zaczął przykręcać śrubę życiu kulturalnemu. Lem zobaczył jednak ostatnie przebłyski odwilży, przede wszystkim w postaci bogatej kultury samizdatu i piosenki undergroundowej, wykonywanej tylko na imprezach towarzyskich. Szczepański pod datą 9 listopada 1965 notuje, że Lem opisywał mu radzieckie środowiska „naukowe i artystyczne, podminowane bezsilnym fermentem. Śpiewa się po domach ironiczne ballady, kursują w maszynopisach (w tysiącach egzemplarzy) książki nie przepuszczone przez cenzurę".

Najbardziej w ucho Lemowi wpadła „ironiczna ballada" Jurija Wizbora (1934–1984), undergroundowego pieśniarza, którego w Polsce najlepiej znamy z roli Martina Bormanna w *Siedemnastu mgnieniach wiosny*. Często błędnie autorstwo tej ballady przypisywane jest Władimirowi Wysockiemu.

Lem najwyraźniej nie poznał jej pełnego tytułu, który w tłumaczeniu na polski brzmi: „Opowieść technologa Pietuchowa o spotkaniu z delegatami forum państw Azji, Afryki i Ameryki Łacińskiej, odbyło się 27 lipca o siedemnastej trzydzieści w kawiarniolodziarni Gwiazdeczka z działalnością artystyczną" (Jacek Kaczmarski napisał później swoją wersję, pod tytułem *Spotkanie w porcie*, zmieniając wszystko poza konceptem, na którym jest zbudowana – dlatego zdecydowanie warto posłuchać oryginału). Lem był tak zachwycony tekstem tej piosenki, że najwyraźniej nauczył się go na pamięć – jego fonetyczny zapis (z niewielkimi przekłamaniami) wysłał Wróblewskiemu[20]. Zapewne wyrecytował go też Szczepańskiemu, bo niewiele innych utworów, jakie wtedy poznał Lem, można by określić mianem „ironicznej ballady". „Pieśni takich przywiozłem całą walizkę", pisał Wróblewskiemu.

Wysocki wykonał dla Lema tylko dwie piosenki, bo ze względu na stan zdrowia nie wolno mu było tego dnia śpiewać wcale. Były to *Łaźnia do białego* i *Polowanie na wilki*, doskonale znane w Polsce w przeróbce Kaczmarskiego jako *Obława*. Repertuar i okoliczności tego minirecitalu znamy ze wspomnień Aleksandra Mirera, przyjaciela rosyjskiej tłumaczki Ariadny Gromowej. Jej niewielkie moskiewskie mieszkanko stało się czymś w rodzaju sztabu generalnego operacji „Lem".

Wspomnienia Mirera cytują (wraz z innymi relacjami) Praszkiewicz i Borisow. Ciekawe jest tutaj zderzenie stereotypów. Lem pisał Wróblewskiemu o „otwieraniu dusz rosyjskich na ich szerokość niepojętą", bo tego przecież stereotypowo oczekuje Polak po Rosjaninie, zwłaszcza przy gruzińskim koniaku. Rosjanie w nas z kolei widzą (a przynajmniej widzieli w latach sześćdziesiątych) Europejczyków, a więc: ludzi zimnych i zamkniętych w sobie. Mirer więc szczególnie wzruszony był tym, że Stanisław Lem, choć Polak, to jednak na Wysockiego zareagował jak Rosjanin. „Nieprzystępny Europejczyk [dosłownie: *niepronicajemyj jewropiejec*] pan Stanisław Lem zakrył twarz ręką i zapłakał".

Widzieli w nim Europejczyka, a więc także kogoś, z kim można szczerze rozmawiać o polityce i o wątpliwościach wobec świetlanej przyszłości komunizmu. „Elita intelektualna, niemała, posiada świadomość, że marksowski eksperyment został sfalsyfikowany [ale] brak siły, która by przemiany uruchomiła – pisał Wróblewskiemu. – Dając mi swoją pracę, odbitkę, o przyszłości nauki, Kapica po dedykacji jął wykreślać jakieś słowa z druku, pytam go o to, a on, że mu wstawili [...], głównie doskwiera im w Rosji niedobór informacji, wytrąceni z państwowej filozofii, walą się często, wiem to z rozmów, w jakąś czarną, a tanią marmieładowszczyznę, w ruską nicość"[21].

Marmieładow, negatywny bohater *Zbrodni i kary*, to degenerat i alkoholik, który zmarnował wszystkie swoje życiowe szanse po prostu ze względu na własną nikczemność. W końcu zmusił własną córkę, Sonię, do prostytucji. Gdy Raskolnikow (zakochany w Soni) go policzkuje – Marmieładow bełkocze: „nie bólem to mi jest, ale rozkoszą, szanowny panie", jakby domagał się dalszych razów. Jeśli Rosjanie liczyli na to, że „pan Stanisław Lem" im poradzi, jak znaleźć „siłę, która zapoczątkuje zmiany", to się rozczarowali – Polska była wtedy przecież w glątwie równie głębokiej, acz zupełnie innej.

W tym samym 1965 roku zaczyna się korespondencyjna znajomość Lema z Wolfgangiem Thadewaldem (1936–2014), wpływowym zachodnioniemieckim wydawcą i tłumaczem literatury fantastycznej, który popularyzował w RFN Verne'a i Stapledona. Thadewalda zainteresowały pierwsze enerdowskie przekłady Lema (zwłaszcza *Edenu*, który wyszedł w NRD po raz pierwszy w roku 1960, a w RFN w 1966). Charakterystyczne, że od razu w odpowiedzi na pierwszy list Thadewalda[22] Lem polecił mu zainteresowanie się powieścią Strugackich *Trudno być bogiem*.

Po tym wszystkim, co Lem wycierpiał we Lwowie podczas kolejnych okupacji, można by oczekiwać, że będzie żywić jakąś urazę wobec kultury obu okupantów. W moim pokoleniu modne było przecież sabotowanie szkolnej nauki języka rosyjskiego. Moi rówieśnicy lubią udawać, że nic a nic z tego języka nie rozumieją (co jest raczej niemożliwe). Lem tymczasem wśród swoich ulubionych pisarzy wymieniał Rilkego (od którego zaczerpnął dziwną frazę, jaką spisany jest *Obłok Magellana*), Kafkę (w liście do Kandla lapidarnie podsumował swój *Pamiętnik znaleziony w wannie* jako „Kafkę przepuszczonego przez Gombrowicza"[23]), a także Dostojewskiego (w listopadzie 1974 roku Szczepański odnotował w dzienniku, że Lem „oszalał na jego punkcie") i oczywiście Strugackich. Najwyraźniej potrafił oddzielić to, co robili niemieccy i rosyjscy mundurowi, od tego, co pisali niemieccy i rosyjscy literaci, choć jednocześnie miał świadomość tego, że ludzie, którzy w czasie wojny zabijali jego najbliższych, być może dzielili z nim (i ze swoimi ofiarami) gusty literackie. Ta dwoistość natury ludzkiej jest częstym tematem jego prozy i fascynowała go prywatnie. Szczepański odnotował na przykład taką rozmowę z Lemem w 1965 roku:

Siedzieliśmy do późna u Lemów, rozmawiając. Mówiliśmy o Chinach i o niemieckich obozach koncentracyjnych, o apokalipsie systemów, które tak skutecznie zademonstrowały wątłość personalistycznych wartości człowieka. Wyniki bezsensownych „doświadczeń medycznych" dokonywanych w hitlerowskich obozach były przedstawiane na kongresie lekarskim (zdaje się w Salzburgu). W kongresie brało udział pięciuset najwybitniejszych lekarzy niemieckich, ludzi ukształtowanych jeszcze przed hitlerowską erą, czytających zapewne Goethego, słuchających Mozarta, chodzących do kościoła – ludzi cywilizowanych. I żaden nie wyraził nawet wątpliwości co do istoty i sposobu prowadzenia tych eksperymentów. Akt odwagi owego bawarskiego chłopa, który odmówił służby w wojsku, twierdząc, że cele Niemiec są zbrodnicze, i dał się ściąć, wybaczając prokuratorowi, ponieważ ten nie był w stanie łaski, wygląda na tym tle na akt maniaka. Staszek, ujmując rzecz statystycznie, widzi w tym „odstępstwo od normy". Normalniejszy niestety był biskup katolicki, który przeciw sugestiom kanonizacji ściętego wysunął argument „zdrady ojczyzny".

Uczestniczyłem w tej rozmowie z uczuciem przygnębiającej bezradności[24].

Oczywiście, Lem nie był w rosyjskiej ani niemieckiej kulturze zakochany bezkrytycznie. Widać to choćby po tym cytacie o rosyjskiej „marmieładowszczyźnie". I jedna, i druga przerażały go skłonnością do traktowania ślepego posłuszeństwa jak cnoty (co zresztą demaskowali u siebie Kafka i Dostojewski). Prywatnie nie cierpiał też otoczenia Niemców i Austriaków – list do Mrożka z opisem drugich wakacji w Jugosławii to w gruncie rzeczy list o próbie unikania niemieckich turystów, co niestety w roku 1965 nie było już możliwe (ale na szczęście jeden z nich uszkodził sobie tłumik, wjeżdżając na prom, co Lemowi „bardzo dobrze zrobiło").

Paradoksalnie jakoś przedziwnie nakłada się na to jednak fakt, że ilekroć Niemiec czy Rosjanin zwracał się do Lema w jakichś sprawach dotyczących literatury czy nauki, Lem bardzo chętnie odpisywał (a przecież literaci i naukowcy także jeździli na wakacje do Jugosławii!). Nie odrzucał też zaproszeń do ZSRR i obu państw niemieckich, a odrzucał analogiczne przychodzące z innych krajów. Często po prostu nie odpisywał na listy od zainteresowanych wydawców – na przykład francuskie wydanie Solaris w wydawnictwie Denoël ukazało się w roku 1966 wyłącznie dzięki staraniom Błońskiego[25]. A to wydanie jest o tyle istotne, że do dzisiaj jedyna książkowa wersja Solaris po angielsku to angielski przekład z przekładu francuskiego.

Trudno powiedzieć, jak potoczyłaby się kariera Lema, gdyby nie rezygnował z propozycji „harvardzkich", „oksfordzkich" czy „sorbońskich" (tak je zwykle określał w listach). Może tam by się stał sławny na cały świat, a może odwrotnie, wpakowałby się w jakąś ślepą uliczkę (polska kultura zna przykłady na jedno i na drugie). Ale to znów temat do rozważań o wszechświatach równoległych. W tym wszechświecie drogą do podboju świata stały się dla Lema Niemcy i ZSRR.

Popularność jego książek w Związku Radzieckim dawała mu coś w rodzaju *carte blanche* w przepychankach z cenzurą w Polsce, która komuś innemu, kto nie jest ulubieńcem radzieckich kosmonautów, prawdopodobnie nie przepuściłaby *Kongresu futurologicznego* czy *Profesora A. Dońdy*. Popularność w RFN przełożyła się zaś na popularność na całym świecie, bo wydawcy z całego świata śledzą niemiecki rynek książki.

Wszechobecnych Niemców („oczywiście wyłącznie z RFN") dostrzegł Lem też w Grecji, do której polecieli z Barbarą samolotem na ostatnie dwa tygodnie września 1963 roku. Opisał tę podróż Wróblewskiemu w trzystronicowej epistole[26], która jest bodajże jedynym podróżniczym listem Lema pasującym do tego, czego oczekujemy po wybitnym pisarzu, gdy zwiedza on zabytki – wreszcie je zauważył (nie widać tego w listach z Paryża, Pragi ani Wiednia).

Mrożkowi tę samą podróż opisał lakoniczniej[27] – polecił mu Grecję jako kierunek turystyczny („może byś tak, wracając, o Grecję zahaczył, hę?"), ale zafascynowały go kwestie obyczajowe – zdaje się, że wtedy właśnie Lem po raz pierwszy na własne oczy zaobserwował subkulturę *hippie*, z której będzie potem wielokrotnie szydzić, między innymi w *Kongresie futurologicznym*:

Kreta jest to rodzaj raju, w którym hałastry nie golących się dla nowoczesności młodzianków z całej Europy, olbrzymich chłopaków i gigantycznych blond dziewcząt, Niemek i Szwedek, nie zdając sobie nawet z własnego położenia sprawy, wałęsają się.

W Paryżu zaś interesowały Lema również głównie kwestie obyczajowe. Pisał Mrożkowi:

W Paryżu, dnia przedostatniego, Janek [Błoński] szalony zaciągnął nas do Lido, że niby koniecznie trzeba coś „takiego" zobaczyć i to Lido pochłonęło wszystkie rezerwy dewizowe, żeśmy nawet nie bardzo mieli za co kupić tradycyjnie owoców na drogę; samo zaś Lido jest to sprawna bardzo, zupełnie nieciekawa maszyna, z pewną ilością piórami przystrojonej golizny dla angloamerykańskich turystów. Oprócz cen, nic oszałamiającego. Przeczytałem tu sobie tymczasem przywiezionego Millera, *Tropic of Cancer*, Jasiowi [Szczepańskiemu] dałem, żeby się kształcił[28].

Jaś tymczasem w tym okresie przeżywał – jak zwykle – kolejne zwątpienie w swoją twórczość. Tym razem tak głębokie, że odechciewało mu się już nawet pisać dziennik (na szczęście mimo to nie przerwał), bo tak opisał powrót przyjaciół z Paryża (pod datą 25 maja 1965):

Od jakiegoś czasu czuję ogromną niechęć do robienia tych notatek. Wydaje mi się, że w żaden sposób nie potrafię wyrazić nimi prawdy. Wszystko, co się zdarza – że wrócili Staszkowie [Lemowie], że był [Stanisław] Różewicz, że jeździmy w niedzielę do Kasinki, gdzie kwitną drzewa i pada deszcz – wydaje mi się tak mało istotne. Robię nowelę filmową i to też jest nieistotne. Jedyna ważna rzecz to, że poczucie nieistotności przenika mnie także wewnętrznie. Jakbym patrzył na swoje życie jako na czyjś błahy, jeden z milionów, dawno spełniony żywot. Widzę ludzi jakby w momencie ich przemijania. I fakt, że nie wiem, co to naprawdę znaczy, jest jedynym głębokim doznaniem tych podobnych do siebie dni.

Książkę Millera, którą Lem dał Szczepańskiemu, żeby ten „się kształcił", Szczepański przeczytał dość szybko i chyba mu się to przydało, bo w czerwcu pisał już:

> Czytam Henry'ego Millera i znajduję w nim odwagę, której mnie w pisaniu tak bardzo brak. Wiem, że jeśli nie zdobędę się na wywrócenie samego siebie podszewką do góry (choćby tam w środku miała być tylko pustka), wszystkie moje pisarskie trudy na nic. Dobrego wychowania może ludzi uczyć pierwszy lepszy mistrz tańca salonowego[29].

W dzisiejszych czasach różne odmiany tego, co nasi przodkowie nazywali po prostu „chandrą", mamy pokatalogowane w różnych szufladkach. Szczepański w latach sześćdziesiątych ciągle jest między jedną podróżą dookoła świata a drugą, czołowi pisarze i filmowcy wpadają na siebie w jego drzwiach, wkrótce odegra istotną rolę w polskich przemianach demokratycznych – a jednak wszystko, co robi, wydaje mu się nieistotne, błahe, niewarte opisywania w dzienniku.

Dziś mamy na to szufladkę, którą nazywamy „kryzysem wieku średniego". Zgodnie ze stereotypem dopada ludzi gdzieś po czterdziestce i objawia się uporczywym rozczarowaniem i znudzeniem dotychczasowymi sukcesami – które obserwator z zewnątrz uznałby za godne pozazdroszczenia.

Stereotyp mówi też, że tradycyjnym męskim lekarstwem na to jest zakup samochodu. Jeśli tak, to Szczepański miał pecha. Wszystko wskazuje na to, że w tym gronie przyjaciół jego akurat najmniej interesowała motoryzacja. Owszem, w jego dzienniku pojawiają się o tym wzmianki – ale syrenka kupiona w 1964 roku służyła mu głównie do przemieszczenia się z punktu A do punktu B – w dzienniku więcej uwagi poświęca temu, co robił w tych punktach, niż samej jeździe.

Mrożka, Ścibora-Rylskiego i Błońskiego motoryzacja interesuje bardziej. Z listów wynika, że każdy z nich był gotów uczestniczyć z przyjemnością w pogaduszkach o tym, ile co spala i ile ma do setki. Korespondowali o tym nie tylko z Lemem, ale w rozmowach między nimi (na przykład Ścibora-Rylskiego z Mrożkiem, Mrożka z Błońskim) Lem przy okazji tych tematów musiał się pojawić.

Opinia o Lemie jako o znawcy motoryzacji kontrastuje z tym, że w rodzinie mówiono nawet o „klątwie Lema"[30] – wszystkie samochody, jakie kupował, okazywały się wyjątkowo awaryjne. Sądząc z opisów tych awarii (często ofiarą padały silniki i zawieszenia), przynajmniej częściowo mogło to wynikać z zamiłowania Lema do kawaleryjskiej jazdy po kiepskich drogach. Michał Zych wspomina, że w dzieciństwie często słyszał z tylnego siedzenia swoją ciotkę, upominającą wuja: „Staszek, zwolnij! Staszek, jedziesz za szybko!"[31]. To jednak nie tłumaczy wszystkiego.

Samochód, jak wiadomo, potrzebuje regularnej wymiany różnych części eksploatacyjnych, trzeba go też regularnie serwisować. W Polsce więc nawet zamożny literat, który kupił sobie na zamówienie najdroższego wartburga z katalogu, musiał prędzej czy później udać się do tak zwanego TOS-u (stacji „Technicznej Obsługi Samochodów"). I tu się zaczynał horror, który znamy choćby z komedii Barei *Brunet wieczorową porą* („Nie wiem, nie znam się, nie orientuję się, zarobiony jestem").

„W jednym TOS-ie wywalono mię za drzwi. W drugim zrujnowano akumulator – 395 zł wybuliłem prywaciarzowi"[32], pisał Lem do Mrożka w 1962 roku. Proste naprawy mógł dla niego robić sąsiad, pan Zawiślak, ale – jak wie każdy kierowca – prędzej czy później potrzebna jest część, której nie da się dorobić. Taką część można było załatwić tylko w TOS-ie albo w Motozbycie, ale właśnie: załatwić. To nie była kwestia pieniędzy, to była kwestia dojść i znajomości.

Lem ich nie miał. Kim są jego przyjaciele? Pisarz, filmowiec, dramaturg, redaktor... Żeby chociaż jakiś kierownik sklepu z butami, z kimś takim kierownik TOS-u mógłby chcieć wejść w wymianę quasi-barterową. Lem jednak niewiele miał do zaoferowania, poza oczywiście pieniędzmi, ale te w PRL mało dawały.

Dotarło do niego, jaki błąd popełnił, kupując samochód w wersji *deluxe*. Nie psuje się przecież tylko to, czego nie ma – więc im bardziej wyrafinowany samochód, tym więcej potencjalnych problemów. W 1962 roku Lem sprzedał wartburga luksusowego i kupił zwyczajnego. W styczniu 1963 odpisywał Mrożkowi na pytanie „co kupić?", bo sam miał przegląd rynku świeżo za sobą:

Skoda, Oktavia zwykła ma 40 koni. Kosztuje bodaj 95 (tys.). Nie jest ona zła, ale nic specjalnego. Drogi, jak sam wiesz, nie trzyma się zbyt dobrze. Nie trzeba wprawdzie przyrządzać mieszanki. Za to trzeba pilnować poziomu oleju w karterze, olej ten co jakie 1500 km zmieniać, może co 2000, nie pamiętam. Ponadto trzeba regulować zawory [...]. Wartburg Standard kosztuje bodaj 95. Ma 45 koni. Ma dobre ogrzewanie. Ulepszone zawieszenie przednie (ale i tak twarde, mniej więcej jak u Skody). Za to więcej miejsca w środku, oddzielnie przesuwane fotele przednie, smarowanie kalamitek co 2500 km [...] Przejeździłem na P70 – 21 000, na I. Wartburgu 36 000, na drugim – 12 200, w sumie prawie 60 000 i jakbym mógł coś kupić na Zachodzie i mógł wybierać, wybrałbym dobrego dwutakta z przednim napędem (na przykład DKW Auto Union). Poza wszystkimi innymi względami decyduje, z mego punktu widzenia, prostota obsługi (żadnej regulacji zaworów, troski o zmianę oleju, o grzanie silnika, o panewki)[33].

Współczesnego czytelnika uderza zamiłowanie Lema do silników dwusuwowych, które owszem, wymagały rzadszego serwisowania – ale z kolei przy każdym tankowaniu trzeba było własnoręcznie sporządzać tak zwaną mieszankę paliwowo-olejową oraz trzeba się było szamotać z niesławnym wolnym kołem, które się regularnie Lemowi psuło. Lem jeździł więc z zepsutym[34], czym skracał żywotność silnika.

Ciekawe, że mimo złych doświadczeń Lem ciągle zdawał się uważać wartburga za dobry samochód i namawiał do tego innych znajomych, na przykład Wróblewskiego[35] czy Mrożka, aczkolwiek do tego drugiego pisał w lutym 1963 roku:

Co z tego Nowego Warbura zostanie, jak wiosna przyjdzie, nie wiem, tak on się bidny telepie po tych zaspach i dnia nie ma, aby nie trzeba było Pychu i Łopaty. Poza tym nic takiego. Mrozy zelżały, za to śnieg pada. Podobno od 140 lat w Krak.[owie] nie było tyle śn.[iegu] (chwilowo – 68 cm.). Jeździć się jeździ, ale bez przyjemności. Wpłacone dolary na PKO jeszcze Wąglami nie obrodziły, więc parę razy dziennie o różnych Dyrektorów bywam, a opierdalam, że strach, bom Waryat. Napisałem też długi, ładny list po niemiecku do fabryki Warburów, że kable aluminiowe, że musiałem ukraść wzgl.[ędnie] kazać dla się ukraść kabel miedziany, bo auto nie chciało startować, ale reklamacyi nie przyjmują, w zw.[iązku] z czym napisałem, Liebe Herren, jesteście Złodzieje i Oszuści. Tak mi się jakoś raźniej zrobiło, jak to napisałem i wysłałem zaraz ekspresem. Pisałem też ostatnio nieco obelg do p. Walatka, który się stał nowym szefuniem naszej TV. Poza tym rozdzielam drobne przekleństwa, detaliczne skargi i obelgi[36].

Już co najmniej w kwietniu 1964 roku[37] Lem chciał się pozbyć wartburga, ale nie wiedział, czym go zastąpić. Odwiedził krakowski Motozbyt w towarzystwie Szczepańskiego[38], nic z tego

jednak nie wyszło. „Dziś pojechałem z Lemem do Motozbytu
dowiedzieć się o warunki kupna wozu. Wydaje mi się to jakimś
hochsztaplerskim poczynaniem i właściwie nie bardzo nawet
mam ochotę na taki »awans«", odnotował Szczepański.

W lipcu 1964 roku pojawiła się szansa: Lem wylosował
w PKO samochód marki Warszawa[39]. Nie interesowała go,
nawet nią nie jeździł. Chciał sprzedać ją razem z wartburgiem – liczył, że dostanie za to 185 tysięcy, ale interesujące go
samochody zaczynały się od 230 tysięcy. W lutym 1965 Lem
był już o krok od sukcesu. W Motozbycie powiedziano mu,
że w Warszawie jest do kupienia prawdziwy zachodni samochód – wyprodukowany we Włoszech fiat 1800, ostatni
egzemplarz, prawdziwa okazja.

Ach! Było to jak sen. Najpierw pojechałem z Barbarą do sto-
licy, 5-go, odbierać i płacić, ale nie wiedziałem ile, bo nikt
nie wiedział dobrze; na papierku nie było, mówiono coś
o 180 patykach wzgl. kaflach. Tyle zebrałem, bo wzbogaci-
łem się w lipcu 64 wygrywając warszawę. Na miejscu okazało się, że 190. Więc tędy, owędy, jakoś się to zrobiło. Fak-
tura w Motozbycie na ślepo, bo był tylko jeden, więc nic do
wyboru i z garaży Urzędu Rady Ministrów odebrałem ci fiata. Był tak zasmolony, że kolor dopiero po odmyciu mlekami
wczoraj wyszedł na jaw, jest biały białością Aniołów. Cały, od
góry do dołu. Jednakże była przygódka. Droga do Krakowa
przykra: szczery lód, bo wzięło do 19 stopni mrozu po hal-
nym, pustka, i wóz chodzi jak łódź po morzu. Mruczy niesły-
szalnie, rozkosznie się giba, ciepło, wykwintny – aż tu zaczęło coś do mnie z tablicy mrugać czerwono. Ciśnienie oleju.
7 km od Grójca spadło do zera, wysiadłem, wetknąłem taki
prztyczek, miarkę olejową, wyciągnąłem – NUL. Nie ma oleju
(Oliofiat vs 30 Multigrade). Katastrofa. A wokół biel, pustka,
w śniegu z rzadka karabkają się wieśniacy, ale mało. Autobus
do Grójca, i odtąd Polska powiatowa bratnią ręką wyciągnęła

ku nam – cudownie! Spółdzielnia Wielobranżowo-Usługowa Rzemieślniczych Napraw Samochodów, młodzi ludzie pełni ideowości; już o czwartej po południu mieliśmy do dyspozycji furgonetkę marki Warszawa, aby przyciągnąć truchło. Lecz! Furgonetka (milion km przejechanych) 1,5 km za Grójcem nawala. Droga – lód, szkło, mróz zwiększył się do 20 stopni, mogiła, pchałem więc pospołu z braćmi Polakami tę furgonetkę z powrotem do bazy grójeckiej. O piątej wróciliśmy, aby stanąć na punkcie startu z powrotem. Lecz! Taksówka, pan Marian, człowiek szlachetny, niedrogi. Doholował, fiata na kanał, stwierdzamy: wszystko od spodu olejem zalane, ale czemu – nie wiadomo. Więc p. Marian od nas do Warszawy, tam noc pełna smutku, rankiem do warsztatów pana Walczaka, taksówka, mechanik, olej Shella z PKO, 5 litrów, do Grójca, w Grójcu jeden ruch dłoni – niedokręcony był filtr olejowy, wlało się, zakręciło się i po małym odpływie forsy (w sumie 2,5 kafla – do Krakowa). Lecz! Ideowa młodzież grójecka nie chciała wziąć ani grosza, nie wzięła – posłałem im, wszystkim, po egzemplarzu dzieł moich.

Jest to skrót, rozumiesz, przeraźliwy. W każdym razie, wiara w powiatowego człowieka grójeckiego w pełni we mnie zakwitła[40].

Włoski sen o fiacie szybko się zmienił w koszmar. Ogólna prawidłowość mówi, że ostatni egzemplarz, który od dawna stoi i czeka na nabywcę, to zakup wysokiego ryzyka, bo stoi tak z jakiegoś powodu przecież. Już przy zakupie Lem odkrył, że nie ma drugiego kompletu kluczyków, nie ma też różnych elementów dodatkowego wyposażenia.

Wysłał wściekły list do Motozbytu (ukazał się w tomiku *Listy albo opór materii*). To nic nie dało. Ostatnią szansą był Mrożek, rezydujący wszak we Włoszech. Lem prosił go o zamówienie u Fiata brakujących kluczyków i części. „Niech cholera weźmie ten nowy samochód, pod który co ino trzeba na czworakach wchodzić i patrzeć, czy nie za bardzo się leje", pisał już w lipcu, gdy nie minęło nawet pół roku od zakupu[41].

Okazało się też, że niestarannie zamontowano w nim przednią szybę i samochód przeciekał. „Barbara zwyczajnie okrywa sobie nogi płaszczem p-deszczowym, a wodę wybiera się małym czerpakiem"[42]. Przeciek miał też dalsze skutki:

Spowodował rozlezienie się dermy i jakichś tłumiących dźwięk wojłoków na półeczce przed kolanami kierowcy i przedniego pasażera, przedwczoraj wyskoczyła lewa przednia szyba z łapy prowadzącej, już drugi raz trza było zdzierać tapicerkę wewnętrzną z drzwi, aby zajrzeć do wnętrza, gdyż wówczas strasznie ciężko się szyby ruszały, spowodował to zaś kompletny brak smaru w mechanizmach podnoszących; zarazem pojawiły się przecieki z tyłu[43].

W grudniu wysiadła stacyjka. Lem prosił Mrożka o dokupienie, ale potem to odwołał, bo sąsiad „ze starego pudełka pasty do butów, złomu, sznurka i nitki nylonowej" sporządził zamiennik. Wiosną 1966 pojawił się luz na rozrządzie. Rozwścieczony tym wszystkim Lem wdał się w korespondencję z samym Fiatem. Włosi przyznali się do winy i wysłali na własny koszt komplet części potrzebnych do naprawy rozrządu[44]. W 1966 roku Lemowie pojechali tym samochodem do Jugosławii, robiąc nim cztery i pół tysiąca kilometrów, udało im się też między Lublaną a Zagrzebiem rozpędzić do stu czterdziestu kilometrów na godzinę[45].

W 1967 roku fiat zaczął się literalnie rozsypywać. Nie pomagały kolejne części wysyłane przez Mrożka. W marcu 1968 fiat zawiódł akurat w dniu, w którym kierowcy bodajże najbardziej zależy na sprawności pojazdu: gdy Lem wiózł rodzącą żonę do szpitala. Jechali bez sprzęgła, nie mogąc zmienić biegu.

Jak widać, w PRL samochód nie nadawał się na lekarstwo na poprawę nastroju. Odwrotnie, przysparzał raczej dodatkowych zmartwień. W dzisiejszych czasach ludzie dotknięci kryzysem wieku średniego sięgają po mocniejsze używki – w czasach PRL to było tym prostsze, że całkowicie legalne. Lem spróbował tylko raz w 1964 roku – chyba nie był tym doświadczeniem zachwycony, skoro nie próbował go ponawiać.

Po raz pierwszy ujawnił ten fakt publicznie w wywiadzie dla Petera Swirskiego, opublikowanym w roku 1992 w książce *A Stanislaw Lem Reader*. Więcej dowiedzieliśmy się dopiero po publikacji dzienników Jana Józefa Szczepańskiego, który również uczestniczył w tym doświadczeniu.

Sąsiadami Lema byli Andrzej i Noemi Madeyscy, on – znany chirurg, ona – znana lekarz psychiatra. Noemi prowadziła eksperymenty z psylocybiną jako środkiem terapeutycznym. Lem i Szczepański zgłosili się na ochotnika. Szczepański chyba z większym entuzjazmem niż Lem, bo Lema ten epizod (który wydarzył się 7 listopada 1964 roku) chyba niespecjalnie obszedł, nie chwalił się nim na przykład w korespondencji.

Co dokładnie odczuwał Lem, nie wiadomo. Możemy tylko założyć, że coś podobnego do doznań Szczepańskiego. Ten swoją próbę – o którą się „naprosił" – miał dzień po przyjacielu i dość dokładnie ją opisał (pod datą 9 listopada 1964):

> Dostałem zastrzyk (dość przykry) 9 mgr [miligramów] koło wpół do szóstej. Asystowali Staszkowie [Lemowie] i Noemi Madeyska – która prowadziła doświadczenie. Potem przyszedł jeszcze Madeyski.
>
> Początkowo czułem lekkie nudności, zawrót głowy i jakby alkoholowy „rausz" z nieznacznym zaburzeniem poczucia równowagi, które zresztą nie przejawiało się w ruchach ani w artykułowaniu mowy [...]. Dano mi do oglądania białą kartkę papieru. Po pewnym okresie patrzenia na nią zacząłem dostrzegać jakieś desenie o lekko ciemniejszym, ciepłym odcieniu, które wziąłem z początku za znaki wodne. Stopniowo odkrywałem, że są one w ruchu – płynnym i niewy-

raźnym, jak poruszenia cieczy w preparacie mikroskopowym. Były to formy biologiczne – jakieś nieregularne, obłe komórki roślinne, zwiewne jak dym, ułożone w nieokreślone aglomeracje. Występowały tylko na kartce. [...] Na kanapie pod przeciwległą ścianą pokoju ustawiono przede mną portret młodej dziewczyny wykonany pastelem. Jasna twarz na ciemnym tle. Wydał mi się bardzo ładny, chociaż na razie nie znajdowałem w nim nic osobliwego. Pytano mnie, co widzę. W miarę jak starałem się rzeczowo go określić, obrazek przykuwał coraz bardziej moją uwagę. Zobaczyłem, że się uśmiecha, tak jakby twarz nie mogła utrzymać powagi pod tą obserwacją.

Potem zaczął mrużyć oczy wyraźnie prowokująco. Potem ruszać nosem jak królik, nadymać się, wykrzywiać w taki sposób, jak mała dziewczynka, która próbuje kokietować. Niektóre z tych min były pokraczne, niektóre nawet „demoniczne", ale wszystkie podszyte uśmiechem i nasycone wabiącą, tajemniczą intencją [...]. Ten stan ustępował pomalutku. Madeyski zadał mi test rysunkowy (powtarzanie ukazanych na mgnienie figur rysunkowych). Wykonałem go szybko i bez błędu. Uznano eksperyment za skończony, ale portret jeszcze wabił, jeszcze się uśmiechał. Zapytano mnie, która według mnie jest godzina. Myślałem, że północ. Była ósma. Już kiedy zeszliśmy na dół, na kolację, wróciłem po zegarek i nie oparłem się pokusie popatrzenia na obraz. Potem, przy kolacji, w blisko cztery godziny po zastrzyku, miałem jeszcze jeden napad śmiechu.

Czasem takie eksperymenty zmieniają twórcę na zawsze. Pomyślmy choćby o Beatlesach, których mniej więcej w tym samym czasie bez ich zgody i wiedzy dentysta George'a Harrisona poczęstował lsd rozpuszczonym w kawie. Ich muzyka nigdy nie wróciła już do prostoty *She Loves You*. U Lema być może zainspirowało to niektóre sceny (zapewne psychodeliczne fragmenty *Kataru* i *Kongresu futurologicznego*), ale trudno mówić o wielkim przełomie.

Złotą erę swojej twórczości Lem spędził więc, paradoksalnie, w poczuciu frustracji, niespełnienia i wypalenia. Trafnie chyba jego ówczesną sytuację podsumował Błoński w liście do Mrożka z roku 1964. Należał do pierwszych entuzjastów *Summy technologiae*, którą nazwał „bardzo grubą i niegłupią książką", ale zarazem dodał:

> Wyobrażam sobie, jak się biedak denerwuje, że go nie wynoszą pod niebiosy, na co zasługuje. Lecz za daleko on patrzy, aby to dochodziło do ludzi stojących w ogonkach po masło. Z czasem jednak docenią i go ukochają, tego jestem pewien[46].

Być może Błoński próbował w ten sposób pocieszyć przyjaciela. Bezskutecznie, bo co to za pociecha, że przyszłe pokolenia ukochają, kiedy ktoś chce ukojenia już teraz? Przypomnijmy sobie scenę z *Cyberiady*, gdy Klapaucjusz, pierwszy odkrywca Chloryana Teorycego Klapostoła, odwiedza owego zapoznanego „myślanta z myślantów". Na powitanie słyszy: „Przyszedłeś wreszcie?! […] Teraz? A więc zgiń, przepadnij, połam też ręce, kark i nogi! A bodajby cię zwarło! A bodajbyś się na wieki zaciął, korozjo!". Chloryan bowiem wiedział oczywiście, że kiedyś jego geniusz zostanie odkryty. Ale przyszłym pokoleniom, które to zrobią, miał ochotę tylko naubliżać, że zrobią to tak późno.

Lem nie musiał czekać aż tyle czasu. *Summa technologiae* ukazała się po raz pierwszy w roku 1964. Już trzecie, rozszerzone wydanie w dziesiątą rocznicę publikacji pierwszego było pisane z pozycji autora docenionego przez współczesnych. We wstępie do tego wydania padło słowo „futurologia", w pierwszej wersji książki nieobecne. I to jest klucz do problemu: Lem napisał książkę futurologiczną, zanim jeszcze w ogóle wylansowano to słowo. Popularność zyskało dopiero w latach siedemdziesiątych, a w drugiej połowie lat sześćdziesiątych mówiono raczej o „studiach nad przyszłością" (*futures studies*). W Polsce zresztą nie mówiono praktycznie wcale, bo Lem rzeczywiście był tutaj pionierem. Pisarz stanowił więc dla krytyków i polemistów trudny przypadek, bo w roku 1964 nikt jeszcze nie wiedział, od której strony *Summę...* należy ugryźć. Charakterystyczne, że wspomniana tu wcześniej dyskusja w redakcji kwartalnika „Studia Filozoficzne" dotyczyła *Summy...* jako książki o cybernetyce. Tymczasem, choć rzeczywiście na ten temat Lem w *Summa technologiae* pisze dużo, to jednak jej najdokładniejszy czytelnik, Jerzy Wróblewski, trafnie zdiagnozował ją jako wyraz utraty wiary Lema w cybernetykę[47]. Wiele polemik, w tym bardzo gwałtowna Krzysztofa Wolickiego, zarzucającego Lemowi wręcz „cyberkretynizm", szło jednak (błędnie) w przeciwnym kierunku.

Najwyraźniej sam Lem zrazu nie zdawał sobie sprawy, o czym właściwie napisał książkę. Nie od początku zresztą było to planowane jako książka – trzon *Summy...* stanowią felietony drukowane w ostatnim roku istnienia tygodnika „Przegląd Kulturalny", który zlikwidowano w roku 1963 (i połączono z „Nową Kulturą" – również zlikwidowaną – w całkowicie dyspozycyjną wobec władz „Kulturę" warszawską). Lem skarżył się Wróblewskiemu, że konieczność zmieszczenia się w formule zwięzłych felietonów uniemożliwiała mu wyczerpujące potraktowanie omawianych tematów[48].

Chęć napisania *Summy...* zakiełkowała w głowie Lema w roku 1961[49]. Początkowo miała to być książka popularyzująca cybernetykę, na wzór *Dialogów*. Lem jednak jeszcze wtedy nic nie pisał, tylko czytał. „Otóż, aby istotę Bythu zgłębić, czytam, że tak rzekę, Z DWU STRON, tj. czytam Cyberneticiana, a równocześnie czytam DE ENCEPHALO HUMANO, tj. co się da z literatury neurofizjologicznej", pisał wtedy Wróblewskiemu.

W grudniu tego samego roku wyobrażał sobie, że wróci do formuły dialogów Hylasa i Filonousa.

To jakieś smaczne i chyba się na to zdecyduję. Problemów – Massa. Z nowych amerykańskich prac z zakresu teorii informacji i zastosowania jej do problemów biologii bije jakaś zgaga. Nie okazało się to narzędzie, mimo wszystko, takie potężne i uniwersalne. Doszła za to teoria gier[50].

W listach z roku 1962 widać krystalizowanie się *Summy technologiae*. Nie ma to już być książka popularyzująca cybernetykę i teorię informacji. Określa teraz *Summę...* raczej jako „pielgrzymkę do krańca ludzkiego poznania"[51]. Wygląda jednak na to, że nawet pisząc już te felietony, Lem ciągle nie był świadom, że pisze książkę o wyzwaniach przyszłości. Rozważając je, Lem ponadawał różnym zjawiskom swoje nazwy. To na przykład, co on nazwał „fantomatyką", my dziś nazywamy „rzeczywistością wirtualną". Same diagnozy są jednak zazwyczaj trafne, zwłaszcza jeśli je ocenić z perspektywy pięćdziesięciu lat.

Gdyby Lem był autorem tylko tej jednej książki, już byśmy o nim pisali jako o geniuszu. Równolegle w tym samym okresie pracował jednak nad utworem, który sam po latach wymieniał jako swoje szczytowe osiągnięcie: nad *Cyberiadą*.

W tym przypadku nie musiał długo czekać na uznanie przyjaciół ani „ludzi stojących w ogonkach po masło", w *Cyberiadzie* wszyscy zakochiwali się od pierwszego przeczytania czy usłyszenia, czym Lem zdawał się zaskoczony, a może tylko się tak krygował, pisząc Kapuścińskiemu: „okazało się, że lubią je [*Bajki robotów*, czyli najbardziej znaną część *Cyberiady*] osoby, którym reszta mojej twórczości do smaku nie przypada [...], to mnie bardzo zadziwiło. Człowiek jest totalnie bezbronny i bezradny wobec losów, jakie spotykają »płody jego twórczości«"[52].

Szczepański w marcu 1964 roku odnotował, że podczas odwiedzin Stanisława i Barbary Lemów w Kasince „Staszek czytał dwa b. dobre opowiadania"⁵³. Nie podał tytułów, ale prawdopodobnie chodziło o *Bajki robotów*, które Lem miał już wtedy ukończone. „Ładnie [Szymon] Kobyliński zilustrował (nb. był u nas na Klinach, poznałem go, przemiły chłop), korekty miały być z początkiem marca" – pisał Lem Ściborowi-Rylskiemu w kwietniu 1964 roku⁵⁴.

Zagadką jest, kiedy właściwie Lem to wszystko napisał. Prawdopodobnie *Bajki robotów* i *Cyberiada* to przedziwny rezultat jego problemów z bezsennością, skutkujących tym, że około czwartej nad ranem z jego sypialni zaczynał dobiegać stukot maszyny do pisania, który z dzieciństwa zapamiętał Michał Zych.

Zapewne w czasie, kiedy umysł Lema borykał się z utrzymaną w bardzo poważnej konwencji *Summą*... – a także z nie mniej istotnymi pytaniami, takimi jak: „czym zastąpić Wartburga?" oraz „skąd wziąć na podłączenie domu do miejskiej kanalizacji?" – relaks przynosiło mu obmyślanie żartobliwych historyjek o robocim średniowieczu. Na użytek *Bajek robotów* Lem wymyślił oryginalny język „staroroboci", który swojemu angielskiemu tłumaczowi Michaelowi Kandlowi podsumował jako „Pasek, przepuszczony przez Sienkiewicza i wyśmiany przez Gombrowicza", ale to dopiero początek:

„Posłuchajcie, moi panowie, historii Rozporyka, króla Cembrów, Deutonów i Niedogotów, którego chutliwość ku zgubie przywiodła"

A) Zaśpiew jest wzięty z Tristana i Izoldy. B) Rozporyk jest Teodorykiem skrzyżowanym z rozporkiem ze spodni. C) Z Ostrogotów zrobiłem Niedogotów, ze względu na to, że „niedogotów" – kojarzyło mi się (zapewne) z czymś niedoɢoᴛowanym. D) Deutonowie to prosto z fizyki – deuterony etc. E) Cembrowie, wł. Cymbrowie, lud germański wytępiony bodaj przez Mariusza; łac. Cimber („i" przeszło w „e", aby spolszczyć i zbliżyć do ᴄᴇʙʀᴀ). [...] Występuje

Kometa-Kobieta; oczywiście głównie ze względu na aliteracyjną rymowankę, a nie na żadne sensy [...], analogicznie można by urobić „planet Janet" [...] cometary commentary about a weary cemetery[55].

Jak słusznie zauważył Lem w tym samym liście, gdyby miał to pisać analitycznie, toby nic nie napisał. To wszystko „samo się mieszało w strasznej mózgownicy mojej". Lemowskie „robocie średniowiecze" w roku 1964 było czymś wyjątkowym na skalę światowej fantastyki. Najbliższym zachodnim odpowiednikiem byłaby może *Diuna* Franka Herberta, pisana w latach 1959–1963 i również mieszająca średniowieczne legendy z science fiction, ale jednak daleka od Lemowskich eksperymentów leksykalnych.

„Piszę dalsze bajki robotów, możliwości są tu iście nieograniczone", raportował Wróblewskiemu jesienią 1964 roku[56]. W tym liście już musi chodzić o *Cyberiadę*, której pierwsze wydanie ukazało się w połowie następnego roku z ilustracjami Daniela Mroza (ale nie tymi, które wszyscy znamy; mistrz Mróz był z nich niezadowolony i narysował nowe, już do wydania z roku 1972, te z 1965 ukazały się tylko raz, te z 1972 wznawiane bywają do dzisiaj).

To, co w *Bajkach robotów* było tylko literacką sztuczką, pozwalającą opisywać niby-średniowiecznym językiem przygody różnych cyberksiężniczek i elektrycerzy, w *Cyberiadzie* zostało rozwinięte do bajek filozoficznych, godnych przedstawicieli tradycji Woltera i Kołakowskiego. Postacie Trurla i Klapaucjusza, dwóch robotów specjalizujących się w konstruowaniu innych robotów, pojawiły się już w *Bajkach...*, w *Cyberiadzie* są zaś głównymi bohaterami.

Pozwalają Lemowi na przegląd jego filozoficznych pasji, tym razem pokazanych w konwencji buffo – mamy tu filozofię nauki (pewna maszyna Trurla na żądanie Klapaucjusza stworzyła „Naukę": „Wodzili się za łby, pisali w grubych

Trurl – ilustracja Daniela Mroza do Cyberiady, 1972
(© 1972 by Łucja Mróz-Raynoch)

księgach, inni porywali te księgi i darli je na strzępy, w dali widać było płonące stosy, tu i ówdzie coś hukało, powstawały jakieś dziwne dymy w kształcie grzybów, cały tłum gadał równocześnie, tak że słowa nie można było zrozumieć, od czasu do czasu układając memoriały, apele i inne dokumenty"; Klapaucjusz nie był zadowolony, bo uważał, że Nauka to coś całkiem innego, nie potrafił jednak powiedzieć co), cudowne alegorie totalitaryzmu („jestem potwór algorytmiczny, antydemokratyczny, ze zwrotnym sprzężeniem, z zabójczym spojrzeniem, z policją, ornamentacją, aparycją i samoorganizacją"), rozważania o naturze zła, teorię literatury i nawet parodię fizyki kwantowej:

Jak wiadomo, smoków nie ma. Prymitywna ta konstatacja wystarczy może umysłowi prostackiemu, ale nie nauce, ponieważ Wyższa Szkoła Neantyczna tym, co istnieje, wcale się nie zajmuje; banalność istnienia została już udowodniona zbyt dawno, by warto jej poświęcać choćby jedno jeszcze słowo. Tak tedy genialny Kerebron, zaatakowawszy problem metodami ścisłymi, wykrył trzy rodzaje smoków: zerowe, urojone i ujemne. Wszystkie one, jak się rzekło, nie istnieją, ale każdy rodzaj w zupełnie inny sposób. Smoki urojone i zerowe, przez fachowców zwane urojakami i zerowcami, nie istnieją w sposób znacznie mniej ciekawy aniżeli ujemne. Od dawna znany był w smokologii paradoks, polegający na tym, że kiedy dwa ujemne herboryzuje się (działanie odpowiadające w algebrze smoków mnożeniu w zwykłej arytmetyce), w rezultacie powstaje niedosmok w ilości około 0,6. Otóż świat specjalistów dzielił się na dwa obozy, z których jeden utrzymywał, iż chodzi o część smoka, licząc od głowy, drugi natomiast – że od ogona. Wielką zasługą Trurla i Klapaucjusza było wyjaśnienie błędności obu tych poglądów.

Typowy schemat fabuły opowiadań z *Cyberiady* wygląda tak: Trurl jako optymista uważa, że każdy problem da się rozwiązać technologicznie. Klapaucjusz w to wątpi, ale jednak zawsze daje się jakoś wkręcić przyjacielowi w jego przygody, z których obaj wychodzą cało tylko dzięki swej przyjaźni i solidarności. Tak było choćby z rzeczonymi smokami (w opowiadaniu *Wyprawa trzecia, czyli smoki prawdopodobieństwa*):

Zapewne problem ów pozostałby jedynie ciekawostką matematyczną, gdyby nie znana żyłka konstruktorska Trurla, który postanowił zagadnienie to zbadać empirycznie. A ponieważ chodziło o zjawiska nieprawdopodobne, wynalazł wzmacniacz prawdopodobieństwa i wypróbował go, najpierw u siebie w piwnicy, a potem na specjalnym, ufundowanym przez Akademię Poligonie Smokorodnym, czyli Smokoligonie. Niezorientowani w ogólnej teorii nieprawdopodobieństwa po dziś dzień zapytują, czemu właściwie Trurl uprawdopodobnił smoka, a nie elfa czy krasnala, a czynią tak z ignorancji, nie wiedzą bowiem, że smok jest po prostu bardziej od krasnala prawdopodobny; Trurl, być może, zamierzał pójść w swych doświadczeniach z wzmacniaczem dalej, ale już pierwsze przyprawiło go o ciężką kontuzję, albowiem wirtualizujący się smok lignął. Na szczęście obecny przy rozruchu Klapaucjusz zmniejszył prawdopodobieństwo i smok znikł. Wielu uczonych powtarzało potem doświadczenia ze smokotronem, że jednak brakło im rutyny i zimnej krwi, znaczna ilość smoczego pomiotu, poturbowawszy ich dotkliwie, wydostała się na swobodę. Wtedy dopiero okazało się, że wstrętne potwory istnieją zupełnie inaczej aniżeli jakieś szafy, komody czy stoły; smoki odznaczają się bowiem przede wszystkim prawdopodobieństwem, na ogół dość znacznym, kiedy już raz powstały. Jeśli się urządzi na takiego smoka polowanie, a jeszcze z nagonką, krąg myśliwych z bronią gotową do strzału napotyka tylko wypaloną, cuchnącą w sposób zdecydowany ziemię, ponieważ smok, widząc, że z nim źle, z przestrzeni realnej chroni się do konfiguracyjnej. Jako bydlę niezmiernie tępe i plugawe, czyni to, oczywiście, czysto instynktownie. Osoby prymitywne, nie mogąc pojąć, jak to się dzieje, domagają się nieraz w zacietrzewieniu, aby im pokazać tę przestrzeń konfiguracyjną; nie wiedzą bowiem, że elektrony, których istnieniu wszak nikt zdrowy na umyśle nie przeczy, też poruszają się jedynie w przestrzeni konfiguracyjnej i losy ich zależą od fal prawdopodobieństwa. Zresztą upartemu łatwiej przystać na nieistnienie elektronów aniżeli smoków, ponieważ elektrony, przynajmniej w pojedynkę, nie ligają.

Gdy się to czyta, aż trudno uwierzyć, że Lem się czuł wtedy wypalony twórczo. A jednak tak swoje niedobory weny opisywał wtedy Mrożkowi:

Młyn ostatnio mój stoi i tylko ręcznie, na przenośnych żarnach, mielę co nieco rakietowej mąki, ponieważ muszę jakieś książki wydawać; natomiast ostatnia rzecz, jaką młyn wypuścił, taki dosyć obłąkany zbiór bajek, ale inny od tych *Bajek robotów*, które (mam nadzieję) Ci posłałem, ta ostatnia rzecz jest już w robocie wydawniczej[57].

W czerwcu 1965 roku, podczas jednego z typowych dla lat sześćdziesiątych maratonów pisania w Zakopanem, Lem napisał autobiograficzny *Wysoki Zamek*. Jednym z pierwszych czytelników, a raczej słuchaczy, był Jan Józef Szczepański, któremu Lem przeczytał fragmenty prosto po powrocie z Zakopanego, ostatniego dnia czerwca. „Świetne. Lepsze od jego science fiction", zanotował. Komplementami Szczepańskiego (oraz własnej żony) Lem chwalił się w liście do Mrożka, w którym nazwał *Wysoki Zamek* „nibywspomnieniami z dzieciństwa"[58].

W tym samym liście pojawia się zresztą zarys projektu, który Lem zacznie niedługo wcielać w czyn jako „apokryfy":

Przyszło mi do głowy, że zabawną byłoby rzeczą napisać fikcyjny dziennik lektur pewnego fikcyjnego typa, w którym byłyby przedstawione jego wrażenia z lektury powieści, wierszy, dzieł filozoficznych, dramatów, wszelako wszystko też fikcyjnych, przez co ubiłoby się wiele ptaszat naraz: najpierw, byłbym zwolniony z pisania rozwlekłego („markiza wyszła z domu o piątej"), potem, mógłbym aluzje robić do tekstów, w których figurowałyby horrendalności, jakich bezpośrednio i wprost bym nie mógł nazwać po imieniu, dalej, mógłbym uzyskać głębie wielu planów, na przykład przedstawiając reakcje krytyki, fikcyjnej, na dzieła, fikcyjne, w tym dzienniku, też fikcyjnym, pisanym przez bohatera, również fikcyjnego.

W 1966 roku nie było tradycyjnego maratonu w Zakopanem. Lemowie wyruszyli wtedy w wielką podróż do Jugosławii. W tym roku nie powstaje żadna powieść, ale Lem oczywiście nie próżnuje – pisze kolejne opowiadania o Pirxie, Tichym, Trurlu i Klapaucjuszu, pisze razem ze Szczepańskim scenariusze filmowe (z czego nic nie wyjdzie), pracuje nad dziełem pod roboczym tytułem *Cybernetyka i literatura*, w którym chciał się odnieść do zarzutów wysuwanych wobec *Summy technologiae* (książka, ukończona w październiku 1967 roku[59], ukaże się jako *Filozofia przypadku*).

W 1967 wróci do powieści – napisał tę, która mnie osobiście jest wyjątkowo bliska: *Głos Pana*. Zaczął wiosną, bo na trudności w pisaniu skarży się w listach do Mrożka z kwietnia i maja. „Pisałem książkę do niedawna, ale okazało się, że jej nie potrafię napisać. Więc na razie odłożyłem", przyznaje w kwietniu[60]. W maju nie jest lepiej, ale Lem szerzej streszcza swój zamysł:

Pisanie moje zarwało się, ugrzęzło i odłożyłem je. Miała
to być historia w pewnym sensie fantastyczna, ale w pewnym realistyczna, pierwszy kontakt Ziemi z Kosmosem, perypetie spowodowane odebraniem jakichś wieści Stamtąd,
co od razu powodować musi ogromne komplikacje natury strategicznej, militarnej, politycznej itd.; gdyż ta strona, która ma w ręku ów szyfr – założeniem było, że Nikt
go nie może porządnie odczytać ni zrozumieć – zaczyna
nad nim ślęczeć, w ogromnej tajności i owa tajność zjada
wszystko, list, uczonych, ludzi, kosmos, jednakowoż stały się dwie rzeczy, po pierwsze, nie udało mi się materiału
rozgrzać tak, żeby się nadtopił, żeby mnie sobą zainteresował, żeby mnie serio wciągnął, zaangażował, bo za dobrze wiedziałem od początku, czego chcę, a po wtóre brakowało mi drobnych amerykańskich realiów, bo to musiało
być umieszczone w USA. Nie przez cenzuralność, ale przez
to, że oni materialnie są dzisiaj czołówką i najwięcej mogą
zrobić w zakresie materialnych działań. Gdyż umieścić to
w Kłaju, a nawet pod Paryżem, to by nie miało sensu. W Rosji zaś – to by pociągnęło za sobą trywialne sprawy, które
mnie po prostu w tym kontekście (w tym – ale nie w ogóle) nie interesują[61].

29 maja Lem wyjechał do Zakopanego – „zdaje się, cudu
oczekując, gdyż mnie źródła wyschły – nie inwencji, lecz raczej ochoty, wigoru, poczucia potrzeby wypowiadania się pisaniem"[62]. Błoński żegnał go listem do Mrożka:

Staszek też smutnawy, nic napisać nie może, właściwie to on
science fiction wyssał do końca. Powinien zacząć nowe życie, zapewne jako filozof, mógłby na pewno. Cóż za dziwny
umysł: w trzech dziedzinach: naukowej, literackiej, filozoficz-
nej, zupełnie równo uzdolniony. Gdyby zsumować, byłoby genialne. Ale właśnie taki to rozum, że zsumować się nie daje[63].

W roku 1967 Lem co prawda podjął przerwaną tradycję czerwcowych maratonów pisarskich w Zakopanem, ale tym razem nie przyniosło to rezultatu. Wprawdzie w czerwcu dokończył pierwszą wersję *Głosu Pana*, ale był z niej tak niezadowolony, że jesienią zniszczył ją i napisał wszystko od nowa[64]. Ostateczną wersję wysłał do wydawnictwa Czytelnik 10 stycznia 1968 roku[65]. Skoro zniszczył, to nie wiadomo, czym pierwotna wersja różniła się od ostatecznej, mam jednak pewną hipotezę. W kolejnych listach pojawia się bowiem pomysł, którego w opisach z roku 1967 jeszcze nie było. Chodzi o zaszyfrowanie w postaci różnych naukowców pracujących nad przekazem z kosmosu prawdziwych postaci – samego Lema (jako narratora, matematyka i fizyka Hogartha, osoby „starej, oschłej, przykrej, złośliwej, filozofującej, niesmacznej, ponurej, wyrafinowanej"[66]), ale także Błońskiego, Szczepańskiego i Janusza Wilhelmiego, wyjątkowo złowrogiego osobnika, który gorliwie zajmował się pacyfikowaniem polskiej kultury z nadania natolińczyków (których wtedy nazywano już moczarowcami, od ich przywódcy, wszechpotężnego ministra spraw wewnętrznych).

W radzie projektu zasiadało sześć osób. Piotr Hogarth, Wilhelm Eeney, Saul Rappaport, Yvor Baloyne, Donald Prothero i Tihamer Dill. Hogarth to Lem, Baloyne to Błoński, Prothero to Szczepański, a Rappaport – to też Lem, ale jeśli chodzi o „przeżycia genocydalne". Lem ujawnił to Mrożkowi w 1969 roku[67]. Nie wiem, kim jest Tihamer Dill – imię i nazwisko są tak dziwne, że być może skrywają jakiś szyfr.

Tak Lem (ustami Hogartha) scharakteryzował swoich przyjaciół:

Baloyne/Błoński...

przybrał sposób bycia, który można by nazwać ironią obrotową. Wszystko absolutnie mówił w cudzysłowie, z wyakcentowaną sztucznością i przesadą, spotęgowaną także samym wysłowieniem się, jak gdyby grał kolejno lub naraz wymyślane *ad hoc* role, każdego więc, kto nie znał go długo i dobrze, szokował tym, że nigdy nie było wiadomo, co ma za prawdę, a co za fałsz, kiedy przemawia serio, a kiedy bawi się tylko rozmówcą.

Ów ironiczny cudzysłów stał się wreszcie jego naturą; mógł w nim wygłaszać horrenda, których nikomu innemu by nie wybaczono. Mógł nawet z siebie samego szydzić bez granic, gdyż ów chwyt, w zasadzie bardzo prosty, przez konsekwentne stosowanie obdarzył go niepochwytnością wręcz znakomitą.

Z żartu, z autoironii zbudował wokół swojej osoby takie systemy fortyfikacji niewidzialnych, że właściwie i ci, co – jak ja – znali go od lat, nie umieli przewidywać jego reakcji: przypuszczam, że dbał o to specjalnie i że wszystko, co niekiedy wprost na błazeństwo zakrawało, czynił z tajonym rozmysłem, który tylko wydawał się całkowitą improwizacją.

Przyjaźń nasza wzięła się stąd, że Baloyne najpierw lekceważył mnie, a potem mi zazdrościł. Jedno i drugie raczej mnie bawiło. Zrazu sądził, że jako filolog i humanista nie będzie potrzebował w życiu matematyki, a że był uduchowiony, przekładał wiedzę o człowieku nad wiedzę o naturze. Lecz potem wdał się w językoznawstwo jak w niebezpieczną aferą miłosną, więc począł zmagać się z panującymi aktualnie modami strukturalizmu i zasmakował, jakkolwiek opornie, w matematyce. Dostał się więc z niechęcią na mój teren i rozumiejąc, że jest tam ode mnie słabszy, umiał się do tego przyznać w taki sposób, że właściwie to ja, razem z moją matematyką, byłem ośmieszany.

Z kolei Prothero/Szczepański...

był postacią osobliwą przez to właśnie, że nic nie było w nim osobliwego. Upostaciowana przeciętność, twarz zwykła, nieco ziemista, po angielsku długa, z silnymi oczodołami i solidną szczęką, z wieczną fajką w ustach, głos beznamiętny, naturalny spokój, brak wszelkiej wyraźniejszej gestykulacji – tak tylko, samym odejmowaniem cech, mogę go sprezentować. A przy tym umysł pierwszej klasy. [...]

Jako dziecko wierzyłem prawdziwie, że istnieje kategoria osób doskonałych, do której należą przede wszystkim uczeni, a najświętszymi być muszą wśród nich profesorowie uniwersytetu: rzeczywistość zmusiła mnie do zrezygnowania z tak idealnych przekonań.

Znając Donalda od dwudziestu lat, nic nie mogłem jednak poradzić na to, że naprawdę był owym uczonym, w którego skłonne są wierzyć już tylko osoby bardzo anachronicznie egzaltowane. Baloyne, też wielki umysł, ale i grzesznik, prosił raz, pamiętam, Donalda natarczywie, aby zechciał dla zrównania się z nami, przynajmniej z rzadka, a chociaż raz jeden zdradzić jakiś swój brzydki sekret, w ostateczności – popełnić coś niecnego, co uczyniłoby go w naszych oczach bardziej ludzkim. Lecz on uśmiechał się tylko spoza swojej fajki!

Poza przyjaciółmi scharakteryzował też wroga. Wilhelm Eeney to nie jest przypadkowe imię i nazwisko. Mieczysław Rakowski odnotował w dziennikach z obrzydzeniem, że Gomułka uparcie przekręcał nazwisko Wilhelmiego i nazywał go „towarzyszem Wilhelminim". Ten dobrze wiedział, przed kim ma się płaszczyć, by innych móc gnoić, więc nigdy nie ośmielił się sprostować pierwszego sekretarza. Lem opisał Wilhelma Eeney tak:

Jedynym nienaukowcem, który brał udział w posiedzeniach Rady Naukowej, był doktor (ale praw) Wilhelm Eeney, najlepiej ubrany człowiek Projektu. [...]. Eeney wiedział doskonale o tym, że młodsi zwłaszcza naukowcy usiłują go naciągać, podając sobie jakieś karteczki z tajemniczymi wzorami i szyframi albo spowiadając się wzajemnie – gdy niby go nie spostrzegli – z niesłychanie radykalnych poglądów.

Kawały, które mu urządzano, przyjmował z anielskim spokojem, cudownie też umiał się zachować, gdy ktoś w kantynie hotelowej pokazywał mu nie większy od zapałki nadajniczek z mikrofonem, wydłubany spod kontaktu w mieszkalnym pokoju. Wszystko to razem ani trochę mnie nie bawiło, choć mam raczej duży gruczoł humoru.

Eeney reprezentował bardzo realną siłę i ani jego maniery, ani też zamiłowanie do Husserla w najmniejszej mierze nie czyniły go sympatycznym. Rozumiał doskonale, że przytyki, dowcipy i drobne niegrzeczności, które świadczy mu otoczenie, są rekompensatą, bo wszak na dobrą sprawę to on był milcząco uśmiechniętym *spiritus movens* Projektu – albo raczej jego urękawicznioną zwierzchnością. Był jak dyplomata wśród tubylców, którzy usiłują wyładować na tak szanownej personie resentymenty bezsilności, a czasem, kiedy przyprze ich gniew, nawet coś podrą, poturbują, lecz dyplomata łatwo znosi takie demonstracje, bo po to właśnie jest, i wie, że nawet gdyby został obrażony, nie jemu osobiście się to należało, lecz reprezentowanej przezeń potędze. [...]

Ludzi, którzy nie siebie przedstawiają [...], szczerze nie cierpię i nie jestem zdolny do przerabiania takich uczuć na ich żartobliwe bądź uszczypliwe ekwiwalenty. Toteż od początku Eeney obchodził mnie jak złego psa [...]. Pogardzałem nim, a on na pewno odpłacał mi z nawiązką.

Wszystkie te smaczki – alegoryczny portret polskich literatów w przededniu wielkiej czystki marca 1968 roku! – zrozumiałem dużo, dużo później, niż doznałem pierwszego zachwytu *Głosem Pana*. Pokochałem go jako młody człowiek, bo cała historia odkrycia przekazu z kosmosu (dokonano tego odkrycia przypadkiem, przekaz nadawany jest neutrinami, których do dziś nie umiemy rejestrować tak swobodnie, jak w tej powieści, więc kto wie, może jak się nauczymy, naprawdę coś w nich odkryjemy...) to najlepszy portret nauki w prozie Stanisława

Lema. To już jednak wtedy było za mało, by sam Lem zainteresował się własnym pomysłem. W 1968 roku był już śmiertelnie
znudzony fantastyką naukową.

Gdy w styczniu 1968 roku wysyłał maszynopis do redakcji
Czytelnika, jeszcze nie wiedział, jakie niespodzianki czekają go
w nadchodzącym roku, choć słychać już było gromy nadciągają-
cej burzy. Wojna sześciodniowa latem 1967 roku spowodowała,
że podskórny antysemityzm zaczął się pojawiać w dyskursie, na
razie maskowany jako potępienie dla izraelskiej agresji. „Czy
słyszałeś już, że karp po żydowsku faszerowany ma się teraz
agresor w galarecie nazywać?", napisał Lem Wróblewskiemu
w październiku 1967 roku[68].

Splot spraw prywatnych i publicznych, wielkich i małych
w przedziwny sposób widoczny jest w liście z marca 1968 roku,
którym kończę ten rozdział.

Droga Nano, donoszę Ci, że urodziło się dziecko płci męskiej,
bardzo malusieńkie, chudziutkie, i że Basia po 6 dniach wróciła z nim do domu a teraz dożywia je. Urodziło się o 4 w nocy
i najpierw było słabe i nie mogło jeszcze, tj. nie umiało jak
należy udokumentować swojej przynależności do Ssaków,
ale już umie.

Oczywiście cały dom wygląda tak, jak możesz to sobie
wyobrazić. Do tego największy niepokój panował w Krakowie właśnie we środę, a właśnie we środę poród się odbywać zaczął. Ze względu na surowy regulamin ani Basi,
ani dziecka nie widziałem aż do ich wyjścia z kliniki, które
przedwczoraj nastąpiło. Dzisiaj mam to dziecko meldować
w urzędach.

W międzyczasie, na dwa dni przed przemówieniem Gomułki [o „syjonistycznej v kolumnie" – przyp. W.O.], ułożyli-
śmy tu w ZLP rodzaj listu do władz, tj. do premiera, a przedwczoraj Hołuj miał go przedłożyć najpierw na posiedzeniu
Zarządu ZLP w W-wie, ale co z tego wyszło, na razie nie

wiemy. W liście tym przedstawiliśmy nasz punkt widzenia oraz postulaty podjęcia dialogu z władzami, ponieważ Ważne Problemy istnieją do rozwiązywania. Zresztą dużo by o tym mówić.

Nasz sąsiad sporządził filtr do Waszego Fiata, zapłaciłem za ten filtr i mam go wysłać Wam, czego w tej chwili nie robię jeszcze, ponieważ muszę się postarać o małe zgrabne pudełko, więc nie zdziw się, gdy otrzymasz od nas przesyłkę- -paczuszkę [...]. Kończę już, ponieważ jest siódma rano, a jeszcze milion rzeczy mam do zrobienia – Basia domu opuszczać nie może i za wszystkim latam. Ściskam Cię i łączę ukłony od Basi i pozdrowienia dla Was obojga!⁶⁹

VIII

Katar

Szczęście przychodzi do nas przedziwnymi drogami. W latach sześćdziesiątych Stanisław Lem – zdawałoby się – żył pełnią życia. Dom, samochód, pieniądze, sława, nagrody, podróże, piękna i kochająca żona – czego chcieć więcej. A jednak czy to z listów, czy to z notatek Błońskiego i Szczepańskiego wyłania się obraz człowieka zgorzkniałego, niespełnionego, dręczonego, jeśli nie przez depresję, to z pewnością przez wypalenie.

Częściowo wynikało to z obiektywnych powodów. PRL potrafił każdemu wskazać jego miejsce w szeregu – pokazać wziętemu pisarzowi, że może sobie być tłumaczony na wiele języków, ale nie ma to znaczenia dla kierownika sklepu czy urzędnika w ministerstwie. Posiadanie domu czy samochodu było w tym ustroju tyleż luksusem, co mordęgą – w jednym z listów Lem wzdycha do Ścibora-Rylskiego, że gdyby ludzie wiedzieli, ile z tym jest kłopotów, nie zazdrościliby mu wiecznie psującego się fiata ani domu, z którym codziennie jest jakiś problem.

Podróże zagraniczne w tym ustroju nie miały w sobie takiej beztroski, jaką mają dzisiaj. Na samym początku trzeba było załatwić mnóstwo formalności, potem Lem musiał jechać do Warszawy po odbiór paszportu, biegać po ambasadach i załatwiać wizy, a na koniec zwracać paszport do milicyjnego depozytu (nie wolno było paszportu trzymać w domowej szufladzie).

Przez całe lata sześćdziesiąte narastały też u Lema dolegliwości zdrowotne. W połowie dekady zaczął się skarżyć przyjaciołom, że nie ma już siły pisać, a pisać musi, bo zarabiać w inny sposób nie umie.

Stanisław i Tomasz Lemowie
puszczają latawiec przycze-
piony do zabawkowego ka-
łasznikowa, 1973

Wszystkie te problemy w latach siedemdziesiątych nie znikają. PRL za Gierka nie był znacząco lepszy niż za Gomułki, pisać Lemowi się nie chciało jeszcze bardziej, ze zdrowiem było
tylko gorzej. A jednak widzę nowy ton w listach z tego okresu
i nie przychodzi mi do głowy inne wyjaśnienie tej zmiany niż
przyjście na świat Tomasza Lema.

Tomasz jest ich częstym bohaterem. Nieważne, czy Lem odpowiada przyjacielowi na prośbę o pożyczkę, czy tłumaczowi
na pytanie o jakąś lingwistyczną zagadkę w swojej prozie –
w liście musi się pojawić jakaś wzmianka o Tomaszu. Brzmi
to na przykład tak:

Dziecko rozwija się. Na swoim Go-Karcie, przywiezionym z W[est]-Berlina, do którego mu domontowałem reflektor, jeździ z szaloną gracją po mieszkaniu i po ogródku, od czasu do czasu przejeżdżając różne osoby, a zwłaszcza babcię, która ze względu na wiek mając zwolniony refleks, ma całkiem sine i poobijane nogi. Staram się o zderzak, ale Gumowych nie ma, a Stalowe (łamacze kości) nie rozwiązują problemu[1].

Albo:

Chcieliśmy na parę dni wyprawić dziecko i Barbarę na Zarabie, ale akurat w taką pogodę wybraliśmy się, żeśmy ledwo cali wrócili, i aut po rowach na Zakopiance leżało więcej niż ulęgałek w lecie, piaskarek ani śladu, a pług ino jeden, a i ten spotkaliśmy, dopiero wracając. Pod Mogilanami, kto miał w aucie młodą silną rodzinę, był wygrany, bo gdy z 5 osób brało kufer w ręce i pchało, można było na tę szklaną górę wjechać. Toteż ostatecznie siedzi się w domu przez okres ferii szkolnych. A Tomek stary koń i gra już Beethovena na fortepianie. Proszę. O tuszy nic nie piszesz, tuszę tedy, że tusza Twoja nienajgorzej się ma, a co do mojej, to się z pauzami odchudzam[2].

Albo:

Żona moja nie pracuje w RTG i dostała „rentę inwalidzką", nie, żeby specjalnie była na coś chora, ale jest b. wątła i jeszcze zeszczuplała, co złe mi wystawia świadectwo, gdy zważyć na przysłowie ruskie „U dobroho muża żona jak róża". Tomek za to nawet zgrubł i tyle, że dość często przeziębiony, ale uczy się nieźle i teraz dostał na gwiazdkę narty, a właściwie dostanie je DZIŚ. Bardzo szykowne i buty i wiązania szczyt techniki, dziwnie toto wygląda, nic takiego nie było na świecie, gdyśmy z żoną rokrocznie zjeżdżali z Kasprowego[3].

Albo:

Z synem moim Tomaszem budujemy obecnie Robota metalowego, elektrycznie napędzanego, Naprawdę Kroczącego, ale się wciąż na razie Przewraca, idąc, bo Nogi mu się Plączą[4].

Albo:

Tomasz ma własny fotel samochodowy, amerykański, biały, wyściełany, pianowaty, poręczowaty, z pasem bezpieczeństwa i szalenie go lubi. Jest on do samochodowej jazdy dziwnie zapalony i „auto" było jego pierwszym słowem. Ta dzisiejsza młodzież![5]

Albo:

Ponad książeczki wydawane u nas dla małych dzieci, na świecie nie ma nic bardziej kretyńskiego i grafomańskiego. Mam zamiar pisać Tomeczkowi co mu niezbędne, na razie zacząłem: „Komputer był chory i leżał w łóżeczku i przyszedł pan robot, postukał po wieczku i w oczka popatrzył magiczne, zielone i śrubki odkręcił, odłożył na stronę, i długi śrubokręt mu włożył do werku – co też ci dolega, mój ty komputerku?"[6].

Albo:

Bardzo jestem też rozdarty między maszynę do pisania a wielkie projekty mojego syna, bo wzięła go pasja majsterkowania, a właściwie robienia różnych wynalazków i budujemy, kiedy tylko mogę, ciekawe urządzenia, teraz zaczynamy motor elektryczny oparty na starym koncepcie cewki, wsysającej rdzeń żelazny, sylwetka jest taka sama jak starej maszyny parowej Watta, z balansjerem. Tomasz ma różne rzeczy (maszynę Wimshursta, maszynę parową), ale teraz gardzi wszystkim, do czego sam rąk nie przyłożył, i muszę bardzo się wysilać, aby go nie rozczarować, na przykład podciągnąłem się w LUTOWANIU[7].

Albo:

Dałem Tomkowi słowo, że będziemy podpalali po obiedzie dom, i muszę teraz właśnie iść do tej roboty, bo on już na progu skacze z watą, szmatą i zapałkami, tylko się zbytnio nie trwóż ani nie ciesz, to nie nasz dom mamy podpalać, lecz mały z bristolu wycięty, a gasić go będzie specjalna lotniskowa Straż Pożarna przywieziona przez nas w maju z Zach. Berlina, z prawdziwą wodną armatką i Elektronicznym Sygnałem Dwutonowym, więc muszę iść na ten pożar, bo inaczej dziecko naprawdę puści chałupę z dymem[8].

Z książki Tomasza Lema *Awantury na tle powszechnego ciążenia* wyłania się pozornie sprzeczny z powyższym obraz jego dzieciństwa. Kto zna tę książkę, ten wie, że w owym rzekomym gokarcie (będącym tak naprawdę zwykłym samochodzikiem na pedały, kupionym w KaDeWe za czterdzieści dziewięć marek)[9] dwuletni Tomasz usiadł, nie umiał ruszyć nim z miejsca i nie wykazywał „choćby śladowego zainteresowania taką nauką", co wzbudziło smutny komentarz ojca, że „nic z niego nie będzie".

Może i grał Beethovena, ale ojciec tego nie słyszał, Tomasz bowiem „grał" go na klawiaturze narysowanej na papierze, żeby nie przeszkadzać ojcu w pracy. „Zanim się nauczyłem chodzić, musiałem się nauczyć chodzić cicho", powiedział w wywiadzie przeprowadzonym z okazji premiery książki[10].

Władysław Kapuściński musiał się też przynajmniej uśmiechnąć z niezamierzonego komizmu w liście Lema, przedstawiającego budowę „silnika elektrycznego z balansjerem według pierwotnego projektu Jamesa Watta" jako autorski projekt siedmiolatka. „Już w początkowej fazie budowy owego silnika ojciec, pochłonięty konstruktorską pracą twórczą, całkowicie zapomniał o mojej obecności", pisze Tomasz Lem.

Z obrazem ojca, który czyta dwuletniemu dziecku do poduszki autorskie wierszyki, kontrastuje uwaga Tomasza, że gdy jako trzylatek wreszcie nauczył się mówić, używał żeńskich końcówek gramatycznych („byłam, zrobiłam"), bo takimi posługiwały się dwie osoby, z którymi spędzał większość czasu: mama i babcia. Wszystkie te sprzeczności są jednak moim zdaniem pozorne.

Myślę, że Stanisław Lem po prostu nie miał dobrych wzorców ojcostwa. Z *Wysokiego Zamku* wyłania się obraz dzieciństwa tyleż komfortowego, co samotnego. Gdy Stanisław Lem przyszedł na świat, Samuel Lem miał czterdzieści dwa lata. To dużo jak na pierwsze dziecko. Gdy na świat przyszedł Tomasz, Stanisław Lem miał lat jeszcze więcej: czterdzieści siedem. Przy tak późnym rodzicielstwie łatwo o błąd, który popełnili chyba obaj, Samuel i Stanisław – błąd traktowania dziecka jak „małego dorosłego".

Nie można dwulatkowi stawiać wymagań godnych dziesięciolatka. I odwrotnie, nie można dziewięciolatka traktować jak trzylatka. Trzeba dziecku stawiać zadania dobrane do jego wieku rozwojowego. Stanisław Lem to odkrył z opóźnieniem, ale z pewnością jednak w końcu odkrył, o czym świadczą inne wspomnienia Tomasza, demonstrujące z kolei ogromną determinację jego ojca, by w taki czy inny sposób jednak pierworodnemu dogodzić.

Jako trzylatek – czyli w tym właśnie okresie, w którym w pierwszej osobie używał żeńskich końcówek – Tomasz lubił odbywać ze Stanisławem Lemem rekurencyjne rozmowy, na przykład:

– Co robi tata?
– Tata siedzi na schodach i wkłada buty.

– A Tomeciek?

– Tomeciek siedzi obok taty i pyta, co robi tata.

– A tata?

– Tata odpowiada, że wkłada buty.

– A Tomeciek?

Według Tomasza Lema Stanisław Lem prowadził takie rozmowy z „bezgraniczną cierpliwością". Z sześcioletnim synem pisarz skonstruował też pułapkę do „dość mocnego" kopania prądem indukcyjnym przypadkowych ofiar, które pechowo dotkną srebrnej cukiernicy w salonie. W pułapkę wpadła w końcu siostra Barbary Lem, matka Michała Zycha. Tomasz ewidentnie odczuwał dreszczyk emocji, którego nie próbuje nawet ukryć w swoich wspomnieniach, choć tę instalację Stanisław Lem budował oczywiście dla swojej przyjemności, tak jak maszynę z balansjerem.

W obliczu potwornego świata mogę odczuwać względem dziecka poczucie winy – ale zgodnie z panującą doktryną wychowania, gdybym chciał nawet, nie umiałbym być Ojcem w stylu kafkowskim, bezwzględnym właścicielem Prawdy, Ustawiaczem Dróg życiowych. W tamtej formacji tacy Ojcowie byli pewni swojej wiedzy, i ich władza, ich cały paternalizm były skutkiem mniemania, iż oni Lepiej Wiedzą, co dzieciom czynić przystoi. Lecz świat *Zamku* i świat *Procesu* to jednak nie jest po prostu świat *Kolonii karnej* [w którym żyjemy][11].

Tak pisał Lem do Michaela Kandla w lipcu 1972 roku, a miesiąc później dodawał:

Ja bo, proszę Pana, bardzo długo nie śmiałem zdecydować się na posiadanie dziecka i wraz z żoną mieliśmy tu opory właściwe ludziom zarazem przywykłym do myślenia i takim, którzy przetrzymali okupację niemiecką, bo też świat wydaje się na ogół miejscem b. kiepsko urządzonym na przyjęcie ludzi, szczególnie kiedy się miało właśnie takie doświadczenia, które stały się naszym udziałem. Ale cóż – jest czas umierania i jest czas życia[12].

Komentując te słowa w swojej książce, Tomasz Lem sugeruje, że decyzja o jego przyjściu na świat w ostatecznym rozrachunku należała do jego matki („nie wiem, jakimi argumentami posłużyła się, by skruszyć pryncypialny opór ojca, musiała mieć jednak sporą zdolność perswazji"). Dodaje też, że swymi narodzinami zmienił historię. Gdyby nie on, Lem opuściłby kraj, śladem Sławomira Mrożka i Leszka Kołakowskiego. Z listów wiadomo, że chciał z tym drugim kontynuować polemikę na temat *Summy technologiae*, ale wygnanie Kołakowskiego i wpisanie jego nazwiska na indeks cenzury to uniemożliwiło. Lem znalazł się w sytuacji Chloryana Teorycego Klapostoła, któremu ze Strunclem i Paciorem już nawet nie wolno polemizować.

W 1941 roku Lem zobaczył, jak szybko antysemickie uprzedzenia mogą przejść od niechętnych spojrzeń do pogromu na pełną skalę. Pogrom krakowski w 1945 roku był pierwszą rzeczą, którą Lemowie zobaczyli po wyjściu z pociągu. Ktoś z takimi doświadczeniami miał wystarczające powody, by opuścić Polskę w reakcji na antysemickie przemówienia jej przywódców w marcu 1968.

Coś Lema przed tym jednak powstrzymało. Co? Znów: nie widzę innego wyjaśnienia niż narodziny Tomasza.

Na pewno powodem nie był brak zainteresowania na Zachodzie. Od połowy lat sześćdziesiątych Lem budował swoją pozycję na tamtejszym rynku wydawniczym. W 1968 roku była już z pewnością dostatecznie silna, żeby było dokąd emigrować. Świadczy o tym zaproszenie go do Berlina Zachodniego na przełomie listopada i grudnia 1969 roku.

Lem wyjechał pod szyldem projektu „Comenus"[13], którego tradycje są kontynuowane w zasadzie także dzisiaj. Patronuje mu Jan Amos Komeński (1592–1670), filozof i przywódca braci czeskich, do którego dziedzictwa mogą się przyznawać Czesi, Polacy i Niemcy. Niemcy przywołują jego pamięć przy okazji spotkań kulturalnych ze swoimi słowiańskimi sąsiadami.

Ideą tych spotkań zawsze było szukanie porozumienia i unikanie potencjalnych konfliktów, dlatego Niemcom zależało z jednej strony na polskim pisarzu lubianym i wydawanym w RFN, a z drugiej – na takim, który nie jest w PRL na indeksie. Nie mogli to więc być Mrożek ani Miłosz, ale też nie wchodził w grę żaden z peerelowskich pisarzy-aparatczyków.

„Moja obecność w Berlinie jest dość przypadkowym rezultatem polsko-niemieckiego flirtu – zaproszono mnie, bo jakiegoś niezupełnie politycznie rozstrzelanego faceta z Polski godziło się zaprosić", autoironicznie pisał Lem Mrożkowi[14]. To chyba nie jest do końca prawda, świadczy o tym choćby napięty kalendarz spotkań Lema w Berlinie.

Gdyby zaproszenie miało przyczyny „dość przypadkowe", nie miałby codziennych spotkań z niemieckimi wydawcami, politykami i czytelnikami. A przecież tak to opisywał Ściborowi-Rylskiemu:

Już sił nie miałem od tego niemieckiego zapieszczenia, byłem Ci tam 12 dni, występowałem, gadałem, konferowałem, wywiadów udzielałem, z wydawcami koktajlowałem, propozycje ichnie rozpatrywałem, członki wonnym kremem w łazience lazurowej całej smarowałem, forsy też nieco nabrałem, nie w kij dmuchał, zważywszy, że 100 dolarów, to teraz ledwie 365 DM [marek niemieckich]! [...] ALE WIESZ, STARY, ŻE FORSA SIĘ MNIE NIE TRZYMA[15].

A tak Wróblewskiemu:

Miałem tam wieczór autorski, wprowadził mnie sam Pan Burmistrz; prasę miałem doskonałą, pewien miejscowy wydawca, taki starszy playboy, pragnie nabyć wszystkie prawa do mych książek dożywotnio, najpierw wali mi prawie 1000 dol. na stół zaliczki [...]. Zobaczymy, co z tego będzie, bo „strona polska uważnie bada przedłożone jej propozycje" (strona polska, znaczy się – ja) [...] Żyłem sobie w hotelu Sylter Hof, przyczem te draby za to, że nam zniszczyli kraj i stolicę, płaciły mi 50 DM diety dziennej, a za wieczorek dali 500 marów. Ponieważ śniadanka były wliczone w hotelowy rachunek, a obiadki i kolacje jako wiecznie zapraszany miałem z głowy, mogłem z czystym sumieniem dziko rąbać sklepy, poszukując szczególnie dziwnych rzeczy [...] Bracie! Te swołocze, w zw.[iązku] z przegraną wojną, mają życie całkiem jedwabne, masłem i miodem z góry do dołu wysmarowane. Aby podkreślać polskość, nawet dogłębnie zalany nuciłem w głos *Partyzancką dolę* oraz inne nasze pieśni narodowe[16].

Playboyem-wydawcą był Lothar Blanvalet (1910–1979), który zrobił fortunę, odkrywszy dla zachodnioniemieckiego czytelnika serię romansów historycznych o markizie Angelice. Jego ofertę Lem dokładniej zaprezentował swojemu austriackiemu agentowi Franzowi Rottensteinerowi: zaliczka wynosiła okrągłe trzy tysiące marek, nie chodziło o dożywocie, tylko o pięć lub dziesięć lat[17], ale Lem uważał, że to na jedno wychodzi (zapewne już w 1969 roku przewidywał, że najpóźniej w 1979 roku przejdzie na pisarską emeryturę).

„Strona polska" tak naprawdę nigdy nie zamierzała podpisywać tej umowy. Podczas pierwszego spotkania Blanvalet sprawił na Lemie złe wrażenie „starszego pana, który się w ogóle nie zna na literaturze" („*ein alterer Herr, der von Literatur nitchts versteht"*). Dla Lema każdy Niemiec w tym wieku był podejrzany (Kapuścińskiemu Lem napisał, że gdy Niemcy komplementowali jego znajomość niemieckiego, odpowiadał im, że ma znajomość raczej bierną, bo podczas okupacji było wiele okazji do słuchania, ale niewiele do odpowiadania)[18]. Prowadził te rozmowy dla samej satysfakcji.

Sylter Hof w relacjach Lema jawi się jako najwspanialszy hotel, w jakim dane mu było w życiu zamieszkać. Z listów wynika, że najbardziej zachwycała go łazienka („wyglądała kubek w kubek jak w filmach o życiu milionerów"), a zwłaszcza dwa elementy jej wyposażenia: pachnący, kolorowy i miękki papier toaletowy oraz „specjalny krem do smarowania członków, aby były bardziej elastyczne dla rozpusty".

Lem znał już wtedy najlepsze hotele Pragi, Moskwy, Leningradu i Berlina Wschodniego. Do demoludów zapraszały go różne instytucje, zwykle starające się go ugościć w najlepszych warunkach, jakie były do załatwienia na miejscu. A jednak najwyraźniej dopiero w wieku czterdziestu ośmiu lat Lem odkrył taki luksus jak balsam do ciała (który w dzisiejszych czasach odnajdziemy w co lepszych trzygwiazdkowcach) albo miękki papier toaletowy (który w dzisiejszych czasach odnajdziemy w zasadzie wszędzie).

Hotel Sylter Hof stoi dziś w tym samym miejscu co wtedy – Kurfürstenstrasse 116. Odwiedziłem go niedawno, robiąc sobie berliński spacer „szlakiem Lema". Nic się tam nie zmieniło. Betonowo-aluminiowa architektura w latach sześćdziesiątych wydawała się zapewne atrakcyjnie nowoczesna, dziś raczej odstrasza.

To jest szerszy problem Berlina Zachodniego. Tam się jakby czas zatrzymał po zjednoczeniu. Inne związane z Lemem miejsca (adresy, pod którymi mieszkał, czy ulubione restauracje) też wyglądają dziś tak samo jak trzydzieści–czterdzieści lat temu. To, co kiedyś dla Polaków było zachodnioberlińskim „jedwabnym życiem, masłem i miodem posmarowanym", teraz wygląda szaro i praśnie w porównaniu z Warszawą czy Krakowem. Takiego scenariusza przyszłości chyba nawet Lem by nie przewidział!

Do Berlina pojechał prosto po powrocie z ZSRR. Była to może najważniejsza ze wszystkich jego wizyt w Moskwie, bo wtedy właśnie doszło do słynnej awantury z Tarkowskim na temat jego interpretacji *Solaris*. Lem miał na Tarkowskiego nakrzyczeć, a nawet nazwać go „durakiem". Beresiowi opisywał to tak: „On wcale nie nakręcił *Solaris*, tylko *Zbrodnię i karę* [...], a już zupełnie okropne było to, że Tarkowski wprowadził do filmu rodziców Kelvina, a nawet jakąś jego ciocię. Ale przede wszystkim matkę – bo matka to jest mat', a mat' to jest Rossija, Rodina, Ziemla. To mnie już porządnie rozgniewało". Jak na tak kategoryczne potępienie filmu, który potem nagrodzono w Cannes, przedziwna jest z kolei deklaracja w tej samej rozmowie z Beresiem, że Lem ocenia film bez oglądania („poza dwudziestoma minutami drugiej części"), na podstawie „znajomości scenariusza".

Z tą „drugą częścią" to chyba jakieś przekłamanie, bo najprawdopodobniej chodzi o telewizyjną emisję *Solaris* w listopadzie 1974 roku. Lem pisał wtedy do jednego ze swoich rosyjskich tłumaczy, że obejrzał pierwszą część, ale wyłączył telewizor, bo nie mógł wytrzymać do końca[19].

Wygląda na to, że awanturę zrobił Tarkowskiemu, jeszcze nawet zanim poznał scenariusz. Praszkiewicz i Borisow w biografii Lema opisują więc ten incydent drobiazgowo na podstawie relacji jedynego świadka całej awantury – Łazara Łazariewa (1924-2010), krytyka i współpracownika literackiego Tarkowskiego (widnieje na listach płac *Solaris* i *Andrieja Rublowa* jako *script editor*).

W rozmowie z pisarzem o adaptacji jego książki w zasadzie powinien uczestniczyć scenarzysta, czyli w tym przypadku: Fridrich Gorensztejn (1932-2002). To przecież on powprowadzał do *Solaris* nowe wątki. Problem w tym, że Gorensztejn, bardziej nawet niż Tarkowski, nie miał talentu dyplomatycznego, zapewne w odróżnieniu od Łazariewa – którego reżyser poprosił o towarzyszenie mu podczas spotkania z Lemem właśnie w nadziei na jego umiejętność łagodzenia sporów.

Lem najwyraźniej nie zrozumiał powodów, dla których w rozmowie uczestniczy ktoś, kto nie jest ani reżyserem, ani scenarzystą. Wydawało mu się, że Łazariew występuje tu jako przedstawiciel Mosfilmu, czyli ktoś w rodzaju politruka[20]. Powody wprowadzenia nowych wątków Łazariew tłumaczy dość prosto. Nie chodziło wcale o „mat' Rossiję", tylko o ekspozycję. Film to nie powieść i ma swoje zasady.

Jedną z nich jest to, że gdy widz kompletnie nic nie wie o głównym bohaterze, w końcu straci zainteresowanie jego perypetiami. Zwłaszcza jeśli początkowo polegają one głównie na snuciu się po pustych pomieszczeniach (a tak się zaczyna *Solaris* jako książka).

Powieść – zwłaszcza pisaną w pierwszej osobie – można zacząć tak, jak zaczyna się *Solaris*: bohater, o którym jeszcze nic nie wiemy, po prostu pojawia się na stacji kosmicznej. Ewentualną przeszłość będziemy stopniowo ujawniać w jego wspomnieniach.

W filmie tak się nie da. Rozwiązania typu monolog z offu albo *flashback* z napisem „DWADZIEŚCIA LAT WCZEŚNIEJ" rzadko kiedy dają dobre rezultaty. Grożą niezamierzonym komizmem, dlatego z taką lubością po te środki sięgają twórcy parodystycznych serii *Naga broń* czy *Austin Powers*. Ten sam problem miał zresztą Steven Soderbergh, który również dodał do *Solaris* ziemski początek, pokazujący przeszłość Kelvina i Harey.

Andriej Tarkowski cenił sobie pisarski talent Gorensztejna i dlatego powierzył właśnie jemu modyfikację fabuły *Solaris*. Mówiąc o tym Lemowi, popełnił jednak „gruby błąd taktyczny" („*grubuju takticznuju oszybku*"). Zaczął rozmowę od razu od kwestii modyfikacji fabuły! Lem tego wysłuchał „ze srogą miną", po czym odpowiedział zimno, że jego zdaniem w jego powieści jest wszystko co trzeba i nie widzi potrzeby żadnych modyfikacji.

Tarkowski użył na to argumentu, którym reżyser często posługuje się podczas sporów artystycznych – „mam swój dorobek, mam warsztat, mam doświadczenie, proszę uwierzyć mojej wizji". Spytał Lema, czy on zna jego twórczość, a jeśli nie zna, to może by coś chciał obejrzeć. „Nie znam i nie mam na to czasu", padła odpowiedź, przyznajmy – dość obraźliwa dla Tarkowskiego i Łazariewa, którym „to, co mówił, i to, jak to mówił" Lem, sprawiało ból. To przecież nie były negocjacje handlowe, przyszli do niego jak artyści do artysty, okazując mu szacunek i oczekując tego samego w zamian – a zostali zrugani jak byle natręci.

Widząc, że to wszystko eskaluje w stronę awantury, Łazariew próbował od Lema uzyskać przynajmniej werbalną zgodę na proponowane zmiany. Usłyszał burkliwe „róbcie, kręćcie" („*diełajtie, snimajtie*"). Uznał, że więcej z tej rozmowy już nic nie wyjdzie, i zaczął się żegnać, choć z jego relacji wynika, że Tarkowski był gotów kłócić się do upadłego, co być może miałoby jeszcze gorsze skutki.

Gdy wyszli z hotelu Pekin – w którym odbywała się ta awantura – odetchnęli gromkim „uff!". Czuli się jak po ciężkiej pracy fizycznej. „Wyobraź sobie, co by było, gdyby był z nami Fridrich!" – zażartował Tarkowski i obaj się roześmieli.

Kiedy Lem w ogóle przeczytał ten scenariusz? Na pewno nie przed tą rozmową. Co najmniej do końca 1968 roku nie było wcale pewne, czy film ostatecznie powstanie[21] – Tarkowski nie był pupilkiem władzy, podobnie Gorensztejn.

W kwietniu 1970 Lem pisał do Ścibora-Rylskiego: „Słyszałem przecieki z Moskwy, że Andrejek Tarkowski zaczyna kręcić *Solaris*, powiadomiwszy swoje naczalstwo, że Lem jego scenariusz pochwala, więc kropnąłem list, że nie znam i nie pochwalam". W tym samym liście do przyjaciela pisał też, że „jakieś insze dwa reżysery Mosfilmu" chcą kręcić coś o Pirxie. „Prowadzę spowalniająco-kunktatorską korespondencję"²².

O zapoznaniu się ze scenariuszem *Solaris* Lem pisze dopiero w 1973 roku, kiedy film już... zszedł z polskich ekranów:

Bracia Węgrzy ukradli mi Pirxa, przerabiają go na serial TV bez mej zgody, prosili o zezwolenie na „adaptację TV", rozumiałem, że to jest zwykłe przedstawienie, a teraz „wyinterpretowali" to na film, opieram się, ale widzę, że nabrany zostałem, i z tą wdmuchaną kaszą muszę cicho siedzieć. Zdziwisz się może, lecz jam *Solaris* nie widział, najpierw byłem chory, potem film zeszedł z ekranu, a i tak się nie paliłem, bo scenariusz mam i nie byłem zachwycony, raczej wprost przeciwnie²³.

W wywiadzie z Beresiem mówił, że najbardziej żal było mu filmowych projektów, które przygotowywali razem z Janem Józefem Szczepańskim: *Pamiętnika znalezionego w wannie*, *Powrotu z gwiazd* i *Kataru*. Były jedyną szansą na pokazanie w kinie powieści Lema w sposób zgodny z jego intencjami (*Przekładaniec* Wajdy nie był ani adaptacją powieści, ani pełnometrażowym filmem kinowym). Nowele filmowe (czyli, jak dziś czasem mówimy, treatmenty) ukazały się po raz pierwszy drukiem w 2008 i 2009 roku w agorowej edycji dzieł zebranych).

Że nic nie wyjdzie z *Powrotu z gwiazd*, było jasne już w 1968 roku. Aleksander Ford, który miał to kręcić, najpierw nie znalazł koproducentów, a potem musiał emigrować w związku z antysemicką czystką. Po tej porażce Lem nie robił sobie już większych nadziei na *Pamiętnik znaleziony w wannie*, ale jednak napisał wraz ze Szczepańskim nowelę, a potem próbował nanosić żądane poprawki. Na próżno:

Klatki z kilkunastosekundowego, nakręconego amatorską kamerą filmu, przedstawiającego Stanisława Lema, który wystawia głowę przez koło ratunkowe, udając lwa wytwórni Metro-Goldwyn-Mayer, 1977

[Zespół filmowy] PLAN odwalił scenariusz […] w sposób tak chamski, jakiego nie znałem, i powiedziałem sobie, że prędzej mi włosy wyrosną na łysinie, aniżeli dam im kiedykolwiek coś mojego, a już specjalnie Paweł hrabia Komorowski [reżyser między innymi *Przygód pana Michała* – przyp. W.O.] zachował się, w mym rozumieniu, jak łapserdak i ostatni cham, co mu możesz przy okazji powiedzieć, i nawet w pierwszej maleńkiej furii napisałem ładny list do niego, ale potem plunąłem i wyrzuciłem do kosza. Rzecz w tym, że przyjechał, zabrał mi pół dnia i Jasiowi, nagrywałem całą rozmowę z nim na magnetofon, wykonało się wszystkie poprawki, jakich żądał, a potem odwalili i nawet nie powiedzieli „przepraszam" […]. Rozumiem francowatą instytucję, ale nie zwalnia ona pp hrabiów z najostatniejszych resztek savoir-vivre'u[24].

Z inicjatywą nakręcenia adaptacji *Kataru* wyszedł z kolei zachodnioniemiecki producent Joachim von Vietinghoff. Reżyserować miałby Austriak Alf Brustellin[25]. Lem wraz ze Szczepańskim przygotowali w 1978 roku nowelę filmową (w korespondencji z Thadewaldem i Rottensteinerem Lem nazywa ją już po kapitalistycznemu „treatmentem"), doszło nawet do podpisania umowy na adaptację i wypłacenia zaliczki, ale film nigdy nie powstał.

Wątpię, czy w ogóle mógł powstać. Z korespondencji wynika, że producent wszedł w ten projekt, żeby uzyskać dofinansowanie od władz Berlina, dopłacających za kręcenie filmów w tym mieście. Oczywiście, kto czytał *Katar*, ten wie, że przeniesienie akcji akurat tej powieści do Berlina Zachodniego było po prostu niemożliwe bez znacznych modyfikacji – wszystko zaczyna się przecież od sekwencji przejazdu autostradą. Ze względu na geografię Berlina to by się musiało dziać na terenie NRD, co wtedy było wykluczone, a w przyszłą perspektywę zjednoczenia Niemiec nikt wtedy nie wierzył. Wszystko to Lem próbował cierpliwie tłumaczyć w listach[26], ale chyba bez powodzenia. Śmierć

Brustellina w wypadku drogowym w listopadzie 1981 roku nagle uczyniła to wszystko bezprzedmiotowym[27].

Nic nie wyszło także z trwających w tym samym okresie przymiarek, by Andrzej Wajda kręcił w Monachium adaptację *Kongresu futurologicznego*. Rozeszła się po kościach inicjatywa kręcenia w Hollywood *Niezwyciężonego* (ale to chociaż przyniosło Lemowi dwa tysiące dolarów za sprzedaż opcji)[28].

W roku 1970 do Lema zwrócił się z Leopold Nowak z Zespołu Filmowego „Iluzjon" z propozycją nakręcenia *Śledztwa*. Ten film akurat powstał. Marek Piestrak w 1973 roku nakręcił go po partyzancku, w technice zbliżonej do tego, co dekady później będzie się nazywać „kinem zerobudżetowym". Lemowi film się spodobał[29], choć później w rozmowie z Beresiem szydził z amatorszczyzny Piestraka: „u swojej cioci w łazience wywoływał próbne zdjęcia, [...] jak na takie warunki, to i tak jest mistrzostwo". Względny sukces niskobudżetowego *Śledztwa* sprawił, że Piestrak dostał życiową szansę w ZSRR. Radzieckie przymiarki do kręcenia filmu o Pirxie zaowocowały w końcu adaptacją opowiadania *Rozprawa* – czyli *Testem pilota Pirxa*.

„Skóra mi cierpnie za Piestraka, gdy pomyślę, co pan zaraz powie na temat [jego filmu]", powiedział Bereś w wywiadzie z Lemem, na co pisarz odparł: „Wystarczy, jeśli ścierpnie reżyserowi". Oglądany z dzisiejszej perspektywy *Test pilota Pirxa* śmieszy nieporadnością realizacji. Nie chodzi tylko o słabe efekty specjalne – prawie wszystko tam jest słabe: aktorstwo, dialogi, montaż, scenografia, broni się właściwie tylko muzyka Arvo Pärta.

Film umacnia reputację Piestraka jako „polskiego Eda Wooda", reżysera łączącego ogromny entuzjazm do kręcenia filmu z brakiem wyczucia filmowego języka. Ale uczciwie przyznam, że jako chłopiec oglądałem go w 1979 roku z wypiekami na twarzy, a scena, w której Calderowi (Zbigniew Lesień, etatowy aktor Piestraka) urywają się ręce z powodu przeciążenia przy próbie przejścia przez szczelinę Cassiniego, zrobiła na mnie piorunujące wrażenie. Cóż, jak mawiają znawcy, „Złoty wiek science fiction to dwanaście lat".

Rodzina nie puściła mnie za to na *Szpital Przemienienia* Edwarda Żebrowskiego, który miał premierę w tym samym roku. Miałem o to wtedy żal, choć oczywiście dziś też nie uważam tego filmu za odpowiedni dla dziecka. Nie znałem książki, wyobrażałem sobie więc go na podstawie tytułu jako coś w rodzaju thrillera medycznego i pamiętam, jak się zastanawiałem, co tam się dzieje, skoro to ma być straszniejsze nawet od urywanych rąk Caldera.

Szpital Przemienienia z kolei próbę czasu zniósł świetnie. Powiedziałbym, że aż za dobrze, zwłaszcza jeśli chodzi o finałową scenę egzekucji. Dlatego zdumiały mnie narzekania Lema na ten film w rozmowie z Beresiem. Poświęcił mu najwięcej uwagi – blisko pięć stron samego narzekania, bez zauważenia jakichkolwiek pozytywów.

To narzekanie, jeśli się mu bliżej przyjrzeć, też jest dziwne. Lem ocenia od strony nie języka filmowego, tylko wierności historycznej – choć przecież akcja powieści *Szpital Przemienienia* dzieje się w fikcyjnym szpitalu w nieistniejącej miejscowości. „Jeśli Niemcy mieli nakazane mordować określoną kategorię ludzi, to nie mordowali w ramach tej akcji nikogo innego. Oni pedantycznie trzymali się rozkazów [...]. Tymczasem reżyser zrobił w tym filmie zbiorową mogiłę dla wszystkich, pada nawet sanitariusz Józef [...]. A szczególnie wypruły mi flaki z tą lekarką Żydówką [...]. Proszę zwrócić uwagę, że już pierwsze jej objawienie się ukoronowane zostało kwestią, w której ona się tłumaczy ze swojego pochodzenia. To jest 1940 rok [...], Żydówka z takim masłem na głowie nigdy nie odważyłaby się tak postąpić", mówił Beresiowi, jakby nieświadomy, że analogiczne zarzuty można postawić jego książce, zaczynając od najważniejszego: jeśli to jest 1940 rok, to skąd tam ukraińskie jednostki pomocnicze?

Wizja Niemców jako ucieleśnienia bezrozumnej, niszczycielskiej siły pochodzi przecież bezpośrednio z prozy Lema. Najlepszy dowód, że Stefan Trzyniecki, bohater *Szpitala…*, w drugim tomie jako Żyd trafia do obozu zagłady – a przecież, jak zapewniają nas on sam oraz wszechwiedzący narrator, Trzyniecki jedynie ma nieszczęście wyglądać na ukrywającego się Żyda. Może sanitariusz Józef też miał takiego pecha?

Jak zwróciła uwagę Agnieszka Gajewska[30], wspólnym tematem wielu utworów Lema, fantastycznych i realistycznych, serio i buffo, jest skrywanie przez bohatera jakiejś tajemnicy, której ujawnienie groziłoby mu wykluczeniem ze społeczeństwa albo i śmiercią. Czy to będzie Ijon Tichy w przebraniu robota, czy Hal Bregg z brakiem betryzacji, czy astronauci na Solaris ukrywające swoje twory F, czy niemal wszystkie postacie z *Pamiętnika znalezionego w wannie* (z głównym bohaterem na czele), czy Trurl przebrany za własną maszynę – więcej niż jeden utwór Lema zasługuje na tytuł *Maska*.

Ten tytuł pasowałby także do *Szpitala Przemienienia*, w którym mamy wiele postaci kryjących się za różnymi maskami. Zdrowi udają chorych, a chorzy zdrowych, cynicy idealistów, a idealiści cyników, Polacy Niemców, Niemcy Polaków. Lema prawdopodobnie rozczarowało w filmie Żebrowskiego to, że zignorował te podteksty w jego powieści. Ale nie mógł tego powiedzieć wprost bez zdjęcia własnej maski.

W latach siedemdziesiątych wokół ekranizacji Lema działo się najwięcej dobrych rzeczy. Filmy dostawały nagrody na festiwalach („jak już wzięli na festiwal, to musieli nagrodzić, bo jak się dzieci bawią w wojsko, to każde musi być co najmniej pułkownikiem"[31], tak zgryźliwie Lem podsumował Grand Prix w Cannes dla Tarkowskiego). Nawet *Test Pilota Pirxa* bronił się przynajmniej w kategorii kina dla niezbyt wymagających chłopców rozmiłowanych w science fiction. Dla Lema była to jednak tylko jedna długa seria rozczarowań.

W gabinecie, 1971 (© Jakub Grelowski / PAP)

Zniknęła też bezpowrotnie ta niesamowita wena twórcza, którą Lem rozpieszczał swoich czytelników w poprzedniej dekadzie. W latach sześćdziesiątych potrafił wydać po dwie, trzy książki rocznie, i to same wybitne. W latach siedemdziesiątych książki dalej się ukazywały, ale często już w formule „jedno opowiadanie premierowe plus garść wcześniej wydanych", jak w zbiorach *Maska* (1976) czy *Powtórka* (1979).

Narzekali na to krytycy: „Zważywszy, że tytułowe i najlepsze opowiadanie zbiorku ukazało się już w roku 1974 w warszawskiej »Kulturze«, czytelnik zostaje naciągnięty na niemal

50 zł", pisał w recenzji *Maski* Stanisław Bereś[32]. Narzekali też przyjaciele i korespondenci Lema.

O kryzysie i wypaleniu Lem pisał przedtem wielokrotnie w listach, wielokrotnie też zauważali to u niego przyjaciele, wśród nich Jan Józef Szczepański. A jednak w latach siedemdziesiątych coś się musiało zmienić, bo latem 1974 roku Szczepański napisał: „Staszek Lem po raz pierwszy, odkąd go znam, wyczerpany z pomysłów. Nic nie robi i twierdzi, że nie widzi żadnego sensu w dalszym pisaniu"[33]. Ich znajomość trwała już wtedy przeszło dwie dekady, więc jeśli Szczepański pisał, że coś się wydarzyło „po raz pierwszy", możemy mu wierzyć, że faktycznie zaszła zmiana.

W 1978 roku Lem tak się tłumaczył Władysławowi Kapuścińskiemu:

Na pytanie, dlaczego nie piszę od dawna, nie znam prawdziwej odpowiedzi, choć różnych udzielam niekiedy, ale tak naprawdę to sam nie wiem. Może to od nadmiaru powodzenia mych książek na świecie? Brak forsy bywał zawsze silnym bodźcem, jak świadczy o tym historia literatury...[34]

A miesiąc później Jerzemu Wróblewskiemu:

Nie wiem, czy taki się rozlazły zrobiłem, czy się jakiś płomyk we mnie wypalił, skoro od roku z górą nic większego nie napisałem i żyję raczej jak rentier odcinający kupony od tzw. sławy światowej. Może i rację mają ci, co sądzą, iż nędza jest artysty stanem przyrodzonym, właściwym, i że nie masz bodźca twórczego nad elementarny głód[35].

Inna sprawa, że ta utrata weny była zjawiskiem czysto relatywnym. Gdyby Lem pozostawił po sobie tylko to, co napisał już po *Głosie Pana* – zazwyczaj uważanym za umowny koniec „złotej ery" – dalej byłby wspominany jako jeden z czołowych polskich pisarzy fantastycznych. Pozostawiłby trzy porządne powieści (*Katar*, *Wizję lokalną* i *Fiasko*) plus sporo świetnych nowel, opowiadań i „apokryfów". W takim scenariuszu dalej byśmy „mówili Lemem", cytując bon moty z *Profesora A. Dońdy* czy *Edukacji Cyfrania*. Cytat z opowiadania *Kobyszczę* o tym, jak Trurl chce stworzyć społeczeństwo doskonałe, ale niestety ciągle mu wychodzą „czworoboki maszerujące nieprzyjemnie regularnym krokiem", zawsze mi się przypomina, gdy mowa o politycznych utopiach.

Krytycy z lat siedemdziesiątych szczególnie wrogo reagowali na Lemowskie apokryfy. Teoretyczne rozważania na temat tego rodzaju quasi-prozy Lem snuł już na kartach *Fantastyki i futurologii*. Pierwszym apokryfem z prawdziwego zdarzenia było *Non serviam*, opublikowane najpierw w tomiku *Bezsenność* (1971). W tym samym roku ukazała się zaś cała książka złożona tylko z takich utworów – *Doskonała próżnia* (1971).

Wojciech Żukrowski na łamach „Nowych Książek" nazwał ją „masturbatorkiem mózgowym", kończąc swe wywody stwierdzeniem, że książkę poleca, ale mu się ona nie podoba. Jan Walc we „Współczesności" uznał z kolei *Doskonałą próżnię* za „nieśmieszny żart". Czas przyznał rację pisarzowi, nie krytykom.

Dziś to klasyka. Utwory takie jak *Sexplosion* (o tym, jak w 1998 roku ludzkość straciła popęd seksualny w wyniku tajemniczej katastrofy, więc rządy zmuszają obywateli do reprodukcji dla dobra publicznego, ale młodzież kryje się po lasach, starcy przedstawiają fałszywe zaświadczenia o niemocy, a z Danii przemyca się albumy gastronomiczne pokazujące jedzenie jajecznicy przez rurkę) czy *Gruppenführer Louis XVI* (o byłym esesmanie, który za zrabowane złoto wybudował sobie w południowoamerykańskiej dżungli kopię francuskiego dworu), czy *Non serviam* (bodajże najlepsze w prozie Lema potraktowanie kwestii „co to jest osobowość?" i „czym doskonała symulacja różni się od rzeczywistości?").

Jedyną powieścią z prawdziwego zdarzenia pisaną w tym okresie jest *Katar*. W pierwszej połowie czerwca 1975 roku Lem po raz ostatni sięgnął po metodę, dzięki której mógł utrzymać tak wysoką wydajność pracy w latach sześćdziesiątych: wyjechał na dwa tygodnie do Zakopanego, by pisać tam w „zamknięciu klasztornym", jak to opisywał wówczas Kandlowi[36]. Napisał wtedy słuchowiska radiowe oraz jedno nowe opowiadanie o Pirxie, a także o Trurlu i Klapaucjuszu (ukazały się w tomiku *Powtórka* w 1979). Najważniejszy był jednak właśnie *Katar*, z którym Lem „wojował od lat", a w Zakopanem go „prawie zamknął". Na początku grudnia tego samego roku był już gotowy w całości[37], a ukazał się w roku następnym.

Ogólny zarys fabuły Lem miał już gotowy latem 1969 roku. W czerwcu streszczał go Franzowi Rottensteinerowi[38], w lipcu Virgilijusowi Čepaitisowi[39]. W pierwszej wersji akcja miała się dziać w Rzymie, w hotelu sieci Hilton (którą Lem wykorzystał w następnym roku, pisząc *Kongres futurologiczny*). W lipcu nie ma już Hiltona i są siarkowe kąpiele w Neapolu. Bohater miał być detektywem, a nie astronautą. Powstał wtedy brulion, który Lem przeczytał Barbarze Lem na głos i z zadowoleniem pisał Čepaitisowi, że ta historia porządnie ją wystraszyła. Z pisaniem książki Lem jednak czekał, aż uda mu się wyjechać do Włoch i zobaczyć opisane w niej miejsca[40]. To się nie wydarzyło, więc Lem w końcu zmienił plany, zmienił też profesję głównego bohatera.

Bezpośrednią inspiracją był wywiad z Edwinem Aldrinem, który Lem przeczytał w „New York Timesie". W roku 1973 sam z kolei streszczał w wywiadzie, że zafascynowała go psychologiczna sytuacja astronauty, który po powrocie z orbity czuje, że wszystko, co istotne, już się w jego życiu wydarzyło. Pięćdziesięcioparoletni Lem czuł się zapewne podobnie. Wtedy jeszcze chciał tę powieść zatytułować *Grypa*[41], ostatecznie jednak dał swojemu bohaterowi chorobę, która dręczyła pisarza od dwudziestu lat i była bezpośrednim powodem regularnych wyjazdów do Zakopanego.

Można jednak powiedzieć, że Lem borykał się z chęcią napisania *Kataru* właśnie przez te dwadzieścia lat. Zawsze chciał napisać powieść kryminalną, w której zabójcą okaże się przypadek – bo do jego własnych życiowych doświadczeń pasowało to lepiej od klasycznego kryminału z Holmesem czy Poirotem. W czasie wojny ludzie ginęli dlatego, że wracając do domu, wybrali niewłaściwą przecznicę. Lem w pogromie lwowskim ocalał dlatego, że kiedy akurat jego grupa miała być zamordowana tak jak poprzednie, Niemcy odwołali akcję.

„Sknocony kryminał" i *Śledztwo* były próbami napisania powieści kryminalnej o bezosobowym zabójcy. Pierwszą Lem zarzucił w połowie, z drugiej był niezadowolony (z listów wynika zresztą, że opublikowana wersja daleko odbiegała od pierwotnych założeń). Zakończenie *Śledztwa* bowiem rozczarowuje – w odróżnieniu od zakończenia *Kataru*. Dopiero w tej powieści Lemowi udało się wreszcie wymyślić zabójcę tyleż fascynującego, co przypadkowego. Więcej nie napiszę, bo może czytelnik jej nie zna: powiem tylko, że zaliczam tę powieść do swoich ulubionych.

Przypadek także sprawił, że Lem zdążył tę powieść dokończyć. Pracował nad nią przeszło dwa lata. Gdyby ją przeciągnął do 1976 roku, być może nigdy by nie powstała. To, co Lem jeszcze mógł zrobić w czerwcu 1975 roku, czyli kreatywny maraton w Zakopanem (Szczepański odnotowuje w dzienniku z zazdrością, że jego przyjaciel w dwa tygodnie napisał półtorej książki – czyli większość *Kataru* i większość *Powtórki* – i wzdycha przy tym, że też by chciał tak umieć; to jeszcze jeden dowód na to, że utrata weny po 1968 roku była zjawiskiem czysto relatywnym), w roku 1976 było już nie do powtórzenia. W następnym roku o tej samej porze Lem był tak blisko śmierci jak jeszcze nigdy od czasu wojny. I znów sprawił to przypadek.

W czerwcu 1976 roku Lem poddał się zabiegowi usunięcia prostaty metodą, która wówczas była uważana za ultranowoczesną – przez elektrokoagulację i bez skalpela, a więc w teorii bezpieczniej dla pacjenta. Zapowiedź nadchodzącego nieszczęścia widać jednak w zapisie w dzienniku Szczepańskiego, który tuż po operacji odwiedził przyjaciela w szpitalu w Katowicach – bo tam, a nie w Krakowie Lem był operowany:

Jeździłem do niego po południu z Andrzejem Madeyskim [sąsiadem Lema, lekarzem, mężem Noemi Madeyskiej, która Lema i Szczepańskiego częstowała dziesięć lat wcześniej psylocybiną – przyp. W.O.]. Operacja przeprowadzona została najnowocześniejszą techniką, ale w szpitalu nie działają łazienki i nikt nie sprząta ubikacji. Latałem po całym mieście, żeby zdobyć flaszeczkę oleju parafinowego[42].

Lem tymczasem wysłał żonę wraz z synem na wczasy do Ustki. Lecieli samolotem – nie tyle z powodu bogactwa, ile z braku biletów na pociąg. Do Ustki zaś nie dlatego, że taki mieli kaprys, tylko dlatego, że Ustkę akurat udało się załatwić przez ZLP, który miał tam dom pracy twórczej. Nie zdawali sobie sprawy z tego, co się dzieje z ich ojcem i mężem, bo w tamtych czasach zatelefonowanie z Ustki do Krakowa wymagało spędzenia całego dnia na poczcie, i to pod warunkiem zamówienia rozmowy „błyskawicznej". Barbara Lem ze sporym opóźnieniem dowiedziała się więc od swojej siostry (matki Michała Zycha), że po operacji prowadzonej w tak niesprzyjających warunkach pojawiły się powikłania.

Postanowiła natychmiast wrócić z synem do domu. Zakup biletu kolejowego czy nawet lotniczego nie wchodził oczywiście w grę. O piątej rano znalazła jednak taksówkarza gotowego na rajd do Krakowa. Tomasz Lem wspomina, że jechali starym, zdezelowanym białym mercedesem, który nie był w stanie rozpędzić się powyżej osiemdziesięciu kilometrów na godzinę. Po przybyciu na miejsce kierowca odmówił skorzystania z łazienki, dał się ostatecznie namówić na wymoczenie nóg w miednicy – i pognał z powrotem.

Okazało się, że już po powrocie do domu Lema dopadł nagły krwotok z rany wewnątrzpęcherzowej, w dodatku doszło do jakiegoś zakażenia spowodowanego prawdopodobnie przez niedostateczne wysterylizowanie wielorazowej strzykawki (tak Lem powiedział Szczepańskiemu). Krakowskie szpitale nie chciały poprawiać katowickiej fuszerki. Lemowi życie uratowali Madeyscy, wioząc go półprzytomnego do Katowic. I tak pisarz, który wyobraźnią sięgał gwiazd, był o krok od śmierci z powodu brudu. „O mało się nie przejechał”, z właściwą sobie lakonicznością odnotował Szczepański[43].

Całą tę sytuację Lem opisywał z humorem Wróblewskiemu – kiedy było po wszystkim i czuł się „całkiem już odrestaurowany cieleśnie”. Cieszył się, że „Barbara była z dzieckiem nad Bałtykiem”, bo „jej ta nieobecność oszczędziła nielada przykrych wzruszeń”[44].

Najbardziej go jednak cieszyło, że pobyt w szpitalu był mocnym pretekstem, by nie uczestniczyć w ceremonii wręczenia mu Nagrody Państwowej I stopnia w dziedzinie literatury. Musieli mu ją przysłać. Poza tym stanowił świetne usprawiedliwienie nieobecności na Euroconie, który w 1976 roku odbył się w Poznaniu.

Od pierwszej edycji tej imprezy, w Trieście w 1972 roku, europejscy miłośnicy science fiction usiłowali Lema na nią zaprosić. Za pierwszym razem odrzucił zaproszenie po prostu dlatego, że „mu się nie chciało”, ale jego nieobecność na polskiej edycji groziła skandalem, gdyby nie miał naprawdę solidnego powodu. Pobyt w szpitalu pozwolił mu się wykręcić, „z czego wielce był ukontentowany”[45].

Mimo niefrasobliwego tonu listu do Wróblewskiego nie da się ukryć, że ta przygoda stanowiła punkt zwrotny w życiu Lema. Życie ocaliło mu to, że w pobliżu byli przyjaciele, którzy szybko zawieźli go do szpitala. Gdyby znów był na samotnym wyjeździe do Zakopanego – mógłby się wykrwawić, zanim dojechałoby pogotowie. Odtąd będzie unikać ryzykownych wyjazdów. Nie powtórzy szalonych rajdów samochodem do Grecji, nie pojedzie już nigdy do ZSRR, nie będzie biwakować z przyjaciółmi w Bieszczadach. Jego podróże będą się już ograniczać do dużych miast w Niemczech i w Austrii oraz tamtejszych ośrodków turystycznych – gdzie działają telefony, pociągi oraz łazienki w szpitalach.

Trudno nie zauważyć, że ów punkt zwrotny w życiu Stanisława Lema – czerwiec 1976 – znowu zbiega się z punktem zwrotnym w polskiej historii. Subtelna gra z systemem, którą Lem z powodzeniem prowadził przez poprzednie ćwierć wieku niczym narrator *Głosu Pana* z wojskowymi władzami, przestała być możliwa. Tamta powieść była alegorycznym opisem sytuacji polskich intelektualistów w dekadzie Gomułki – w dekadzie Gierka nastały nowe reguły.

U jej zarania Lem doskonale je oddał w opowiadaniu *Edukacja Cyfrania*. Bodaj żaden inny jego utwór nie wzbudził aż takiego zachwytu u Jana Józefa Szczepańskiego, który 8 listopada 1971 roku napisał w dzienniku:

> W środę wieczorem u Lemów. Staszek czytał nowe opowiadanie. Wizja fantastycznego królestwa, nastawionego wyłącznie na muzyczną realizację harmonii sfer. Ale w kącie estrady, na której mozoli się królewska orkiestra, siedzi olbrzymie monstrum – cuchnąca, kołtuniasta poczwara (gorylium), która od czasu do czasu zjada któregoś grajka albo w inny sposób niweczy wszelkie wysiłki. I wszyscy uczenie wywodzą, dlaczego nic z grania nie wychodzi, ale o gorylium ani słowa. Staszek wysłał to do „Szpilek". Ciekawe, czy cenzura uzna za stosowne nie dostrzec aluzji. Swoją drogą, w pamiętnikach Anny Dostojewskiej, które teraz czytam, to gorylium Europy rozpycha się tak samo w swoim kącie.

Dostojewscy w Dreźnie czytają namiętnie wszystkie książki zakazane w Imperium. Co nie przeszkadza im kochać cara i odnosić się z lekceważeniem do liberalizmu.

Metafora „gorylium siedzącego w kącie" będzie się pojawiać w dzienniku jeszcze wielokrotnie, zazwyczaj jako podsumowanie jakiegoś spotkania władz z literatami. Na przykład w roku 1972 Jan Błoński na spotkaniu krakowskiego oddziału ZLP poruszył temat wydania dzieł Gombrowicza (w zebraniu uczestniczyli między innymi Lem i Szczepański). Przedstawiciel ministerstwa odpowiedział, że „istnieją przeszkody, których nie można ominąć po prostu z racji sąsiedztwa, jakie wyznaczyła nam historia" – „Lemowskie gorylium w kącie", dodał Szczepański już od siebie.

Z toczących się przez lata sześćdziesiąte walk frakcyjnych między natolińczykami a puławianami wyszedł pat. Natolińczycy wykończyli puławian w roku 1968, niedobitki puławian wzięły odwet w roku 1970. Byli jednak już zbyt słabi, żeby wprowadzić demokrację socjalistyczną, o której marzyli w 1956 – większość przywódców tego nurtu zmuszono do emigracji lub odstawiono na boczny tor, został drugi garnitur, jak Jabłoński czy Jaroszewicz.

Być może Lem miał zresztą rację, tłumacząc w 1956 roku Ściborowi-Rylskiemu, że wszelka demokracja w tym ustroju jest i zawsze będzie mrzonką, bo jego podstawą jest policja polityczna, a nie jakakolwiek ideologia. Z gierkowskiej liberalizacji więc wyszło tyle, że symbolizujące tę władzę tępe „gorylium" zaczęło pożerać ludzi w sposób chaotyczny i losowy.

Nie była to tylko metafora. Groźba fizycznej przemocy była odczuwana namacalnie – w maju 1977 roku, akurat w dzień pierwszej komunii Tomasza Lema, gruchnęła straszna wieść o śmierci zakatowanego przez „nieznanych sprawców" Stanisława Pyjasa. Pół roku później „nieznani sprawcy" pobili księdza Andrzeja Bardeckiego, współpracownika „Tygodnika

Powszechnego". W bezpośrednim otoczeniu Lema ludzie zaczęli dostawać dziwne anonimy i telefony z pogróżkami, zaczęli
się czuć śledzeni na ulicy (i – jak wiemy dzisiaj – naprawdę
byli śledzeni). Sądząc z listów i pamiętników, groza była nawet
silniejsza niż w latach sześćdziesiątych, bo działania reżimu
zrobiły się jeszcze bardziej nieprzewidywalne.

Komentując w 1977 roku w liście do Kandla pierwszy numer
nielegalnego pisma literackiego „Zapis", do którego pod własnymi nazwiskami renomowani autorzy oddawali teksty od-
rzucone przez cenzurę (w pierwszym numerze byli to między
innymi Andrzejewski, Brandys, Ficowski i Nowakowski), Lem
zauważył, że „95% tych tekstów mogłoby się ukazać za Gomułki", „TAK się zawęziła przestrzeń swobodnej wypowiedzi!"[46].
Lem był w sytuacji o tyle szczególnej, że władzom bardzo zależało na pozyskaniu go. Że nie da się z niego zrobić pisarza
partyjnego, z tym się już pogodziły – ale w coraz bardziej po-
laryzującym się środowisku polskich intelektualistów mógł się
stać pisarzem jednoznacznie kojarzonym z opozycją, jak jego
przyjaciele, Szczepański czy Mrożek.

Lemowi więc przez cały czas było „więcej wolno". Uchodziły
mu na sucho gesty niezależności, za które ktoś inny zostałby
ukarany odmową paszportu czy zakazem publikacji. Lem miał
świadomość tego stanu rzeczy – pisze o tym w swoich wspomnieniach choćby Tomasz Lem – ale wbrew pozorom wcale nie miał
z tego aż takich wielkich korzyści. Trudno grać pierwsze skrzyp-
ce w orkiestrze pożeranej stopniowo przez gorylium, nawet jeśli
to gorylium chwilowo zajęte jest resztą sekcji smyczkowej.

Ciekawość Jana Józefa Szczepańskiego dotycząca reakcji cenzury na *Edukację Cyfrania* nie została zaspokojona. W 1971 roku
cenzor opowiadania prawdopodobnie nie zobaczył na oczy.
Krzysztof Teodor Toeplitz, redaktor naczelny „Szpilek", odrzucił je w bardzo uprzejmym liście, w którym pisał, że czytając
je, wszyscy w redakcji się ubawili, ale „w obecnym zwłaszcza
okresie" nie widzi możliwości druku[47].

Lem bardzo to odrzucenie przeżył. Michael Kandel, który go wtedy odwiedził w Krakowie, wspominał, że Lem pokazał mu *Edukację Cyfrania*, lamentując nad stanem wolności słowa w PRL. „Takie rzeczy dziś cenzurują!" Szczepański odnotował zaś w dzienniku rozmowę z Lemem, w której ten snuł fantazje, jak to będzie „wieszać cenzorów", gdy Polska odzyska niepodległość[48].

Opowiadanie ukazało się dopiero w 1976 roku, w tomiku *Maska*, rzecz jasna w Wydawnictwie Literackim, w którym tradycyjnie Lem publikował rzeczy wymagające specjalnych koneksji w cenzurze. Tytułowa nowela – napisana zresztą też dużo wcześniej, w czerwcu 1972, jak zwykle w Zakopanem[49] – również na pierwszy rzut oka wydaje się aluzją zbyt grubymi nićmi szytą, żeby cenzura to przepuściła: akcja *Maski* dzieje się we wszechświecie „robociego średniowiecza", przypominającym ten z *Cyberiady*, ale tym razem wszystko tu jest serio. Bohaterką-narratorką jest mordercza maszyna, którą tyran – przywodzący na myśl tych cyberiadowych Okrucyuszy, ale tym razem ani trochę nieśmieszny – polecił skonstruować celem zabicia dworzanina (ten z jakiegoś powodu popadł w królewską niełaskę). Maszyna ma kształt atrakcyjnej kobiety, a jej zadanie polega na tym, by dworzanina uwieść i zabić go w ustronnym miejscu. Akcja dzieje się w świecie przepychu podobnym do świata gierkowskiego dobrobytu.

Dlaczego cenzura to przepuściła? I znów ta sama odpowiedź: bo warszawska „Kultura", organ Janusza Wilhelmiego, czyli „Wilhelma Eeney", mogła więcej. Wilhelmi był wówczas zajęty brutalną czystką w świecie filmu, chciał więc symbolicznie zakopać topór wojenny z Lemem.

Edukację Cyfrania, *Maskę* i *Profesora A. Dońdę* (opowiadanie o afrykańskim kraju, który przechodzi modernizację w stylu gierkowskim – jego planistom wyszło, że helikopteryzacja kraju wyjdzie taniej od budowy dróg, więc kupili licencję na helikopter... i tak dalej) władze potraktowały tak jak poprzednie aluzyjne utwory Lema. Cenzor udawał, że nie zrozumiał.

Lema szczególnie rozbawiło, że na Nowy Rok 1975 dostał list z życzeniami od samego pierwszego sekretarza Edwarda Gierka. Gierek – czy raczej ktoś, kto mu to przygotował i podsunął do podpisu – twierdził tam, że z dorobku Lema najwyżej sobie ceni *Wielkość urojoną*, *Doskonałą próżnię* i *Maskę* właśnie[50]. Te tytuły trafiły do listu po prostu dlatego, że to były akurat trzy najnowsze utwory Lema, ale ze względu na treść *Maski* wyszła z tego zabawna koincydencja.

Jako „polski pisarz robiący furorę na Zachodzie" Lem wpisywał się doskonale w gierkowską propagandę sukcesu. Gdyby jeszcze tylko dostał literacką Nagrodę Nobla! Władze na początku lat siedemdziesiątych zdawały się żywić taką nadzieję, co zaowocowało jednym z najbardziej zagadkowych epizodów z serii „Lem a PRL", jakim była niespodziewana wizyta Franciszka Szlachcica w domu pisarza na Klinach w listopadzie 1972 roku.

Z wywiadu udzielonego mniej więcej dziesięć lat później Beresiowi wynika, że Lem nigdy się nie dowiedział, o co tu chodziło. Zapamiętał tylko dziwne słowa Szlachcica, który obserwując półki z zagranicznymi wydaniami książek Lema, skomentował, że kariera udała się Lemowi „nad podziw dobrze, mimo że nie pomagaliśmy, a nawet przeszkadzaliśmy trochę". Takie zagadkowe „my" w ustach szefa bezpieki oznaczało zapewne „my, resort". Szlachcic w latach sześćdziesiątych był w MSW „drugim po Moczarze" (który z kolei był „drugim po Gomułce"). W 1970 roku niespodziewanie poparł partyjnych „liberałów", co dało mu awans na „drugiego po Gierku".

Tak jak Moczar, Szlachcic chciał stworzyć sieć „swoich ludzi" w różnych środowiskach, w tym pośród intelektualistów i literatów. Skąd mu przyszło do głowy, że Lem jest dobrym kandydatem na „jego" człowieka – można tylko spekulować.

Być może jego rozumowanie było proste: Lem na razie jest niczyj, *ergo* – jak w czasach podbojów kolonialnych – zdobędzie go ten, kto zatknie flagę na *terra nullius* w domu na Klinach. Wprawdzie Lem tyle już w życiu osiągnął, że nie da się go obłaskawić byle talonem na fiata, ale Nagrody Nobla na kominku przecież nie miał. Szlachcic prawdopodobnie uwierzył swoim ludziom w resorcie, że są w stanie to załatwić. Zdaje się, że coś takiego niejasno zasugerował Lemowi, w każdym razie sam Lem odniósł wówczas takie wrażenie. Tak powiedział Szczepańskiemu, który odwiedził go zaraz po Szlachcicu (25 listopada).

Był to oczywiście nonsens, bo w Komitecie Noblowskim niczego nie da się załatwić na chybcika. Sugerowanie mu kandydatury wymaga wielu lat taktownych i dyskretnych podchodów, jak mogliśmy to zaobserwować na przykładzie przyjaciółki Lema, Wisławy Szymborskiej. Dyskrecja i takt niewątpliwie nie należały zaś do kompetencji Franciszka Szlachcica i jego podwładnych. Świadczył o tym choćby przebieg tej wizyty.

W jego intencjach miało to wyglądać tak, że Szlachcic po prostu przy okazji służbowego wyjazdu do Krakowa spontanicznie odwiedza swojego ulubionego pisarza. W praktyce oczywiście spontaniczna wizyta była zapowiedziana z wyprzedzeniem (telefon odebrał czteroipółletni wówczas Tomasz Lem; wspomina w swojej książce, że na „Tu mówi sekretarz Komitetu Centralnego Franciszek Szlachcic" rezolutnie odpowiedział: „A tu mówi Tomek"). Ponieważ do Krakowa Szlachcic przyleciał służbowym samolotem, a po mieście poruszał się orszakiem służbowych samochodów, o tej dyskretnej, spontanicznej wizycie kawał miasta dowiedział się od razu, a znaczna część – komitet wojewódzki, krakowski oddział ZLP, Wydawnictwo Literackie – jeszcze przed czasem[51].

Szlachcic usiłował się więc zachowywać, jakby to była zwyczajna wizyta towarzyska. Pochwalił sernik (w Krakowie zwany „serowcem") teściowej Lema. Wypił kieliszek wina. Ot, kameralna rozmowa o literaturze. Tylko że tak poza tym towarzyszyli mu zdenerwowany sekretarz Komitetu Wojewódzkiego PZPR Józef Klasa, ochroniarze i osobisty adiutant, który o dwudziestej trzeciej trzydzieści rozmowę przerwał bezceremonialnymi słowami „towarzyszu, samolot czeka". Jeśli Komitet Noblowski na serio rozważał kandydaturę Lema, po tej wizycie nie było już na nagrodę szans.

Na pozyskaniu Lema władzom zależało o tyle goręcej, że lata siedemdziesiąte przynoszą już otwarty bunt wśród pisarzy i intelektualistów. Na inicjatywy opozycyjne z lat sześćdziesiątych Lem spoglądał z dystansem, jak Hogarth w *Głosie Pana*. Miało to dwie przyczyny. Po pierwsze, *spiritus movens* tych inicjatyw stanowili intelektualiści poprzedniego pokolenia, którzy pozycję i autorytet zbudowali jeszcze przed wojną – Dąbrowska, Estreicher, Słonimski, Jastrun, Wańkowicz, Andrzejewski. Lem, Błoński, Mrożek czy Szczepański pochodzili z następnego pokolenia, debiutowali po wojnie, a w latach sześćdziesiątych nie cieszyli się jeszcze autorytetem w środowisku – Lem miał opinię specjalisty od ufoludków, Błoński – młodego, zdolnego polonisty, Szczepański – autora książek podróżniczych, Mrożek – zgrywusa. Sprawę Listu 34 w roku 1964 obserwowali więc uważnie, ale właśnie: obserwowali. Nie próbowali się dopchać do listy sygnatariuszy, bo byłoby to niepoważne.

Drugim powodem było to, że tamte inicjatywy rozmyślnie przedstawiano jako apolityczne. List 34, skierowany do premiera Cyrankiewicza (skądinąd chętnie prezentującego siebie jako przyjaciela ludzi kultury i sztuki), zaczynał się od kwestii „ograniczenia przydziału papieru", jakby mimochodem tylko wspominając o „cenzurze". Tak jak to Lem alegorycznie opisuje w *Głosie Pana*, intelektualiści zgłaszali zastrzeżenia do sposobu, w jaki Wilhelm Eeney zarządza Projektem, ale nie chcieli z nim otwarcie zerwać.

Jedno i drugie zmienia się w latach siedemdziesiątych. Po pierwsze, teraz to Lem, Błoński, Mrożek i Szczepański byli autorytetami, z uwagą obserwowanymi przez młodsze pokolenie. Na przykład przez Zagajewskiego i Kornhausera, którzy w 1974 roku w przełomowej książce *Świat nie przedstawiony* wytknęli ich pokoleniu eskapizm. Coraz trudniej było uniknąć zajęcia jednoznacznego stanowiska.

Po drugie zaś, zmienił się charakter inicjatyw opozycyjnych. W 1975 roku w odpowiedzi na planowaną zmianę Konstytucji PRL (pierwotnie planowano wpisanie do niej kierowniczej roli PZPR, wiecznego sojuszu z ZSRR oraz uzależnienia praw obywatelskich od tego, jak obywatele wywiązują się ze swoich obywatelskich obowiązków; pod wpływem protestów te zapisy w końcu nieco złagodzono) zaczęto zbierać podpisy pod Listem 59 – listem otwartym, którego nie kierowano już personalnie do premiera, tylko do międzynarodowej opinii publicznej, zgodnie z podpisanym w tym samym roku w Helsinkach Aktem końcowym Konferencji Bezpieczeństwa i Współpracy w Europie.

Podpisy pod listem zaczęto zbierać w Warszawie, z inicjatywy Jana Olszewskiego, Jakuba Karpińskiego i Jacka Kuronia. Do Krakowa list dotarł na początku grudnia jako gotowy dokument, w którym niczego już nie można zmienić – co było istotne, bo na zebraniu potencjalnych sygnatariuszy (uczestniczyli w nim: Lem, Zagajewski, Kornhauser, Szymborska, Filipowicz i Szczepański) krytykowano pojedyncze zapisy jako „naiwne i utopijne”.

Postulaty listu Szczepański podsumował 4 grudnia 1975 roku w swoim dzienniku. Zanotował, że Lem zajmował na tym zebraniu postawę najbardziej radykalną – proponował zamiast tego list o lakonicznej treści „Precz z komunizmem!”, ale jako jedyny w końcu nie podpisał. „Jego opór wydaje mi się godnym szacunku przejawem samodzielności – nawet odwagi. Wcale nie jestem z siebie dumny, mimo że z całą świadomością godzę się na ofiary”, pisał Szczepański.

Jakie ofiary? Nikt wtedy tego nie mógł przewidzieć. Jako autor książek podróżniczych Szczepański najbardziej bał się

Z Janem Józefem Szczepańskim w domu na Klinach, 1976
(zdjęcie z archiwum rodziny Szczepańskich)

dwóch rzeczy: odmowy wydania paszportu i zakazu druku.
Tego samego zapewne obawiał się Lem, ale nie można sprowadzić tego tylko do strachu. Lem był wówczas najbardziej znanym
na świecie pisarzem spośród wszystkich uczestników krakowskiego zebrania, a prawdopodobnie także spośród wszystkich
sygnatariuszy tego listu. W końcu zresztą go podpisał, ale dopiero po dwóch miesiącach, kiedy nazwisk sygnatariuszy nie odczy-
tywano już w Radiu Wolna Europa (wtedy też podpisał Tadeusz
Różewicz, zapewne odwlekający to z podobnych przyczyn)[52].

Te różnice zaczynały w końcu wystawiać przyjaźń Lema
i Szczepańskiego na ciężką próbę. W 1977 roku zaczął działać
Uniwersytet Latający, przekształcony w 1978 w Towarzystwo
Kursów Naukowych. Było to wyzwanie rzucone monopolowi

władz na edukację uniwersytecką – wykłady prowadzili uznani specjaliści w swoich dziedzinach, między innymi Władysław Bartoszewski, Jan Strzelecki, Jerzy Jedlicki, Tadeusz Kowalik czy Andrzej Drawicz. W Krakowie w organizację zajęć włączył się Szczepański, który podpisał deklarację założycielską TKN. W styczniu 1978 roku zaprosił do współpracy Lema. Ten zgodził się poprowadzić wykład o futurologii w klasztorze norbertanek, na takich jednak zasadach, że to Lem sam z siebie przyjmuje zaproszenie sióstr. *De facto* wykład odbył się w ramach TKN, ale formalnie jednak nie. Lem odmówił też podpisu pod deklaracją TKN.

Tym razem Szczepański zachowania przyjaciela nie przyjął już z aprobatą, jak w grudniu 1975 roku. Uznał wprawdzie argumenty Lema („jak zwykle przekonywające”), ale zanotował, że „obu nam było przykro i niewygodnie”. Trzy dni później (23 stycznia) zanotował: „rano Staszek przyniósł mi uzasadnienie na piśmie swojego stanowiska wobec TKN. Pierwszy raz widziałem go w stanie takiego wzbudzenia. Komentując mi tekst, był bliski płaczu”.

Czego Lem się obawiał? Represje spadające na kogoś w ustroju totalitarnym rzadko dotykają tylko tę jedną osobę. Rykoszetem dostają współpracownicy, podwładni, rodzina, przyjaciele. Jeśli ktoś jest profesorem – ucierpią jego studenci i doktoranci. Jeśli dramaturgiem – ucierpią reżyserzy i aktorzy w zdejmowanych z afisza sztukach.

Dziennik Szczepańskiego w tym okresie też jest zresztą pełen obaw, że jego sprzeciw wobec władzy uderzy rykoszetem w kogoś innego. Pełnił przecież wiele funkcji społecznych. Jedną z nich było zasiadanie w komitecie nagród państwowych. Zastanawiał się, czy go wyrzucą? Nie wyrzucili, pozwolili mu zgłosić kandydaturę Lema (jak się okazało, zgłosił ją także partyjny pisarz Wojciech Żukrowski). Jak już pisałem, Lem nagrodę w końcu otrzymał, a pobyt w szpitalu szczęśliwie pozwolił mu uniknąć udziału w ceremonii.

Lem miał tymczasem podobny problem. Właśnie w tym samym 1975 roku zaczęła się ukazywać w Wydawnictwie Literackim seria wydawnicza „Stanisław Lem poleca", która w swych założeniach miała projekt wręcz genialny. Oto polski mistrz fantastyki prezentuje serię największych arcydzieł gatunku w autorskim wyborze z całego świata i różnych epok.

Gdyby Lem podpisał List 59 na tym grudniowym zebraniu i jego nazwisko wyczytano by w Wolnej Europie, seria prawdopodobnie zakończyłaby się na dwóch pierwszych książkach wydanych w 1975 roku: *Niesamowitych opowieściach* Stefana Grabińskiego i *Ubiku* Philipa K. Dicka (z którym Lem miał mnóstwo problemów – na dalszych stronach opisuję je bardziej szczegółowo). Pojawiły się tymczasem pierwsze kłopoty z książkami, na których Lemowi szczególnie zależało: *Pikniku na skraju drogi* Strugackich, *Czarnoksiężniku z Archipelagu* Ursuli Le Guin i *Gwiazdy – moje przeznaczenie* Alfreda Bestera.

Ta trzecia nie podobała się władzom z powodów ideologicznych: amerykańska *space opera* zawsze miała w sobie pierwiastek imperialistyczny. Ma go wprawdzie także *Niezwyciężony* Lema, utrzymany w podobnym gatunku (jaki tam właściwie panuje ustrój, skoro ludzkość wysyła na obce planety nie naukowe pojazdy badawcze, jak w *Powrocie z gwiazd* czy *Edenie*, tylko uzbrojone po zęby okręty wojskowe?), ale co innego imperializm własny, co innego amerykański.

Książki Strugackich i Le Guin nie podobały się nie ze względu na treść, tylko osoby tłumaczy. Strugackich tłumaczyła Irena Lewandowska, często tłumacząca książki wraz z Witoldem Dąbrowskim – czynnym opozycjonistą, sygnatariuszem protestu przeciw zmianom konstytucji, w 1976 roku już wpisanym na indeks. O ile jednak to się udało w Wydawnictwie Literackim przewalczyć – o tyle ze Stanisławem Barańczakiem, który tłumaczył Le Guin, sprawa wyglądała gorzej.

Jako członek założyciel Komitetu Obrony Robotników, publikujący pod własnym nazwiskiem w prasie opozycyjnej, Barańczak został w roku 1977 dyscyplinarnie zwolniony z pracy na Uniwersytecie Adama Mickiewicza i objęty przez władze zakazem totalnym. Lem próbował użyć swoich wpływów, żeby książka się ukazała podpisana nazwiskiem żony Barańczaka, i przez chwilę wydawało się w 1977 roku, że to jest możliwe do załatwienia. Gotowy do druku skład *Czarnoksiężnika z Archipelagu* trzeba jednak było rozsypać na polecenie sekretarza KC PZPR Jerzego Łukaszewicza, odpowiedzialnego za prasę i propagandę[53].

Rozwścieczony Lem ogłosił w sierpniu 1978 roku, że zrywa wszelką współpracę z Wydawnictwem Literackim. *De facto* oznaczało to w ogóle zerwanie współpracy z peerelowskimi wydawnictwami; w Iskrach siłą rozpędu ukazała się w następnym roku *Powtórka*, zawierająca wcześniej przygotowane teksty. Pisarz sam siebie więc niejako dobrowolnie wpisał na indeks.

Decyzję zapewne podjął wcześniej – przeciągał tę grę tylko ze względu na Barańczaka. W marcu 1978 roku ukazał się pierwszy tekst Lema w paryskiej „Kulturze", podpisany zaczerpniętym z *Wesela* Wyspiańskiego pseudonimem „Chochoł".

W tekście tym, zatytułowanym *Prognozy Chochoła*, Lem przedstawił swoją wizję przyszłości PRL. Nie widział dla swojego kraju żadnej nadziei: przepowiadał krach gospodarczy, nasilanie się terroru, upadek nauki i kultury, które zastąpią „sport i rozrywka masowa typu cyrkowego [...], nieprzypadkowo faworyzowana w ZSRR, jako iż kulminuje w bezmyślności".

Jak Lem w tym wszystkim widział własną przyszłość? Z listów pisanych w drugiej połowie lat siedemdziesiątych wynika, że czuł się „rentierem" odcinającym kupony od światowej sławy. Nie musiał już pisać, wystarczało mu, że co jakiś czas dostaje pieniądze z kolejnego przekładu gdzieś w jakimś dalekim kraju.

Spotkanie z czytelnikami, Berlin Wschodni, 3 sierpnia 1977 (© EFE / PAP)

Na wypadek zaostrzenia terroru – z czym Lem najwyraźniej cały czas się liczył, i to co najmniej od lat sześćdziesiątych – pozostawała emigracja. W październiku 1976 roku, a więc między problemem z prostatą a problemem z Towarzystwem Kursów Naukowych, Szczepański odnotował w dzienniku, że Lem „pierwszy raz powiedział, że jest bliski oświadczenia władzom, że jako »parszywy Żyd« chce wyjechać do Izraela [...]. Ma obsesję, że go zniszczą, a równocześnie wstydzi się tego".

Na szczęście wyjazd do Berlina Zachodniego w roku 1969 zaowocował lawiną kolejnych zaproszeń. W 1972 wyjechał do Frankfurtu, w 1977 do Berlina, w 1978 do Wiednia, na dwa ostatnie wyjazdy zabierając też rodzinę (acz na razie czysto turystycznie, na wyspę Sylt i w Alpy).

Tomasz Lem wakacyjne wyjazdy z ojcem wspomina melancholijnie. „Nudziłem się jak mops", pisze – co prawda jeszcze w kontekście wyjazdów do Zakopanego, gdzie jedyną atrakcją było „rysowanie samochodów z Markiem Grechutą". W Austrii i Niemczech nie było jednak szczególnie ciekawiej. Tak opisywał pobyt na wyspie Sylt w roku 1977:

Ulewne deszcze, zimny wiatr, niemożność dogadania się z rówieśnikami, nuda, ojciec zasłonięty gazetą, przejażdżka po wyspie autokarem z niemieckim przewodnikiem połączona z chorobą lokomocyjną matki, basen z morską wodą i sztucznymi falami, kurczaki z rożna i kucyk, którego matka z poświęceniem prowadziła za uzdę, żeby mi umilić życie – tak to w skrócie wyglądało.

Austria zaś, dla odmiany, tak:

Ojciec nie był mistrzem logistyki, co w połączeniu z głęboką wiarą w słowo pisane sprawiło, że po nazbyt ufnym potraktowaniu broszurki reklamowej i wpłaceniu zadatku zostaliśmy ulokowani u jakiegoś Tyrolczyka w piwnicy. Mama spędziła wakacje w pozbawionym okna aneksie kuchennym, ojciec zaś oglądał w telewizji Wimbledon lub zza „Sterna" czy „Spiegla", w których pisano o blokadzie alpejskich dróg przez strajkujących kierowców TIR-ów, zerkał na padający za oknem deszcz [...]. Kiedy pogoda się poprawiła, a drogi odblokowano, zaczęliśmy jeździć na wycieczki. Ich schemat był podobny. Z bedekera ojciec wyczytywał informacje o Wielkiej Górze. Następnie wjeżdżaliśmy na nią samochodem i w restauracji z muzyką tyrolską zjadaliśmy Wienerschnitzel z frytkami lub chateaubrianda w sosie bearnaise (najrzewniej ojciec wspominał chateaubrianda z restauracji położonej w pobliżu miejscowości Ladis i Obladis).

Gdy to czytałem, znów ogarnęło mnie to samo zimne przerażenie, że moje dzieci kiedyś napiszą wspomnienia o mnie. Dla mnie też nie ma wspanialszego pomysłu na wakacje niż

„basen z morską wodą i sztucznymi falami" oraz wjechanie samochodem na Wielką Górę celem spożycia chateaubrianda, co jest zapewne freudowskim odreagowaniem pomysłów mojego z kolei ojca, typu „wstajemy o czwartej rano, żeby zdobyć Orlą Perć" (zdobyłem w wieku lat dziesięciu, by nigdy tam więcej nie wrócić; dałbym się wtedy oczywiście pokroić za wakacje, podczas których można się nudzić i czytać książki, na przykład Lema).

Lem te wyjazdy opisywał z przyjemnością, przemieszaną z oburzeniem na fakt, że Niemcom i Austriakom tak dobrze się żyje mimo zbrodni z II wojny światowej. W 1977 roku pisał do Jerzego Wróblewskiego:

> Straśny tam dobrobyt i materialna błogość niewymowna. A u nas jest jak jest, zapewne o tym donosić Ci nie muszę. Na stałe wracam do kraju z końcem września, teraz, pociągiem wracam do Berlina. Łotry te, co wojnę przegrały, nic o tym, jak im dobrze, nie wiedzą, a w każdym razie skarżą się na bezlik zmartwień i kłopotów. Podgrzewają sobie morze, wszystko u nich DZIAŁA, i w ogóle życie tam b.[ardzo] polskiego człeka irytuje. Jakże niesprawiedliwą antypatroną losów jest Historia...[54]

Podobnie w 1979 opisywał pobyt w „piwnicy u Tyrolczyka" i „wjeżdżanie samochodem na Wielką Górę":

> Latem tego roku byliśmy długo w Austrii, po Wiedniu – Schladmin na południe od Salzburga, w wynajętym „apartamencie", tzn. miłym drewnianym domku i było nam dobrze, prawie każdego dnia wycieczki autem, jako iż tam na każdą górę można autem wjechać, a na szczycie jest Kaiserchmarrn [tzw. omlet cesarski, z wanilią i rodzynkami – przyp. W.O.], piwko i Wiener Schnitzel[55].

Z synem Tomaszem na wyspie Sylt, 1977

Rzeczony samochód był bodajże pierwszym pojazdem w długim poczcie Lemowskich automobili, który pisarz wreszcie polubił. Jak to już opisywałem, enerdowskie dwusuwy i włoskie fiaty były dla Lema źródłem nieustających rozczarowań. Z kolei król ówczesnej polskiej motoryzacji, polski fiat 125, zakupiony w roku 1971, nigdy nie dostał od Lema szansy, bo ledwie zdążył przejechać dwadzieścia pięć tysięcy kilometrów, uległ poważnej stłuczce:

Wpadłem na Warszawę, którą powoził jakiś wiejski ciołek i bez żadnej przyczyny nagle na pustej i prostej drodze jak szalony zahamował. Chociaż uderzenie nie było silne, okazało się, jak słabiutki jest ten polski fiat, bo niby tylko reflektor się zbił i wgięło atrapę maski, lecz zarazem tył reflektora przebił rurki chłodnicy, woda uciekła [...], nie można połatać, bo w takim francowatym miejscu jest dziura i teraz nie mamy auta[56].

Lem na szczęście zarobił już dość dewiz, żeby – teoretycznie – było go stać na kupienie nowego samochodu na Zachodzie, w salonie. Pozostawał jednak ten problem, że nie mieszkał na Zachodzie. W listopadzie 1972 roku zaczął bombardować swojego zachodnioniemieckiego tłumacza i agenta Wolfganga Thadewalda listami z prośbą o kupienie samochodu w jego imieniu[57].

To wszystko nie było proste, bo Thadewald mieszkał w Hanowerze, a Lemowi najbliżej było do Berlina Zachodniego (który w odróżnieniu od RFN nie wymagał wiz, bo formalnie był terytorium bezpaństwowym). Do tego dochodziło załatwianie formalności urzędowo-celnych, a także notarialne upoważnienie Thadewalda do ich załatwiania w Niemczech w imieniu Lema[58]. W styczniu 1973 roku wszystko było gotowe, pisarz podjął także ostateczne decyzje dotyczące wersji i wyposażenia[59]. Kosztowało go to 19 144 marki (ze względu na inflację ówczesne marki przelicza się w praktyce 1 : 1 na dzisiejsze euro), nie licząc polskiego cła. Podekscytowany opisywał to Ściborowi-Rylskiemu:

Już się na tak potwornie drogi wóz zdecydowałem, rozumiejąc, że pozwolenia takie [niezbędne było uzyskanie zgody Ministerstwa Finansów – przyp. W.O.] nie padają gęsto, więc poszedłem na całego, oczyściłem wszystkie konta dewizowe [...]. No cóż, model 250, pojemność 2778 cm, 130 koni,

190 maks. szybkość [...], łagodna blada żółta sraczka, bo Basia nie wyraziła zgody na bardziej uderzeniowe barwy, że to nie wypada, zresztą te insze barwy są ekstra do dopłacenia, na przykład jest IKONEN GOLD, czyli możesz mieć ZŁOTEGO MERCEDESA [...] ale trzeba bulić extra coś 900 DM[60].

„Żółta sraczka" bez dopłaty fachowo nazywa się „Ahorngelb". Od kiedy Lem w kwietniu 1973 roku zasiadł za kierownicą mercedesa, już nigdy nie okazał zainteresowania samochodom innej marki.

Po roku skarżył się Čepaitisowi, że mercedesów już nie robią tak solidnych jak kiedyś (jestem swoją drogą ciekaw, czy firma Daimler AG ustaliła, w którym roku po raz pierwszy sformułowano tę skargę; typowałbym rok 1902). Pisał: „najpierw się dmuchawa popsuła, potem coś z hamulcem, a po skręceniu śrubek okazało się, że w nim coś skrzypi i piszczy jakby słowik w puszce od konserw"[61]. Jak wielu użytkowników tego modelu, Lem skarżył się na słabe osiągi i wysokie zużycie paliwa – „40 litrów na sto kilometrów!", pisał do Rottensteinera o swoim „verfluchten Mercedes"[62].

No cóż, współczesny kierowca, rozpuszczony powszechnością silników z wtryskiem, od razu zwróci uwagę na rozbieżność między ogromną pojemnością (2,8 litra!) a słabą mocą maksymalną (130 koni!). Lem pechowo wstrzelił się w ostatni rok produkcji tej rodziny silników, która technicznie wywodziła się jeszcze z roku 1950.

Tymi niedostatkami uzasadniał, że swoim mercedesem nie odważyłby się już wybrać w samochodowy rajd po Europie, taki jakie w latach sześćdziesiątych robił wartburgiem czy fiatem. Prawdziwa przyczyna zapewne była inna. Już pisząc ten list, Lem musiał odczuwać dolegliwości, których kulminacją był szpitalny epizod w roku 1976. Inne problemy zdrowotne – nerki, zęby, katar sienny – nie ustąpiły, dawały o sobie znać kilkakrotnie podczas różnych podróży. Od 1972 Lem

Z synem Tomaszem,
Austria 1980

zaczął też na stałe nosić aparat słuchowy (ale problemy ze
słuchem miał od roku 1944, kiedy eksplodował przy nim radziecki pocisk).

Krótko mówiąc, gdy pisał Čepaitisowi, że nie ma zaufania
do swojego samochodu – miał na myśli raczej brak zaufania do własnego organizmu. Bo to przecież nie było tak, że Lem
wolał po górach jeździć samochodem, niż chodzić. Z listów
z lat pięćdziesiątych wynika wręcz, że nie znał większej przyjemności od wędrówek po Tatrach z ukochanym psem Radżą.
Obszedł je wtedy praktycznie całe (w każdym razie zaliczył
tak zwaną pełną grań).

Musiał chyba bardzo żałować, że akurat kiedy miał syna, z którym mógł chodzić po górach – i do tego wspaniały samochód, by w te góry pojechać! – zawiodło go zdrowie. W 1973 roku opisywał Ściborowi-Rylskiemu coś[63], co najprawdopodobniej było pożegnaniem z tatrzańskimi szlakami (potem Lem jechał do Zakopanego już tylko pisać):

> Byliśmy we troje teraz przez miesiąc w Zakopanem, w Astorii i chodziliśmy szlakami, na których niegdyś odnosiło się wielkie przewagi narciarskie. Tomeczek paradował z pierwszym własnym plecaczkiem, b. dumny ze zdobycia szczytów takich jak Turnie Myślenickie (na nogach!) i Sarnie Skałki. Zresztą lało potwornie i w Astorii wciąż palono w kaloryferach, a i jedzenie nie bajbardzo [sic], bo na przykład kluski do dorsza, to nie jest jednak szczyt uciech gastronomicznych. Samochód był z nami, moknąc nieustannie, i brudny był okropnie, ale i myć nie było kiedy. Owszem, toczy się, lecz nie wolno mi poruszać się zbyt szybko, 120 najwyżej, gdy z Rodziną. Na razie żadnych kłopotów z nim nie miałem, ale on ma dopiero 4000 km […], w garażu mieści się tyle, że trzeba do samej ściany dopchać porządnie.

Porządne dopychanie polegało na regularnym waleniu ozdobnymi zderzakami mercedesa w ścianę, w której do dziś (2015) na pamiątkę zostały wgłębienia.

Dom na Klinach mógł się wydawać młodemu małżeństwu szczytem marzeń w 1958 roku, ale dwie dekady później mieszkańcom doskwierała ciasnota. Regularnie mieszkali tam Stanisław, Tomasz i Barbara Lemowie, matka pani Barbary, tak zwana dziewczyna do pomocy, do tego wreszcie od czasu do czasu siostrzeniec Lema Michał Zych wraz z mamą. Na początku lat siedemdziesiątych Lem, zatroskany jego złymi ocenami z języka polskiego, zaczął dyktować mu oryginalne dyktanda, które improwizował na bieżąco ze swoim charakterystycznym czarnym poczuciem humoru:

Wątróbka z cebulką krótko smażona, byle nie gorzka od żółci, jest zakąską doskonałą. Aby ją przyrządzić, należy kupić samochód i pędzić nim póty, aż się kogoś przejedzie. Wątróbkę, nieboszczykowi niepotrzebną, z wnętrzności wyjmujemy i wkładamy do lodówki. Trupa wyrzucamy lub stawiamy w zbożu jako stracha na wróble. Z wątróbki osób starszych tylko pasztet się udaje, ponieważ jest łykowata. Najlepsze są wątróbki młodych chłopców jeżdżących zwykle na rowerze. Najwygodniej dopaść takiego, który nie ma hamulców ani bieżnika. Wątróbki tak zdobytej nie rzuca się na wrzący tłuszcz, lecz spłukuje kwaskiem, a mając na podorędziu bułkę, z móżdżka wyrabia się farsz. Dobry jest też chłopiec na zimno w galarecie (z chrzanem). Trzeba go tylko dobrze oskrobać, aby nie zgrzytał w zębach. Są kucharze zalecający nerkówkę, lecz bywa ciężkostrawna. Małe dzieci wolno spożywać tylko w dni postu.

Dorosły Michał Zych odnalazł swój stary zeszyt z tymi dyktandami i wydał je drukiem w 2001 roku. W roku 2002 w ramach Dnia Dysleksji zorganizowano ogólnopolskie dyktando do tekstu Lema, co wzbudziło protest prawicowego posła Antoniego Stryjewskiego. Oskarżył on Lema i ministerstwo edukacji o promowanie „kanibalizmu, a w dalszej perspektywie cywilizacji śmierci". Ministerstwo się na szczęście nie przejęło.

Michał Zych mieszka teraz w tym domu i radykalnie go przearanżował, jako komfortowe lokum dla niewielkiej rodziny. Nie sposób sobie dziś wyobrazić, jak tam mieściło się kiedyś siedem osób (plus psy i koty). Lemowie o rozbudowie domu zaczęli myśleć co najmniej już w roku 1976[64] – poza ciasnym garażem doskwierał im też problem braku miejsca na książki.

To naturalne, że pisarz chciałby mieć choć po jednym egzemplarzu z każdego swojego wydania. W połowie lat siedemdziesiątych Lemowi zabrakło już miejsca na skrzynie, w których je upychał – bo o dumnym eksponowaniu ich na półce od dawna nie było mowy. Marzenie o większym domu spełni się jednak dopiero w następnej dekadzie.

Bodajże najdziwaczniejszą rzeczą, która Lema spotkała w latach siedemdziesiątych, była awantura z Philipem Dickiem. Dlatego poświęcam jej osobny wątek w tym rozdziale.

Kiedy w 1991 roku opublikowano wybór listów Dicka, a wśród nich – jego paranoiczne donosy do FBI, donos na Lema wzbudził w Polsce sensację. Napisany we wrześniu 1974 (tak do końca nie wiadomo, czy i kiedy wysłany), ostrzegał władze przed działalnością „pozbawionej twarzy grupy" z siedzibą w Krakowie, pod kryptonimem „L.E.M.", rzekomo mającej infiltrować amerykańską fantastykę naukową. Za sprawą intryg, które Dick knuł przeciwko Lemowi, w 1976 roku polskiemu pisarzowi odebrano honorowe członkostwo w SFWA (Amerykańskim Stowarzyszeniu Pisarzy Science Fiction i Fantasy), przyznane trzy lata wcześniej.

To wszystko brzmi tak sensacyjnie, że można było mieć żal do Lema, czemu nie opowiedział tej historii Beresiowi ani Fiałkowskiemu albo nie opisał jej w jednym z autobiograficznych felietonów. Jeśli jednak spojrzeć na rzecz w szerszym kontekście, wygląda na to, że dla Lema nie miało to większego znaczenia. Ważniejsze dla niego były wtedy problemy ze zdrowiem i cenzurą. Na ile go poznałem, śledząc go z listów i relacji krewnych i przyjaciół, zapewne więcej uwagi poświęcał zakupowi mercedesa niż korespondencji z Dickiem. I słusznie, bo cała ta afera była burzą w szklance wody.

Wszystko zaczęło się od tego, że w *Fantastyce i futurologii* (1970), trzeciej i ostatniej z wielkich książek eseistycznych Lema, Dick został przedstawiony niemalże jak grafoman.

O praktycznie wszystkich amerykańskich pisarzach Lem wypowiadał się tam zresztą źle, nigdy bowiem nie miał wysokiego mniemania o gatunku literackim, który sam uprawiał (przypomnijmy, że równie krytycznego zdania był na przykład o *Pirxie* czy *Powrocie z gwiazd*).

Gdy wysłał tę książkę Franzowi Rottensteinerowi – austriackiemu fanowi, który zaczął z nim korespondować w roku 1968, zachwycony *Niezwyciężonym* – ten zauważył, że ocena Dicka jest niesprawiedliwa, bazuje bowiem głównie na powieści *A teraz zaczekaj na zeszły rok*, której nawet najwięksi fani tego pisarza raczej nie wymieniają wśród jego czołowych osiągnięć.

Pisząc za żelazną kurtyną monografię amerykańskiego science fiction, Lem skazany był na te książki, które przypadkowo wpadły mu w ręce – bo ktoś przywiózł, bo mieli w bibliotece, bo akurat znalazł je w księgarni podczas jednego z (nielicznych w latach sześćdziesiątych) wyjazdów na Zachód. Wybór opisanych w *Fantastyce i futurologii* dzieł był – chcąc nie chcąc – mocno przypadkowy (a i tak zdumiewająco wszechstronny, zważywszy na okoliczności).

Rottensteiner zaproponował, że wyśle Lemowi lepsze dzieła Dicka[65]. Lem się oczywiście zgodził i na początku 1972 roku otrzymał przesyłkę (był tam też książki C.S. Lewisa, Algisa Budrysa i Ursuli Le Guin – uznane przez Rottensteinera za godne polecenia). Austriak za najlepszą powieść Dicka uważał (podobnie jak sam Dick) *Człowieka z Wysokiego Zamku*, alternatywną historię, w której Niemcy wygrali II wojnę światową. Lem nie był nią zachwycony. Odpisał Rottensteinerowi, że jego zdaniem ten sam pomysł lepiej wykorzystał Otto Basil w *Brunatnej rapsodii* (1966, pierwsze polskie wydanie 1993)[66].

Zachwycił go za to *Ubik*[67], którego uznał za „bez dwóch zdań najlepszą" powieść Dicka. W lipcu 1972 roku zapowiedział zamiar wydania tej książki w „swoim drogim wydawnictwie"[68], jak w liście do Rottensteinera określił Wydawnictwo Literackie (ach, gdyby dyrektor Kurz to zobaczył!). Rottensteiner zaoferował pomoc w uzyskaniu praw do tłumaczenia[69] i skontaktował obu pisarzy.

Był tylko jeden problem: Wydawnictwo Literackie nie mogło płacić autorom w dewizach. Prawo do tego miały tylko trzy wydawnictwa: PWN, PIW i Czytelnik. Nie zostało to zapisane w żadnej ustawie ani rozporządzeniu, po prostu wynikało z czegoś, co w PRL było ważniejsze od konstytucji i kodeksów: biurokratycznej inercji. Zawsze tak było, więc gdyby nagle Wydawnictwo Literackie spróbowało naruszyć ten system, przydział walut odebrano by komuś innemu. Ten ktoś zemściłby się oczywiście przy pierwszej okazji, więc nikt nie był zainteresowany zmienianiem tych zasad. Wszystko w tym ustroju tak funkcjonowało[70].

Lem początkowo zdawał się bagatelizować problem[71]. Ostatecznie sam był w podobnej sytuacji, więc dobrze znał rozwiązanie. Pisarz powinien przyjechać na koszt wydawcy, odebrać honorarium w lokalnej walucie i wydać je na miejscu – jak on to robił w Pradze, Moskwie czy Berlinie.

Rzeczywiście, często tak to rozwiązywano. Fenomen popularności w PRL literatury latynoamerykańskiej – którą w liceum zaczytywało się moje pokolenie – częściowo brał się z tego, że tamtejsi autorzy chętnie wchodzili w taki układ. Przyjeżdżali do Polski na koszt wydawcy, umieszczano ich w Krakowie czy Warszawie w dobrym hotelu, a potem wydawali złotówki, na co chcieli. Jeden kupił konia, drugi – niczym bohater komedii Barei – wyjechał odziany w pięć kożuchów, jeszcze inny w jedną noc wszystko przepuścił na dziwki i alkohol, wymagał więc następnego dnia pilnej pożyczki, żeby chociaż dotrwać do końca pobytu. O ich ekscesach do dziś krążą anegdoty wśród weteranów rynku wydawniczego PRL i stanowczo zasługuje to na osobne opracowanie, wykraczające poza ramy tej książki.

Plany Lema zakładały podobne rozwiązanie: „Dick musi się pogodzić z tym, że pieniądze będzie mógł dostać tylko w złotych", pisał do Rottensteinera jeszcze w 1971 roku[72]. Dick jednak był trudniejszym przypadkiem od Latynosów. W 1971 roku rozpadło się jego kolejne małżeństwo, był na progu bezdomności. Ciężko uzależniony od amfetaminy i innych narkotyków, tonął w długach u dealerów.

W tym samym czasie, w którym Lem korespondował z Rottensteinerem na temat ewentualności wydania jakiejś jego powieści w Polsce – padł ofiarą kradzieży. Policja podejrzewała, że sam ją upozorował, żeby mieć usprawiedliwienie przed wierzycielami. Sądząc po tym, jak ten okres swojego życia Dick opisuje w autobiograficznych książkach *Valis* i *Przez ciemne zwierciadło* – mogło tak faktycznie być.

W lutym 1972 roku Dick został zaproszony jako honorowy gość na kanadyjski konwent science fiction w Vancouver. Postanowił już nie wracać do domu w Oakland, ale w Vancouver też nie bardzo miał się gdzie podziać. Ludzie, którzy zapraszali go do siebie do domu, szybko mieli go dosyć – jego zaburzonego rytmu dobowego, nagłych ataków lęku lub gniewu, dopraszania kolejnych gości bez pytania gospodarza.

W marcu podjął próbę samobójczą. Potem zaczął się leczyć w ośrodku odwykowym i podobno zachował długą trzeźwość, ale środek znieczulający podany mu podczas zabiegu dentystycznego uruchomił kolejny ciąg halucynacji. W lutym i marcu 1974 roku były szczególnie silne.

Dick nazywał to „objawieniem 2-3-74". Był przekonany, że z nieba nieustannie spogląda na niego jakaś dziwna twarz. Uważał też, że nadal trwa Imperium Rzymskie, a on jest chrześcijaninem prześladowanym przez Nerona. Twierdził, że jest w kontakcie z pozaziemską sztuczną inteligencją, którą nazywał VALIS.

Krótko mówiąc, Dick też wtedy miał na głowie ważniejsze problemy od korespondencji z Lemem i dlatego sprawa tego donosu jest zwykle pomijana w tekstach biograficznych na jego temat. Donosy do FBI pisał wtedy na temat różnych osób, z którymi się spotykał czy korespondował, wszystkie są równie surrealistycznie bełkotliwe (poza komunistyczną siatką o kryptonimie „L.E.M." Dick odkrył także na przykład międzynarodowy spisek neonazistów zmuszających go do umieszczania zakodowanych wiadomości w powieściach).

Najważniejsze dla niego było co innego. Po wydaniu jego powieści w wielkim nakładzie za żelazną kurtyną oczekiwał fortuny. Nie interesowały go pomysły typu „pojechać tam i wydać na miejscu", chciał mieć dolary, za które spłaci wierzycieli i kupi narkotyki.

Z uzależnienia Dicka Lem dobrze zdawał sobie sprawę[73]. Odnosił się do tego z lekarską tolerancją, bo dla lekarza narkomania to nie grzech, tylko choroba. „Jest chory i potrzebuje gotówki", pisał Rottensteinerowi[74]. Może gdyby Amerykanin zadał wprost pytanie, czy w Krakowie da się skołować jakiś towar, Lem by mu odpisał, że to do zrobienia – choćby poprzez Noemi Madeyską, która przecież jego samego częstowała psylocybiną kilka lat wcześniej. I wszystko rozstrzygnęłoby się wtedy mniej dramatycznie.

Z listów krążących w trójkącie Lem–Dick–Rottensteiner (znam tylko ich krakowskie ogniwo, czyli to, co zostało w archiwum Lema) wynika, że Dick początkowo spodziewał się, że Lem wejdzie z nim w układ, w którym Dick podejmie dolarowe honoraria za wydania Lema w USA, a Lem za to podejmie złotówkowe honorarium Dicka w PRL[75].

Taka transakcja zaprowadziłaby Lema za kratki, bo transakcje walutowe bez zgody ministerstwa były w PRL przestępstwem. Ale nawet gdyby założyć, że wystąpiłby o taką zgodę – byłby to dla niego żaden interes. Dolary były w PRL skarbem. Trzymało się je na czarną godzinę, bo nigdy człowiek nie wiedział, kiedy będzie potrzebował żywności, lekarstw czy części samochodowych, możliwych do kupienia tylko za dewizy. W latach sześćdziesiątych Lem regularnie przecież musiał kupować za dolary koks do ogrzewania domu – bo za złotówki się nie dało.

Na przełomie 1972 i 1973 roku Lem cierpliwie perswadował Dickowi, że nie ma innego wyjścia, trzeba przyjechać do Polski i odebrać osobiście honorarium w złotówkach. Dick początkowo to rozważał, ale bezskutecznie się dopytywał, ile złotówek mu zostanie po odjęciu kosztów podróży – i ile to będzie na dolary. Na takie pytanie nikt mu nie mógł odpowiedzieć – ani Lem, ani dyrektor Kurz. Honorarium pisarza w PRL zależało od nakładu. Nakład zależał od przydziału papieru, więc – w ostatecznym rozrachunku – od decyzji ministerstwa. Z góry pisarz ewentualnie mógł dostać zaliczkę, ale większość rozliczeń odbywała się już po premierze książki (Lem zresztą wielokrotnie się na to skarżył w listach do przyjaciół, zrobił też o te rozliczenia niejedną awanturę).

Dick nie umiał tego zrozumieć i nie wierzył w te wyjaśnienia. Trudno mu się dziwić. Gospodarki PRL nie zrozumiałaby nawet zdrowa psychicznie osoba na trzeźwo – nieprzypadkowo w ojczyźnie tego ustroju powstało powiedzonko *„Biez wodki nie razbierioszsia"*. Dick nawet i bez zaburzeń paranoidalnych miał prawo zacząć podejrzewać, że ktoś tu go robi w konia.

Z listów Dicka widać zresztą od razu, że pisała je osoba z zaburzeniami emocjonalnymi. W marcu 1973 roku Lem zaproponował Dickowi, że Wydawnictwo Literackie może wziąć na siebie wszystkie sprawy związane z zakupem biletu (pod warunkiem że przewoźnikiem będą Polskie Linie Lotnicze „Lot")[76]. Zaznaczał jednocześnie, że wszystko zależy od tego, czy „stan zdrowia Dicka" pozwala mu na takie podróże, co być może było próbą aluzyjnego poruszenia tematu narkotyków. Dick chyba nie zrozumiał aluzji. Odpowiedział z przesadną wylewnością, przypominającą zachowanie ludzi w stanie maniakalnym, kiedy wszyscy wydają im się świetnymi kumplami. „To cudownie, pańska uprzejmość doprowadziła mnie do łez", odpisał w kwietniu[77]. Co do zdrowia – to poza nadciśnieniem nic mu obecnie nie dolega. Lem odpowiedział na to listem, w którym podkreślał, że na razie nie może podać Dickowi konkretnej sumy[78]. W maju Dick zareagował wybuchem gniewu – „muszę uznać pańskie uwagi za osobistą urazę"[79].

Nie wiadomo, co tak rozdrażniło Dicka. Lem odpowiedział ostrożnym listem, w którym podkreślał, że słabo włada angielskim, więc zdaje sobie sprawę z tego, że jego listy mogą brzmieć jak bełkot („gibberish")[80], ale nie było jego intencją obrażenie Dicka. Ten znów w czerwcu miał kolejny skok nastroju – w kolejnym przesadnie radosnym liście wyrażał nadzieję, że „pozostaną już na zawsze przyjaciółmi"[81].

Dalej jednak chciał wiedzieć, ile dostanie za *Ubika*, i pytał o to na zmianę Lema i Rottensteinera. W lipcu 1974 roku Lem zareagował już intencjonalnie nieuprzejmym listem, w którym pisał, że „nie życzy sobie więcej korespondencji na ten temat", wszystkie dalsze pytania Dick powinien kierować bezpośrednio na adres „Wydawnictwo Literackie. Długa 1. Kraków". Zaznaczył, że serię redaguje społecznie i nie ma z niej żadnych korzyści poza „wrzodem na karku takim jak listy, które Pan na mój temat pisze do pana Rottensteinera"[82].

Dick groził, że wycofa swoją zgodę na przekład – którą wyraził w 1972 roku. Teraz jednak powołał się na swoją chorobę psychiczną (której zaprzeczył w liście z 1973, pisząc, że doskwiera mu tylko nadciśnienie). Straszył procesem, w którym powołałby się na to, że podpis wyłudzono od niego, gdy nie był w pełni władz umysłowych[83].

Rzeczywiście, wszystko to się dzieje, kiedy do Dicka gadają twarze z nieba, a cesarz Neron prześladuje go symulakrami. O ile mi wiadomo, na list z lipca 1974 roku Dick już nie odpowiedział, przynajmniej nie bezpośrednio Lemowi. Jakąś reakcją zapewne był donos napisany we wrześniu tego samego roku do FBI[84].

Rzecz ciekawa: Dick pod tym donosem podpisał się zupełnie inaczej niż pod listami do Lema. Listy do Lema miały zamaszysty podpis z imieniem i nazwiskiem. Donos do FBI wygląda, jakby podpisał się pod nim półanalfabeta – to napisane kulfonami „K. DICK". Może Dick podpisał się lewą ręką? Ale po co? To równie zagadkowe jak powody, dla których w ogóle pisał swoje donosy.

Lem nie miał powodów, by obawiać się FBI. Nie wybierał się przecież do USA. Cała afera dotknęła go jednak pośrednio o tyle, że Dick rozpowiadał amerykańskim pisarzom, że Lem go okradł. W to już łatwiej było im uwierzyć, stąd to nieszczęsne wyrzucenie z SFWA. Dla Lema to było o tyle przykre, że równie trudno było mu wyjaśnić Ursuli Le Guin, dlaczego z kolei jej książka nie może się ukazać (a więc: dlaczego autorka nie może dostać za nią honorarium). Obawiał się, że w tej sytuacji Le Guin może uwierzyć w oskarżenia Dicka – i to jest jeszcze jeden powód, dla którego Lem był tak bardzo wściekły na system komunistyczny w roku 1978, że ogłosił zerwanie współpracy z peerelowskimi wydawnictwami.

Spójrzmy bowiem raz jeszcze na ten absurd z dystansu lat, z perspektywy innego ustroju. Jak to wytłumaczyć, że dwie popularne powieści – jedna o uczniu w szkole magii, a druga o eksplozji w bazie księżycowej – nie mogą się ukazać z powodów biurokratyczno-cenzuralnych? Ja pamiętam tamten ustrój, ale nie zdziwię się, jeśli najmłodsze pokolenie – lub obcokrajowiec – nic nie zrozumie z powyższych wyjaśnień.

Zacząłem ten rozdział od deklaracji, że Lem w latach siedemdziesiątych czuł się szczęśliwym człowiekiem. Jeśli powyższe opisy kłopotów i przepychanek temu przeczą, to śpieszę wyjaśnić, że mimo wszystko widzę ogromną różnicę w stosunku do tonu wyłaniającego się z listów pisanych w poprzedniej dekadzie.

W latach siedemdziesiątych Lem i jego przyjaciele mieli już jasno określonego przeciwnika: system komunistyczny. Natomiast wcześniej, w latach sześćdziesiątych, często dręczyła ich niepewność, czy to z nimi jest coś nie tak, czy z całym państwem. Nie tak łatwo zaakceptować tę drugą odpowiedź, stąd wątpliwości widoczne i u Lema, i u Mrożka, i u Błońskiego, i u Szczepańskiego.

Gierkowskie gorylium przyniosło im przynajmniej tyle, że nie było już wahania. Była niewzruszona pewność. Wątpliwości mogły dotyczyć najwyżej strategii oporu, ale nie sensu jego stawiania.

Decydując się w sierpniu 1978 roku na rodzaj wewnętrznej emigracji, Lem spodziewał się, że będzie ona trwać bardzo długo. Pamiętajmy, że w marcu 1978 w *Prognozach Chochoła* nie widział żadnej nadziei dla Polski – spodziewał się tylko terroru i rozkładu.

A jednak, jak to bywa czasem w historii naszego kraju, nadzieja była bliżej, niż ktokolwiek – nawet Lem – mógł przewidzieć. W październiku 1978 roku gruchnęła wieść, że Polak został papieżem. Dlaczego to było ważne dla Lema – ateisty i fantasty? Przede wszystkim dlatego, że władze wpadły w panikę, nie wiedząc, jak na to zareagować. Gorylium po raz pierwszy poczuło się skonfundowane, wystraszone i onieśmielone.

Szczepański opisuje anegdotę, jak tego pamiętnego dnia na zebraniu krakowskiego ZLP przedstawiciel MO wraz z czynnikiem partyjnym referowali antypolskie knowania Episkopatu. Bufetowa przyniosła im wiadomość. Czynnik partyjny zamarł, po czym zwrócił się do przedstawiciela MO: „Za dziesięć minut chcę mieć dossier tego kardynała" i opuścił zebranie[85].

Został tylko Władysław Machejek, który przez prawie trzy dekady psuł krew Lemowi, Szczepańskiemu i Błońskiemu. Zwrócił się w stronę współpracowników „Tygodnika Powszechnego": „To ja stawiam pół litra, bo będziemy was teraz całować po dupie".

Lem znał Karola Wojtyłę osobiście. Nie była to tak bliska znajomość, jak w przypadku Szczepańskiego, ale spotykali się w redakcji „Tygodnika Powszechnego" oraz parokrotnie na domowych spotkaniach towarzyskich.

Ten wieczór – 16 października 1978 roku – Lem spędził u siebie w domu z przyjaciółmi, Błońskim i Szczepańskim. Nastroje były świetne. „Uczucie pełnego zadomowienia – wśród swoich", zanotował w dzienniku Szczepański.

IX

Pokój na Ziemi

Bodajże nigdy Lem nie spoglądał na sprawy publiczne z takim optymizmem jak jesienią roku 1980, gdy pisał do przyjaciela „*I am in a moderately good state of mind*"[1] – „jestem w umiarkowanie dobrym stanie ducha". We wcześniejszych i późniejszych listach widzimy czasem radość pisarza, gdy opisywał górskie wyprawy, zabawy z synem lub modele samochodów, ale gdy rzecz schodziła na politykę i społeczeństwo, był właściwie przez całe życie pesymistą. Na tym tle „umiarkowanie dobry stan ducha" wygląda wręcz euforycznie.

Bo takie wtedy nastroje zapanowały w Polsce. Byłem wprawdzie dzieckiem, ale pamiętam euforię dorosłych. Zwycięskie strajki zdarzały się w Polsce już przedtem, choć nigdy nie nazywano ich „strajkami", tylko „przestojami w pracy". Wcześniej sukcesy jednak były doraźne i najczęściej lokalne – robotnikom udawało się skłonić władze do jakiegoś drobnego ustępstwa, w rodzaju odwołania podwyżek cen produktów żywnościowych albo podniesienia wynagrodzeń.

30 sierpnia 1980 roku wydarzyło się jednak coś bezprecedensowego. Strajki zakończyły się nie brutalną pacyfikacją, jak przedtem, tylko zmuszeniem władzy do znacznie poważniejszych ustępstw. Uznano prawo robotników do założenia Niezależnego Samorządnego Związku Zawodowego „Solidarność". Dało to Polakom nadzieję na wolność – która w końcu nadeszła, acz nie tak szybko, jak się wówczas spodziewali najwięksi optymiści.

Lem do nich nie należał, ale oto rozpoczęła się w jego życiu dekada największych politycznych przemian od czasu wojny. W odróżnieniu od poprzednich – zakończona happy endem. Na początku lat osiemdziesiątych jeszcze trwało gnicie administracji Gierka. Zimę 1979/1980 wspominano jako zimę stulecia. Kraj, który i bez tego się już rozsypywał, teraz uległ kompletnemu paraliżowi – zabrakło prądu, pociągi zamarzły na torach, zaspy odcięły całe miejscowości.

Potem w krótkich odstępach czasu nadszedł sierpień 1980 roku i wspaniały karnawał wolności, kiedy niemożliwe stało się możliwe – dopuszczano do rozpowszechniania filmy, które przedtem odłożono na półkę, przyjęto ustawę o cenzurze (co paradoksalnie było dobrą wiadomością, bo przynajmniej dawny system nieoficjalnych zakazów i zapisów zastąpiły w miarę klarowne reguły gry), władzę we wszystkich stowarzyszeniach twórczych objęli kandydaci kojarzeni dawniej z opozycją. Na czele Związku Literatów Polskich stanął Jan Józef Szczepański.

Wkrótce jednak nadszedł 13 grudnia 1981 roku i trauma stanu wojennego. Wróciło upokarzanie ludzi i triumf aparatu represji. Zaczęła się dekada stagnacji. I wreszcie – okrągły stół i częściowo wolne wybory z 4 czerwca 1989 roku, które zakończyły się tak spektakularną porażką dotychczasowej władzy, że pod koniec 1989 roku premierem był już opozycjonista Tadeusz Mazowiecki, znajomy Lema z redakcji „Tygodnika Powszechnego". Co za polityczny rollercoaster!

Tak jak poprzednio, kolejne zwroty w historii Polski silnie odciskały się na życiu Lema. Był w euforii, gdy kraj był w solidarnościowej euforii, był w depresji, gdy kraj był w jaruzelskiej depresji. Na początku tej wielkiej huśtawki miał jeszcze przed sobą dobre ćwierć wieku, ale wszedł już w tę fazę życia, w której ludzie robią różne rzeczy po raz ostatni.

Zazwyczaj nie zdajemy sobie z tego sprawy. Tomasz Lem w swoich wspomnieniach sugeruje, że jego ojciec pod koniec lat siedemdziesiątych już miał tę świadomość i cały czas towarzyszyła mu niewypowiedziana myśl, że na coś może mu zabraknąć czasu.

W październiku 1979 roku Lem po raz ostatni kupił nowy samochód[2]. Znów był to mercedes, ale tym razem Lem dopełnił najważniejszych formalności sam, podczas swoich kolejnych wizyt w Berlinie – być może podejrzewając, że wszystkie jego dotychczasowe problemy brały się stąd, że ktoś czegoś nie dopilnował przy odbiorze. Był to model 280 SE w zielonkawym kolorze Mimosengelb 618. W Polsce tę rodzinę mercedesów kojarzymy raczej z fabrycznego symbolu W 126. Samochody owe do dzisiaj cieszą się opinią pojazdów „nie do zdarcia", ten Lemowski został w 2008 roku sprzedany na aukcji charytatywnej. Była to okazja, bo samochód miał niski przebieg jak na swój wiek (niewiele ponad sto tysięcy kilometrów). Lem niespecjalnie mógł się nim nacieszyć. Michał Zych wspomina[3], że jego wuj – który najprawdopodobniej nigdy nie był tak dobrym kierowcą, jak się przechwalał w listach do przyjaciół w latach sześćdziesiątych – zaczął się bać samego siebie za kierownicą.

Nowym mercedesem nadal jeździł do Krakowa po sprawunki, ale pewnego dnia wrócił przerażony – wydawało mu się, że kogoś stuknął na parkingu. Poprosił Michała, żeby ten pojechał sprawdzić, co się stało, i ewentualnie zadośćuczynił poszkodowanemu. Na miejscu Michał ustalił, że wuj najprawdopodobniej uderzył tylko w jakiś słupek, ale to już był koniec samodzielnych wyjazdów Stanisława Lema samochodem na zakupy. Odtąd to zadanie wziął na siebie Michał. Gdy pierwszy raz pojawił się w hotelu Cracovia po odbiór gazet dla Stanisława Lema, wraz z nimi wręczono mu kremówki z hotelowej cukierni (która działa zresztą do dziś – a przynajmniej działała w roku 2015, gdy sprawdzałem). Był tym zaskoczony, ale zrozumiał sens tej transakcji dopiero wiele lat później, gdy remontował dom na Klinach: Lem potajemnie

Ze świeżo zakupionymi ciastkami, przed krakowskim hotelem Cracovia, 1971

sabotował wysiłki swojej żony zmierzające do odchudzania go, kupując w Krakowie pod różnymi pretekstami słodycze, które potajemnie spożywał w garażu. Dyskretnie wrzucał potem papierki za szafę, którą Michał Zych odsunął dopiero po jego śmierci, już w następnym stuleciu.

W 1979 roku Lem po raz ostatni poczuł natchnienie do napisania nowej powieści. Później będzie wprawdzie jeszcze *Fiasko*, ale ostatnią, którą Lem pisał z radością, z własnej, nieprzymuszonej woli, była *Wizja lokalna*. To przedostatni jego tekst beletrystyczny, jeśli pominąć nowelę *Pokój na Ziemi*.

Pomysł pojawił się w jego głowie latem 1979 roku. Streszczał go w liście do Rottensteinera tak: Ijon Tichy wraca na planetę Enteropię, opisaną w *Podróży czternastej*, i odkrywa, że w ogóle nie zrozumiał, o co tak naprawdę chodziło z tymi kurdlami. Pisze więc tytułowe „sprostowanie" – taki był początkowy tytuł.

Okazuje się, że na planecie panuje konflikt, będący alegorią ziemskiego konfliktu Wschód–Zachód. Jedno mocarstwo – Luzania (którą Lem wprost opisuje jako „Amerykę za 500 lat"), wybrnęło z kryzysów cywilizacyjnych, takich jak „terror, anarchia itd.", wprowadzając powszechną „syntetykę", czyli „syntetyczną etykę": w Luzanii nikt nikomu nie może zrobić krzywdy, choćby chciał, bo nie pozwolą mu na to sztucznie zmodyfikowane prawa przyrody.

Drugie, Kurdlandia, poszło w innym kierunku. Mieszkańcy żyją wewnątrz kurdli, które okazały się mistyfikacją, bo tak naprawdę nie są to zwierzęta, tylko ich imitacje (w liście do Rottensteinera: *Pseudotiere*), poruszane siłą mięśni samych mieszkańców. A to wszystko w myśl ideologii powrotu do pierwotnych ideałów, gdy pradawni mieszkańcy planety kryli się w kurdlach przed meteorytami.

W powyższym streszczeniu *Wizja lokalna* jest strasznie strywializowana. Nie ma tu trzeciego mocarstwa (Kliwii), nie ma dyskusji filozofów, nie ma wątku szwajcarskiego, nie ma Baterii Aprobujących Modułów sprzeczającej się z Baterią Oponujących Modułów, czyli tego wszystkiego, co sprawia, że wielu miłośników Lema – ze mną włącznie – uważa *Wizję lokalną* za jedną z jego najlepszych powieści. Sam Lem musiał czuć, że szkoda jego talentu na napisanie kolejnej alegorii z banalnym politycznym kluczem. Na początku grudnia 1980 roku zaczął pisać *Wizję lokalną* od nowa. Jednym ze świadków był Jan Józef Szczepański, który 7 grudnia zanotował w dzienniku:

U Basi Lemowej na imieninach. Staszek opowiadał mi swoją nową książkę (pisze ją teraz). Nieprawdopodobny rozmach wyobraźni i nieprawdopodobna sprawność intelektu zachwycają mnie zawsze. To jest jakiś rodzaj piramid, jakiejś pagody fantastycznych bytów i alegorii, wyrastających jedne z drugich. I jaka zabawa! Wstaje o 4-ej rano i pisze, pękając ze śmiechu. Zazdroszczę mu.

To już była ta właściwa *Wizja lokalna*. Do tej pierwszej nie pasowałoby określenie „jakiś rodzaj piramid". Powieść, która ostatecznie powstała, jest znacznie bardziej skomplikowana od pierwotnej wersji.

Doszedł cały wątek ziemski, podczas którego Ijon Tichy usiłuje zrozumieć, co się na tej planecie w ogóle dzieje, na podstawie sprzecznych źródeł – tak jak kosmita usiłujący sobie wyobrazić Ziemię na podstawie „Prawdy" i „International Herald Tribune" (jak Lem przedstawił to Beresiowi). Pomagają mu w tym sztuczne inteligencje, które usiłują z tych źródeł coś wypośrodkować.

A że to przeważnie niemożliwe, więc owe inteligencje grupowane są w zespoły, takie jak Bateria Aprobujących Modułów (BAM), Bateria Oponujących Modułów (BOM) czy Bateria Inwigilujących Modułów (BIM). W ostateczności wkracza Moduł Uzgadniający (MUZG). Tichy czyta więc coś, co wygląda tak (z niewielkimi skrótami):

Planetę zamieszkuje rasa rozumna (BAM), dwie rasy rozumne (BOM), to zależy od punktu widzenia (MUZG). Jest to gatunek człekokształtny (BAM), człekokształtność to larwalna faza metamorfozy (BOM), oni się tylko rozmaicie ubierają (BIM). Płci są wyraźne (BAM). Nie ma płci (BIM). Są odwrotnością ziemskich (BOM).

Lem zapewne odtworzył tutaj niejedną swoją intelektualną przygodę, podczas której jego wspaniały „MUZG" próbował coś zrozumieć z różnych sprzecznych źródeł. W ziemskiej bibliotece Tichy nie mógł nawet ustalić, czy kurdle istnieją – jak twierdzą źródła kurdlandzkie (KUR), czy też stanowią mistyfikację, jak twierdzą luzańskie (LUZ). I o co chodzi z tymi płciami? Wyrusza więc w swoją ostatnią międzygwiezdną podróż – a tego, co ustalił w wyniku tytułowej wizji lokalnej, nie zdradzę państwu, bo rzeczywiście to jest powieść, którą się czyta tak, jak autor ją pisał: pękając ze śmiechu.

Odczytanie tego jako prostej alegorii „Wschód–Zachód" jest niemożliwe, bo pojawiło się trzecie mocarstwo: Kliwia. Jak je interpretować? Chiny? Trzecia Rzesza? Ta powieść jest za dobra na takie uproszczone interpretacje.

Jerzy Jarzębski opowiada pyszną anegdotę o tym, jak Lem skrytykował jego esej na swój temat, w którym Jarzębski przedstawił konwencjonalną interpretację *Wizji lokalnej* jako zimnej wojny. „Przecież sam mi pan to powiedział!", odparł zaskoczony Jarzębski. „Nie trzeba było mi wierzyć!", odpalił Lem[4]. „Nad żadną książką się tak nie napracowałem", mówił Beresiowi. Warto było! Kiedy już znalazł właściwą formułę, prace poszły jak z płatka, jak podczas tych wielkich erupcji kreatywności z lat sześćdziesiątych.

Fabułę obmyślił we wrześniu 1980 roku[5]. W połowie grudnia gotowe było „około 100 stron"[6]. Tuż przed Bożym Narodzeniem Lem doszedł do strony sto dwudziestej[7] i – jak wynika z kolejnego listu – zakończył opisywać kapitalną scenę „rozmowy filozofów", w której na temat ustrojów Luzanii i Kurdlandii spierają się Popper, Russell, Feyerabend, a na dobitkę Szekspir oraz pewien Ocalony z Holokaustu, który do dyskusji intelektualistów wtrąca się najprawdopodobniej jako *porte-parole* samego Lema, mówiąc, że nie zależy mu na stworzeniu ustroju idealnego, wystarczy mu taki, w którym jeden człowiek nie zabija drugiego, by z jego skóry zrobić sobie abażur.

Na początku stycznia gotowe było sto siedemdziesiąt stron[8], co oznaczało zbliżający się koniec prac nad brulionem. W marcu Lem wysłał ostateczną wersję – znów do Wydawnictwa Literackiego, bo solidarnościowy karnawał przekreślał dawne urazy. Barańczaka też już przecież zdjęto z indeksu i mógł się wreszcie ukazać *Czarnoksiężnik z Archipelagu*, choć do księgarń trafił, podobnie jak *Wizja lokalna*, dopiero w następnym roku, kiedy Lem był na swojej berlińskiej quasi-emigracji.

Mam szczególny sentyment do tej książki także dlatego, że to była pierwsza nowa książka Lema samodzielnie przeze mnie zakupiona w księgarni. Dotąd wszystko czytałem dlatego, że było u mnie w domu, w domu u jakiegoś szkolnego kolegi albo wreszcie w bibliotece. W roku 1982 jako trzynastoletni chłopiec po raz pierwszy mogłem osobiście udać się do księgarni (której już oczywiście nie ma) w warszawskiej alei Zjednoczenia i kupić nową powieść Lema!

Lem włożył w tę powieść swoje rozczarowanie Zachodem. „Zachód nie jest już rajem", pisał w 1982 roku w liście do Thadewalda[9]. Pisarza drażniło, że Niemcy i Austriacy nie ponieśli żadnej kary za II wojnę światową i pławią się w dobrobycie niewyobrażalnym dla Polaków czy Rosjan, którzy teoretycznie byli w obozie zwycięzców.

A już najbardziej złościło go, że zachodnie społeczeństwa nie zdają sobie sprawy z tego, jak im jest dobrze – i ciągle tylko narzekają, i ciągle im jest za mało. Lema szczególnie irytowała zachodnioeuropejska lewica, z jej narzekaniem na kapitalizm i radosną nieświadomością, że są rzeczy znacznie gorsze od pustki duchowej i przesytu konsumpcją. Już w roku 1977 skarżył się w liście, że w Niemczech podstawą myślenia dla „inteligentnych młodych ludzi" są marksizm i skarga na „Nudę idącą z Przesytu i Ogólnego Stopnia Zaspokojenia"[10]. Podobne motywy widać w innych listach – Lem skarżył się, że wszyscy inteligentni Niemcy to lewacy, a gdy Lem celowo szuka towarzystwa konserwatystów, ci okazują się durniami. Rzeczywiście szukał: raz, gdy Thadewald chciał go skontaktować z grupą zaangażowanych politycznie młodych ludzi w Wuppertalu, wprost odpisał mu, że to wchodzi w grę, tylko jeśli są w CDU/CSU[11].

Niemiecka prawica szczególnie Lema zniesmaczyła sporem, który później nazwany został – trochę na wyrost – „sporem historyków" („*Historikerstreit*"). Jego podłoże było jednak *stricte* polityczne. Niemieccy prawicowi intelektualiści, przede wszystkim Ernst Nolte, ich nieformalny guru, zaczęli kwestionować dotychczasową narrację o Holokauście jako zjawisku jedynym w swoim rodzaju – i opisywać go jako mord rabunkowy.

Okrutny, zbrodniczy, niewybaczalny – ale jednak jakoś tam wytłumaczalny. A w dodatku wcale nie taki znowu wyjątkowy, bo przecież Stalin, bo przecież Mao.

W Niemczech w latach siedemdziesiątych i osiemdziesiątych takie przewartościowywanie nie miało charakteru czysto intelektualnej igraszki, bo oczywiste były implikacje polityczne. Oficjalną narracją powojennej polityki RFN było to, że podział kraju i różne „akty pokuty" są ceną, którą Niemcy muszą płacić za niewyobrażalne zbrodnie Trzeciej Rzeszy. Jeśli jednak okazałoby się, że Hitler nie był zbrodniarzem wyjątkowym, ale takim samym jak wielu innych, to dlaczego Niemcy do dziś ponoszą karę za jego zbrodnie, podczas gdy Rosjanie nie zostali ukarani za zbrodnie Stalina?

Lem takie rozumowanie uważał za nonsens, choćby dlatego, że dobrze znał ZSRR i RFN, więc wiedział, że jest akurat odwrotnie. Mieszkańcy Rosji cierpieli za zbrodnie Stalina jeszcze wiele lat po jego śmierci, a mieszkańcy RFN przebierali w „stu rodzajach różnobarwnych kalesonów" i pływali w „basenach z podgrzewaną wodą morską" (jak to opisywał w listach).

Jako niehistoryk nie czuł się kompetentny, by bezpośrednio włączyć się w ten spór. Wiosną 1979 roku postanowił jednak sięgnąć po wypróbowaną formułę apokryfu i wymyślił fikcyjnego niemieckiego historyka Horsta Aspernicusa[12], rzekomego specjalistę w tej dziedzinie, który podsumował badania nad ludobójstwem w ogóle, a Holokaustem w szczególności, w dwutomowej monografii *Ludobójstwo*. Tak powstała *Prowokacja*, bodajże najbardziej kontrowersyjny z Lemowskich apokryfów, bo jako jedyny sugeruje, że może stanowić recenzję z prawdziwej książki. Ukazał się latem 1980 roku w miesięczniku „Odra".

Prowokacja się udała. Lem z radością chwalił się w liście do Rottensteinera, że zaprzyjaźniony dziennikarz „Tygodnika Powszechnego" wkręcił niejakiego „profesora M." z Instytutu Historii Najnowszej PAN w rozmowę, w której profesor się zarzekał, że doskonale zna książkę Aspernicusa[13]. Od czasów dzieciństwa nic tak Lema nie cieszyło jak dobry psikus! Na usprawiedliwienie „profesora M." dodam, że taka książka powinna była powstać. Aspernicus – według Lema – drobiazgowo opisał dzieje różnych ludobójstw przed Hitlerem i po Hitlerze, dochodząc aż do współczesnego terroryzmu (Lem/Aspernicus odnosił się do lewackiego terroryzmu z lat siedemdziesiątych, ale jego tezy wyśmienicie pasowałyby do obecnego terroru islamistów).

Całą literaturę analizującą fenomen nazizmu Aspernicus sprowadza do trzech szkół: gangsterskiej, socjoekonomicznej i nihilistycznej. Przedstawiają one Hitlera odpowiednio albo jako bandytę, który chciał zrabować żydowski majątek, albo jako nieuchronny skutek kryzysu gospodarczego i rozkładu Republiki Weimarskiej, albo wreszcie jako wcielenie zła.

Aspernicus kwestionuje wszystkie te interpretacje. Rabunek niczego nie wyjaśnia, bo *per saldo* Trzecia Rzesza do zabicia Żyda dopłacała. Z czysto cynicznego punktu widzenia bardziej opłacałoby się trzymanie Żydów przy życiu i eksploatacja pracy niewolniczej. Szkoła socjoekonomiczna wyjaśnia jeszcze mniej. Gdyby Hitlerowi chodziło o propagandę (jak to niektórzy interpretują), nie prowadziłby Holokaustu w tajemnicy. Przedstawianie Hitlera jako geniusza zbrodni kłóci się z kolei z tym, że jego działania były wielkim autodestrukcyjnym nieudacznictwem.

Lem jako Aspernicus zwraca uwagę na szczegół, który zwykle przegapiają autorzy alternatywnych historii typu „gdyby Hitler wygrał wojnę" (podobnie jak współcześni autorzy od tekstów „Polska powinna była z Hitlerem pójść na Stalina"). Hitler nie mógł wygrać tej wojny, nawet gdyby mu się udało pokonać ZSRR. Wiadomo, że Amerykanie mieliby w roku 1945 bombę atomową niezależnie od sytuacji w Europie, a z kolei Niemcy nigdy by jej nie mieli, bo ubocznym skutkiem antysemickich czystek na uniwersytetach był paraliż fizyki jądrowej.

Zatem – wywodzi Lem/Aspernicus – im dłużej trwałoby panowanie Hitlera, tym straszniejsza byłaby klęska Niemiec, bo w najlepszym, czyli najgorszym, wariancie skończyłoby się to atomowymi nalotami na Berlin w 1945 czy 1946 roku.

Czym Aspernicus wyjaśnia Holokaust? Tutaj Lem (jako rzekomy recenzent *Ludobójstwa*) robi się ostrożniejszy, ale zwraca uwagę na przedziwną skłonność nazistów do kiczu i pełnego sprzeczności pomieszania sadyzmu z purytanizmem. Aspernicus sugeruje, że Hitler i jego zwolennicy – jako zgraja niedouczonych, prymitywnych parweniuszy – ulegali po prostu pierwotnym instynktom. Zachowali się jak jaskiniowcy uzbrojeni w karabiny maszynowe. Atawizm wygrał z rozumem. Ten sam mechanizm sprawia, że współcześni (Lemowi) terroryści działają w różnych Czerwonych Brygadach (a gdyby to pisał dzisiaj, świetną ilustracją byłby terror tak zwanego Państwa Islamskiego).

Prowokacja prezentowała więc Hitlera nie jako geniusza zbrodni, mistrza polityki czy manichejskiego demiurga zła, ale po prostu jako małpę z brzytwą. To jest spójne z krytycznym spojrzeniem na *homo sapiens*, które odnajdziemy już w najwcześniejszych tekstach Lema (w *Człowieku z Marsa*), a także w jego twórczości z późniejszych okresów: w kpinach z bladawców, lepniaków i ohydków oraz w pomysłach na poprawę stanu rzeczy (w postaci betryzacji z *Powrotu z gwiazd* czy etykosfery z *Wizji lokalnej*). Ludzie sami dla siebie są największymi wrogami.

Jakby na potwierdzenie Lemowskiego pesymizmu karnawał solidarnościowej odwilży zakończył się straszną nocą 13 grudnia 1981 roku. Tuż po północy przestały działać telefony, a na pierwszym programie radia oraz telewizji w kółko zaczęto nadawać przemówienie generała Jaruzelskiego o wprowadzeniu w Polsce stanu wojennego.

Lem dowiedział się o tym jako pierwszy z domowników – zapewne jak zawsze obudził się jeszcze przed świtem. O wszystkim usłyszał w radiu – poza niewiele wyjaśniającym przemówieniem Jaruzelskiego można było przecież przełączyć się na Wolną Europę, co oczywiście uczynił.

Barbara Lem wspominała, że mąż obudził ją w stanie najwyższego wzburzenia. Według wspomnień Tomasza – który spał wtedy z matką w jednym pokoju – była piąta rano. Pisarz naszykował papiery, które uznał za zagrożenie dla bezpieczeństwa rodziny w razie rewizji, i poprosił żonę oraz jej siostrę, żeby pomogły mu je spalić za domem[14].

Dziś jest tam uporządkowany park miejski, ale w roku 1981 z domu na Klinach wychodziło się tylną furtką na dziką łąkę. Lem palił tam między innymi nieudane wersje książek. Ślad po ognisku widziałem jeszcze w 2006 roku (dzięki uprzejmości Michała Zycha). Przypadkowy obserwator, który zapuściłby się na tę łąkę szarym świtem 13 grudnia 1981 roku, zobaczyłby więc przedziwny widok: trzy sylwetki okutane szlafrokami, brodzące w kapciach przez zaspy śniegu, donoszące do ogniska kolejne maszynopisy.

Co Lem mógł chcieć spalić? Chociaż pisarz wciąż dbał, żeby jego nazwisko oficjalnie nie pojawiało się na żadnej publicznie kolportowanej liście sygnatariuszy, od dawna już wspierał opozycyjne inicjatywy, w których działał jego przyjaciel Jan Józef Szczepański. Uczestniczył w pracach Towarzystwa Kursów Naukowych i Polskiego Porozumienia Niepodległościowego – podziemnego think tanku wypracowującego rozwiązania dla przyszłej niepodległej Polski (choć niepodległość Polski wydawała się wtedy czymś odleglejszym od podróży międzygwiezdnych, to jednak pierwszy niekomunistyczny premier Tadeusz Mazowiecki, też związany z PPN, stosował w praktyce wypracowane przez tę organizację założenia polityki zagranicznej).

Lem mógł się bać, że po okresie względnej odwilży wróci coś przypominającego stalinowski terror. Dziś wiemy, że tak się nie stało. Chociaż stan wojenny też miał ofiary śmiertelne, to akurat Lemowi prawdopodobnie nic nie groziło. Jego lęk jest jednak zrozumiały. Przecież 31 sierpnia 1939 roku we Lwowie rodzina Lemów też się czuła bezpiecznie – nikt by wtedy nie uwierzył w to, że już niedługo z woli Stalina i Hitlera ludzi będzie się w tym mieście zatłukiwać drągami na śmierć z powodu niesłusznego pochodzenia.

Tomasz Lem ówczesny stan swojego ojca opisuje jako depresję. Stanisław Bereś odbył z Lemem między listopadem 1981 a sierpniem 1982 roku kilkanaście spotkań, których owocem była wielokrotnie tu przeze mnie cytowana książka *Tako rzecze... Lem*. Jej ostatni rozdział zatytułował *Czarna bezwyjściowość sytuacji*.

Lem musiał się czuć uwięziony właśnie w czymś takim. Wiedział, że emigracja nie jest dobrym rozwiązaniem. Przestrzegał go przed nią jego przyjaciel Sławomir Mrożek. Jego mentor z czasów studenckich, profesor Choynowski, z którym Lem przez cały czas utrzymywał kontakt, też uważał własny wyjazd z kraju za swój największy błąd[15].

Jednocześnie Lem nie mógł zapomnieć, że z całej jego dalszej rodziny ze Lwowa uszedł z życiem tylko Marian Hemar – właśnie dlatego, że w porę wyjechał. Dzięki temu nie tylko ocalił życie, ale uniknął niewyobrażalnych cierpień, które były udziałem Samuela, Sabiny i Stanisława Lemów.

Lem wielokrotnie – na pewno w roku 1968 i w 1976 – zadawał sobie pytanie jakże charakterystyczne dla pięknego kraju między Bałtykiem a Karpatami. Czy to już? Czy za chwilę ten kraj znów zmieni się w pułapkę bez wyjścia i zacznie się tu kolejna rzeź?

Tym razem wreszcie udzielił sam sobie twierdzącej odpowiedzi na to pytanie. Ze wspomnień Tomasza wynika, że ojciec wymieniał różne argumenty za emigracją, pozornie bardzo rozsądne – ale widać było, że o prawdziwych powodach decyzji nie chce mówić. Tomasz przypuszcza, i trudno się z nim tu nie zgodzić, że decydowała wojenna trauma.

Pierwszą przeszkodą do pokonania było otrzymanie paszportu. O ile mi wiadomo, nigdy go Lemowi nie odmówiono, ale przynajmniej raz, w roku 1973, zdarzyło mu się, że musiał odwołać przyjazd na Targi Książki we Frankfurcie po prostu dlatego, że urząd nie zdążył rozpatrzyć jego wniosku na czas[16]. Gdyby teraz w podaniu o paszport szczerze napisał, że rozważa emigrację, mógłby go zwyczajnie w ogóle nie dostać. Obmyślił więc fortel, korzystając z pretekstu, jakim była formalnie niezakończona sprawa kręcenia *Kataru* przez niemieckiego producenta.

Po trzech tygodniach od wprowadzenia stanu wojennego Lem wysłał do Wolfganga Thadewalda odkrytkę – czyli list pozbawiony koperty, żeby cenzura się nie musiała męczyć z jego przeczytaniem – w której wspominał o spotkaniu w sprawie *Kataru*, rzekomo umówionym podczas ostatniej bytności pisarza w Berlinie Zachodnim[17]. To była mistyfikacja, ale polskie władze nie miały możliwości tego zweryfikować – a z drugiej strony Lem miał dostatecznie dużo papierowych dowodów na to, że prace nad filmem cały czas postępują. Podpisał przecież umowę i dostał pierwszą transzę zaliczki. W tej sytuacji, gdyby władze odmówiły mu paszportu, gwarantowały sobie kolejny międzynarodowy skandal – Lem nawet nie musiał tego sugerować, to wynikało wprost z opisanego w liście fikcyjnego scenariusza: oto w połowie kwietnia w Berlinie niemieccy filmowcy będą czekać na pisarza z Polski, ale dowiedzą się, że nie wypuszczono go z kraju...

Paszport więc oczywiście dostał. Dotarł do Berlina 14 kwietnia i następnego dnia wysłał do Thadewalda list, w którym już szczerze zwierzał się ze swoich rozterek. Wynika z tego listu, że pisarz w tym momencie sam jeszcze nie wiedział, co ze sobą zrobić. Nie wykluczał nawet wystąpienia o azyl polityczny w jednym z trzech krajów: RFN, Austrii lub Wielkiej Brytanii.

Jego najważniejszą troską w tym momencie był jednak los syna: wolał nie przerywać edukacji Tomasza, który w 1983 roku miał skończyć szkołę podstawową. Zarazem Lem nie chciał, żeby syn dotrwał w Polsce do osiemnastego roku życia, bo wezmą go wtedy do armii (z powodu stanu wojennego zmobilizowano rezerwistów, nie przejmując się takimi względami jak studia czy powody rodzinne). W tej kwestii Lem przesadzał: stan wojenny zawieszono 31 grudnia 1982 roku, a zniesiono 22 lipca 1983 roku, ale przecież w kwietniu 1982 nikt nie mógł tego przewidzieć. Równie dobrze mogło się to ciągnąć przez dziesięciolecia.

Ostatecznie na szczęście obeszło się bez tak drastycznych rozwiązań jak azyl. Stanisław Lem nigdy nie był emigrantem. Jego trwająca do 1987 roku quasi-emigracja formalnie zawsze miała charakter pobytu stypendialnego. Najpierw przy pomocy swojego niemieckiego wydawcy Lem uzyskał stypendium berlińskiego Wissenschaftskolleg zu Berlin na rok akademicki 1981/1982 (nawiasem mówiąc: pierwszy w działalności tej instytucji). Później zaś z kolei dzięki wsparciu Rottensteinera wyjechał do Austrii na zaproszenie tamtejszego stowarzyszenia pisarzy.

Choć prawdziwym powodem wyjazdu był brak zaufania do władz Polskiej Rzeczypospolitej Ludowej, formalnie Lem przez cały czas posługiwał się paszportem PRL, podobnie jak jego rodzina. Unikał gwałtownych ruchów, które byłyby nieodwracalne w skutkach. Kiedy jesienią 1983 roku „Die Welt" napisał, że Lem „wybrał wolność" (jak eufemistycznie nazywano wtedy emigrację), wysłał do redakcji sprostowanie, że po prostu korzysta z zaproszenia austriackiego stowarzyszenia pisarzy, ale nie wyemigrował[18].

Jednocześnie co najmniej od wiosny 1983 roku Lem był przekonany, że w Polsce już nie ma dla niego miejsca. W liście do Thadewalda opisywał swoją planowaną na czerwiec podróż do Polski – „ostatni raz"[19]. Świadczy też o tym wspomnienie Tomasza Lema – wówczas piętnastoletniego – z tej wizyty:

We Frankfurcie, lata osiemdziesiąte (© Digne Meller Marcovicz / bpk / BE&W)

Rankiem w dniu wyjazdu z Polski ojciec umył się, ubrał, wyjął z kieszeni portfel i zaczął metodycznie wyrzucać banknoty – stuzłotówki z Waryńskim, tysiące z Kopernikiem, być może były tam również „Bolki i Lolki", czyli banknoty z Mieszkiem i Chrobrym. Potem równie skrupulatnie obszedł się z bilonem, który z brzękiem także wylądował w koszu.

Widząc moją zdziwioną minę, wyjaśnił, że ponieważ już nigdy do Polski nie wrócimy, złotówki nie będą nam potrzebne.

Na ojca naskarżyłem cioci, pieniądze wróciły tam, gdzie powinny. Rodzice tradycyjnie zamknęli się w łazience, gdzie matka coś ojcu tłumaczyła, jednak kiedy wyszedł, nie wyglądał na przekonanego.

Więcej Lem już nie chciał postawić nogi na terytorium pod kontrolą bloku radzieckiego. Zabrał rodzinę do otoczonego murem Berlina Zachodniego, więc do Wiednia, na kolejny etap tułaczki, musieli się dostać drogą powietrzną – żaden inny sposób nie wchodził w grę, bo wymagałby przejechania przez terytorium NRD.

Tomasz Lem wspomina, że rodzina poleciała samolotem z Berlina do Wiednia, a ruchomości pojechały pociągiem. Z listów wyłania się bardziej skomplikowany obraz. Majątek – w tym mercedes! – pojechał do Wolfganga Thadewalda, którego domowy adres podano w liście spedycyjnym. W liście do Rottensteinera Lem rozważał scenariusz opisany przez Tomasza, ale pisał, że to byłoby za drogie[20].

W tym samym liście pisał też, że obawia się o problemy z paszportem Tomasza – być może chodziło o zbliżającą się utratę ważności? – i że enerdowscy lub czechosłowaccy pogranicznicy wykorzystają to, żeby zatrzymać jego syna. Ostatecznie Lemowie wylecieli więc 23 lipca 1983 roku do Hanoweru[21], dokąd pojechał także mercedes wraz z resztą dobytku. Spotkali się z Thadewaldem i ruszyli do Austrii samochodem – oczywiście nie przez Czechosłowację, tylko lekko naokoło, przez

Bawarię[22], gdzie spędzili noc w Rosenheim. Do Wiednia dotarli 28 lipca[23].

Z formalnego punktu widzenia rodzina Lema wyjeżdżała razem z pisarzem na wakacje. W rzeczywistości, jeszcze zanim w ogóle Lem przyjechał po nią do Polski, dalsze posunięcia już miał zaplanowane: Tomasz Lem więcej nie wróci do Polski, tylko rozpocznie rok szkolny w amerykańskiej szkole dla dzieci dyplomatów[24]. Żona pisarza, Barbara Lem, rzadko jest wspominana w listach z tego okresu. Pojawi się później, po roku 1985, gdy do Lema dotrze, na jak ciężką próbę ją wystawił. Chodzi o to, że we wszystkich swoich precyzyjnych rachubach zapomniał o jednym czynniku. Czynniku ludzkim: swoim własnym organizmie.

Przerost prostaty, który Lemowi usuwano w roku 1976, był wprawdzie nowotworem łagodnym – „gruczolakiem dobrotliwym", jak go nazywał sam Lem[25] – ale siedem lat po operacji odezwał się ponownie. Pechowo zdarzyło się to zaraz po przyjeździe do Wiednia, choć pierwsze dolegliwości Lem odczuwał już w Berlinie (tak mówił Fiałkowskiemu). Pod koniec października roku 1983 niezbędna była interwencja chirurgiczna. Lem poszedł na sześć dni do wiedeńskiego szpitala. Nie był ubezpieczony, więc za wszystko płacił z własnej kieszeni – osobno za każdy dzień opieki, a także za każdą usługę lekarską: operację, znieczulenie, diagnostykę. Kosztowało go to w sumie czterdzieści siedem tysięcy szylingów (w przeliczeniu inflacyjnym: około siedmiu tysięcy euro)[26].

Jak się okazało – ta operacja nie wystarczyła. Być może to jej dotyczyła anegdota opisana przez Tomasza Lema:

– W dowód wdzięczności chciałbym ofiarować panu moją książkę z autografem – rzekł ojciec do chirurga, już po operacji.

– Dziękuję, bardzo mi miło. Szkoda tylko, że nie będę mógł jej przeczytać.

– Dlaczego?

– Nie mogę czytać. Mam odklejoną siatkówkę.

– ?

Lem musiał więc wrócić do szpitala, bo okazało się, że gruczolak, choć łagodny, „odrósł sukinsyn"[27]. Były już przerzuty. Kolejna operacja w 1985 roku, tak jak ta katowicka z 1976, zakończyła się niespodziewaną infekcją:

Kochany Wirgiliuszu,
śmiać, to ja się już nie śmieję z niczego, po tylu operacjach i Operacjach. Ostatnią niby dobrze w 7 dni przeszedłem, ale na dziewiąty z silnym krwotokiem musiałem apiat' wieziony być na klinikę i znów gnić tam 4 dni. Zaczym nainfekowawszy mi pęcherz moczowy austriackimi zarazkami, puścili mnie do domu, o czym się dowiedziałem, gdy dostałem 39-stopniowej gorączki i doktor Dobry, i tacy tu są, z Grubej Rury zaczął strzelać do tych Mikrobów. Wciąż łykam piguły, ale już się mam nienajgorzej[28].

Czarny humor widoczny w listach z tego okresu przypomina ten, który pamiętamy w listach z przełomu lat pięćdziesiątych i sześćdziesiątych, gdy Lemowi zdarzały się okazjonalne żarty na temat rozwiązania życiowych problemów poprzez „zakup cyjanku". Tomasz Lem pisze, że jego ojciec po latach przyznał, że w Wiedniu też dręczyła go myśl, żeby wszystkie problemy zakończyć w pewnej pobliskiej sadzawce, ale „odwiodło go od tego poczucie, że wyglądałoby to nieestetycznie".

Stanisław Lem w tym okresie albo umierał, albo pracował, często zresztą równocześnie. Ogromny ciężar siłą rzeczy spadł więc na Barbarę Lem. Była *de facto* głową rodziny, a także – co wspominała szczególnie źle – rodzinnym kierowcą. Ze względu na stan zdrowia pisarza ów zaszczytny obowiązek spadł na jego żonę, która wcale nie była tym zachwycona[29].

Prowadzenie wielkiego samochodu w obcym mieście nigdy nie jest przyjemne. Barbara Lem dotąd jeździła głównie po Krakowie, niewielkim trzydrzwiowym fiatem 128 „berlinetta"[30]. Teraz musiała kierować wielką limuzyną w Wiedniu, mieście szczególnie nieprzyjaznym dla kierowców, pełnym ulic krętych, ślepych, jednokierunkowych i stromych. Do tego dochodziła legendarna nieprzyjazność wiedeńczyków – „Wiedeń to miasto, w którym się żyje jak w raju, a ludzie są straszni. Wścibscy, chamscy, burkliwi", wspomina Jonathan Carroll, amerykański pisarz, którego Lemowie poznali, bo mieszkał już wtedy w Wiedniu i był nauczycielem Tomasza Lema w amerykańskiej szkole[31].

Stanisław Lem nie należał do osób, które łatwo bliźniemu wybaczają „wścibskość, chamstwo, burkliwość". Barbara Lem wprost przeciwnie, w każdym starała się odnaleźć dobrą stronę, więc powstrzymywała męża przed narzekaniem na Austriaków (o czym Lem mówił Fiałkowskiemu), ale w rozmowie ze mną przyznała, że większość kontaktów z urzędnikami, sprzedawcami czy usługodawcami – a że była głównym kierowcą w rodzinie, z konieczności wszystko to spadło na nią – sprawiała jej przykrość.

Opowiedziała mi, jak pewnego dnia – zawiózłszy męża do lekarza – zapomniała zaciągnąć ręczny hamulec w mercedesie. Gdy wrócili, zastali samochód niezupełnie tam, gdzie go zostawili przedtem – oparty o lekko wgiętą barierkę. Czekało tam na nich dwóch policjantów, którzy Lemów ani nie przywitali, ani nie ukarali, ani nie pouczyli – nie wiadomo było, o co im chodzi. Barbara Lem postanowiła przejąć inicjatywę, zanim przemówi jej mąż. „Proszę, to na naprawę tej barierki", powiedziała, wręczając im kilka banknotów. Schowali je do kieszeni i bez pożegnania odeszli. Barierki nie naprawiono do końca pobytu Lemów w Wiedniu[32].

Największą pociechą dla Lemów w tym okresie z pewnością były częste wizyty przyjaciół z Polski. Jeszcze w Berlinie Lem zaprzyjaźnił się z Władysławem Bartoszewskim, który również w tym samym okresie dostał stypendium w Wissenschaftskolleg i mieszkał w sąsiednim domu, w pięknej willowej dzielnicy Pacelliallee.

Lem z Bartoszewskim byli rówieśnikami, obaj też przypadli sobie do gustu światopoglądowo – czuli się jednakowo wyobcowani w Niemczech, gdzie główna oś intelektualnego sporu zdawała się biec między marksistowską utopią a nacjonalistycznym rewizjonizmem. Obaj zdążyli boleśnie poczuć na własnej skórze uboczne skutki zarówno teutońskiej dumy narodowej, jak i utopii komunistycznej, jedno i drugie kojarzyło im się więc ze stosami trupów i drutem kolczastym. Można im zatem wybaczyć przeczulenie, które współczesnemu czytelnikowi może się wydawać nieco przesadzone, jak we wspomnieniach Bartoszewskiego:

Lem nie taił przed Niemcami swoich poglądów. Czasami miało to wręcz groteskowy wymiar. Kiedyś, w Berlinie, Staszek miał odwieźć mnie i moją żonę do siedziby Wissenschaftskolleg. Wsiadł do swojego zielonego mercedesa […], a tu jakiś kierowca zaczyna na niego trąbić. No to Staszek otwiera okno i zaczyna krzyczeć: – A ty faszysto jeden, twoi miliony naszych wybijali, a ty na mnie teraz będziesz trąbił! Tamten oczy coraz szerzej otwiera, coś tam pokazuje, a Staszek swoje, z coraz większą złością. Ja siedziałem koło niego, a moja żona ostatecznie nie jechała. I co się w końcu okazało? Uprzejmy Niemiec chciał tylko zaalarmować, że w Staszkowym mercedesie tylne drzwi wozu nie były zatrzaśnięte (śmiech).

Innym razem z żoną wyjeżdżamy z Wiednia do Bawarii, taksówkarz ma nas odwieźć na dworzec. Przyjeżdża starszy wiekiem Austriak, a Staszek wychodzi przed dom w koszuli, bo to był koniec lata, nagle podnosi rękę w faszystowskim pozdrowieniu i zaczyna śpiewać fałszywym głosem hitlerowski hymn: *Die Fahne hoch! Die Reihen fest geschlossen!* (*Sztandary w górę, szeregi nasze są zwarte!*). To początek *Horst Wessellied* – hymnu hitlerowskich bojówek SA! Taksówkarza zamurowało. Patrzy na Staszka, na mnie, mówi – po niemiecku – panowie, tego nie wolno śpiewać. A Staszek – po niemiecku – mówi: mnie wolno.

[...]

Znaleźliśmy się kiedyś w jednym hotelu z gośćmi konferencji organizowanej przez lewicowy w poglądach Aspen Institute. Schodzimy na dół, a tam szykują bankiet, jakieś góry jedzenia, a na szczycie jednej z piramid ananas.

– Patrz – mówię – lewacy, a się będą ananasami objadać. – Będą albo i nie będą – burczy na to Staszek i patrzy na mnie porozumiewawczo. A potem szybko otwiera drzwi, a ja ziuu, ananasa pod płaszcz i za nim do mercedesa[33].

Innym znanym wiedeńskim gościem Lemów był Zdzisław Najder, inicjator Polskiego Porozumienia Niepodległościowego. W stanie wojennym skazano go na karę śmierci, bo jego pracę w Radiu Wolna Europa zakwalifikowano jako zdradę stanu. Gdy dzwonił do Lemów, przedstawiał się: „Mówi pan wisielec". Intrygowało to Tomasza Lema, który te telefony odbierał – rodzice uznali, że z tej okazji wtajemniczą go w kwestię współpracy Stanisława Lema z Polskim Porozumieniem Niepodległościowym i „Kulturą" paryską.

Później nawet sam został wciągnięty do konspiracji, ojciec bowiem powierzył mu zadanie usunięcia ze swojego tekstu do „Kultury" charakterystycznych formuł stylistycznych, po których można by go zidentyfikować. „Nie było to zadaniem łatwym, bo ojciec upodobał sobie wyrażenia trącące sienkiewiczowską myszką, takie jak »dlaboga«, »boż przecie«, »wprzódy« itp. – którym, nawiasem mówiąc, pozarażał lemologów, z profesorem Jarzębskim na czele – i nie na wszystkie poprawki był skłonny przystać", wspomina.

Biorąc to wszystko pod uwagę, aż trudno uwierzyć, że Lem miał czas cokolwiek napisać, a przecież w Wiedniu powstały jego ostatnie dwie powieści. A właściwie półtorej, bo *Pokój na Ziemi* jest tak krótki, że upieram się raczej przy klasyfikowaniu go jako noweli.

Lem jednak nie miał wtedy wielkiego wyboru. Już z jego pierwszych listów z tej półemigracji widać, że był zaskoczony tym, jak drogie jest życie w kapitalizmie. Jego budżet ostatecznie zrujnowały pobyty w szpitalach – we współczesnej Polsce też zresztą nawet bestsellerowy pisarz szybko poszedłby z torbami, gdyby nie był ubezpieczony, a wykryto by u niego jakiś problem onkologiczny wymagający kolejnych operacji i hospitalizacji, opłacanych z własnej kieszeni pacjenta. W czerwcu 1984 roku Lem miał do zapłacenia kolejne 123 tysiące szylingów[34] rachunku za leczenie – a to przecież nie był wcale koniec jego kłopotów.

Zresztą nawet gdyby cieszył się pełnią zdrowia, ewidentnie zaskoczył go także wiedeński rynek nieruchomości. W roku 1982 pisarz znał ceny zachodnioberlińskie i wydawało mu się, że w Wiedniu powinno być mniej więcej podobnie. Skoro w Berlinie było go stać najpierw (w latach siedemdziesiątych) na wynajęcie mieszkania przy Ku'dammie, a potem (w 1982) na domek na Pacelliallee, to czemu w Wiedniu miałoby być gorzej?

Odpowiedź jest prosta: w Berlinie niewidzialna ręka rynku nieruchomości dyskontowała to, że w razie trzeciej wojny światowej – z którą wszyscy się wtedy liczyliśmy – to miasto jest nie do utrzymania. Co za tym idzie, budynki były tańsze, a więc tańszy był także wynajem. Wiedeń, stolica neutralnej Austrii, nie wydawał się już tak oczywistym celem do odstrzału.

Lem jeszcze w maju 1983 roku miał nadzieję, że jego rodzina przeprowadzi się prosto z zacisznej Pacelliallee do równie zacisznego domu gdzieś na peryferiach Wiednia. Tak przynajmniej wynika z jego ówczesnej korespondencji z Rottensteinerem[35].

W praktyce jednak okazało się, że w zakresie finansowych widełek Lema mieści się tylko mieszkanie komunalne, użytkowane przez austriackie stowarzyszenie pisarzy, gotowe udostępnić je Lemom niekomercyjnie, ale jednak odpłatnie. Mieszkanie było duże (cztery pokoje w amfiladzie) i miało świetną lokalizację: Freundgasse, tuż przy Margaretenstrasse, czyli głównej arterii czwartej dzielnicy. „10 minut pieszo od centrum!", cieszył się Lem w liście do Thadewalda[36]. Tak to jednak po latach wspominał Tomasz Lem:

> Lokalizacja, w połączeniu z faktem, że były to czasy, kiedy samochodów nie wyposażano jeszcze w katalizatory spalin, była śmiercionośna. Wietrzenie któregokolwiek pokoju groziło zatruciem spalinami – otwierać można było jedynie okno kuchenne, wychodzące na podwórze. Przyzwyczajenie się do huku samochodów, przejeżdżających bezpośrednio pod starymi, nieszczelnymi oknami od świtu do zmierzchu, wymagało samozaparcia.

Pisałem dotąd dużo o kłopotach zdrowotnych Stanisława Lema, bo to w końcu książka o nim, ale Barbara i Tomasz również mieli problemy alergiczne, co zapewne miało związek z tym, że większość życia oboje spędzili w Krakowie, jednym z najbardziej zatrutych miast Europy. Lem zaczął więc pilnie szukać domu do wynajęcia – już na zasadach w pełni komercyjnych.

Niestety, hasło „znany pisarz szuka pilnie domu" sprawiło, że na rodzinę Lema rzucili się jak sępy agenci nieruchomości, próbujący „wysondować finansowe możliwości egzotycznego klienta ze Wschodu", jak to wspomina Tomasz Lem, opisujący jedną z tych ofert – pałac pod Wiedniem, którego „ogromne przestrzenie zapewne należałoby jakoś zaludnić służbą", ale którego wynajęcie z pewnością przekraczało możliwości Lemów.

Na szczęście w październiku 1983 roku (czyli w tym samym miesiącu, w którym Lem spędził tydzień w szpitalu) pojawiła się wreszcie prawdziwa okazja, dom przy Geneegasse, maleńkiej uliczce położonej w trzynastej dzielnicy, Hietzing. Dom był wprawdzie na tyle daleko od centrum i na tyle słabo skomunikowany z Wiedniem, że skazywało to Lemów na ciągłe dojazdy samochodem, ale przynajmniej mieli tam namiastkę ciszy, którą dawał im krakowski dom na Klinach.

To właśnie o domu przy Geneegasse mówi Bartoszewski. Rodzina Lemów mieszkała tam cztery lata, aż do końca wiedeńskiej emigracji, która formalnie nie była emigracją. Tam też powstały ostatnie prozatorskie książki Lema, acz tym razem trudno o dokładne daty. W rozmowie z Fiałkowskim twierdził, że wstępne wersje powstały jeszcze w Berlinie w roku 1982, czego nie można wykluczyć, bo Lem właściwie zawsze miał w zanadrzu jakieś rozgrzebane brudnopisy. W jego archiwum zachowały się różne opowieści urywające się najdalej na drugiej stronie.

Prace nad *Pokojem na Ziemi* z całą pewnością zaczęły się w Berlinie. Fiałkowskiemu Lem mówił, że w Wissenschaftskolleg najbardziej zachwyciła go możliwość zamawiania w bibliotece książek na dowolny temat. Skorzystał z tego, żeby się zorientować, jak dokładnie wygląda kallotomia (dziś powszechniej stosowana nazwa to „kalozotomia") – straszliwy uraz neurologiczny, któremu w tej książce ulega Ijon Tichy, polegający na przecięciu połączenia między lewą a prawą półkulą mózgu. Tichy doznał go w wyniku swojej najniebezpieczniejszej, ostatniej wyprawy kosmicznej – na Księżyc. Ten zwykły, ziemski. Wysłała go tam specjalna agencja ONZ do spraw Księżyca, Lunar Agency, przyznając mu kryptonim L.E.M. (Lunar Efficient Missionary), niestety Tichego na Księżycu zaatakowały „Lunar Expedition Molecules".

Z Władysławem Bartoszewskim na Geneegasse w Wiedniu, 1987

Pomysł tej przedostatniej książki przyszedł Lemowi do głowy już w roku 1969, gdy razem z ogromną częścią ludzkiej populacji oglądał transmisję z lądowania Apollo 11 na Księżycu. Jak pisał wtedy w liście do Čepaitisa, przez cały czas dręczyła go jedna myśl: „umieściwszy odpowiedni Superlaser na Księżycu, można by nim przewracać całe miasta i kontynenty ziemskie, w ten sposób działania militarne zdobyłyby następny punkt dla siebie i weszlibyśmy definitywnie w nową Epokę". Bawiło go też, że choć na Księżycu osobiście go nie było, to był tam „Lunar Excursion Module, a więc coś jednak bliskiego"[37].

Nowela rozwijała pomysł, zarysowany wcześniej w jednym z ostatnich Lemowskich apokryfów, *Weapon Systems of the Twenty First Century or the Upside-down Evolution*, zgodnie z którym wyścig zbrojeń doprowadzi w końcu do momentu, gdy supermocarstwa zamiast „superlaserów" zaczną wymyślać bronie tanie, mikroskopijne, samoreplikujące się, przypominające nekrosferę z *Niezwyciężonego*. W *Pokoju na Ziemi* tytułowy pokój zapanował dzięki temu, że supermocarstwa ten wyścig przeniosły na Księżyc – gdzie jednocześnie miały możliwość każdorazowego unicestwienia oponenta stosownym „superlaserem", ale także słodkie poczucie, że żadnych groźnych głowic ani silosów nie ma na jego terytorium.

Według dopisku na końcu książki Lem skończył ją pisać w maju 1984 roku. Do końca zimnej wojny pozostało jakieś pięć, sześć lat. Z jednej strony można powiedzieć, że *Pokój na Ziemi* jest nietrafioną prognozą, a z drugiej – opis robotów bojowych, które tam napotyka Tichy, jakoś niepokojąco przypomina współczesne „wojny hybrydowe" i „interwencje humanitarne":

– Witaj – powiedział. – Witaj! Daj ci Bóg zdrowia. Czemu taki niewyraźny jesteś, przyjacielu? Dobrze, że przyszedłeś nareszcie. Chodź tu do mnie, pogadamy sobie, pieśni zaśpiewamy, poradujemy się. Dobrze ci będzie u nas. My cisi, pokojowo nastrojeni, wojny nie chcemy, wojną gardzimy. Ty z jakiego sektora jesteś właściwie… – dodał całkiem innym tonem, jakby naszła go niespodziewanie podejrzliwość, bo ślady jego pokojowych dokonań były już nazbyt obecne. Pewno dlatego szybko przełączył się na przydatniejszy program. Wyciągnął ku mnie prawicę, ogromną, żelazną, i ujrzałem, że każdy jego palec był lufą.

W finale okazuje się, że księżycowe nanoboty (Lem nie używa tego pojęcia, bo wynaleziono je dobrą dekadę później, ale ewidentnie o to mu chodziło), które powstały na Księżycu w wyniku wyścigu zbrojeń, zasiedlają Tichego i wraz z nim lecą na Ziemię, by przynieść zagładę cywilizacji, a razem z nią tytułowy pokój na Ziemi – jak na Lema, można nawet powiedzieć, że to coś w rodzaju happy endu.

W każdym razie zakończenie *Pokoju...* jest i tak weselsze od *Fiaska* – ostatniej powieści Lema. Większość była gotowa w styczniu 1985 roku; w liście do Rottensteinera pisarz streścił jej ogólną fabułę, dodając przy tym, że zostało mu „ok. 20 stron" (na 256 już napisanych)[38]. Pisał, że fabuła odwołuje się do wszystkich wątków poruszanych dotąd przez niego w science fiction, cofając się aż do tomiku *Sezam i inne opowiadania* oraz do *Astronautów*.

Załoga statku kosmicznego Eurydyka przypomina załogę *Astronautów* i *Obłoku Magellana*. Jest tam – lub nie ma go – pilot Pirx, bo w pierwszym rozdziale, *Las Birnam*, Lem go zabija. Załoga Eurydyki KOGOŚ przywróciła do życia. Czy to Pirx, czy nie Pirx, to pytanie otwarte, podobnie jak *Czy pan istnieje, Mr. Johns?*

Tak jak w *Obłoku Magellana*, zadaniem załogi jest nawiązanie Kontaktu z cywilizacją Kwintan. Astronauci wiedzą o niej z grubsza tyle co Kelvin w *Solaris* czy Tichy w *Wizji lokalnej* – mają różne sprzeczne dane w bibliotece.

Kwinta okazuje się przypominać Ziemię z *Pokoju na Ziemi*. Trwająca na tej planecie od lat zimna wojna doprowadziła do tak radykalnego wyścigu zbrojeń, że na przywitanie reaguje czymś, co Eurydyka interpretuje jako agresję. Astronauci podejmują „misję pokojową", w wyniku której Pirx nie Pirx wbrew swoim intencjom staje się dla Kwintan niszczycielskim monstrum, takim jak tytułowy *Człowiek z Marsa*.

Fiasku można zarzucić autoplagiat, najbardziej oczywisty w postaci opowiadania *Kryształowa kula*, które astronauta czyta na pokładzie Eurydyki dla zabicia czasu. Opowiadanie to z kolei – jak zauważyła Agnieszka Gajewska[39] – jest kolejną Lemowską alegorią z serii „Holokaust w Kosmosie": oto ludzie szykują fortel, by wymordować termity, w domyśle: cywilizacja jednych istot chce wymordować cywilizację innych istot. W *Fiasku* odgrywa ono tę samą rolę kompozycyjną co wcześniejsze wzmianki o konkwistadorach: jest sygnałem, że spotkanie dwóch cywilizacji musi się skończyć całkowitym fiaskiem jednej z nich.

Ten tytuł można rozumieć szerzej. Nie mam wprawdzie twardego dowodu, że Lem już w 1984 roku – gdy pracował nad *Fiaskiem* – chciał się pożegnać z science fiction, ale mam na to poszlaki. Przede wszystkim, niezależnie od czarnego humoru, z jakim opisywał Čepaitisowi swoje przygody z „dobrotliwym gruczolakiem", pisarz musiał się spodziewać rychłej śmierci, skoro nowotwór „odrósł sukinsyn" i z powodu przerzutów „radykalnie mu już brzuch rżnęli"[40].

Stanisław Lem miał przed sobą dobre dwadzieścia lat życia – ale to nasza współczesna wiedza. Wtedy, jeśli stwierdzono przerzuty, wszystko powyżej kilku lat wyglądałoby na cud (albo na błędną diagnozę, jak zauważyła moja mama, emerytowana internistka, z którą konsultowałem medyczne aspekty tej książki).

Lem nie należał do pacjentów, którzy we wszystkim ufają temu, co mówią lekarze. Przed operacją w 1976 roku poprosił Thadewalda o literaturę medyczną na temat swojej choroby, wyraźnie zaznaczając, że wszystko ma być wydane nie wcześniej niż w roku 1975, bo chciał mieć aktualny stan wiedzy[41]. Pisząc *Fiasko*, musiał więc cały czas się zastanawiać, ile jeszcze czasu zostawi mu jego „dobrotliwy sukinsyn".

W 1985 roku Lem pisał do Čepaitisa:

A teraz w Sternie idzie w odcinkach ostatnia powieść Grahama Greena, i to nie jest do czytania, prosta przyzwoitość nakazywałaby Starcowi, któremu wapno zjadło mózg, w porę zaprzestać, a tak lecą dialogi „powiedział", a wtedy „ona powiedziała", na co „on powiedział", i znów ktoś coś powiedział...[42]

Myślę, że Lem chciał *Fiaskiem* zejść z ringu niepokonany, jak mistrz bokserski, który nie staje już do tej ostatniej walki, by bronić tytułu – po prostu rezygnuje z kariery. I to mu się udało.

Mimo strasznych warunków, w jakich pisał tę powieść – jakże dalekich od domu pracy twórczej w Zakopanem! – *Fiasko* czyta się dobrze. Nie razi nawet to, że co chwila widać nawiązania do wcześniejszych utworów Lema. Za każdym razem te wcześniejsze pomysły (Pirx jako szofer kosmicznego pekaesu, niemożliwość Kontaktu, astronauta zaszokowany cywilizacją po latach i tak dalej) są lepiej rozegrane. Trzymając się bokserskiej metafory: mistrz wezwał na ring swoich dawnych rywali, każdego z nich znokautował, a potem dopiero narzucił jedwabny szlafrok i odszedł w ciemność.

Jeszcze w Berlinie Lem podpisał na *Fiasko* umowę z Siegfriedem Unseldem z wydawnictwa Suhrkamp i odebrał stosowną zaliczkę. Zgodnie z umową książka miała być wprawdzie napisana po polsku, ale oryginalny tekst miał się ukazać dopiero po niemieckim przekładzie – Unseldowi zależało na mocnej premierze.

W 1985 roku Lem jednak uległ pokusie, którą roztoczył przed nim Klaus Staemmler z konkurencyjnego wydawnictwa S. Fischer Verlag: sto tysięcy marek za to, że *Fiasko* ukaże się właśnie tam. „Unseld odebrał to jako zdradę, ale ja bardzo potrzebowałem tych pieniędzy", mówił Lem Fiałkowskiemu. Fischer potrzebował mocnych premier na swoje hucznie obchodzone stulecie w roku 1986, więc był gotów przelicytować każdego.

Żeby w ogóle móc to zrobić, Lem uciekł się do wybiegu, który szczegółowo relacjonował Thadewaldowi w listach z lutego 1985 roku[43]. Umowa z Suhrkampem z 17 kwietnia 1983 roku opiewała na powieść pod roboczym tytułem *Pokonany* (*Der Tiefbesiegte*), którą Suhrkamp miał wydać razem z *Niezwyciężonym* (*Der Unbesiegbare*). Lem argumentował, że skoro Suhrkamp nie zabezpieczył praw do wydania *Niezwyciężonego* w tej formie – Lem przestał pracować nad tym projektem i zajął się zupełnie innym, czyli *Fiaskiem*. Nie było to eleganckie, bo umowa umową, ale przecież to Unseld osobiście wystarał się o stypendium w Wissenschaftskolleg⁴⁴ w domniemaniu, że dzięki temu dostanie powieść na wyłączność.

Robiąc tak, pisarz ryzykował skłócenie z wydawnictwem Suhrkamp, bo czy po czymś takim można było mu jeszcze zaufać i wypłacić kolejną zaliczkę na nową książkę? To jeszcze jedna poszlaka wskazująca, że Lem już wtedy po prostu nie miał pisarskich planów na przyszłość.

Czy naprawdę tak bardzo potrzebował pieniędzy? Lemowie oczywiście nie żyli w biedzie, ale pobyt w Wiedniu wymagał od nich obniżenia standardów, do których przyzwyczaili się w Krakowie czy nawet w Berlinie, a szpitalne perypetie pisarza dodatkowo nadwątliły oszczędności. Gdyby nie to, prawdopodobnie w ogóle nie napisałby *Fiaska* – pod żadnym tytułem, dla żadnego wydawcy.

Pisał w 1986 roku do Čepaitisa, z charakterystyczną dla siebie mieszaniną dumy i rozgoryczenia:

Austrii mamy najzupełniej dość i gdybym był wiedział, jak się w niej żyje, nigdy bym zaproszenia austriackiego towarzystwa literackiego nie przyjął, chociaż wówczas najprawdopodobniej nie dostałbym austriackiej nagrody państwowej w dziedzinie literatury, którą mają mi wręczać pod koniec marca w tym roku⁴⁵.

Najbardziej do powrotu palił się Tomasz Lem, tak przynajmniej wynika z jego wspomnień. Cała ta półemigracja nie wydarzyła się „na jego życzenie, mówiąc dyplomatycznie"⁴⁶. Chyba żaden piętnastolatek nie ucieszyłby się, słysząc od rodziców: „Pożegnaj się ze wszystkimi kolegami, bo już nigdy ich więcej nie zobaczysz – znajdziesz sobie nowych tam, dokąd jedziemy, oczywiście jak się nauczysz ich języka".

Trochę to uprościłem, ale wygląda na to, że Tomasz Lem usłyszał od rodziców w roku 1983 właśnie tyle. Stanisław Lem miał świadomość, że jego syn nie zna niemieckiego, więc będzie miał problem z odnalezieniem się wśród rówieśników, ale postanowił ten problem rozwiązać po swojemu. Skoro on się nauczył angielskiego, czytając książki ze słownikiem w ręce – Tomasz też da radę!

Kazał mi zameldować się w swoim gabinecie z czystym zeszytem i długopisem. W krótkich żołnierskich słowach – pisał właśnie artykuł i spotkał się ze mną z poczucia obowiązku – wyjaśnił, że niemiecka gramatyka ma tylko cztery przypadki, a nie siedem, jak polski czy łacina, z czego powinienem się cieszyć.

– Bo znasz przecież łacinę...? – ojciec zawiesił głos. Wyprowadziłem go z błędu.

[...]

– Mamy trzy rodzajniki: *der, die* oraz *das*, a także kilka czasów – mówił ojciec, skrobiąc w zeszycie swoje słynne, nieczytelne hieroglify. – Tu ci je wstępnie rozpisałem. Czasowniki stawiaj na końcu zdań, rzeczowniki pisz z dużej litery. Tutaj natomiast – z wyrazem pewnego wahania podał mi dwa zakurzone woluminy – masz słownik. To mój najlepszy, więc go nie zgub.

Z listów pisanych w tym okresie wyraźnie widać całkowite przekonanie Stanisława Lema, że robi to wszystko dla dobra Tomasza. Chciał go uchronić przed wojskiem, chciał go uchronić przed gniciem w kraju pozbawionym perspektyw, chciał mu dać to, czego sam nie dostał od swojego ojca: kosmopolityczny zawód, status obywateli świata, którzy – jak bohaterowie *Głosu Pana* czy *Kataru* – swobodnie podróżują i jadą pracować tam, gdzie ich skusi ciekawa oferta, a nie tam, gdzie dostaną przydział od jakiegoś polituka.

Jak pamiętamy, w wywiadach Stanisława Lema regularnie pojawia się wątek żalu do ojca z powodu zbyt późnego wyjazdu ze Lwowa – zwróciłem też uwagę, że jeśli ten zarzut skonfrontować z faktami, okazuje się, że Samuel Lem opóźnił wyjazd najwyżej o kilka miesięcy, i to kierując się przede wszystkim dobrem syna. Chodziło o to, żeby Stanisław Lem nie zmarnował roku akademickiego i zdążył zaliczyć letnią sesję egzaminacyjną – wyjechali zaraz po niej.

Przypuszczam, że te zarzuty skrywają pewien głębszy żal, którego Stanisław Lem nie chciał werbalizować, żeby nie mówić za dużo o swoim pochodzeniu. Najbardziej żałował, że ojciec nie wezwał go na dokładnie taką samą rozmowę, jaką on odbył z Tomaszem, i nie powiedział mu, dajmy na to, latem 1939 roku: sytuacja w Europie robi się niestabilna, emigrujemy za ocean, tu masz podręcznik, będziesz się musiał nauczyć języka.

Tomasz Lem skończył osiemnaście lat w roku 1986. Z listów Lema z tego okresu wynika, że jego syn nie miał wtedy jeszcze sprecyzowanej wizji przyszłości. Nie wiedział, gdzie chce studiować (w Polsce? W Wiedniu? A może w Ameryce, o czym ojciec marzył najbardziej?). Aż do ostatniej chwili, czyli do wiosny 1987 roku, nie było nawet jasne, czy będą to nauki ścisłe, czy coś humanistycznego. W listach do Čepaitisa i Rottensteinera widać ogromny rozrzut – od wzornictwa przemysłowego po historię, od literaturoznawstwa po informatykę.

Skoro jednak taki wątek pojawia się w listach, to znaczy, że Lem sporo na ten temat rozmyślał i pewnie wielokrotnie dyskutował o tym z Tomaszem. Ten ostatni w swoich wspomnieniach co prawda nie opisuje takich rozmów, ale sądząc z innych, opisanych, wyobrażam je sobie mniej więcej tak: ojciec wyrażał swoje przekonanie co do tego, jaki wybór uważa za najlepszy – a potem nie słuchał kontrargumentów (inna sprawa, że jednym z ubocznych skutków ogólnego pogorszenia zdrowia w Wiedniu było też nasilenie się problemu ze słuchem – Lem skarżył się w listach, że zmienia aparaty, ale to niewiele daje)[47].

Pod naciskiem ojca Tomasz Lem wybrał więc scenariusz, który Stanisław Lem uważał za najlepszy – fizykę na Princeton. Gdyby Stanisław Lem mógł, wzorem *Podróży dwudziestej*

Ijona Tichego, zoptymalizować własną biografię hyperpute-
rem, zapewne wysłałby taki pakiet edukacyjny samemu sobie,
adresując go „Lwów, czerwiec 1939". Tomasz wprawdzie spełnił marzenie Stanisława i obronił w USA dyplom z kosmologii –
ale wrócił do Polski, by pracować jako tłumacz, co ojciec przyjął, dyplomatycznie mówiąc, bez entuzjazmu.

Na szczęście Lemowie mieli dokąd wracać. Dzięki bardzo
ostrożnej polityce Stanisława Lema, który nie wystąpił o azyl,
nie potępił otwarcie reżimu, a gdy rodzinnym paszportom wy-
gasał termin ważności, pieczołowicie załatwiał nowe dokumenty w peerelowskiej ambasadzie – nic im w PRL nie groziło.

W kwietniu 1984 roku przyjechali do kraju na Święta Wielka-
nocne[48]. Nic się nie stało, wpuszczono ich oraz wypuszczono
bez żadnych incydentów. Jedynym problemem, który towa-
rzyszył wszystkim rodzinnym podróżom z Wiednia do Krakowa, był jamnik, którego Tomasz nazywał Protonem, a Barbara
Tupciem. W samolocie był z nim kłopot, bo obowiązywał limit
wagi do dziesięciu kilogramów – a Tupcio, jak wspomina Tomasz Lem, należał do rasy jamników rubensowskich. Jego kuzyn Michał Zych miał na to świetny sposób, jakim było szybkie umieszczenie psa na wadze i jeszcze szybsze zdjęcie go
z niej, by z promiennym uśmiechem i absolutną pewnością
w głosie powiedzieć do stewardesy: „Równe dziesięć kilogramów", ale to rozwiązanie nie zawsze wchodziło w grę, bo Michał nie mógł towarzyszyć Lemom w każdej podróży. W pociągu problem z kolei był taki, że pasażerom jadącym tranzytem
nie wolno było wysiadać na terytorium Czechosłowacji. Tup-
cia nie można było więc wyprowadzić. „Konduktorzy nie byli
zachwyceni, kiedy czworonożny pasażer przymierzał się do załatwiania potrzeb fizjologicznych na korytarzu", pisze Tomasz.

W lutym 1987 roku Stanisław Lem napisał do paryskiej „Kultury" artykuł *Czy mamy życzyć Gorbaczowowi powodzenia?*[49],
mający formę dialogu między Optymistą a Pesymistą. Był to
zapewne zapis jego własnych rozterek: czy zapoczątkowana

w 1985 roku przez nowego przywódcę ZSRR polityka pieriestrojki daje jakąś nadzieję mieszkańcom krajów na wschód od Łaby? A więc: czy jest sens wracać do PRL?

Pesymista wprawdzie w tej rozmowie stawia typową lemowską diagnozę – jeśli Gorbaczowowi się uda zmodernizować ZSRR i ocalić ten ustrój przed zapaścią, będzie niedobrze. Jeśli mu się nie uda, będzie zaś źle. W finale jednak Pesymista stawia diagnozę, która w ustach Lema brzmi wręcz entuzjastycznie: „Jeżeli jednak samo dalsze istnienie ludzkości może napoić nas nadzieją lepszego jutra – odpowiem: tak".

Latem 1988 roku Polskę sparaliżowała kolejna fala strajków. Władza znalazła się w potrzasku. Nie mogła po raz kolejny wyprowadzić czołgów na ulicę, bo nie było już pewności, kogo w razie konfliktu poparłby Gorbaczow – ani w kogo żołnierze wycelują karabiny. 16 września 1988 roku zaczęły się poufne rozmowy władzy z opozycją w willi Ministerstwa Spraw Wewnętrznych w Magdalence, które doprowadziły na początku następnego roku do obrad okrągłego stołu, te zaś z kolei – do pokojowego przekazania władzy.

Życie Lema znowu splotło się z kolejnym zakrętem polskiej historii. Właśnie wtedy podjął ostateczną decyzję o powrocie. W październiku zaczął systematycznie likwidować swoje wiedeńskie sprawy[50] – zamknął konta bankowe, wypowiedział z końcem roku umowę o wynajem domu, ustalił przekazywanie poczty na swój krakowski adres. Święta Bożego Narodzenia 1988 roku rodzina mogła już spędzić w domu.

Z żoną Barbarą, synem Tomaszem i jamnikiem Tupciem, 1992

Epilog

Faciant meliora potentes

W roku 1996 miałem dwadzieścia siedem lat i – po wypróbowaniu kilku różnych rzeczy – zacząłem pracować w zawodzie, który nieprzerwanie wykonuję do dzisiaj: dziennikarza specjalizującego się w kulturze. Mój szef, redaktor naczelny nieistniejącego dziś tygodnika „Wiadomości Kulturalne" Krzysztof Teodor Toeplitz, zapytał mnie na początku o tematy, o których marzę.

Wtedy jeszcze nie wiedziałem, że znajomość Toeplitza z Lemem sięga lat pięćdziesiątych. Na takie pytanie jednak oczywiście odruchowo wypaliłem, że moim największym marzeniem jest wywiad z moim ulubionym pisarzem. „To się da załatwić", odpowiedział Toeplitz i sięgnął po telefon.

Nie mogłem uwierzyć w swoje szczęście. Kiedy wszystko już było umówione, odruchowo wykrzyknąłem: „To najpiękniejszy dzień w mojej karierze!". „Nie za wcześnie na takie deklaracje?", zaśmiał się Toeplitz. Cóż, w ustach dwudziestoparolatka rzeczywiście brzmiało to niepoważnie, ale z drugiej strony – doprawdy nie wiem, jaką propozycję musiałbym dostać teraz, żebym ucieszył się tak jak wtedy.

Uprzedzono mnie, że Lem ma problemy ze słuchem, więc mam mówić głośno, wyraźnie i powoli. Kto mnie zna – lub słucha moich audycji radiowych – ten wie, że dobra dykcja nie należy do moich nielicznych zalet, ale dałem z siebie wszystko. Lem odpowiadał na te pytania, które mu zadawałem (z licznych anegdot wiem, że to wcale nie było uniwersalną regułą).

Mimo mojego uwielbienia dla Lema jako prozaika nie zgadzałem się z jego publicystyką – a po *Fiasku* zajmował się już niemal wyłącznie tym. W wolnej Polsce dał się poznać jako krakowska kasandra. W drukowanych od 1992 roku felietonach w „Tygodniku Powszechnym" i w „Odrze" nieustannie narzekał, że marnujemy cudem odzyskaną wolność. Nic mu się nie podobało – ani w polityce, ani w technologii, ani w gospodarce. W 1990 roku w prezydenckiej kampanii wyborczej poparł wprawdzie Tadeusza Mazowieckiego, ale – jak mówił w telewizji – głównie dlatego, że przerażają go ludzie stojący za Wałęsą (wówczas byli to bracia Kaczyńscy). Nawet kiedy Lem był za czymś lub kimś, to głównie dlatego, że był przeciw komuś lub czemuś innemu.

„Nie podoba mi się prawica, odrzuca mnie od lewicy, ale nie odpowiada mi także centrum" – mniej więcej tak wyglądał typowy komentarz polityczny Lema. W zbliżony sposób sformułował to w książkowym wywiadzie z Tomaszem Fiałkowskim, który był redaktorem jego felietonów w „Tygodniku Powszechnym".

Podobnie Lem spoglądał na postęp technik cyfrowych w felietonach drukowanych od 1993 roku w polskiej edycji „PC Magazine". W czasach, w których wszyscy zachwycali się dobrodziejstwem Internetu i komputeryzacji, Lem straszył ich skutkami.

W 1995 roku niemieccy dziennikarze spytali go, czy się boi antymaterii. Lem odparł, że bardziej boi się Internetu. Wywołał tym sensacyjne nagłówki w prasie polskiej, niemieckiej i Bóg wie jakiej: „Lem uważa, że Internet jest groźniejszy niż antymateria!" – i mało kto zwracał uwagę na logiczne uzasadnienie samego Lema: Internet już jest, więc zagrożenia z nim związane są bliskie i realne, a antymateria to ciągle taki twór, którego najwyżej złapią pojedynczą molekułę, która się zaraz rozpadnie, więc wszelkie ewentualne zagrożenia dotyczą hipotetycznej, odległej przyszłości.

O ile mi wiadomo, Lem był wtedy jedynym zajmującym się technologiami autorem, który konsekwentnie straszył zagrożeniami związanymi z Internetem. Cała reszta wychwalała raczej jego zalety. Wśród tej reszty byłem ja, choć w 2013 roku sam napisałem książkę, która przestrzega przed zagrożeniami – kilkanaście lat zajęło mi zauważenie tego, przed czym Lem ostrzegał od początku. Jego nieufność wobec Internetu była szczególnym przypadkiem pewnej ogólnej zasady, którą widać literalnie w całej prozie i publicystyce Lema, od *Człowieka z Marsa* poczynając. Lem uważał, że *homo sapiens* to taki rodzaj małpoluda, który cokolwiek wynajdzie – wszystko jedno, kamień łupany czy kosmolot – w pierwszej kolejności używa tego do zrobienia krzywdy bliźniemu swemu.

Skoro tak było ze wszystkimi wynalazkami w dziejach: prochem, maszyną parową, samochodem, samolotem – to czemu nie z Internetem? Lem więc wyliczał, całkiem zresztą trafnie, co nam przyniesie sieć komputerowa: nowe rodzaje przestępczości, wobec których policja i prawo będą bezradne. Nowe środki agresji między państwami, pozwalające sparaliżować urządzenia komputerowe kraju zaatakowanego tak, żeby nawet nie było wiadomo, skąd wyszedł atak. Powszechne ogłupienie, bo w zalewie informacji bzdurnych coraz trudniej będzie oddzielić ziarno od plew.

Lem nie uważał siebie za przesadnego czarnowidza, ale po prostu za realistę. Gdy dziś czytamy jego felietony z drugiej połowy lat dziewięćdziesiątych, podzielamy jego punkt widzenia. Jakże naiwne było oczekiwanie, że akurat Internet to będzie ta pierwsza w historii technologia, która wyjdzie nam wyłącznie na dobre! Lem był wtedy jednak osamotniony, nie tylko w Polsce, ale na całym świecie.

Próbował polemizować z optymistami, którzy snuli na przykład takie wizje: że dzięki Internetowi światowej sławy chirurg z USA będzie mógł przeprowadzać zdalnie operację gdzieś w afrykańskiej wiosce. Lema to nie przekonywało, bo zauważył, że żadna cyfrowa diagnostyka nie może zastąpić osobistego kontaktu lekarza z pacjentem[1].

Miał rację! Ale znów zadziałała tutaj ta klątwa Chloryana Teorycego Klapostoła, ostrzegawcze głosy Lema wtedy ignorowano. Traktowano go, owszem, jak autorytet, ale z autorytetami w praktyce jest tak, że grzecznie słuchamy, co do nas mówią – a potem i tak robimy swoje.

Podobnie było wtedy ze mną. Jak wielu przedstawicieli mojego pokolenia, na przyszłość Polski, świata, technologii i w ogóle wszystkiego spoglądałem wtedy z generalnym optymizmem, który niepokojąco mi dziś przypomina optymizm, z jakim Samuel Lem spoglądał na przyszłość polskiego Lwowa w okresie międzywojennym. Jasne, mnie też się wiele rzeczy nie podobało, ale wierzyłem, że to wszystko zmierza ogólnie w dobrym kierunku.

Wizję lokalną Lema interpretowałem (nie ja jeden!) tak, jakby to była ta pierwsza wersja powieści, którą Lem zniszczył w roku 1979. Mocarstwo Luzanii było dla mnie prostą alegorią Zachodu, a zatem rok 1989 wydawał mi się globalnym triumfem Luzanii. Przedstawiłem tę interpretację Lemowi, czym wzbudziłem jego protest – odpowiedział mi słowami, których mądrość doceniłem dopiero po latach.

Stwierdził, że upraszczam jego powieść, bo Luzania nie jest alegorią zachodnich wartości, tylko ich parodią. „Chciałem pokazać, że społeczeństwo otwarte nie jest aż takie znowu otwarte, bo o wszystkim w nim decydują pieniądze", powiedział. To nie jest wcale o wiele lepsze od społeczeństwa, w którym o wszystkim decyduje jakiś dyktator.

Gdy próbowałem od Lema usłyszeć coś dobrego na temat nowych technologii, usłyszałem znaną mi z felietonów w „PC Magazine" tyradę na temat szkodliwych treści w Internecie i kąśliwą uwagę, że technologie upraszczają terrorystom „wysadzanie w powietrze samolotów". „Nie mam nic przeciwko postępowi, zauważam tylko, że ludzie wykorzystują go głównie do robienia obrzydliwych rzeczy", podsumował pisarz.

Nie polemizowałem z nim, bo przecież wywiad ma być okazją do tego, żeby czytelnik poznał poglądy rozmówcy, a nie dziennikarza zadającego pytania. Ale oczywiście nie zgadzałem się wtedy z Lemem i nawet – bardzo się dzisiaj tego wstydzę – napisałem polemikę z nim do gazety, w której broniłem pozycji optymistycznych[2].

Pytałem w tej polemice: „Dlaczego Lem odcina się od swojego optymizmu właśnie teraz, kiedy optymistyczne przesłanie jego powieści – że dyktatura musi upaść, bo głupota musi przegrać z mądrością – wreszcie się potwierdziło?". Nie minął nawet rok, a 11 września 2001 roku pojawił się pierwszy i niestety nie ostatni z serii dowodów na to, że Lem miał rację, XXI wiek będzie wyglądać tak, jak on nam to przepowiedział, a nie jak w optymistycznych wizjach z lat dziewięćdziesiątych. Głupota dziś triumfuje, mądrość jest w defensywie.

W pewnym momencie rozmowę przerwała nam gwałtowna letnia burza, która przeszła nad Krakowem. Piorun walnął gdzieś blisko nas i nagle światło w domu na Klinach zgasło. Lem bardzo się w tym momencie ożywił, jakby dostał dobrą wiadomość. „Proszę chwilę poczekać, zaraz włączę generator!", zawołał i zostawił mnie w gabinecie. Po chwili rozległ się nieprawdopodobnie głośny huk, jakby silnika okrętowego – jak się później dowiedziałem, to po prostu *był* huk silnika okrętowego – i Lem wrócił rozpromieniony.

Jak się dowiedziałem wiele lat później[3], Lem długo zwlekał z decyzją o powrocie do Polski, którego Tomasz i Barbara nie mogli się doczekać. Pisarz mnożył sztuczne przeszkody i przypominał, że mieszkanie w Wiedniu, przy wszystkich wadach, ma jednak pewne zalety. W Wiedniu ma łatwiejszy dostęp do światowych mediów, a poza tym w Wiedniu nie wyłączają prądu z byle powodu (albo i bez powodu).

Rodzina wynajdywała jednak kolejne sposoby na rozbrojenie tych zastrzeżeń. Problem odcięcia od światowych mediów rozwiązano, instalując na dachu nowego domu gigantyczną antenę satelitarną, na której montaż potrzebne było wtedy specjalne ministerialne zezwolenie. Dziś, w czasach telewizji cyfrowej, ta trzydziestoletnia antena jest bezużyteczna, ale z kolei jej demontaż jest zaporowo drogi, a w dodatku na swój sposób stanowi coś w rodzaju zabytku – retrofuturystycznie przypomina, czym w latach osiemdziesiątych xx wieku była nowoczesność.

Większy problem był z wyłączeniami prądu, które faktycznie stanowiły plagę przedmieść aż do wejścia Polski do Unii Europejskiej, z czym wiązała się wielka modernizacja infrastruktury. Sam, mieszkając przez wiele lat na podwarszawskiej wsi, pamiętałem, że gdy się zbliża burza, lepiej wszystko zasejwować i wyłączyć komputer, bo zaraz znowu prąd wyłączą, oby tym razem tylko na godzinę, a nie na całą noc – bo i tak bywało.

Dziś taki problem rozwiązuje się, po prostu kupując poręczny generator w byle markecie budowlanym. W PRL jednak w ogóle nie było takich produktów na rynku. Pomijając już to, że nie było rynku.

Na specjalne zamówienie Lema, znów za specjalnym ministerialnym zezwoleniem, wykonano więc odpowiednią konstrukcję w Zakładach Automatyki Kolejowej Polskich Kolei Państwowych. Nie nazywam tego „urządzeniem", bo to nie jest coś, co można tak po prostu przenieść w inne miejsce i ponownie tam uruchomić. To nie jest produkt konsumencki, to jednorazowa konstrukcja, wymagająca własnego pomieszczenia – osobnej szopy na podwórzu.

Szopa skrywa instalację przypominającą scenografię ze starego filmu science fiction. Ma staroświeckie pokrętła, zegary i tabliczki znamionowe. Napędzana jest silnikiem okrętowym, którego rurę wydechową estetycznie wbudowano w komin wystający z szopy. Mogę sobie wyobrazić, ile radości Lemowi – który przecież nigdy nie przestał być chłopcem z *Wysokiego Zamku* – sprawiał każdy pretekst do zabawy taką Machiną.

Podobnie jak antena satelitarna na dachu, machina od lat stoi nieużywana. Pozostaje kolejną ciekawostką domu Lema, ani w połowie zresztą nie tak niezwykłą jak sam dom.

Kiedy byłem w nim pierwszy raz w życiu, moje poczucie orientacji – na ogół całkiem sprawne – zawiodło mnie od razu. Dom jest pełen antresol: półpięter, ćwierćpięter, jedno-trzeciopięter i półtorapięter, pomiędzy którymi biegną scho-dy, czasem jednocześnie prowadzące w górę i w dół, jak na obrazie Eschera. Przez ten labirynt przebrnąłem tylko dlate-go, że stosowałem się do dyskretnych poleceń pani Barbary Lem – „teraz w lewo, potem w górę, potem w prawo i teraz już prosto".

I w końcu znalazłem się w gabinecie pisarza, tym słynnym, tym znanym z większości zdjęć – z gigantyczną biblioteką, w której do części zbiorów trzeba się wspiąć po schodkach. Od tego czasu zdążyłem ten dom odwiedzić kilkakrotnie i po-znałem ułamek jego sekretów – na przykład niektóre schow-ki – wąskie, ciasne i mroczne, wciśnięte pod jakieś schody albo między ułamkowe piętra i skrywające stare maszyny do pisania albo zapas papieru.

Nie znałem wtedy historii tego budynku, skomplikowanej jak sam Lem – a przy tym po raz kolejny pokazującej, w jak przedziwny sposób historia Polski splatała się z życiem Lema, i to nie w jakimś wymiarze metafizycznym, tylko jak najbar-dziej realnym, w tym przypadku manifestującym się w cegłach i cemencie.

W odróżnieniu od pierwszego domu Lemów na Klinach, w którym od decyzji o zakupie do przeprowadzki upłynęły miesiące, ten drugi dom powstawał przez dobrą dekadę, pod-czas której ciągle nie było do końca wiadomo, kto i kiedy tutaj zamieszka. Ale po kolei.

W połowie lat siedemdziesiątych Lem zaczął się skarżyć w listach na ciasnotę. Oprócz stałych domowników co jakiś czas pojawiali się goście, na przykład przedziwna Australijka,

Z pistoletem pneumatycznym w bibliotece na Klinach, 1990

która przybyła do Lemów bez zapowiedzi, twierdząc, że pisze pracę naukową o Lemie, i zamieszkała na jakiś czas, bo
nie miała się gdzie podziać. Rodzina nazywała ją Adelajdą,
od miasta, z którego przyjechała (prawdziwe imię przepadło
w mrokach historii)⁴.

Lemowie nie chcieli opuszczać ulicy Narvik. Tu mieszkali
ich przyjaciele – Błońscy, Madeyscy oraz pan Zawiślak, utrzy-
mujący Lemowskie wehikuły w stanie gotowości bojowej. Konieczność niesienia sobie nawzajem pomocy w kryzysowych
sytuacjach – wypychanie samochodów z zasp (jeśli wierzyć
listom, Lem regularnie to robił dla Błońskiego, a ten nigdy się
nie zrewanżował, zapewne ze względu na inny rytm dobowy),
pilnowanie dobytku podczas wyjazdu czy zawożenie do szpitala w razie nagłego krwotoku – scementowała lokalną społecz-
ność. Gdyby nie pomoc Madeyskich, Lem prawdopodobnie
wykrwawiłby się w 1976 roku na śmierć.

Z Janem Błońskim w Lubiczu, 2001 (zdjęcie z archiwum rodziny Błońskich)

Szczepański, który miał ciągle jakieś utarczki ze swoimi sąsiadami w Kasince, przestrzegał Lema, że nie powinien lekkomyślnie marnować tego skarbu, jakim jest mieszkanie wśród przyjaciół. Ale jak zmienić dom, nie zmieniając adresu? Lemowie myśleli o rozbudowie starego domu, ale architekci to odradzali. Chyba słusznie, bo rezultat by paskudnie wyglądał i niewiele poprawił.

Lemowi w pierwszej kolejności przecież zależało na dużym pomieszczeniu na gabinet z biblioteką, a w starym domu zwyczajnie nie było gdzie go urządzić. Dostawienie kolejnego piętra, nawet gdyby było możliwe technicznie (a wygląda na to, że nie było), niczego by tu nie zmieniło.

Pod koniec roku 1977 Lemowie już, już prawie byli zdecydowani na zakup działki gdzieś „40 kilometrów od Krakowa"[5], ale w 1978 pojawiła się prawdziwa okazja. Władze wystawiły na sprzedaż działki z otoczenia austro-węgierskiego fortu 52 „Borek". To było rozwiązanie idealne – rodzina mogła teraz przeprowadzić się bez zmiany otoczenia, po prostu spod jednego numeru na ulicy Narvik do drugiego.

Lemowie natychmiast kupili działkę o imponującej powierzchni 0,27 hektara[6], na której mogli zbudować dom spełniający wszystkie ich marzenia. Ta wiadomość nadeszła razem z dobrą wiadomością z Rzymu i do dzisiaj o tym przypomina ukryty gdzieś pod fundamentami tego domu napis, zakopany wraz z kamieniem węgielnym[7]. Po wsze czasy zaświadcza on, że budowa domu ruszyła razem z wyborem Polaka na papieża.

Na początku grudnia 1979 roku Lem opisywał stan prac Čepaitisowi. Dom był wtedy gdzieś między etapem wiechy a stanem surowym. Lem wyrażał w tym liście nadzieję, że przed nadejściem śniegu uda się osiągnąć tak zwany stan surowy zamknięty, pozwalający na kontynuację prac wykończeniowych podczas zimy. Działka była już ogrodzona, a Lem kupił swoim budowlańcom z własnej kieszeni samochód dostawczy Żuk, „bo z transportem były kłopoty" (proszę o nim pamiętać, gdyby ktoś z czytelników startował w konkursie na wyliczenie wszystkich samochodów Lema; każdy słyszał o mercedesie, większość słyszała o wartburgu, ale mało kto słyszał o żuku).

Lem liczył na to, że jego rodzina będzie w tym domu świętować Boże Narodzenie 1981. Niestety, udało im się to dopiero siedem lat później.

Pierwszy problem był taki, że w PRL, zgodnie z ideologią marksizmu-leninizmu, nie zezwalano na prywatną własność środków produkcji. Władze tolerowały tylko drobne rzemiosło, czyli samozatrudnienie. Obowiązywały tu jednak liczne ograniczenia, żeby przypadkiem nie przestało być drobne – dlatego osoba świadcząca usługi budowlane na wszelki wypadek nie powinna była posiadać na własność samochodu dostawczego czy betoniarki, bo z osoby samozatrudnionej mogłaby się stać posiadaczem środków produkcji, a więc wyzyskiwaczem proletariatu.

Oczywiście, bez takich narzędzi nie sposób parać się budowlanką. Co za tym idzie, usługi budowlane – jak zresztą prawie wszystkie – były w PRL świadczone w atmosferze moralnej dwuznaczności. Wiadomo było z góry, że usługodawca kogoś zamierza oszukiwać: albo państwo, albo klienta. Klientowi pozostawało modlić się, żeby raczej to pierwsze niż to drugie, ale w razie konfliktu nie mógł iść do sądu, bo to by się w pierwszej kolejności źle skończyło właśnie dla niego.

Lemom dom miał zbudować niejaki „pan Fredzio". Wszystkim wydawał się podejrzany. Szczepański od razu uznał go za hochsztaplera, acz opisał go w dzienniku tak: „sportowiec, atletycznie zbudowany, żeglarz, spryciarz, dowcipkujący nieustannie"[8]. Pan Fredzio lubił dużo i barwnie opowiadać o tym, jaki piękny dom Lemom postawi, ale do samej roboty już się tak nie palił.

Kiedy Lemowie pytali pana Fredzia o rozbieżność między obiecywanym im harmonogramem prac a ich stanem rzeczywistym – albo próbowali wysondować jakieś konkretne terminy – w odpowiedzi słyszeli długie monologi o osobistych problemach budowlańca, który miał mnóstwo kłopotów z urzędnikami, wierzycielami i współpracownikami. A na dodatek się rozwodził. Te wynurzenia kończył zazwyczaj wnioskiem, że jedyne wyjście, jakie z tego wszystkiego widzi, to samobójstwo. Oczywiście samobójstwa Lemowie nie chcieli, więc nie naciskali. Pewnego razu jednak Lemowie powołali się na opinię Szczepańskiego, że wszystko to składa się na obraz hochsztaplera. Pan Fredzio potraktował to bardzo osobiście. „No właśnie, widocznie jestem hochsztaplerem", zawołał. Po czym okazało się, że zaraz po tej rozmowie rzeczywiście popełnił samobójstwo.

Lemowie zostali z wyrzutami sumienia i z rozgrzebaną budową, którą udało się zadaszyć dopiero w roku 1980, ale stanu surowego zamkniętego nie uzyskano do listopada 1981[9]. Później, jak wiadomo, nadszedł stan wojenny, czego ubocznym pozytywnym skutkiem było to, że budowa wreszcie ruszyła z miejsca.

Stan wojenny był ostatnią szansą dla Lemowskiego gorylium, żeby jeszcze pożreć jakichś „zacnych muzykantów".

W całej Polsce ruszyły do pracy komisje weryfikacyjne, mające sprawdzić, czy dany obywatel zasługuje na dalszą pracę w swoim zawodzie.

Siostrzeniec Lema, Michał Zych, pracował w Telewizji Kraków. Jako człowiek prawy, został oczywiście zweryfikowany negatywnie – więc jak wielu innych redaktorów, doktorów, profesorów, aktorów i dyrektorów wyrzucanych w tym okresie z pracy, musiał sobie szukać nowego zajęcia. Jego nowym pracodawcą został jego wuj.

Stary dom przypadł w rozliczeniu rodzinie Zychów, Michał Zych miał więc dodatkową motywację, żeby jak najszybciej wykończyć nowy. Jako zwolniony z pracy, nie miał zbyt wielu innych obowiązków, więc tym razem robota poszła sprawnie. Podczas okazjonalnych przyjazdów z wiedeńskiej półemigracji Lemowie mieszkali już na swoim. Rodzinie bardzo się tam podobało i tym bardziej naciskali na pisarza, żeby tę emigrację zakończyć – w końcu po napisaniu *Fiaska* nic już Lema na Zachodzie nie trzymało.

Jako się rzekło, była to ostatnia powieść Lema. Wolfgang Thadewald z właściwą sobie delikatnością parokrotnie pytał pisarza, czy nad czymś nowym pracuje. Lem polecał mu jednak tylko to, co znaliśmy i w Polsce, czyli wznowienie *Człowieka z Marsa*, a także książkowe wydania felietonów, poczynając od *Sex Wars*.

W roku 1989 mogło się jeszcze wydawać, że problem ma charakter czysto techniczny. Lem skarżył się, że szwankują mu wszystkie maszyny do pisania i nie może kupić nowej, która by go satysfakcjonowała. W tamtym okresie pisarze masowo przesiadali się już na komputery osobiste, ale Lem nie miał na to ochoty.

Uznał, że rozsądnym kompromisem między tradycją a postępem będzie elektryczna maszyna do pisania, problem jednak w tym, że była tylko jedna jedyna elektryczna maszyna do pisania z polskimi czcionkami. Produkowała ją enerdowska firma ROBOTRON (ta nazwa bawiła Lema, bo brzmiała jak coś z kiepskiego science fiction). Lem prosił Thadewalda, by ten mu ją zakupił[10]. Firma ROBOTRON jednak wkrótce przestała istnieć, razem z całym NRD, te maszyny szybko stały się więc równie bezużyteczne jak antena satelitarna na dachu Lema – maszyna wymagała specjalnych kaset z taśmą, których już nie produkowano.

W 1989 roku widać jeszcze w listach ślady prac Lema nad dwoma projektami. Jednym miała być eseistyczna książka pod tytułem *Przypisy do życia w czasach AIDS*, drugim coś zatytułowanego *Książki, których nigdy nie napiszę*. Lem parokrotnie zapewniał Thadewalda, że już zgromadził materiały do obu tych projektów, ale nie może podać konkretnych terminów[11].

O ile mi wiadomo, książki pod takimi tytułami nigdy nie powstały, ale niewykluczone, że Lem wykorzystał materiały w felietonach i esejach publikowanych później w książkowych wydaniach, jak *Sex Wars* czy *Lube czasy*. Wygłodniały rynek księgarski w Polsce lat dziewięćdziesiątych kupował na pniu wszystko, co miało nazwisko Lema na okładce – zwłaszcza gdy okładka była krzykliwa, a tytuł sugerował, że w środku może jednak będzie coś przypominającego przygody Pirxa, Trurla czy Tichego.

W 1992 roku Lem miał szansę na zrobienie kariery politycznej. Były przywódca ZSRR Michaił Gorbaczow wysłał do niego list, w którym zapewnił go, że *Summa technologiae* była dla niego jedną z najważniejszych lektur życia – i zaprosił go do zarządu swojej fundacji[12]. Lem był zaszczycony, ale wróciły jego problemy ze zdrowiem. Znów musiał spędzić trochę czasu w szpitalu, tym razem w związku ze skokami ciśnienia[13].

W 1993 roku odezwano się z Hollywood, tym razem w sprawie zakupu praw do *Solaris*[14], za skromne pięćdziesiąt tysięcy dolarów. Z tego projektu, jak wiadomo, wyszedł film Soderbergha z 2002 roku, z George'em Clooneyem i Nataschą McElhone w rolach głównych. Pamiętając o awanturze z Tarkowskim, bardzo się wtedy (my, dziennikarze) baliśmy, że Lem wywoła jakiś skandal.

Moja ówczesna redakcyjna koleżanka Agnieszka Minkiewicz przeprowadziła z Lemem rozmowę, w której wydobyła od niego zniuansowaną deklarację: „Wizja artystyczna Soderbergha wydaje się przemyślana i konsekwentna, pozostaje jednak w pewnym oderwaniu od pierwowzoru"[15]. Jak na Lema, to komplement. Biedny Tarkowski nie usłyszał nawet tego.

Być może dzięki temu zainteresowaniu z lat dziewięćdziesiątych udałoby się wreszcie wypromować Lema na rynku światowym – w USA do dzisiaj pisarz nie zdobył takiej popularności jak w Niemczech czy Rosji, ale zaczęły się pojawiać przeszkody.

Przede wszystkim szwankowało zdrowie. Lem od dobrych dwóch dekad odrzucał zaproszenia za Atlantyk po prostu dlatego, że nie miał ochoty na długą i uciążliwą podróż. Teraz jednak, kiedy trapiły go nieustanne kłopoty z kręgosłupem i krążeniem, to było wykluczone z powodów medycznych.

W Stanach zaś trudno jest zrobić karierę zdalnie. Pisarz musi się tam pokazywać na spotkaniach z czytelnikami, brylować w dyskusjach i udzielać wywiadów. Inaczej po prostu czytelnicy o nim zapomną i kupią książkę kogoś, kogo wczoraj widzieli w telewizji, w programie Conana O'Briena. Nieliczne kontrprzykłady to autorzy i autorki, którym przygotowano profesjonalną kampanię PR, za sprawą której autor nie musiał się pokazywać w telewizji, bo na przykład pod jego nieobecność książkę pochwaliła Oprah Winfrey. W przypadku Lema to też niestety nie wchodziło w grę.

W tym okresie Lem poróżnił się ze swoim dotychczasowym agentem Franzem Rottensteinerem. Ten miał do Lema żal o sprawę *Fiaska* – to przecież on wynegocjował umowę z Suhrkampem, załatwił zaliczkę i stypendium. Zażądał, żeby odtąd ich współpraca przebiegała według ścisłych ram umowy, na którą Lem w 1991 roku się wprawdzie zgodził[16], ale natychmiast tego pożałował, bo uświadomił sobie, że umowa ta daje Rottensteinerowi za dużo.

Zgodnie z nią agent miał dostawać prowizję od wszystkich przychodów pisarza na całym świecie, z dwoma wyjątkami: obszaru niemieckojęzycznego (ten pozostał domeną Thadewalda) i byłego bloku wschodniego. Ta prowizja nie zależała od tego, czy Rottensteiner faktycznie coś Lemowi załatwi, czy nie. Lem poczuł się oszukany i domagał się zmiany warunków. Korespondencja błyskawicznie zrobiła się niesympatyczna, co skończyło się w austriackim sądzie – wyrokiem niepomyślnym dla Lema. Rottensteiner odniósł pyrrusowe zwycięstwo – wywalczył sobie prawo do reprezentowania pisarza, który nie chciał go znać.

Rozmawiałem o tym z Rottensteinerem w jego wiedeńskim mieszkaniu w roku 2006. Wyraził wtedy żal, że to się wszystko tak skończyło, i pragnienie pojednania z Lemem. Ale na to było już za późno[17].

W Polsce znamy tę aferę głównie z jej aspektu ubocznego: w trakcie procesu Rottensteiner zagroził Lemowi upublicznieniem ich korespondencji. Pojawiały się więc domysły i pytania: „Co Lem chciał ukryć?". Mogę na nie odpowiedzieć, bo poznałem korespondencję Lema z Rottensteinerem i Thadewaldem. Lem miał z nimi relacje wykraczające poza ramy typowej współpracy pisarz–agent. Lem mieszkał w Kurdlandii, oni w Luzanii. Lem prosił więc ich o różne towary i usługi niedostępne w jego krakowskim kurdlu – części samochodowe (potrafił przysłać odręczny rysunek fiata lub mercedesa, ze strzałką pokazującą, o jaką część chodzi), lekarstwa, a nawet pastę do zębów. Bywają listy typu: „Proszę o zakup sukienki dla mojej żony, oto rozmiary".

Dopóki chodziło o sprawy Lema, to jeszcze drobiazg. Ale ponieważ przyjaciele i krewni znali go jako zamożną osobę z kontaktami na Zachodzie, prosili go też o pomoc w sprawach osobistych – o pożyczkę na adwokata z powodu zbliżającego się rozwodu, o załatwienie zaproszenia w związku z planowaną emigracją albo o niedostępne w Polsce lekarstwo. Lem spełniał te prośby, najczęściej pisząc list do swojego agenta: „Proszę o przelanie tyle a tyle dolarów na wskazane konto", „Proszę o wysłanie takiej a takiej maści na ten oto adres".

Te listy są więc kopalnią informacji na temat prywatnych spraw osób trzecich, które przecież nie straciły prawa do prywatności tylko dlatego, że znany pisarz był ich przyjacielem, krewnym lub sąsiadem. Dużo jest tam też informacji na temat zwykłego, codziennego życia Lema, który groźbę ich ujawnienia słusznie odebrał jako szantaż.

Inna sprawa, że w tym okresie pisarz wysłał wiele „listów rozwodowych" (by znów sięgnąć po dyplomatyczne określenie Tomasza Lema). Były wyrafinowane, ale bardzo złośliwe. Stanisław Bereś, jeden z adresatów takiego listu, nie umiał powstrzymać śmiechu, choć sprawa była dla niego przykra[18]. Taki list dostał od Lema w 1997 roku nawet słynący z gołębiego serca i łagodnego usposobienia profesor Jerzy Jarzębski, który w 1997 roku otrzymał stypendium na Harvardzie. Lem uznał, że skoro Jarzębski wyjeżdża, to nie dokończy swoich znakomitych posłowi do wydawanej właśnie serii *Dzieł zebranych*[19]. Nic takiego oczywiście nie nastąpiło, ale pisarz – swoim zwyczajem – najpierw się rozsierdził, a potem dopiero pozwolił sobie wytłumaczyć nieporozumienie. W takich sytuacjach konflikt łagodziła Barbara Lem. Mówiła na przykład komuś, żeby zadzwonił pod domowy numer tego a tego dnia, o tej a tej godzinie. Jej mąż wtedy odbierze i to zakończy sprawę. Tak w każdym razie stało się w przypadku Beresia i Jarzębskiego.

„Giedroyć napisał niedawno w »Kulturze«, jak ciężka i smutna jest długowieczność, ponieważ w rosnącej liczbie odumierają człowieka przyjaciele i samotność jego wzrasta", powiedział Lem w wywiadzie rzece z Tomaszem Fiałkowskim w roku 2000, na progu nowego tysiąclecia. Z pewnością mówił też o sobie.

Ostatnie lata Stanisława i Barbary Lemów świetnie uchwyciła na swoich fotografiach Danuta Węgiel. Widzimy parę starszych już ludzi, którzy dobrze się czują w swoim domu. W pielęgnowanym od lat przez Barbarę Lem ogrodzie zdążyły już wyrosnąć spore drzewa – Lemom ten ogród wystarczał za cały świat. Na wernisażu tych zdjęć Michał Zych mówił o największej pasji swojego wuja, jaką w tym czasie było karmienie ptaków. Siostrzeniec karmę dla ptaków przywoził dziesiątkami kilogramów – napychał bagażnik do pełna. Lem to potrafił zużyć w jeden dzień, bo nic nie sprawiało mu takiej przyjemności jak siedzenie na tarasie domu i karmienie tłumnie zlatujących się ptaków[20].

Od połowy lat dziewięćdziesiątych Lem już nie pisał tekstów własnoręcznie. Dyktował je Tomaszowi lub Wojciechowi Zemkowi – sekretarzowi, którego zatrudnił latem 1996 roku. W tym sensie Lem wreszcie pogodził się z Internetem. Wprawdzie nie czytał maili ani nie odpisywał na nie osobiście, ale można było mu tą drogą wysłać pytanie i otrzymać odpowiedź.

Na specjalnych zasadach współpracował z „Tygodnikiem Powszechnym" – pismem, z którym od półwiecza łączyły go szczególnie bliskie związki. Za kontakty z Lemem odpowiadał w redakcji właśnie Fiałkowski, który co tydzień pojawiał się w gabinecie u pisarza, by nagrywać felietony na kasetowy dyktafon.

9 lutego 2006 roku Fiałkowski nagrał ostatni felieton Lema, zatytułowany *Głosy z sieci*[21]. Jako ostatni opublikowany tekst pisarza, stał się czymś w rodzaju jego publicznego testamentu.

W gabinecie w drugim domu na Klinach (© Danuta Węgiel / FOTONOVA)

Lem odpowiadał tam na pytania rosyjskich internautów, zgromadzone przez portal Inosmi.ru. Jedno z nich brzmiało: „Czy czuje się pan Polakiem?". Przez osiemdziesiąt pięć lat Lemowi to pytanie zadawali różni ludzie, nie zawsze w dobrych intencjach. W ostatnich chwilach życia odpowiedział po prostu: „A kim mam się czuć, na litość boską?".

Wieczorem znowu poczuł się gorzej i pojechał do szpitala, już po raz ostatni.

Samuel Lem zmarł nagle na atak serca na poczcie. Sabina Lem umierała przez cały rok 1979, zmarła na trzy dni przed osiemdziesiątymi siódmymi urodzinami. Jej syn odchodził podobnie.

Tomasz Lem wspomina:

Rozstawaliśmy się kilkakrotnie, ale aż do tego ostatniego, ostatecznego, razu wszystko na przekór losowi kończyło się szczęśliwie. Scenariusz był podobny. Nocny upadek ze schodów w zamroczeniu insulinowym, upadek w wannie z utratą przytomności i rozcięciem czoła, krwotok wewnętrzny

W gabinecie w drugim domu na Klinach (© Adam Golec / Agencja Gazeta)

wywołany nadmierną dawką leków przeciwbólowych po złamaniu nogi. Takie historie lubią się przydarzać w sobotę wieczorem albo w nocy (ojciec wstawał o trzeciej nad ranem). Czasem wymagał reanimacji podczas transportu [...].

Najostatniejszy wyjazd do szpitala, z niedomaganiem nerek i zapaleniem płuc, nie miał zatem bardziej dramatycznego przebiegu niż poprzednie, w pewnym sensie przebiegł nawet spokojniej, bo ojciec wsiadł do karetki o własnych siłach, a bywało, że sanitariusze kłusem znosili go pod tlenem do karetki.

Grób na krakowskim cmentarzu Salwatorskim bodajże jako jedyny nie ma krzyża. Przypomina mi swoim projektem książkę – a może to tylko mój odruch, za sprawą którego każdy prostopadłościan, na którym widać napis „STANISŁAW LEM", wydaje mi się książką.

Ale jeśli to książka, to jej tytułem jest łacińskie motto, które Lem sam wybrał na swój grób: „FECI, QUOD POTUI, FACIANT MELIORA POTENTES". Zatytułował więc księgę swojego życia: „Zrobiłem, co umiałem. Niech więcej zrobią zdolniejsi".

Bibliografia

Teksty Lema cytuję na ogół za kolekcją *Dzieł Stanisława Lema*, wydawaną przez Agorę SA w latach 2008–2010. Ważnym wyjątkiem jest trylogia *Czas nieutracony*, którą cytuję za ostatnim wydaniem z roku 1965.

Ilekroć w książce powołuję się na wywiady Beresia lub Fiałkowskiego, chodzi mi oczywiście o *Tako rzecze... Lem. Ze Stanisławem Lemem rozmawia Stanisław Bereś* (Kraków: Wydawnictwo Literackie, 2002) oraz o *Świat na krawędzi. Ze Stanisławem Lemem rozmawia Tomasz Fiałkowski* (Kraków: Wydawnictwo Literackie, 2000; oraz e-book: Cyfrant, 2008). Jeśli chodzi o książkę Beresia, to dla porównania sprawdzałem te same fragmenty w jej pierwszym wydaniu, opublikowanym w 1987 roku przez Wydawnictwo Literackie jako *Rozmowy ze Stanisławem Lemem*. Między wydaniami są znaczne różnice nawet na poziomie zamieniania jednych wyrazów na drugie, co uprawomocnia tezę, że gry Lema z obydwoma rozmówcami nie są skutkiem pospolitych przejęzyczeń, tylko celowym szyfrowaniem informacji.

Zasługa pierwszeństwa w rozszyfrowaniu Lema z pewnością należy do Agnieszki Gajewskiej. Jej książka *Zagłada i gwiazdy. Przeszłość w prozie Stanisława Lema* (Poznań: Wydawnictwo Naukowe UAM, 2016) to owoc tytanicznej, pionierskiej pracy w odtwarzaniu między innymi drzewa genealogicznego Lemów, losów wojennych i tużpowojennych całej rodziny (Gajewska odkryła na przykład, że Seweryn Kahane, najsłynniejsza ofiara pogromu kieleckiego w 1946 roku, był odlegle skoligacony z Lemami), skomplikowanych relacji własnościowych lwowskich nieruchomości Lemów (w mojej książce dla uproszczenia piszę, że kamienica na Brajerowskiej należała do Samuela Lema, ale to było bardziej złożone). Osoba zainteresowana tymi tematami powinna sięgnąć po książkę Gajewskiej.

Rekonstrukcję realiów trzech lwowskich okupacji prowadzę głównie na podstawie dwóch książek: monumentalnej monografii Grzegorza Mazura, Jerzego Skwary i Jerzego Węgierskiego *Kronika 2350 dni wojny i okupacji Lwowa, 1 IX 1939 – 5 II 1946* (Katowice: Unia, 2007) oraz publikacji Grzegorza Hryciuka *Polacy we Lwowie 1939-1944. Życie codzienne* (Warszawa: Książka i Wiedza, 2000). Ponadto przeczytałem wiele książek wspomnieniowo-pamiętnikarskich, z których część cytuję w przypisach. Lekturą odrębną pod każdym względem – wyjątkowo wstrząsającą – są wspomnienia Janiny Hescheles *Oczyma dwunastoletniej dziewczyny* (Warszawa: Żydowski Instytut Historyczny, 2015).

W odtwarzaniu rosyjskich i radzieckich losów Lema pierwszeństwo należy do Wiktora Jazniewicza (*Stanisław Lem*, Mińsk: Kniżnyj Dom, 2014) oraz Giennadija Praszkiewicza i Władimira Borisowa (*Stanisław Lem*, Moskwa: Mołodaja Gwardija, 2015).

Od początku lat pięćdziesiątych życie Lema zaczęło być relacjonowane na bieżąco w korespondencji z przyjaciółmi oraz w dzienniku jego przyjaciela Jana Józefa Szczepańskiego. Dziennik cytuję za pięciotomowym wydaniem Wydawnictwa Literackiego, publikowanym w latach 2010-2017. To samo wydawnictwo opublikowało też korespondencję Lema ze Sławomirem Mrożkiem (*Listy*, 2011), z Michaelem Kandlem (*Sława i Fortuna. Listy Stanisława Lema do Michaela Kandla 1972-1987*, 2013) oraz do różnych adresatów (*Listy albo Opór materii*, 2002).

Dzięki uprzejmości rodziny pisarza oraz jego sekretarza Wojciecha Zemka mogłem też korzystać z listów nieopublikowanych – przede wszystkim do Aleksandra Ścibora-Rylskiego, Jerzego Wróblewskiego, Władysława Kapuścińskiego, Wolfganga Thadewalda, Franza Rottensteinera, Ariadny Gromowej i Virgilijusa Čepaitisa. Cennym źródłem były także rozmowy z Wojciechem Zemkiem, Barbarą Lem, Tomaszem Lemem i Michałem Zychem. A ze wszystkich okołolemowych książek najciekawszą – moim prywatnym zdaniem – są *Awantury na tle powszechnego ciążenia* Tomasza Lema (Kraków: Wydawnictwo Literackie, 2009).

Bartosz Toboła w swojej pracy magisterskiej *Sylwetka Stanisława Lema w prasie polskiej w latach 1952–1961*, napisanej pod kierunkiem doktora habilitowanego Wojciecha Kajtocha (Kraków: Uniwersytet Jagielloński, 2015), skupił się na tym szczególnie interesującym okresie w życiu Lema, w którym z mało znanego pisarza przeistoczył się on w autora bestsellerów.

Donos Dicka na Lema po raz pierwszy opublikował w 1991 roku Paul Williams, kurator literackiej spuścizny pisarza i redaktor wielotomowej edycji *The Selected Letters of Philip K. Dick.* W Polsce zaraz później w swoim przekładzie donos ten opublikował Lech Jęczmyk, redaktor naczelny „Fantastyki" (*Czy pan istnieje mister Lem?*, „Fantastyka", wrzesień 1991). Pozostałe (nielemowskie) szczegóły z życia Dicka odtwarzam na podstawie dwóch wydanych w Polsce biografii – są to *Boże inwazje* Lawrence'a Suttina i *Człowiek, który pamiętał przyszłość* Anthony'ego Peake'a.

Na koniec zostało mi niezręczne zadanie zacytowania samego siebie. *Co to są sepulki? Wszystko o Lemie* (Kraków: Znak, 2007) to moja pierwsza książka w życiu. Jak to debiutant, miałem braki warsztatowe i popełniłem wiele błędów. Przede wszystkim – nie zachowałem roboczych notatek. Pisałem książkę na bieżąco, prosto na laptopie w Bibliotece Narodowej w Warszawie. Powoływałem się na prasowe wypowiedzi Lema lub o Lemie, ale nie zapisywałem źródeł nawet na własny użytek, bo nie wiedziałem, że tak trzeba (teraz już wiem!).

Odtworzenie ich wymagałoby ponownego wykonania całej tamtej pracy, więc z lenistwa w kilku miejscach niniejszej książki ograniczam się do zacytowania fragmentów tamtej pierwszej – przysięgam, że tych wypowiedzi nie zmyśliłem i nadal są do odnalezienia gdzieś w gmachu Biblioteki Narodowej.

Podziękowania

Wraz z premierą tej książki mija dwadzieścia lat mojej pracy w „Gazecie Wyborczej". Te lata ukształtowały mnie jako dziennikarza (i nie tylko). Bardzo dużo się tu nauczyłem. To był bezcenny skarb – siedzieć biurko w biurko z najwybitniejszymi specjalistami od biografii, reportażu i wywiadu.

Źle to o mnie świadczy, ale dopiero praca nad tą książką mi to uświadomiła. Miałem przy niej wyjątkowo dużo wątpliwości etycznych i warsztatowych – i bardzo pomocna była możliwość zadawania pytań typu „a jak wy byście zrobili w takiej sytuacji?" ludziom, którzy są w tej materii dla mnie autorytetem. Chciałbym więc te podziękowania zacząć trochę nietypowo, od podziękowania koleżankom i kolegom z „Gazety" za wszystko, czego się od nich nauczyłem przez te dwadzieścia lat.

Nie mógłbym tej książki napisać, gdyby nie pomoc i zaufanie rodziny Barbary Lem, Tomasza Lema i Michała Zycha oraz Wojciecha Zemka, kuratora spuścizny po pisarzu. Dzięki nim miałem dostęp do niepublikowanych materiałów, mogłem zadawać różne, często dość dziwne pytania, a także zwiedzić zakamarki obu domów przy ulicy Narvik. Mam nadzieję, że nie zawiodłem okazanego mi zaufania.

Okazał mi je także pan Witold Kołodziej, przed laty współlokator „wujka Staszka" na Bonerowskiej. Dziękuję za rozmowę, która pozwoliła mi lepiej zrozumieć kilka szczegółów z biografii pisarza.

Agnieszka Gajewska udostępniła mi swoją książkę przed publikacją, oraz przeczytała wstępną wersję niniejszej biografii. Cenne uwagi i przełomowe odkrycia, których autorka *Zagłady i gwiazd* dokonała we lwowskich archiwach, pozwoliły mi uniknąć kilku grubych wpadek. Z wielkim zainteresowaniem czekam na jej kolejne publikacje – i polecam je wszystkim adeptom lemologii.

Dziękuję dyrektorowi Andrzejowi Kurzowi za spotkanie, w którym opisał mi drugą stronę licznych sporów toczonych przez Lema z Wydawnictwem Literackim – które jednak pozostawało jego ulubionym wydawnictwem (i jak widać choćby po bibliografii i przypisach w tej książce, nadal pozostaje potentatem w dziedzinie lemologii).

Andrij Pawłyszyn pomógł mi zobaczyć Lwów oczami Lema i oczami współczesnego lwowiaka. Te wspólne spacery były dla mnie nie tylko cenne poznawczo, ale sprawiły mi też ogromną osobistą przyjemność, za co dziękuję.

Wiktor Jazniewicz, rosyjski tłumacz Lema, pomaga mi śledzić na bieżąco postępy w rosyjskiej lemologii. Dziękuję mu za pomoc w zrozumieniu sytuacji, w jakiej rodzina Lemów znalazła się podczas drugiej radzieckiej okupacji Lwowa (1944-1945), o czym nadal stosunkowo najmniej wiadomo.

Równolegle z książką powstawał film *Autor Solaris* w reżyserii Borysa Lankosza. Była to dla mnie wspaniała przygoda, która pozwoliła mi także na nowo spojrzeć na twórczość Lema, odnaleźć w niej to, co w niej widzi filmowiec: rytm, dźwięk, barwy. Wszyscy tyrani z *Cyberiady* będą mieli teraz dla mnie twarz i głos Roberta Gonery! Dziękuję całej ekipie – Magdzie Lankosz, Michałowi Gościkowi, Wojciechowi Anuszczykowi i przepraszam tych, których pominąłem. Wspaniale było patrzeć na fachowców przy pracy.

Wsparcie Fundacji Współpracy Polsko-Niemieckiej pozwoliło mi na sfinansowanie lemologicznych podróży do Lwowa, Berlina i Wiednia. Bardzo dziękuję!

Chciałem wreszcie podziękować Wydawnictwu Czarne, przede wszystkim Monice Sznajderman, za jej anielską cierpliwość. Redaktor Wojciech Górnaś i korektorki Katarzyna Rycko oraz Kamila Zimnicka-Warchoł uratowali mnie przed pomyłkami, których imię jest legion.

Na koniec specjalne podziękowania dla Łukasza Najdera, który nie tylko wymyślił tę książkę, ale jeszcze cierpliwie przebijał się przez moje tradycyjne „ale po co w ogóle, nikt tego nie kupi". Jeśli więc kupiliście ją Wy, droga czytelniczko, drogi czytelniku, dziękuję i pozdrawiam szczególnie gorąco. Największą radość pesymista ma, kiedy mu ktoś udowodni, że się mylił.

Przypisy

I Wysoki Zamek

1 Cytaty z prozy Stanisława Lema podaję na podstawie wydań opisanych w *Bibliografii* na s. 402–404(chyba że zaznaczono inaczej).

2 Stanisław Lem, *Powrót do prajęzyka?*, w: tegoż, *Lube czasy*, Kraków: Znak, 1995.

3 Agnieszka Gajewska, *Zagłada i gwiazdy. Przeszłość w prozie Stanisława Lema*, Poznań: Wydawnictwo Naukowe UAM, 2016.

4 Świadczy o tym dokument przechowywany w rodzinnym archiwum – notarialnie poświadczony wyciąg sporządzony w 1953 roku z zaświadczenia wystawionego przez austro-węgierski Urząd Metrykalny Izraelicki we Lwowie; wyciąg ów zaświadcza, że „nazwisko opiewa LEM, a nie LEHM".

5 Agnieszka Gajewska, *Zagłada i gwiazdy...*, dz. cyt.

6 Stanisław Lem, list do Michaela Kandla, 6.09.1975.

7 Barbara Mękarska-Kozłowska, *Burza nad Lwowem*, Warszawa: Polska Fundacja Kulturalna, 1996.

8 Stanisław Lem, list do Władysława Kapuścińskiego, 24.12.1978.

9 Wszystkie cytaty z wywiadów Stanisława Beresia na podstawie: Stanisław Bereś, *Tako rzecze... Lem. Ze Stanisławem Lemem rozmawia Stanisław Bereś*, Kraków: Wydawnictwo Literackie, 2002.

10 Wszystkie cytaty z wywiadów Tomasza Fiałkowskiego na podstawie: Tomasz Fiałkowski, *Świat na krawędzi. Ze Stanisławem Lemem rozmawia Tomasz Fiałkowski*, Cyfrant, 2000.

11 Wszystkie cytaty ze wspomnień Tomasza Lema na podstawie: Tomasz Lem, *Awantury na tle powszechnego ciążenia*, Kraków: Wydawnictwo Literackie, 2009.

12 Stanisław Lem, list do Michaela Kandla, 10.11.1972.

13 Stanisław Lem, list do Virgilijusa Čepaitisa, 6.04.1985.

14 Stanisław Lem, list do Michaela Kandla, 20.08.1975.

15 Stanisław Lem, *Moje choinki*, „Przegląd", 16 grudnia 2002.
16 Anna Mieszkowska, *Ja, kabareciarz. Marian Hemar od Lwowa do Londynu*, Warszawa: Muza, 2006.
17 Agnieszka Gajewska, *Zagłada i gwiazdy...*, dz. cyt.
18 List do Władysława Kapuścińskiego, 30.08.1973.

II **Wśród umarłych**

1 Stanisław Lem, *Zagłada i jej uwertura*, w: tegoż, *Lube czasy*, Kraków: Znak, 1995.
2 Stanisław Lem, *Powrót do prajęzyka?*, w: tegoż, *Lube czasy*, Kraków: Znak, 1995.
3 Wanda Ossowska, *Przeżyłam... Lwów–Warszawa, 1939-1946*, Kraków: Wydawnictwo WAM, 2009.
4 Grzegorz Mazur, Jerzy Skwara, Jerzy Węgierski, *Kronika 2350 dni wojny i okupacji Lwowa, 1 IX 1930 – 5 II 1946*, Katowice: Unia, 2007; o ile nie oznaczę inaczej, dalsze daty i fakty dotyczące wojennego Lwowa będą pochodzić z tego źródła.
5 Zbigniew Domosławski, *Mój Lwów. Pamiętnik czasu wojny*, Jelenia Góra: Kolegium Karkonoskie, 2009.
6 Grzegorz Hryciuk, *Polacy we Lwowie 1939-1944. Życie codzienne*, Warszawa: Książka i Wiedza, 2000.
7 To jest, nawiasem mówiąc, spójne z innymi relacjami świadków wkroczenia Rosjan do Lwowa; jak refren wraca w tych opisach zdumienie mizerną posturą zwycięzców oraz ich rysami twarzy, opisywanymi jako „mongolskie" lub „kałmuckie".
8 Wanda Ossowska, *Przeżyłam...*, dz. cyt.
9 Karolina Lanckorońska, *Wspomnienia wojenne*, Kraków: Znak, 2007.
10 Barbara Mękarska-Kozłowska, *Burza nad Lwowem*, Warszawa: Polska Fundacja Kulturalna, 1996.
11 Grzegorz Hryciuk, *Polacy we Lwowie 1939-1944...*, dz. cyt.
12 Karolina Lanckorońska, *Wspomnienia wojenne*, dz. cyt.
13 Tadeusz Tomaszewski, *Lwów. Pejzaż psychologiczny*, Warszawa: WIP, 1996 – to wspomnienia światowej sławy psychologa, który przez całą okupację radziecką próbował ocalić dorobek i kadry Uniwersytetu Jana Kazimierza. Książka stanowi bardzo interesujący materiał dotyczący obrazu życia akademickiego w tym okresie.
14 Grzegorz Hryciuk, *Polacy we Lwowie 1939-1944...*, dz. cyt.
15 Tamże.
16 Tamże.
17 Tamże.

18 Agnieszka Gajewska, *Zagłada i gwiazdy. Przeszłość w prozie Stanisława Lema*, Poznań: Wydawnictwo Naukowe UAM, 2016.

19 Stanisław Bereś, *Rozmowy ze Stanisławem Lemem*, Kraków: Wydawnictwo Literackie, 1987.

20 Grzegorz Hryciuk, *Polacy we Lwowie 1939–1944...*, dz. cyt.

21 Tamże.

22 Tamże.

23 Tamże.

24 Janina Hescheles, *Oczyma dwunastoletniej dziewczyny*, Warszawa: Żydowski Instytut Historyczny, 2015.

25 Tamże.

26 Tadeusz Tomaszewski, *Lwów...*, dz. cyt.

27 Przegląd tych materiałów zaprezentował Michaël Prazan we wstrząsającym filmie dokumentalnym *Einsatzgruppen. The Death Brigades*, Francja 2009.

28 Barbara Lem, rozmowa 19.06.2015 w Krakowie.

29 Tamże.

30 Agnieszka Gajewska, *Zagłada i gwiazdy...*, dz. cyt.

31 „Obłok Magellana" nad Lwowem [odcinek serialu *Salon kresowy*], reż. Jerzy Janicki, Polska 2003.

32 Władysław Bartoszewski, Michał Komar, *Prawda leży tam, gdzie leży*, Warszawa: PWN, 2016.

33 Agnieszka Gajewska, *Zagłada i gwiazdy...*, dz. cyt.

34 Tomasz Fiałkowski, rozmowa 25.08.2015 w Warszawie.

35 Brigitte Waks-Attal, Irena Gewerc-Gottlieb, relacje świadków historii utrwalone przez Ośrodek Brama Grodzka w Lublinie, teatrnn.pl/historiamowiona/indeks/swiadkowie (dostęp 28.02.2017).

36 Kremin nie występuje w biografiach Globocnika, na przykład pióra Berndta Riegera, nie była to więc chyba tak naprawdę przyjaźń, ale z kolei bez jakiejś znajomości Kremin nie mógłby działać tak, jak działał; źródłem informacji o przyjaźni są cytowane zeznania ocalonych.

37 Relacja świadka na podstawie: Grzegorz Mazur, Jerzy Skwara, Jerzy Węgierski, *Kronika 2350 dni wojny i okupacji Lwowa...*, dz. cyt.

38 Witold Kołodziej, rozmowa 5.02.2016 w Krakowie.

39 Paweł Goźliński, Jarosław Kurski, *Mój przyjaciel pesymista* [wywiad z Władysławem Bartoszewskim], „Gazeta Wyborcza", 31.12.2008.

40 Filip Friedman, *Zagłada Żydów lwowskich*, Łódź: Centralna Żydowska Komisja Historyczna w Polsce, 1945, cyt. za: Edward Jaworski, *Lwów. Losy mieszkańców i żołnierzy Armii Krajowej w latach 1939–1956*, Pruszków: Ajaks, 1999.

41 Grzegorz Mazur, Jerzy Skwara, Jerzy Węgierski, *Kronika 2350 dni wojny i okupacji Lwowa...*, dz. cyt.

42 Tamże.

43 Edward Jaworski, *Lwów...*, dz. cyt.

44 Grzegorz Mazur, Jerzy Skwara, Jerzy Węgierski, *Kronika 2350 dni wojny i okupacji Lwowa...*, dz. cyt.

45 *False Papers Issued to Sophie Kimelman under the Name Zosia Nowak*, United States Holocaust Memorial Museum, http://collections.ushmm.org/search/catalog/pa1156377 (dostęp 28.02.2017).

46 Takie określenie pada w wywiadzie Stanisława Beresia.

47 Kapitulacja nastąpiła 2 lutego 1943 roku – to znów kwestia mojego prezentyzmu, ale wydaje mi się, że od tego czasu każdy Niemiec powinien się już bać. Doskonałym momentem było w każdym razie przemówienie Goebbelsa z 18 lutego 1943 roku o tym, że zwycięstwo wymaga wysiłku „każdego Niemca"; mniej więcej tego samego dnia Lem uciekałby z Rohstofferfassung (jeśli zakładamy prawdziwość opowieści o Tiktinie).

48 Grzegorz Hryciuk, *Polacy we Lwowie 1939-1944...*, dz. cyt.

49 Tamże.

50 Tamże.

51 Stanisław Lem, oświadczenie z 28.11.1990.

52 Grzegorz Hryciuk, *Polacy we Lwowie 1939-1944...*, dz. cyt.

53 Wiktor Jazniewicz, *Stanisław Lem*, Mińsk: Kniżnyj Dom, 2014.

54 Wiktor Jazniewicz, rozmowa 24.10.2015 w Warszawie.

III *Wejście na orbitę*

1 Wojciech Zemek, rozmowa 6.02.2016 w Krakowie.

2 Giennadij Praszkiewicz, Władimir Borisow, *Stanisław Lem*, Moskwa: Mołodaja Gwardija, 2015.

3 Ryszard Gansiniec, *Notatki lwowskie (1944-1946)*, Wrocław: Sudety, 1995.

4 Samuel Lem, rękopis życiorysu dołączonego do podania o pracę.

5 Stanisław Lem, list do Władysława Kapuścińskiego, 28.01.1965.

6 Stanisław Lem, list do Władysława Kapuścińskiego, 20.08.1973.

7 Stanisław Lem, list do nieznanej badaczki literatury, 17.04.1967.

8 Marcin Zaremba, *Wielka trwoga. Polska 1944-1947*, Kraków: Znak, 2012.

9 W wywiadach Lem nazywa ją „panią Olą"; Witold Kołodziej (rozmowa 5.02.2016 w Krakowie) precyzuje, że to zdrobnienie od Olgi.

10 Witold Kołodziej, rozmowa 5.02.2016 w Krakowie.

11 Stanisław Lem, *Zapach minionego*, w: tegoż, *Lube czasy*, Kraków: Znak, 1995.

12 Witold Kołodziej, rozmowa 5.02.2016 w Krakowie.

13 Wojciech Orliński, *Co to są sepulki? Wszystko o Lemie*, Kraków: Znak, 2007.

14 Stanisław Lem, *Żegluga*, w: tegoż, *Krótkie zwarcia*, Kraków: Wydawnictwo Literackie, 2004.

15 Stanisław Lem, *Przystań na Wiślnej*, w: tegoż, *Lube czasy*, Kraków: Znak, 1995.

16 Stanisław Lem, [felieton w „Tygodniku Powszechnym" 2004, nr 24].

17 O ile nie zaznaczę inaczej, wszystkie cytaty o Husarskim pochodzą z książki Fiałkowskiego.

18 Jan Józef Szczepański odnotował w dzienniku pod datą 31.01.1953, że w Przegorzałach u Husarskich Lem czytał mu „sztukę kukiełkową", „bardzo dowcipną i dobrą" – zapis jest trochę zagadkowy, bo Szczepański błędnie przypisał Husarskiemu współautorstwo; nie była to też „sztuka kukiełkowa", ale w roku 1953 Szczepański mógł się bać napisać prawdę w dzienniku (wszystkie cytaty z dziennika Szczepańskiego na podstawie: Jan Józef Szczepański, *Dziennik*, tomy I–IV, Kraków: Wydawnictwo Literackie, 2009-2015).

19 Barbara Lem, rozmowa 19.06.2015 w Krakowie.

20 Tomasz Lem w korespondencji z 8.01.2015 napisał: „Obawiam się, że dokładnej daty nie ustalimy".

21 Wojciech Orliński, *Odkryto niepublikowane utwory Stanisława Lema!*, „Gazeta Wyborcza", 13.10.2008.

22 *Autor Solaris*, reż.: Borys Lankosz, TV ARTE-TVP Kultura, 2016.

23 Lem nie byłby sobą, gdyby nie podawał różnym rozmówcom różnych dat, u Fiałkowskiego można się więc też spotkać z rokiem 1947; 1948 wydaje mi się jednak bardziej prawdopodobny.

24 Agnieszka Gajewska, *Zagłada i gwiazdy. Przeszłość w prozie Stanisława Lema*, Poznań: Wydawnictwo Naukowe UAM, 2016.

25 Kamila Budrowska, *Literatura i pisarze wobec cenzury PRL 1948-1958*, Białystok: Wydawnictwo Uniwersytetu w Białymstoku, 2009.

26 Stanisław Lem, list do Aleksandra Ścibora-Rylskiego, 18.07.1952.

27 Stanisław Lem, *Powrót do prajęzyka?*, w: tegoż, *Lube czasy*, Kraków: Znak, 1995.

28 Stanisław Lem, *Przystań na Wiślnej*, dz. cyt.

29 Stanisław Lem, *Żegluga*, dz. cyt.

30 Stanisław Lem, list do Jerzego Wróblewskiego, 19.03.1953.

31 Stanisław Lem, *Wejście na orbitę*, Kraków: Wydawnictwo Literackie, 1962.

32 Jeremi Przybora, *Przymknięte oko Opaczności, memuarów część II*, Warszawa: Tenten, 1998, cyt. za: Tomasz Lem, *Awantury na tle powszechnego ciążenia*, Kraków: Wydawnictwo Literackie, 2009.

IV *Dialogi*

1 Stanisław Lem, list do Aleksandra Ścibora-Rylskiego, 10.01.1956.

2 Stanisław Lem, *Dwa pantofle i drabina*, w: tegoż, *Lube czasy*, Kraków: Znak, 1995; Lem, jak zwykle, w różnych miejscach podaje różne daty, na przykład we wstępie do wydania drugiego napisał o roku 1954.

3 Stanisław Lem, list do Jerzego Wróblewskiego, 27.05.1958.

4 Stanisław Lem, list do Aleksandra Ścibora-Rylskiego, 9.06.1956.

5 Stanisław Lem, list do Aleksandra Ścibora-Rylskiego, 21.12.1956.

6 Stanisław Lem, list do Aleksandra Ścibora-Rylskiego, 8.12.1956.

7 Stanisław Lem, list do Aleksandra Ścibora-Rylskiego, 11.12.1956.

8 Stanisław Lem, list do Aleksandra Ścibora-Rylskiego, 21.12.1956.

9 Stanisław Lem, list do Jerzego Wróblewskiego, 29.10.1953.

10 Isaiah Berlin, *Karol Marks. Jego życie i środowisko*, Warszawa: Książka i Wiedza, 1998.

11 Stanisław Lem, list do Aleksandra Ścibora-Rylskiego, 10.01.1956.

12 Stanisław Lem, list do Aleksandra Ścibora-Rylskiego, 11.01.1956.

13 Stanisław Lem, list do Aleksandra Ścibora-Rylskiego, 4.05.1956.

14 Stanisław Lem, list do Jerzego Wróblewskiego, 26.06.1956.

15 Tamże.

16 Stanisław Lem, list do Jerzego Wróblewskiego, 2.08.1956; w: Tomasz Lem, *Awantury na tle powszechnego ciążenia*, Kraków: Wydawnictwo Literackie, 2009 (błędnie opisany jako list do Ścibora-Rylskiego).

17 Stanisław Lem, list do Jerzego Wróblewskiego, 26.06.1956.

18 Stanisław Lem, list do Jerzego Wróblewskiego, 28.05.1954.

19 Stanisław Lem, list do Jerzego Wróblewskiego, 30.03.1956.

20 Jan Józef Szczepański, wpis z 5.04.1956.

21 Stanisław Lem, list do Aleksandra Ścibora-Rylskiego, 10.01.1956.

22 Aleksander Ścibor-Rylski, *W poszukiwaniu epickiego klucza*, „Nowa Kultura" 1955, nr 44.

23 Adam Włodek, *Dlaczego nie czytałem „Obłoku Magellana"*, „Życie Literackie" 1954, nr 47.

v *Eden*

1 Jak to u Lema, daty są różne. W przedmowie do drugiego wydania napisał, że od 1954 roku. We wspomnieniowym felietonie w „Tygodniku Powszechnym" z kolei napisał, że zaczął je pisać, mając trzydzieści jeden lat, co by dawało rok 1952.

2 Na podstawie rozmowy z Andrzejem Kurzem 13.04.2015 w Warszawie.

3 Stanisław Lem, list do Jerzego Wróblewskiego, 21.12.1956.

4 Stanisław Lem, list do Jerzego Wróblewskiego, 28.01.1957.

5 Stanisław Lem, list do Aleksandra Ścibora-Rylskiego, 22.05.1957.

6 Danuta Kępczyńska, *Dialogi Lema*, „Nowe Książki" 1957, nr 17.

7 Stanisław Lem, list do Jerzego Wróblewskiego, 15.03.1957.

8 Stanisław Lem, list do Jerzego Wróblewskiego, 28.04.1957.

9 Stanisław Lem, list do Rafała Nudelmana, 19.04.1974.

10 Stanisław Lem, list do Aleksandra Ścibora-Rylskiego, 22.05.1957.

11 Stanisław Lem, list do Aleksandra Ścibora-Rylskiego, 27.08.1957.

12 Stanisław Lem, list do Aleksandra Ścibora-Rylskiego, 8.06.1958.

13 Stanisław Lem, list do Aleksandra Ścibora-Rylskiego, 11.06.1958.

14 Stanisław Lem, list do Aleksandra Ścibora-Rylskiego, 26.09.1958.

15 Tamże.

16 Tamże.

17 Stanisław Lem, list do Aleksandra Ścibora-Rylskiego, 20.01.1958.

18 Stanisław Lem, list do Aleksandra Ścibora-Rylskiego, 8.06.1958.

19 Stanisław Lem, list do Aleksandra Ścibora-Rylskiego, 15.04.1958.

20 Stanisław Lem, list do Aleksandra Ścibora-Rylskiego, 8.06.1958.

21 Tamże.

22 Tamże.

23 Tamże.

24 Stanisław Lem, list do Aleksandra Ścibora-Rylskiego, 4.09.1956.

25 Stanisław Lem, list do Aleksandra Ścibora-Rylskiego, 26.09.1958.

26 Stanisław Lem, list do Jerzego Wróblewskiego, 20.04.1958.

27 Stanisław Lem, list do Aleksandra Ścibora-Rylskiego, 23.06.1959.

28 Stanisław Lem, list do Aleksandra Ścibora-Rylskiego, 26.05.1959.

29 Jerzy Jarzębski, *Smutek Edenu* [posłowie], w: Stanisław Lem, *Eden*, Warszawa: Agora, 2008.

30 Stanisław Lem, list do Aleksandra Ścibora-Rylskiego, 8.05.1959.

vi **Niezwyciężony**

1 Jan Józef Szczepański, wpis z 4.09.1952.

2 Michał Zych, rozmowa 15.06.2015 w Krakowie.

3 Barbara Lem, rozmowa 19.06.2015 w Krakowie.

4 Stanisław Lem, *Mamuty i polityka*, „Tygodnik Powszechny" 2005, nr 14.
5 Sławomir Mrożek, list do Stanisława Lema, 14.01.1959.
6 Stanisław Lem, list do Jerzego Wróblewskiego, 6.05.1962.
7 Stanisław Lem, list do Aleksandra Ścibora-Rylskiego, 20.05.1959.
8 Sławomir Mrożek, list do Stanisława Lema, 7.09.1961.
9 Stanisław Lem, list do Sławomira Mrożka z 18.01.1963.
10 Ten i poprzedni cytat: Stanisław Lem, list do Aleksandra Ścibora-
   -Rylskiego, 26.05.1959.
11 Stanisław Lem, list do Aleksandra Ścibora-Rylskiego, 23.06.1959.
12 Stanisław Lem, list do Aleksandra Ścibora-Rylskiego, 31.05.1959.
13 Stanisław Lem, list do Jerzego Wróblewskiego, 27.06.1961.
14 Stanisław Lem, list do Aleksandra Ścibora-Rylskiego, 20.05.1959.
15 Oldtimer Markt Preise 2014.
16 Stanisław Lem, list do Aleksandra Ścibora-Rylskiego, 14.11.1959.
17 Stanisław Lem, list do Aleksandra Ścibora-Rylskiego, 8.05.1959.
18 Wojciech Orliński, *Co to są sepulki? Wszystko o Lemie*, Kraków: Znak,
   2007.
19 Stanisław Lem, list do Sławomira Mrożka, 4.09.1961.
20 Stanisław Lem, list do Aleksandra Ścibora-Rylskiego, 31.05.1959.
21 Stanisław Lem, list do Aleksandra Ścibora-Rylskiego, 23.06.1959.
22 Stanisław Lem, list do Sławomira Mrożka, 4.09.1961.
23 Stanisław Lem, list do Jerzego Wróblewskiego, 27.06.1961.
24 Stanisław Lem, list do Sławomira Mrożka, 4.09.1961.
25 Stanisław Lem, list do Jerzego Wróblewskiego, 10.04.1961.
26 Stanisław Lem, list do Jerzego Wróblewskiego, 25.05.1961.
27 Dariusz Tolczyk, *See No Evil. Literary Cover-ups and Discoveries of the
   Soviet Camp Experience*, Yale: Yale University Press, 1999.
28 Lem opowiadał tę anegdotę wielokrotnie (także niżej podpisanemu) –
   tutaj przytaczam ją za: Stanisław Lem, *Goście z Petersburga*, w: tegoż,
   Lube czasy, Kraków: Znak, 1995.
29 Stanisław Lem, list do Jerzego Wróblewskiego, 1.12.1962.
30 Stanisław Lem, list do Aleksandra Ścibora-Rylskiego (bez daty, zapewne z 1966).

VII *Głos Pana*

1 Zespół Szkół Plastycznych im. Antoniego Kenara w Zakopanem –
   szkoła słynie od lat z prowadzonych na bardzo wysokim poziomie
   warsztatów rzemieślniczych, prace uczniowskie były w sprzedaży,
   ale w praktyce ich kupienie wymagało dojść i znajomości; Błońskiego prawdopodobnie najbardziej rozdrażniło to, że ktoś się okazał

ważniejszy od niego, stąd logiczne przejście od zagadnienia krzeseł do zagadnienia „niedopieszczenia krytyka".

2 Jan Józef Szczepański, wpis z 31.08.1967.

3 Jan Błoński, list do Sławomira Mrożka, 6.10.1963.

4 Jan Błoński, list do Sławomira Mrożka, 13.03.1964.

5 Stanisław Lem, list do Sławomira Mrożka, 30.11.1969.

6 Sławomir Mrożek, list do Stanisława Lema, 19.07.1964.

7 Stanisław Lem, list do Sławomira Mrożka, 14.07.1964.

8 Sławomir Mrożek, list do Stanisława Lema, 20.10.1964.

9 Stanisław Lem, list do Sławomira Mrożka, 18.01.1963.

10 U Kandla ta postać nazywa się Chloryan Theoreticus the Proph.

11 Stanisław Lem, list do Michaela Kandla, 30.05.1972.

12 Barbara Lem, rozmowa 19.06.2015 w Krakowie.

13 Stanisław Lem, list do Jerzego Wróblewskiego, 28.03.1964.

14 Lem myli dwa wydawnictwa: praskie Mladá Fronta i moskiewskie Mołodaja Gwardija; oba wydały *Podróż trzynastą*, odpowiednio w 1964 i 1961 roku.

15 Stanisław Lem, list do Jerzego Wróblewskiego, 19.04.1963.

16 Barbara Lem, rozmowa 19.06.2015 w Krakowie.

17 Stanisław Lem, list do Sławomira Mrożka, 29.01.1965.

18 Stanisław Lem, list do Aleksandra Ścibora-Rylskiego, 11.10.1965.

19 Stanisław Lem, list do Jerzego Wróblewskiego, 10.11.1965.

20 Stanisław Lem, list do Jerzego Wróblewskiego (bez daty, prawdopodobnie listopad lub grudzień 1965).

21 Stanisław Lem, list do Jerzego Wróblewskiego (bez daty, prawdopodobnie listopad lub grudzień 1965).

22 Stanisław Lem, list do Wolfganga Thadewalda, 2.08.1965.

23 Stanisław Lem, list do Michaela Kandla, 26.04.1972.

24 Jan Józef Szczepański, wpis z 5.07.1965.

25 Jan Błoński, list do Sławomira Mrożka, 16.02.1966.

26 Stanisław Lem, list do Jerzego Wróblewskiego, 22.10.1963.

27 Stanisław Lem, list do Sławomira Mrożka, 6.10.1963.

28 Stanisław Lem, list do Sławomira Mrożka, 1.06.1963.

29 Jan Józef Szczepański, wpis z 5.06.1965; Wydawnictwo Literackie opatrzyło go przypisem „Nie wiadomo, o którą z powieści Millera chodzi"; w świetle listu do Mrożka to jednak wydaje się oczywiste.

30 Witold Kołodziej, rozmowa 5.02.2016 w Krakowie.

31 Michał Zych, rozmowa 15.06.2015 w Krakowie.

32 Stanisław Lem, list do Sławomira Mrożka, 15.07.1962.

33 Stanisław Lem, list do Sławomira Mrożka, 18.01.1963.

34 Stanisław Lem, list do Aleksandra Ścibora-Rylskiego, 20.05.1964.
35 Stanisław Lem, list do Jerzego Wróblewskiego, 4.08.1965.
36 Stanisław Lem, list do Sławomira Mrożka, 5.02.1963.
37 Stanisław Lem, list do Aleksandra Ścibora-Rylskiego, 9.04.1964.
38 Jan Józef Szczepański, wpis z 2.04.1964.
39 Stanisław Lem, list do Jerzego Wróblewskiego, 24.09.1969.
40 Tamże.
41 Stanisław Lem, list do Sławomira Mrożka, 9.07.1965.
42 Stanisław Lem, list do Sławomira Mrożka, 2.08.1965.
43 Stanisław Lem, list do Sławomira Mrożka, 18.08.1965.
44 Stanisław Lem, list do Jerzego Wróblewskiego, 6.03.1966.
45 Stanisław Lem, list do Sławomira Mrożka, 4.06.1966.
46 Jan Błoński, list do Sławomira Mrożka, 11.07.1964.
47 Stanisław Lem, list do Jerzego Wróblewskiego, 15.05.1964.
48 Stanisław Lem, list do Jerzego Wróblewskiego, 8.02.1963.
49 Stanisław Lem, list do Jerzego Wróblewskiego, 10.04.1961.
50 Stanisław Lem, list do Jerzego Wróblewskiego, 13.12.1961.
51 Stanisław Lem, list do Jerzego Wróblewskiego, 6.05.1962.
52 Stanisław Lem, list do Władysława Kapuścińskiego, 28.01.1965.
53 Jan Józef Szczepański, wpis z 15.03.1964.
54 Stanisław Lem, list do Aleksandra Ścibora-Rylskiego, 9.04.1964.
55 Stanisław Lem, list do Michaela Kandla, 8.05.1972.
56 Stanisław Lem, list do Jerzego Wróblewskiego, 24.09.1964.
57 Stanisław Lem, list do Sławomira Mrożka, 24.11.1964.
58 Stanisław Lem, list do Sławomira Mrożka, 9.07.1965.
59 Stanisław Lem, list do Sławomira Mrożka, 30.10.1967.
60 Stanisław Lem, list do Sławomira Mrożka, 27.04.1967.
61 Stanisław Lem, list do Sławomira Mrożka, 2.05.1967.
62 Stanisław Lem, list do Sławomira Mrożka, 28.05.1967.
63 Jan Błoński, list do Sławomira Mrożka, 30.05.1967.
64 Stanisław Lem, list do Jerzego Wróblewskiego, 28.10.1967.
65 Stanisław Lem, list do Jerzego Wróblewskiego, 10.01.1968.
66 Tamże.
67 Stanisław Lem, list do Sławomira Mrożka, 30.11.1969.
68 Stanisław Lem, list do Jerzego Wróblewskiego, 28.10.1967.
69 Stanisław Lem, list do Danuty Ścibor-Rylskiej, 21.03.1968.

VIII *Katar*
1 Stanisław Lem, list do Aleksandra Ścibora-Rylskiego, 28.04.1970.
2 Stanisław Lem, list do Aleksandra Ścibora-Rylskiego, 23.01.1976.

3 Stanisław Lem, list do Władysława Kapuścińskiego, 24.12.1978.
4 Stanisław Lem, list do Michaela Kandla, 21.01.1976.
5 Stanisław Lem, list do Aleksandra Ścibora-Rylskiego, 12.06.1969.
6 Stanisław Lem, list do Aleksandra Ścibora-Rylskiego, 21.10.1970.
7 Stanisław Lem, list do Władysława Kapuścińskiego, 11.11.1975.
8 Stanisław Lem, list do Aleksandra Ścibora-Rylskiego, 24.09.1975.
9 Stanisław Lem, list do Władysława Kapuścińskiego, 19.12.1969.
10 Wojciech Orliński, *Naczelny aprowizator* [rozmowa z Tomaszem Lemem], „Gazeta Wyborcza", 20.09.2009.
11 Stanisław Lem, list do Michaela Kandla, 4.07.1972.
12 Stanisław Lem, list do Michaela Kandla, 1.08.1972.
13 Stanisław Lem, list do Wolfganga Thadewalda, 14.11.1969.
14 Stanisław Lem, list do Sławomira Mrożka, 26.11.1969.
15 Stanisław Lem, list do Aleksandra Ścibora-Rylskiego, 11.12.1969.
16 Stanisław Lem, list do Jerzego Wróblewskiego, 9.12.1969.
17 Stanisław Lem, list do Franza Rottensteinera, 7.12.1969; Stanisław Lem, list do Aleksandra Ścibora-Rylskiego, 11.12.1969. O pięciu latach pisał Rottensteinerowi, o dziesięciu – Ściborowi-Rylskiemu.
18 Stanisław Lem, list do Władysława Kapuścińskiego, 19.12.1969.
19 Stanisław Lem, list do Virgilijusa Čepaitisa, 6.11.1974.
20 Stanisław Lem, list do Virgilijusa Čepaitisa, 19.03.1969.
21 Stanisław Lem, list do Aleksandra Ścibora-Rylskiego, 18.12.1969.
22 Stanisław Lem, list do Aleksandra Ścibora-Rylskiego, 28.04.1970.
23 Stanisław Lem, list do Aleksandra Ścibora-Rylskiego, 24.02.1973.
24 Stanisław Lem, list do Aleksandra Ścibora-Rylskiego, 21.10.1970.
25 Stanisław Lem, list do Franza Rottensteinera, 16.04.1979.
26 Stanisław Lem, list do Wolfganga Thadewalda, 14.01.1981.
27 Stanisław Lem, list do Wolfganga Thadewalda, 11.12.1981.
28 Stanisław Lem, list do Wolfganga Thadewalda, 9.02.1979.
29 Stanisław Lem, list do Aleksandra Ścibora-Rylskiego, 20.01.1975.
30 Agnieszka Gajewska, *Zagłada i gwiazdy. Przeszłość w prozie Stanisława Lema*, Poznań: Wydawnictwo Naukowe UAM, 2016.
31 Stanisław Lem, list do Andrzeja Ścibora-Rylskiego, 22.05.1972.
32 Cyt. za: Wojciech Orliński, *Co to są sepulki? Wszystko o Lemie*, Kraków: Znak, 2007.
33 Jan Józef Szczepański, wpis z 13.08.1974.
34 Stanisław Lem, list do Władysława Kapuścińskiego, 24.12.1978.
35 Stanisław Lem, list do Jerzego Wróblewskiego, 13.01.1979.
36 Stanisław Lem, list do Michaela Kandla, 15.06.1975.
37 Stanisław Lem, list do Michaela Kandla, 5.12.1975.

38 Stanisław Lem, list do Franza Rottensteinera, 24.06.1969.

39 Stanisław Lem, list do Virgilijusa Čepaitisa, 3.07.1969.

40 Stanisław Lem, list do Franza Rottensteinera, 23.04.1971.

41 Wojciech Orliński, *Co to są sepulki?...*, dz. cyt.

42 Jan Józef Szczepański, wpis z 23.06.1976.

43 Jan Józef Szczepański, wpis z 5.07.1976.

44 Stanisław Lem, list do Jerzego Wróblewskiego, 17.10.1976.

45 Stanisław Lem, list do Ariadny Gromowej, 10.08.1972.

46 Stanisław Lem, list do Michaela Kandla, 5.04.1977.

47 Krzysztof Teodor Toeplitz, list do Stanisława Lema, 10.11.1971.

48 Jan Józef Szczepański, wpis z 22.09.1975.

49 Stanisław Lem, list do Wolfganga Thadewalda, 13.06.1972.

50 Stanisław Lem, list do Virgilijusa Čepaitisa, 16.03.1975.

51 Okoliczności odtwarzam na podstawie rozmów z Andrzejem Kurzem 13.04.2015 w Warszawie oraz Tomaszem i Barbarą Lemami 19.06.2015 w Krakowie.

52 Jan Józef Szczepański, wpis z 6.02.1976.

53 Odtwarzam to na podstawie dziennika Jana Józefa Szczepańskiego i rozmowy z Andrzejem Kurzem 13.04.2015 w Warszawie.

54 Stanisław Lem, list do Jerzego Wróblewskiego, 14.07.1977.

55 Stanisław Lem, list do Jerzego Wróblewskiego, 13.01.1979.

56 Stanisław Lem, list do Aleksandra Ścibora-Rylskiego, 11.07.1971.

57 Stanisław Lem, list do Wolfganga Thadewalda, 9.11.1972.

58 Stanisław Lem, upoważnienie notarialne, 27.02.1973.

59 Stanisław Lem, list do Wolfganga Thadewalda, 11.01.1973.

60 Stanisław Lem, list do Aleksandra Ścibora-Rylskiego, 24.02.1973.

61 Stanisław Lem, list do Virgilijusa Čepaitisa, 9.08.1974.

62 Stanisław Lem, list do Franza Rottensteinera, 20.01.1975.

63 Stanisław Lem, list do Aleksandra Ścibora-Rylskiego, 30.06.1973.

64 Stanisław Lem, list do Virgilijusa Čepaitisa, 17.01.1977.

65 Stanisław Lem, list do Franza Rottensteinera, 14.09.1971.

66 Stanisław Lem, list do Franza Rottensteinera, 7.03.1972.

67 Stanisław Lem, list do Franza Rottensteinera, 16.01.1973.

68 Stanisław Lem, list do Franza Rottensteinera, 15.07.1972.

69 Stanisław Lem, list do Franza Rottensteinera, 26.02.1973.

70 Odtwarzam to na podstawie rozmowy z Andrzejem Kurzem 13.04.2015 w Warszawie.

71 Stanisław Lem, list do Franza Rottensteinera, 30.04.1973.

72 Stanisław Lem, list do Franza Rottensteinera, 14.09.1971.

73 Stanisław Lem, list do Franza Rottensteinera, 15.07.1972.

74 Stanisław Lem, list do Franza Rottensteinera, 17.03.1973.
75 Philip Dick, list do Stanisława Lema, 27.02.1973.
76 Stanisław Lem, list do Philipa Dicka, 16.03.1973.
77 Philip Dick, list do Stanisława Lema, 3.04.1973.
78 Stanisław Lem, list do Philipa Dicka, 26.04.1973.
79 Philip Dick, list do Stanisława Lema, 2.05.1973.
80 Stanisław Lem, list do Philipa Dicka, 18.05.1973.
81 Philip Dick, list do Stanisława Lema, 20.06.1973.
82 Stanisław Lem, list do Philipa Dicka, 9.07.1974.
83 Stanisław Lem, list do Franza Rottensteinera, 16.04.1973.
84 Philip Dick, list do FBI, 2.09.1974.
85 Jan Józef Szczepański, wpis z 18.10.1978.

IX *Pokój na Ziemi*

1 Stanisław Lem, list do Jerzego Wróblewskiego, 25.10.1980.
2 Stanisław Lem, list do Franza Rottensteinera, 26.09.1979.
3 Michał Zych, rozmowa 15.06.2015 w Krakowie.
4 Jerzy Jarzębski, rozmowa 25.08.2015 w Warszawie.
5 Stanisław Lem, list do Virgilijusa Čepaitisa, 16.01.1981.
6 Stanisław Lem, list do Franza Rottensteinera, 13.12.1980.
7 Stanisław Lem, list do Franza Rottensteinera, 21.12.1980.
8 Stanisław Lem, list do Franza Rottensteinera, 7.01.1981.
9 Stanisław Lem, list do Wolfganga Thadewalda, 20.11.1982.
10 Stanisław Lem, list do Jerzego Wróblewskiego, 11.11.1977 (niewysłany).
11 Stanisław Lem, list do Wolfganga Thadewalda, 31.12.1972.
12 Stanisław Lem, list do Franza Rottensteinera, 20.03.1979.
13 Stanisław Lem, list do Franza Rottensteinera, 11.08.1980.
14 Barbara Lem, rozmowa 19.06.2015 w Krakowie.
15 Stanisław Lem, list do Jerzego Wróblewskiego.
16 Stanisław Lem, list do Wolfganga Thadewalda, 12.09.1972.
17 Tamże.
18 Stanisław Lem, list do Wolfganga Thadewalda, 5.11.1983.
19 Stanisław Lem, list do Wolfganga Thadewalda, 16.05.1983.
20 Stanisław Lem, list do Franza Rottensteinera, 30.06.1983.
21 Stanisław Lem, list do Wolfganga Thadewalda, 23.07.1983.
22 Stanisław Lem, list do Wolfganga Thadewalda, 29.07.1983.
23 Zaznaczam jednak, że Tomasz Lem po zapoznaniu się z moją rekonstrukcją tej podróży powiedział, że nie pamięta noclegu ani w Hanowerze, ani w Rosenheim, ale nie wyklucza takiego scenariusza.
24 Stanisław Lem, list do Franza Rottensteinera, 14.06.1983.

25 Stanisław Lem, list do Virgilijusa Čepaitisa, 4.03.1985.
26 Stanisław Lem, list do Wolfganga Thadewalda, 6.11.1983.
27 Stanisław Lem, list do Virgilijusa Čepaitisa, 4.03.1985.
28 Stanisław Lem, list do Virgilijusa Čepaitisa, 6.04.1985.
29 Barbara Lem, rozmowa 19.06.2015 w Krakowie.
30 Stanisław Lem, list do Virgilijusa Čepaitisa.
31 Wojciech Orliński, *Jonathan Carroll. Uważaj, co przy mnie mówisz* [wywiad], „Gazeta Wyborcza", 14.06.2012.
32 Barbara Lem, rozmowa 19.06.2015 w Krakowie.
33 Paweł Goźliński i Jarosław Kurski, *Mój przyjaciel pesymista* [wywiad z Władysławem Bartoszewskim], „Gazeta Wyborcza", 31.12.2008.
34 Stanisław Lem, list do Wolfganga Thadewalda, 29.06.1984.
35 Stanisław Lem, list do Franza Rottensteinera, 20.05.1983.
36 Stanisław Lem, list do Wolfganga Thadewalda, 13.07.1983.
37 Stanisław Lem, list do Virgilijusa Čepaitisa, 24.07.1969.
38 Stanisław Lem, list do Franza Rottensteinera, 24.01.1985.
39 Agnieszka Gajewska, *Parodie, pastisze i recykling w prozie Stanisława Lema*, „Zagadnienia Rodzajów Literackich" 2014, nr 2.
40 Stanisław Lem, list do Virgilijusa Čepaitisa, 4.03.1985.
41 Stanisław Lem, list do Wolfganga Thadewalda z 28.04.1976.
42 Stanisław Lem, list do Virgilijusa Čepaitisa, 6.04.1985.
43 Stanisław Lem, list do Wolfganga Thadewalda, 14.02.1985.
44 Stanisław Lem, list do Franza Rottensteinera, 16.03.1985.
45 Stanisław Lem, list do Virgilijusa Čepaitisa, 12.01.1968.
46 Katarzyna Janowska, *Ojciec był dużym dzieckiem* [wywiad z Tomaszem Lemem], „Polityka", 22.09.2009.
47 Stanisław Lem, list do Władysława Kapuścińskiego, 28.04.1984.
48 Tamże.
49 P. Znawca [Stanisław Lem], *Czy mamy życzyć Gorbaczowowi powodzenia*, „Kultura" 1987, nr 4 (475).
50 Stanisław Lem, list do Wolfganga Thadewalda, 4.10.1984.

Epilog. *Faciant meliora potentes*

1 Stanisław Lem, *Ryzyko internetu*, w: tegoż, *Bomba megabitowa*, Kraków: Wydawnictwo Literackie, 1999.
2 Wojciech Orliński, *Stanisław Lem. Okamgnienie*, „Gazeta Wyborcza", 19.1.2001.
3 Z rozmowy z Barbarą Lem 19.06.2015 w Krakowie.
4 Pisze o niej w swoich wspomnieniach Tomasz Lem, pojawia się też w liście Stanisława Lema do Čepaitisa z 16.01.1981.

5   Stanisław Lem, list do Virgilijusa Čepaitisa, 18.11.1977.
6   Stanisław Lem, list do Virgilijusa Čepaitisa, 5.12.1979.
7   Michał Zych, rozmowa 15.06.2015 w Krakowie.
8   Historię pana Fredzia przytaczam na podstawie dziennika Jana Józefa Szczepańskiego, wpis z 4.07.1980.
9   Stanisław Lem, list do Virgilijusa Čepaitisa, 11.08.1981.
10 Stanisław Lem, list do Wolfganga Thadewalda, 13.02.1989.
11 Stanisław Lem, list do Wolfganga Thadewalda, 4.08.1989.
12 Tamże.
13 Stanisław Lem, list do Wolfganga Thadewalda, 29.12.1992.
14 Stanisław Lem, list do Wolfganga Thadewalda, 15.02.1993.
15 Agnieszka Kozik, *Wolę inne aromaty* [wywiad ze Stanisławem Lemem], „Duży Format" 2003, nr 3 (dodatek do „Gazety Wyborczej", 6.02.2003).
16 Stanisław Lem i Franz Rottensteiner, umowa z dnia 25.10.1991.
17 Franz Rottensteiner, rozmowa 3.04.2006.
18 Stanisław Bereś, rozmowa.
19 Stanisław Lem, list do Wolfganga Thadewalda, 28.04.1997.
20 Michał Zych, rozmowa 12.12.2015 w Krakowie.
21 Stanisław Lem, *Głosy z sieci*, „Tygodnik Powszechny" 2006, nr 8.

Indeks

Abderhalden Emil 106
Albatros 177-178
Aldrin Edwin 316
Ananke 24
Anderson Paul 208
Andruchowycz Jurij 25
Andrzejewski Jerzy 254, 322, 326
Asimov Isaac 151
Astronauci 31, 90, 116, 123-125, 128,
    131, 136, 146-147, 153, 155, 159,
    162, 177, 180, 197-199, 222, 247,
    378

Bacon Francis 220
Baczewski Adam 57
Baczewski Stefan 57
Bajka o trzech maszynach
    opowiadających króla Genialona
    248
Bajki robotów 244, 278-280, 284
Bandera Stepan 63
Banionis Donatas 211
Barańczak Stanisław 330-331, 357
Bardecki Andrzej 321
Bareja Stanisław 149, 178-179, 268,
    343
Barthes Roland 239
Bartoszewski Władysław 30, 68, 74,
    78-79, 89, 329, 371, 375-376
Basil Otto 342
Bednarczyk Andrzej 250
Beethoven Ludwik van 295, 297

Belmondo Jean-Paul 117
Bereś Stanisław 14, 31, 49-50, 56-58,
    69-72, 77-80, 82-84, 87-90, 98,
    102-103, 105, 107, 111, 119, 122, 130,
    136-137, 166, 179, 204, 208, 215,
    233, 246, 249, 304, 307, 310-311,
    314, 324, 341, 356-357, 363, 403
Berkeley George, biskup 137
Berlin Isaiah 144
Besson Luc 43
Bester Alfred 330
Bezsenność 315
Białoborski Eustachy 124
Białoszewski Miron 158
Blanvalet Lothar 302
Blaustein Niunia 17, 63
Błońska Teresa 189, 240, 395
Błoński Jan 11-13, 139, 145, 158, 167-
    168, 189-191, 194, 196, 202, 209,
    226-227, 239-242, 250, 252, 255,
    264, 266, 268, 276, 286-287, 293,
    321, 326, 349-350, 395-396
Bogucki Janusz 139
Borisow Władimir 98, 222, 261, 304
Borowski Tadeusz 156
Brandys Marian 322
Brecht Bertolt 148
Breżniew Leonid 260
Broniewski Władysław 57
Brook Peter 117
Broszkiewicz Jerzy 202
Bruskin Dmitrij 222

Brustellin Alf 309-310
Budrys Algis 342
Bułyczow Kir 181
Burroughs William S. 46
Bursa Andrzej 158
Burtan Helena 112-114
Buzath Stanisław 15

Carroll Jonathan 370
Ceauşescu Nicolae 131
Čepaitis Virgilijus 316, 337-338, 376, 379, 381, 383, 397
Chant Holley 208
Choynowski Mieczysław 106-110, 112, 122, 137, 150-151, 363
Chruszczow Nikita 136, 154, 158, 260
Clarke Arthur C. 151, 180, 221
Clooney George 205, 211, 401
Conrad Joseph 119
Cyberiada 240, 248, 252, 276, 278-281, 283, 323
Cybulski Zbigniew 231
Cyrankiewicz Józef 326
Czas nieutracony 69, 84-85, 90, 129, 156, 160, 162, 165, 183
Człowiek z Marsa 87, 89-90, 111, 123, 183, 191, 361, 378, 390, 399
Czy pan istnieje, Mr. Johns? 147, 153, 378

Dąbrowska Maria 254, 326
Dąbrowski Witold 330
Dialogi 137, 139, 154, 160-164, 171, 178, 256-257, 277
Dick Philip K. 180, 330, 341-348
Donabidowicz Jan (właśc. Stanisław Lem) 79-80, 82, 86-87
Doskonała próżnia 34, 315, 324
Dostojewska Anna 320-321
Dostojewski Fiodor 119, 185, 224, 263-264, 321
Drawicz Andrzej 329
Dzienniki gwiazdowe 129, 162-163, 177

Eberzon Edward 81
Eden 179-184, 198, 206, 210, 214, 216, 231, 238, 262, 330
Edukacja Cyfrania 257, 315, 320, 322-323
Eichmann Adolf 220
Eilstein Helena 250
Einhorn-Susułowska Maria 63
Einstein Albert 259
Escher Maurits Cornelis 394
Estreicher Karol 254, 326

Fantastyka i futurologia 246, 315, 341-342
Feyerabend Paul 357
Fiałkowski Tomasz 14, 17, 21, 31-33, 37-38, 42, 44, 48-50, 54-55, 58, 69, 77-80, 85, 87-88, 90, 93-94, 97, 101-102, 105-107, 111, 113, 122, 130, 149, 160, 162, 169, 222, 226, 233, 237, 341, 368, 370, 375, 380, 389, 404
Fiasko 84, 191, 315, 354, 378-381, 389, 399, 402
Ficowski Jerzy 322
Fieoktistow Konstantin 225-226, 259
Filipowicz Kornel 327
Filozofia przypadku 285
Flaszen Ludwik 156, 202
Ford Aleksander 307
Franciszek Józef, cesarz 31, 42
Frank Hans 167
Friedman Filip 75
Fryze Stanisław 54

Gagarin Jurij 219-221
Gajewska Agnieszka 118, 312, 378
Gansiniec Ryszard 99
Gaulle Charles de 253
Gawlik Jan Paweł 139
Geisler Edward 54
Gernsback Hugo 89, 123
Giedroyc Jerzy 404

Gierek Edward 294, 320, 324, 352
Globocnik Odilo 71
Głos Pana 24, 64, 66, 69, 107, 182,
    191, 252, 285, 287, 290, 314, 320,
    326, 382
Goethe Johann Wolfgang 263
Goliger-Szapiro Maks 81
Gombrowicz Witold 215, 263, 279,
    321
Gomułka Władysław 136, 289, 291,
    294, 320, 322, 324
Gorbaczow Michaił 384-385, 400
Gorensztejn Fridrich 304-306
Gorki Maksym 221
Grabiński Stefan 38, 123, 330
Grant Cary 206
Grechuta Marek 332
Greene Graham 379
Gromowa Ariadna 261
Grotowski Józef 154
Gruppenführer Louis XVI 315
Grzebałkowska Magdalena 157
Grzeniewski Ludwik 124-125
Gudimowa Galina 221

Haller Józef 29
Has Wojciech 239
Hayek Friedrich August von 219
Heinlein Robert Anson 180
Hemar Berta 17
Hemar Marian 17, 44-45, 47, 363
Hemingway Ernest 139
Herbert Frank 280
Herbert Zbigniew 158
Herdegen Leszek 125
Hescheles Berta 44
Hescheles Henryk . 44, 62-63
Hescheles Janina 63, 71-72, 83,
    101
Historia o wysokim napięciu 116
Hitchcock Alfred 206
Hitler Adolf 29, 59, 106, 359-361,
    363
Hłasko Marek 158, 255

Hoffman Paweł 156
Hollanek Adam 125, 165, 174
Hołuj Tadeusz 252, 291
Houellebecq Michel 209
Hryciuk Grzegorz 54, 87
Hurwic Józef 250
Husarski Roman 112-116, 120, 169

Inwazja z Aldebarana 147, 177-179,
    193
Iredyński Ireneusz 193
Irzykowski Karol 128
Iwaszkiewicz Jarosław 254

Jabłoński Henryk 321
Jacht „Paradise" 115-116, 130
Janicki Jerzy 68
Jaroszewicz Piotr 321
Jaruzelski Wojciech 361-362
Jarzębski Jerzy 233, 357, 372, 403
Jastrun Mieczysław 326
Jazniewicz Wiktor 96
Jedlicki Jerzy 329
Jefremow Iwan 160, 221, 223
Jegorow Boris 225, 259
Juráček Pavel 199

Kaczmarski Jacek 261
Kaczyński Jarosław 389
Kaczyński Lech 389
Kafka Franz 263-264
Kahane Seweryn 68
Kałużyński Zygmunt 139
Kandel Michael 30, 36, 233, 248,
    263, 279, 299, 316, 322-323
Kantor Tadeusz 202
Kapica Piotr 259, 262
Kapuściński Władysław 99, 249,
    278, 297, 303, 314
Karpiński Jakub 327
Karpowski Tadeusz 146
Katar 164-165, 276, 307, 309, 315-
    317, 364, 382
Kaufman, lwowska studentka 55

Kawalerowicz Jerzy 146-147
Kawuras Georges 23, 25
Kazancew Aleksander 124
Kędziorek Bogdan 254
Kępczyńska Danuta 162
Kijowski Andrzej 125
Kimelman Max 80, 96
Kimelman Zofia 80
Klaften Izydor 25
Klasa Józef 326
Kobiela Bogumił 231
Kobyliński Szymon 279
Kobyszczę 315
Koestler Arthur 210
Kołakowski Leszek 143, 249, 255,
    280, 300
Kołodziej Karol 102-104, 108, 128-
    129, 167, 194
Kołodziej Mieczysław 103
Kołodziej Olga 74, 102-104, 108, 128-
    129, 167, 194
Kołodziej Witold 102, 104, 129, 196
Komarow Władimir 225
Komeda Krzysztof 231
Komeński Jan Amos 301
Komorowski Paweł 309
Kongres futurologiczny 265, 276,
    310, 316
Koniec świata o ósmej 163
Korczakowska Natalia 211
Kordybowa, lwowianka 101
Kornhauser Julian 327
Korzenie. Drrama wieloaktowe 113-
    116, 150, 188
Kosiński Cezary 211
Kott Jan 215, 254-255
Kowalik Tadeusz 329
Koweszko Witold 115
Kozłowski Leon 57
Krajewski Władysław 250
Kremin Wiktor 71, 84-85, 95, 100,
    105
Kromer Marcin 234
Kryształowa kula 378

Księga robotów 216
Kubrick Stanley 176
Kuroń Jacek 327
Kurz Andrzej 342, 346
Kurzweil Raymond „Ray" 209
Kutz Kazimierz 178

Lanckorońska Karolina 51-52, 168
Landesberg Henryk 75-76
Lankosz Borys 105
Lapunow Borys 123
Le Guin Ursula K. 330, 342, 348
Lehm Fryderyk 68
Lehm Hersz (Herman) 18
Lem Barbara 7-8, 67, 69, 114-115,
    125, 128-131, 135, 148-151, 167-
    168, 171-172, 174-175, 187-192,
    194-197, 202, 204, 214, 225-226,
    228, 231-233, 240, 243, 263, 265-
    266, 271, 273-274, 278, 285, 295,
    299, 316, 318-320, 339-340, 355,
    362, 367-370, 372, 374-375, 381,
    384, 386, 392, 394-399, 403-404
Lem Sabina 18, 26, 29, 31-32, 34, 36,
    45, 47, 49, 52-53, 57, 60, 67-68,
    72-74, 76, 95-96, 98-104, 108, 110,
    129-130, 300, 363, 405
Lem Samuel 18-19, 26, 28-30, 31-34,
    36-37, 43-45, 47-49, 52-53, 57, 60,
    67-68, 72-74, 76, 95-96, 98-105,
    108-109, 120, 129, 298, 300, 363,
    383, 391, 405
Lem Tomasz 31-32, 36, 67, 129, 148,
    168, 226-227, 231, 294-295, 297-
    300, 318, 321-322, 325, 332, 335,
    338-339, 352, 363, 365, 367-370,
    372, 374, 381, 383-384, 386, 403,
    405
Lem Wanda 80
Lenin Włodzimierz Iljicz 143, 223
Lesień Zbigniew 310
Leśniak Barbara zob. Lem Barbara
Leśniak Helena 168
Leśniak Władysław 168

Leśnicki, lwowianin 235-238
Lewandowska Irena 330
Lewicka Maria 15
Lewis Clive Staples 342
Lipski Jan Józef 253
Lube czasy 400

Łazariew Łazar 304-306
Łozińscy, państwo 243
Łubieński Benedykt „Biś" 243
Łukaszewicz Jerzy 331
Łysenko Trofim 122

Machejek Władysław 139-140, 158,
    252, 349
Machowski Ignacy 198
Madeyska Noemi 240, 274, 318-319,
    345, 395
Madeyski Andrzej 240, 274-275,
    318-319, 395
Mao Tse-tung 359
Marczyński Antoni 247
Marks Karol 143-144
Maska 257, 312-314, 323-324
Masłowska Dorota 157
May Karol 38
Mazowiecki Tadeusz 352, 362, 389
McElhone Natascha 401
Mejbaum Wacław 250
Melnyk Andrij 63
Mękarska-Kozłowska Barbara 51
Miller Henry 266-267
Miłosz Czesław 301
Minkiewicz Agnieszka 401
Mirer Aleksander 261
Młot 177
Moczar Mieczysław 324
Mokłowski Kazimierz 118
Mołotow Wiaczesław 50, 60, 73, 103
Morawska Hanna 243
Mortkowicz Jakub 166
Mortkowicz-Olczakowa Hanna 166
Mortkowiczowa Janina 166
Motyka Lucjan 160, 162, 166

Mozart Wolfgang Amadeusz 148, 263
Mrożek Sławomir 145, 158, 192-195,
    202, 204, 210, 218, 226-228, 232,
    239, 241, 243, 245-247, 249-250,
    252, 255, 258, 264-266, 268-270,
    272-273, 276, 284-287, 300-301,
    322, 326, 349, 363
Mróz Daniel 280-281
Munk Andrzej 231

Najder Zdzisław 372
Nałkowska Zofia 156
Neill Sam 208
Neron, cesarz 344, 347
Niezwyciężony 215, 259, 310, 330,
    342, 377, 380
Niziurski Edmund 16
Noc księżycowa 203
Nolte Ernst 358
Non serviam 315
Nowak Leopold 310
Nowakowski Marek 322
Nowak Zofia (właśc. Zofia
    Kimelman) 80
Nowicki Marek 179

Obłok Magellana 116-117, 126-128,
    131, 134, 146, 153, 155, 157, 159-160,
    162, 180, 199, 221-222, 244, 263,
    378
O'Brien Conan 401
Ochab Edward 253
Odruch warunkowy 276
Olczak-Ronikier Joanna 166
Olszewski Jan 327
Opowiadanie Pirxa 194
Ordżonikidze Grigorij K. „Sergo" 154
Orlińska Lucyna 379
Orłowicz Mieczysław 24-26, 28
Ossowska Wanda 48, 51
Osterwina Matylda „Tila" 243
Oświęcimski, członek
    Konwersatorium
    Naukoznawczego 137

Pamiętnik znaleziony w wannie
147, 185, 198, 200, 204, 208, 210,
215-216, 218, 247, 255, 257, 263,
307, 312
Pański Jerzy 123
Parnas Józef 75
Pärt Arvo 310
Pasek Jan Chryzostom 279
Pasternak Borys 215
Pastuszko Marek 155
Patrol 177
Paulus Friedrich 88
Penderecki Krzysztof 239
Perechodnik Calek 83-84
Perelman Wiera 221
Piestrak Marek 310
Pigoń Stanisław 254
Pilch Jerzy 157
Piłsudski Józef 56
Pitułej Włodzimierz 56, 87
Podłuscy, lwowianie 87, 89, 104
Podróż czternasta 153-154, 354
Podróż dwudziesta 383
Podróż siódma 10, 12
Podróż trzynasta 254-255, 257
Pokój na Ziemi 117, 354, 373, 375,
377-378
Polák Jindřich 199
Polański Roman 239
Polewka Adam 130-131
Popper Karl 144, 357
Powrót 69, 119
Powrót z gwiazd 147, 154, 185, 198,
204, 208-209, 211, 245-246, 307,
330, 342, 361
Powtórka 313, 316-317, 331
Półtawska Wanda 236
Praszkiewicz Giennadij 98, 222,
261, 304
Profesor A. Dońda 24, 257, 265,
315, 323
Promińscy, państwo 243
Proust Marcel 11
Prowokacja 84, 359, 361

Prystor Aleksander 57
Przemski Leon 138-139
Przybora Jeremi 133
Przyboś Julian 111
Przyjaciel 177, 179
Pyjas Stanisław 321

Rakowski Mieczysław 289
Rappaport, łacinnik 15
Rasch Otto 62
Reich-Ranicki Marcel 166
Remarque Erich Maria 208
Rencki Roman 54
Ribbentrop Joachim von 50, 60,
73, 103
Riegerowie, państwo 243
Rilke Rainer Maria 263
Rogowski Jan 76
Roizen Baruch 81
Rottensteiner Franz 302, 309,
316, 337, 342–345, 347, 354–355,
359, 365, 367, 374, 378, 383,
401–402
Rozmarynowicz Andrzej 237
Rozprawa 179, 310
Różewicz Stanisław 266
Różewicz Tadeusz 239, 328
Rucki, restaurator 103
Rudnicki Adolf 254
Russell Bertrand 357

Schratt Katarzyna 31
Schulz Bruno 23
Sexplosion 315
Sex Wars 399-400
Sezam i inne opowiadania 117,
162-163, 378
Shannon Claude Elwood 108
Siedleccy, państwo 243
Sienkiewicz Henryk 279
Simonides Jaroslav 232
Sinielnikow, lwowski student 55
„Sknocony kryminał" 115, 164, 317
Skrzynecki Piotr 202

Słomczyński Maciej 215
Słonimski Antoni 253, 255, 326
Słowacki Juliusz 38
Smirnow, enkawudzista 52-53, 57
Sobczuk, wykładowca chemii 106
Soderbergh Steven 205, 208, 211, 305, 401
Solakiewicz (Sulakiewicz) Tadeusz 77
Solaris 107, 154, 185, 198, 203-205, 208, 211, 215-216, 218-222, 243, 247, 259, 264, 304-307, 378, 401
Sołżenicyn Aleksander 221, 223
Springer Filip 157
Stachura Edward 158
Staemmler Klaus 380
Stalin Józef 29, 57, 59, 99, 106, 114, 131, 133, 154, 359-360, 363
Stapledon Olaf 262
Starowieyska-Morstinowa Zofia 124
Starski Allan 147
Starski Ludwik 146, 175-176
Stawicki Jerzy 179
Strugacki Arkadij N. 181, 220, 222-223, 262-263, 330
Strugacki Borys N. 181, 220, 222-223, 262-263, 330
Stryjewski Antoni 340
Strzelecki Jan 329
Summa technologiae 219, 237, 240, 244-245, 247, 249, 276-279, 285, 300, 400
Swinarski Konrad 239
Swirski Peter 274
Szczepańska Danuta 187-188, 233, 258
Szczepański Jan Józef 30, 114, 125-126, 139-140, 145, 147, 155, 158, 186-189, 191-192, 194, 196, 202, 209, 218-222, 225-226, 228, 233-240, 242, 245-246, 250, 252-253, 258, 260-261, 263, 266-267, 270-271, 274, 278, 284-285, 287-288,

293, 307, 309, 314, 317-323, 325-329, 332, 349-350, 352, 355, 362, 396, 398
Szczur w labiryncie 153
Szekspir William 357
Szeptycki Andrzej, metropolita unicki 19
Szeptycki Stanisław 19
Szkłowski Iosif 259
Szlachcic Franciszek 324-325
Szpital Przemienienia 31, 69, 84, 89-90, 117-118, 120, 123, 125, 154, 156, 159, 165, 311-312
Szymborska Wisława 84, 111-112, 154, 325, 327

Ścibor-Rylska Danuta 196, 232, 243
Ścibor-Rylski Aleksander 127, 134-135, 139-140, 142, 145-147, 150, 155-156, 158, 162, 166-167, 169, 171-172, 176, 179, 184-185, 193-194, 196-198, 200, 202-204, 232, 239, 243-244, 252, 268, 279, 293, 301, 306, 321, 336, 339
Śledztwo 164-165, 176, 179, 310, 317
Świderscy, państwo 243

Tani Yōko 198
Tarkowski Andriej 205, 208, 211, 304-306, 312, 401
Tarn Adam 245
Test 177-179, 259
Thadewald Wolfgang 262, 309, 336, 358, 364-365, 367, 374, 379-380, 399-400, 402
Tiel Walter 215
Tiktin, gimnazjalny kolega 80, 82-83, 86, 88
Titow Gierman 259
Toeplitz Krzysztof Teodor 146, 157, 177, 322, 388
Tolkien John Ronald Reuel 41
Tomaszewski Tadeusz 63
Topolny i Czwartek 117, 125

Trepka Andrzej 124
Turowicz Jerzy 110, 192, 194
Tyrmand Leopold 138-139

Umiński Władysław 123
Unseld Siegfried 380

Verne Juliusz 123, 262
Vietinghoff Joachim von 309
Vogt Alfred Elton von 221

Wajda Andrzej 145, 147, 239, 307,
310
Walatek Andrzej 270
Walc Jan 315
Walczak, mechanik samochodowy
272
Wałęsa Lech 389
Wańkowicz Melchior 255, 326
Ważyk Adam 156, 255
*Weapon Systems of the Twenty First
Century or the Upside-down
Evolution* 376
Weinstock Leon 62
Wejście na orbitę 129
Wells Herbert George 123
Weyl Hermann 217
Węgiel Danuta 404
Wielkość urojona 324
Wiener Norbert 108, 137
Wierny robot 259
Wilhelmi Janusz 287, 289, 323
Winfrey Oprah 401
Witkiewicz Stanisław Ignacy
(Witkacy) 90
Witkowski Michał 157
Wizbor Jurij 260
Wizja lokalna 315, 354-357, 361, 378,
391
Włodek Adam 154, 157
Wojtyła Karol 236, 349
Wolicki Krzysztof 277

Wollner Marek 44, 49, 68, 73
Wollner Sabina zob. Lem Sabina
Wolter, pisarz, filozof 280
Wood Ed 310
Worobiow, wykładowca fizjologii 55
Woroszylski Wiktor 142, 145, 158
Woźnicka Zofia 124-125
Wróblewski Jerzy 112, 122, 132, 138,
144, 148-151, 154, 158, 161, 163,
176-177, 179, 194, 199, 205, 214-
215, 219, 223, 237, 255, 257-259,
261-262, 265, 270, 277, 280, 291,
302, 314, 319, 334
Wśród umarłych 69, 71, 77, 100-101,
119
*Wyprawa trzecia, czyli smoki
prawdopodobieństwa* 14, 283
Wysocki Władimir 261
Wysoki Zamek 14-18, 21-24, 26-27,
36-38, 43-44, 60, 68, 284, 298-
299, 393
Wyspiański Stanisław 331

Zagajewski Adam 327
Zalewski Ludwik 22-23, 27
Zamkow Lidia 255
Zaremba Marcin 102
Zarycki, matematyk 15
Zawieyski Jerzy 237
Zawiślak, sąsiad 193, 268, 395
*Z dziennika gwiezdnego Ijona
Tichego* 153-154
Zemek Wojciech 115, 404
Złotowski Ignacy 160
Zych Michał 189-190, 193-196, 268,
279, 299, 318, 339-340, 353-354,
362, 384, 399, 404
Zych Jadwiga (siostra Barbary Lem)
299, 318, 339

Żebrowski Edward 89, 311-312
Żukrowski Wojciech 315, 329

WYDAWNICTWO CZARNE sp. z o.o.
www.czarne.com.pl

Sekretariat: ul. Kołłątaja 14, III p., 38-300 Gorlice
tel. +48 18 353 58 93, fax +48 18 352 04 75
mateusz@czarne.com.pl, tomasz@czarne.com.pl
dominik@czarne.com.pl, ewa@czarne.com.pl, edyta@czarne.com.pl

Redakcja: Wołowiec 11, 38-307 Sękowa
redakcja@czarne.com.pl

Sekretarz redakcji: malgorzata@czarne.com.pl

Dział promocji: ul. Marszałkowska 43/1, 00-648 Warszawa,
tel./fax +48 22 621 10 48
agnieszka@czarne.com.pl, dorota@czarne.com.pl
zofia@czarne.com.pl, marcjanna@czarne.com.pl
magda.jobko@czarne.com.pl

Dział marketingu: honorata@czarne.com.pl

Dział sprzedaży: piotr.baginski@czarne.com.pl
agnieszka.wilczak@czarne.com.pl, malgorzata.wietecha@czarne.com.pl

Audiobooki i e-booki: anna@czarne.com.pl

Skład: d2d.pl
ul. Sienkiewicza 9/14, 30-033 Kraków, tel. +48 12 432 08 52,
info@d2d.pl

Drukarnia Read Me
ul. Olechowska 83, 92-403 Łódź (Olechów), tel. +48 42 649 33 91

Wołowiec 2017
Wydanie I
Ark. wyd. 18,8; ark. druk. 27,5